# 교육철학 및 교육사 탐구

유재봉
안경식
김상섭
공저

학지사

# 🖋 머리말

교육학은 인문학, 사회과학, 공학 등을 포괄한다는 점에서 흔히 '종합학문'으로 불린다. 교육현상과 교육현장의 복잡한 문제를 해결하기 위해서는 다학문적 접근이 불가피하며, 이 점에서 교육학도들은 다양한 학문을 균형 있게 공부할 필요가 있다. 그럼에도 불구하고, 교육학계에는 학문적 편식으로 인해 당장 교육현장이나 교육실천에 써먹을 수 있는 학문은 인기 있는 반면, 그러한 학문의 토대가 되는 인문학적 성격을 띤 교육철학과 교육사학은 점차 소외되고 있는 실정이다.

교육학도들이 교육철학과 교육사학의 공부를 소홀히 하는 것은 대체로 두 가지 이유 때문이다. 하나는 이 학문들이 이론적이어서 현실성이나 유용성 면에서 떨어진다고 생각하기 때문이고, 다른 하나는 어려워서 재미가 없다고 느끼기 때문이다. 교육철학과 교육사학이 당장 무엇을 하려 하거나 써먹으려고 하는 사람에게는 그다지 친절한 학문이 아닐지 모른다. 헤겔이 말했듯이, 교육철학자들은 '미네르바의 올빼미'가 땅거미가 진 뒤에 날갯짓을 시작하는 것처럼, 현실에 대해서 늘 지각할지도 모른다. 그러나 모든 교육(학)자가 현실 문제에만 매몰되어 있다면, 그것이 올바르게 제대로 한 것인지를 검토하는 일은 누가 한단 말인가.

교육철학과 교육사학이 어렵다는 교육학도들의 인식도 틀린 말은 아니다. 그러나 그러한 인식은 유독 교육철학이나 교육사학에 해당하는 것이 아니고, 모든 학문은, 그것을 제대로 하자면, 어렵다고 보아야 한다. 역설적이기는 하지만, 공부는 하면 할수록 많은 지식을 알아 가는 것이라기보다는 자신의 무지를 깨달아 가는 과정이라고 말할 수 있다. 우리가 교육철학과 교육사학에 대한 선입견을 버리고 오로지 공부에 매진하다 보면, 우리는 수천 년 동안 누적되어 온 인류 문화유산의 정수를 향유하게 되고, 나아가 그러한 정신세계를 내면화함으로써 보다 인간다워질 뿐만 아니라 교육현상과 교육실천의 문제에 대한 심층적이고 균형적인 시각을 가지게 될 것이다.

이 책『교육철학 및 교육사 탐구』는 교육철학 및 한국과 서양의 교육 아이디어의 역사를 탐구하기 위한 것으로, 한국교육사, 서양교육사, 교육철학의 총 3부로 구성되어 있다. 각 부는 4개의 장으로 구성되어 있으며, 각 장 끝에는 탐구문제를 두어 독자가 각 장을 잘 이해하거나 심화학습을 할 수 있도록 했다. 제1부 한국교육사 부분(안경식 집필)은 고대사회의 교육에서 시작하여 고려시대의 교육, 조선시대의 교육, 근·현대기의 교육에 이르기까지 우리나라 교육의 역사를 교육제도사와 교육사상사를 중심으로 기술하고 있다. 제2부 서양교육사 부분(김상섭 집필)은 교육의 정신적 고향이라 불리는 고대 그리스의 교육에서 시작하여 초기 로마부터 근대 태동까지의 교육, 근대의 교육, 20세기 이후 현대의 교육을 거치면서 교육 아이디어가 어떻게 발달해 왔는가를 사회경제사 및 교육사상사를 중심으로 다루고 있다. 제3부 교육철학 부분(유재봉 집필)은 교육철학의 다양한 성격을 드러내고, 교육의 개념을 철학적으로 분석하고 있으며, 교육철학의 주요 영역인 교육인식론과 교육윤리학 그리고 교육의 핵심가치인 진선미성(眞善美聖)과 각각 관련되어 있는 자유교육, 인성교육, 예술교육, 종교교육의 이슈를 철학적으로 논의하고 있다.

이 책은 2006년에 처음 출간되어 지난 16년 동안 꾸준하게 분에 넘치는 사랑을 받아 온『교육철학 및 교육사의 이해』의 후속편이라고 할 수 있다. 16년이 지나는 동안 공동 저자였던 신차균 교수님께서 은퇴하시는 등 많은 변화가 있었음에도 불구하고, 이 책에 대해 변함없는 관심과 애정을 보여 주신 독자들에게 다시 한번 사의를 표한다. 저자들이 책을 출판하는 데 마지막까지 주저하게 만든 것은 10년 전에 개정판까지 낸 마당에 또 새로운 책을 내야 하느냐는 질문에 명확한 대답을 찾지 못했기 때문이다. 그럼에도 불구하고 저자들은 수차례 망설이다가 약속한 시간을 넘겨 서둘러 이 책을 출판하게 되었다. 염치없는 바람이기는 하지만, 이 책이 교육학의 학문의 여정을 떠나는 교육학자나 교육학도들에게 나침반의 역할을 할 수 있다면, 저자들에게는 더할 나위 없는 위로와 보람이 될 것이다.

부족한 이 책을 출판하는 데 성균관대학교, 부산대학교, 영남대학교에서 저자들의 강의를 들으며 이모저모로 도와준 학생들에게 감사를 드린다. 교학상장(教學相

敎)이라는 말이 있듯이, 교수는 학생들을 가르치면서 새롭게 배우게 되며, 이 점에서 학생들은 우리의 선생이라고 할 수 있다. 끝으로, 언제나 그렇듯이 넉넉한 인심으로 이 책을 출판해 주신 학지사 김진환 사장님, 편안한 마음으로 책을 쓸 수 있게 격려해 주신 김은석 상무님 그리고 책을 깔끔하게 편집해 주신 정은혜 과장님께도 따뜻한 감사의 말씀을 전한다.

2022년 11월
저자들을 대신하여 유재봉 씀

# 차례

제2부

## 서양교육사

제3부

## 교육철학

제1부

# 한국교육사

# 고대사회의 교육

## 1. 고조선사회의 교육

교육의 역사는 그것이 제도사든 사상사든 인류문명사이며, 인류지성사다. 그 속에는 인간다운 삶, 이상적 사회에 대한 제안과 그 제안을 실현하기 위한 제반 노력이 들어 있다. 그 노력의 흔적을 추적하는 것이 교육사 연구다. 인류의 이러한 노력은 역사시대를 넘어 인류의 역사와 함께 한다. 우리는 선사시대와 역사시대를 가르는 기준으로 문자의 사용을 들고 있다. 문자는 인류의 혁명적 발명품이며, 교육 발전의 중추적 미디어다. 그러나 교육사 연구가 문자에 매여서도 안 된다. 문자 이전의 선사시대는 인류 역사의 99% 이상을 차지하며, 그들이 남긴 경험을 바탕으로 역사시대가 전개되었기 때문이다.

선사시대의 생활상은 그들이 남긴 유적, 유물을 통해 알 수 있고, 이를 통해서 그들의 정신세계까지 짐작하게 된다. 뗀석기의 사용과 채집생활, 무리생활을 했던 구석기인과는 달리, 간석기와 토기의 사용을 특징으로 하는 신석기인은 기원전 5000년경 이 땅에 등장하였고, 애니미즘·토테미즘·샤머니즘과 같은 사상, 신앙을 가진 것으로 알려져 있다. 그들의 이러한 정신세계는 고대인의 세계관과 인간관 등의 사유구조를 알 수 있는 중요한 자료가 된다. 그리고 그들의 교육에 대한 의식도 이러한 사유를 바탕으로 하여 형성되었을 것이다.

애니미즘(animism)은 만물이 모두 영혼을 가지고 있다는 신앙으로, 대표적으로 태양숭배사상을 들 수 있다. 고대인에게 태양의 빛, 광명은 선(善)의 상징이자 생명과 생산의 상징이었다. 고대인들의 태양숭배사상은 각 국가의 난생설화를 낳았다. 신라 시조의 탄생설화에서 '혁거세(赫居世)' 혹은 '불구내(弗矩內)'라는 말은 알에서 태어난 아이의 광채로 인해 얻은 이름이다. 『삼국유사』에서는 '불구내'가 "빛과 밝음으로 세상을 다스린다[光明理世]."라는 뜻이라고 하였는데, 오늘날 우리말로 '불구(거)'는 '밝음'을 뜻하고 '내'는 '누리'를 뜻한다. 그리하여 태양숭배사상은 단지 애니미즘의 차원에만 머물지 않고, '밝게 다스리는 누리의 실현' 혹은 '밝음으로 누리를 완성'한다는 우리 고대사회의 통치이념이자 교육이념의 기원과 관련되는 사상이라고 볼 수 있다.

무교(巫敎), 무속으로 알려져 있는 샤머니즘(shamanism)은 유교, 불교, 도교 등의 외래 사상이 들어오기 전인 상고(上古)시대부터 있었던 신앙이다. 샤머니즘에서 '이 세계(인간계, 이승)'와 '저 세계(영계, 저승)'로 구분되는 이원적 세계관과 그 두 세계를 연결하는 것이 무(巫)인데, 이들은 고대사회에서 정치와 종교를 담당하는 리더였다. 인간의 이상적 삶은 인간과 신, 인간과 자연, 인간과 인간의 조화로운 삶이다. 그 조화가 깨져 갈등이 생겼을 때 화해 의식인 굿이 필요하다. 제의를 주관하는 무(巫)는 새로운 세계관과 새로운 인생관을 제시해 주는 사람이라 할 수 있다. 그들의 입과 행동을 통해 신의 세계, 초자연의 세계, 미지의 세계, 죽음의 세계는 하나의 가치체계로 정립되어 고대사회의 삶의 철학이 된다. 급기야 고대인들은 죽음이라는 것도 정신적인 존재 양식을 향한 통과의례 정도로 평가하게 된다(Eliade, 1992: 432). 제천의식과 같은 고대의 국가 제의는 대부분 고대 샤머니즘 신앙이 바탕이 된 의례다.

청동기시대가 되면서 이 땅에는 씨족 공동체가 점차 해체되고 부족 연맹체의 정치적 고대국가 형태의 사회가 형성된다. 고조선·부여·삼한 등은 당시 송화강, 요하 유역과 산둥반도, 한반도 지역 등에 나름대로 연맹체를 성립시킨 나라들이다. 이 중 고조선은 한반도 최초의 고대국가로서 한민족의 뿌리로 인식되어 왔다.

고조선의 교육에 대해서는 신화적 접근과 역사적 접근이 가능하다. 먼저, 단군신화에 나타난 고조선 교육의 의의를 살펴보자. 『삼국유사』에는 다음과 같은 기록이 있다(『三國遺事』卷1, 紀異2, 古朝鮮 王儉朝鮮).

> 옛날 하늘나라 임금인 환인에게 여러 아들이 있었는데, 그중에 환웅이 천하를 다스리고 인간세상을 구하고자 했다. 환인이 그 뜻을 알고 아래로 삼위태백을 내려다보니 널리 인간을 이롭게 할 수 있는지라 천부인 3개를 주어 보내어 다스리게 했다. 환웅은 무리 삼천 명을 이끌고 태백산 꼭대기 신단수 아래로 내려오니 이를 신시(神市)라고 했다. 환웅천왕은 풍백·우사·운사를 거느렸고, 농사·생명·질병·형벌·선악을 주관하는 등 무릇 인간사 360여 가지의 일을 주관하여 세상에 살면서 백성들을 가르쳤다.
>
> 그때 곰 한 마리와 범 한 마리가 있어 같은 굴에 살면서 항상 환웅에게 사람이 되게 해 달라고 빌었다. 이때 환웅은 신비한 쑥 한 다발과 마늘 스무 조각을 주면서 말하기를 "너희들은 이것을 먹고 백 일 동안 햇빛을 보지 않으면 곧 사람의 형체를 얻으리라."고 했다. 곰과 범은 이것을 얻어먹고 스무하루 동안 금기를 하여 곰은 여자의 몸이 되고, 범은 금기를 하지 못해 사람의 몸이 되지 못했다.
>
> 이에 곰은 혼인할 상대가 없으므로 매양 신단수 아래에 어린아이를 잉태하게 해 달라고 빌었다. 환웅은 잠시 사람으로 화하여 그와 혼인하여 아들을 낳으니 이름을 단군왕검이라고 했다.

단군신화에는 고대 한국인들의 사유구조가 집약되어 있으며, 이 사유구조를 이해함으로써 당시의 삶과 문화 그리고 교육에 대한 생각을 밝힐 수 있다.

먼저, 교육이념과 교육적 인간상의 입장에서 생각해 보자. 환웅이 이 땅에 내려와 한민족의 역사를 펼쳐 나가게 된 것은 '홍익인간(弘益人間)'이라는 정치적 이념을 실현하기 위한 것이다. 그러나 홍익인간은 단지 정치이념에 그치지 않고 동시에 교육이념이기도 하다. 당시 사회는 정치와 종교가 분리되지 않은 '제정일치(祭政一致)'사회이기도 했지만, 정치와 종교, 교육이념이 분리되지도 않은 '정교일치(政敎一致)'사회이기도 했다. 단군은 고조선의 지배자들이 본받고 따라야 할 수장의 전형이었을 뿐 아니라(서영대, 1994: 319-320) 교육적 인간상이기도 했다.

다음으로 교육의 과정이나 방법의 측면에서 생각해 보자. 곰과 범이 인간이 되려는 과정의 의미는 인간 형성의 과정인 교육의 과정에 비추어 해석해 볼 수 있다. 즉, 곰과 범이 쑥과 마늘을 먹는 과정은 바로 교육의 과정에서 학습자가 겪어야 할 인고(忍苦)의 과정이다. 또 백 일 동안 햇빛을 보지 못하도록 한 것 역시 짐승이 '인간'이 되기 위한 통과의례라 할 수 있다. 단군신화에서 제시한 "세상을 이치로써 교화한다."라는 재세이화(在世理化) 이념은 "빛과 밝음으로 세상을 다스린다."라는 광명이세(光明理世) 이념과 함께 고대의 정치이념이자 종교이념 그리고 교육이념이라고 할 수 있다. 이러한 단군신화는 고대 한국인의 정체성 형성의 바탕이 되었다는 측면에서 고대의 세계관, 교육관 이해에 필수적인 자료다.

　신화적 입장과 달리 역사적 입장에서 고조선의 교육을 살펴보자. 고조선의 건국은 『삼국유사』 등의 기록에 의거하여 기원전 2333년 전으로 잡고 있는데, 기원전 4세기 무렵에는 연나라와 힘을 견줄 정도로 성장했다. 그러나 중국이 진(秦) · 한(漢) 통일시대로 접어들면서 위만(衛滿)이 준(準)왕을 축출하고 새로운 정권을 수립했다(기원전 194~180년). 이후 한(漢)나라는 위만조선을 멸망시키고(기원전 108년) 그 영토에 낙랑 · 진번 · 임둔 · 현도의 이른바 한사군을 설치하여 분할 통치했다. 그러나 낙랑군을 제외한 다른 지역은 설치 30년 안에 지역 토착민들에게 점령되었고, 낙랑군은 고구려에 편입되었다. 고조선 후기에는 박사(博士)를 비롯하여 경(卿), 대부(大夫), 상(相) 등의 관직명으로 보아 정치조직이 어느 정도 갖추어졌음을 알 수 있다. 그리고 「팔조금법」을 통해 당시의 사회상을 어느 정도 짐작할 수 있다. 「팔조금법」은 현재 3조만 전해지고 있는데 그 내용은 다음과 같다(『漢書』卷28, 地理志 8下, 樂浪郡).

첫째, 사람을 죽인 자는 사형에 처한다.

둘째, 남에게 상해를 입힌 자는 곡물로써 배상한다.

셋째, 남의 물건을 훔친 자는 노비로 삼는다. 단, 죄를 씻고자 하는 사람은 50만 전을 내야 한다.

　그러나 죄를 씻어도 당시 풍속이 그것을 수치스럽게 여겨 결혼을 하려 해도 짝을 구할 수 없었다. 그래서 사람들은 남의 물건을 훔치지 않았고 문을 잠글 필요가 없었다. 또한 여자는 정절을 귀하게 여겼다.

이와 유사한 형태의 금법이 부여에도 있었다. 여기에는 고조선과 같은 살인과 절도의 조항 이외에 간음한 자는 사형에 처한다는 조항과 투기가 심한 부인은 사형에 처하되 그 시체를 서울 남쪽 산 위에 버려 썩게 하며, 단 그 여자의 집에서 시체를 가져가려면 소와 말을 바쳐야 한다는 조항이 있다.

고조선과 부여의 이러한 금법에서 우리는 당시 사회의 인명 존중 사상, 사유재산 중시 사상, 부인의 정조 중시 관념 등을 엿볼 수 있다. 이는 당시 사회의 가치관의 한 단면을 엿볼 수 있는 것이다. 당시의 이러한 금법은 그리하여 생활의 법률이자 윤리적 규범인 동시에 누구나 숙지하여야 할 중요한 교육내용이었던 것이다.

고조선을 비롯한 부족국가 사회의 교육에서 빠뜨릴 수 없는 것은 통과제의(rites of passage), 제천의식과 같은 의례나 의식을 통한 교육이다. 종교학자 엘리아데(M. Eliade)에 따르면, 통과제의란 한 인간의 사회적·종교적 상태에 결정적인 변화를 일으키는 의례나 구술교육(oral teaching) 체계다(Eliade, 1975). 인간의 성장단계에는 결정적 시기가 있고, 거기에는 위기가 따른다. 이러한 인간 성장기에서의 위기를 오히려 종교적으로 신성화시키고 거기에 특별한 의미를 부여하는 것이 통과제의다. 그 대표적인 것으로는 성인식을 들 수 있다. 엘리아데는 또 인간은 자연적 차원에서의 상태를 '통과'하여야만 완전해질 수 있다고 했다. 참다운 의미에서의 인간이 되기 위해서는 자연적인 삶을 통과하여 종교적·문화적으로 보다 높은 생명으로서 다시 태어나야 한다. 이 새로 태어나는 의식이 통과제의다. 따라서 인간은 이 통과제의를 통하여 영적인 성숙을 기할 수 있다(Eliade, 1983). 통과제의의 교육적 의미는 바로 여기에 있다. 교육을 인간 변화에 대한 기대를 현실화하는 수단이라고 할 때, 통과제의와 교육은 인간 변화, 특히 정신적 성숙이라고 하는 영역에서 만나게 되는 것이다.

우리 고대사회에도 통과제의로서 성인식이 행해졌다는 기록이 있다. 『후한서(後漢書)』의 동이전(東夷傳)에는 "(당시 삼한의) 사람됨이 씩씩하고 용기 있었는데, 소년으로서 집을 지을 수 있고 힘을 쓰는 자는 밧줄로 등가죽을 뚫어 거기에 막대기를 대고 능히 견디면 사람들이 튼튼하다고 환호했다."라는 기록이 있다. 이는 당시 성인의 자격을 시험하는 의식이 있었을 것으로 추정하고 있다.

제천의식과 같은 공동체 의례도 고대사회에서는 중요한 교육적 의미를 지닌다. 제정일치 사회에서 사람들은 하느님을 공경함으로써 하느님의 노함을 피하고 보호와 복을 받을 수 있다고 생각했다. 그리하여 농경사회에서 중요한 날인 파종하는 날과 추수하는 날에 하늘에 제사를 지내는 제천대회를 열었다. 부여의 영고(迎鼓), 고구려의 동맹(東盟), 동예의 무천(舞天), 백제의 교천(郊天) 등이 그것이다. 이러한 제천의식은 특히 부족의 단합과 일체감을 도모한다는 측면에서 정치교육적 의미가 있다. 아울러 신과의 '만남'을 통해 새로운 삶을 도모한다는 측면에서 종교교육적·윤리교육적 의미도 지닌다.

## 2. 삼국사회의 교육

### 1) 고구려의 교육

다수의 부족 국가체제가 삼국체제로 정립된 것은 경제력과 군사력의 차이에 의한 부족체제의 해체와 소국의 통합과정을 거치며 왕조국가로 체제가 정비되면서 이루어진 것으로 볼 수 있다. 고대국가 체제 정비의 법률적 상징은 율령(율은 형법, 령은 비형벌적 민정법)의 반포였으며, 사상적 상징은 불교의 공인이라 할 수 있다. 학교의 설립은 이러한 국가체제의 정비와 밀접한 관련을 맺고 있다.

기록에 나타난 고구려의 학교제도로는 태학(太學)과 경당(扃堂)이 있다. 태학은 소수림왕 2년(서기 372)에 설립되어 자제들의 교육을 담당했다는 기록만 남아 있다(『三國史記』卷18, 高句麗本紀6, 小獸林王). 이러한 태학의 설립에 대한 정치적 의미 역시 국가체제의 정비와 관련하여 설명되어야 할 것이다. 즉, 고국원왕(331~371) 때 전연(前燕)과 백제의 침입은 고구려에 큰 타격을 입혔고, 이를 극복하기 위해 고구려는 국가체제를 새롭게 할 필요를 느끼게 된다. 소수림왕 2년에 불교를 수용하고 태학을 세웠으며, 다음 해(373)에 율령을 반포한 것은 국가체제의 확립과 관련이 있다.

불교가 국가의 정신적 통일을 위해 필요했다면, 태학은 새로운 관료체제의 형성을 위해 필요하였을 것이며, 율령의 반포는 바로 국가조직 자체의 정비였을 것이다(이기백, 1976: 54). 태학은 고구려의 독자적인 제도라기보다는 중국 남북조, 특히 전진(前秦) 혹은 동진(東晉)과의 교류를 통해 받아들인 것으로 보이며, 그 역사적 뿌리는 한(漢)의 태학제도다. 태학의 교육내용에 대해서는 직접적인 기록이 없어 정확히 알기 어렵지만, 경당이나 중국 태학의 기록으로 보아 유학 경전이 주가 된 것으로 여겨진다. 또 영양왕 11년(600)에 태학박사 이문진(李文眞)으로 하여금 역사책을 편찬하라고 명한 기록을 보면 학교 직제에 박사(博士)의 직을 둔 것을 알 수 있다. 그리고 태학의 교육대상은 신분제가 엄격했던 당시의 상황으로 보아 귀족 자제가 주 대상이었던 것으로 보인다.

다음으로 경당에 대해서 알아보자. 경당에 관한 기록은 중국의 역사서인『구당서(舊唐書)』및『신당서(新唐書)』에 나타나 있는데,『구당서』의 기록은 다음과 같다(『舊唐書』卷199上, 列傳 149, 高麗).

> 고구려에는 책 읽기를 좋아하는 풍습이 있었으며, 가난하여 누추하고 천한 하인들이 사는 곳까지 길가마다 큰 집을 지어 놓고 경당이라 했다. 자제들은 혼인하기 전에 여기서 밤낮으로 글을 읽고 활쏘기를 익혔다. 그들이 읽은 책에는 오경(五經)과『사기(史記)』『한서(漢書)』, 범엽이 편찬한『후한서(後漢書)』, 손성이 편찬한『진춘추(晋春秋)』와『옥편(玉篇)』『자통(字統)』『자림(字林)』『문선(文選)』 등이 있었는데, 특히『문선』을 중시했다.

『신당서』에도 대체로 이와 비슷한 내용이 있다. 이들 두 기록의 내용을 정리해 보면, 우선 고구려 사람들은 글을 읽고 배우기를 좋아했다는 것을 알 수 있다. 그리고 가난하고 누추한 동네 아이들까지 경당에 들어가 배웠다는 것으로 보아, 귀족만을 대상으로 한 태학과 달리 일반 서민층의 자제들도 교육대상이 되었다는 것을 추정할 수 있다. 교육내용은 '독서습사(讀書習射)' '송경습사(誦經習射)'라고 하는 바, 경서(經書)와 사서(史書) 및 문자서(文字書)와 문학(특히『문선』은 양나라 소명태자가 남북조시대까지의 이름난 글들을 편찬한 것으로 문장 학습서로 널리 애용되었으며, 신라의 독서삼품과의 시험 과목 중 하나로도 활용됨)은 물론 활쏘기와 같은 무예도 익히는 문무일치의 성격을 지녔다고 할 수 있다. 교육의 장소는 길거리의 큰 집[大屋, 嚴屋]이라 한 것으로 보아 각 촌락의 중심에 학교를 세웠던 것 같다. 설립 시기는 중앙에 태학이 설립된 소수림왕 2년 이후였을 가능성이 크다. 이는 앞서 말한 바와 같이 소수림왕 3년에 율령을 반포하여 고대국가로서의 국가체제를 확립하였지만, 그 당시 지방에

경당까지 설립할 수 있을 정도로 사회적인 발전이 이룩되었으리라고는 믿어지지
않기 때문이다(이기백, 1967: 52).

고구려의 교육으로서 앞서 말한 제천의식 등도 주목할 만하다. 『후한서』에서는
"10월에 하늘에 제사하고 큰 모임을 가지니 이름하여 동맹(東盟)이라 한다. 그 나라
동쪽에 큰 굴이 있는데 수신(隧神)이라 불렀다. 역시 10월을 맞아서 제사한다."라고
기록되어 있다. 추수달인 10월에 부족민들은 수신(동굴신, 혹은 곡물신)상을 만들어
서 동쪽 높은 언덕의 굴 앞에 모여 제의를 올렸던 것으로 여겨진다. 고구려의 이러
한 의식은 공적인 모임인 공회(公會)로서 그 교육학적 의의는 이러한 대회를 통해
그 사회가 지향하는 이념을 확인하고, 개인의 삶의 방향을 공동체의 그것과 조율하
는 자리, 즉 사회화(socialization)의 장이라는 데 있다.

## 2) 백제의 교육

『삼국사기』에 따르면, 백제는 기원전 18년에 건국되어 660년 나당 연합군에 의해
멸망한 나라다. 백제의 역사는 시조 온조왕부터 사반왕까지는 소국적 질서가 남아
있는 소국−소국연맹 시기로, 고이왕부터 계왕까지는 소국연맹에서 중앙집권체제
에 이르는 과도기인 5부체제 시기로, 근초고왕 이후는 중앙집권적 국가체제의 시기
로 그리고 이후의 한성시대 전기(근초고왕~아신왕), 한성시대 후기(전지왕~개로왕),
웅진(공주)시대(문주왕~무령왕), 사비(부여)시대(성왕~의자왕)로 나누어 볼 수 있다
(국사편찬위원회, 2003). 백제는 세 차례의 천도를 하면서 개성 있는 문화를 형성했
다. 한성시대에는 고구려적인 성격을 강하게 띠었으나 웅진, 사비로 천도하면서 중
국 남조 문화를 받아들여 세련되고 우아한 문화를 만들어 내었다. 또 백제는 지리
적 이점을 최대한 활용하여 중국으로부터 새로운 문화를 받아들여 자기화하고, 이
를 다시 왜에 전수하여 일본 문화를 발전시키는 역할을 하기도 한 개방적이고 국제
적인 문화를 가진 나라였다. 이러한 백제의 출발점을 마한(馬韓)을 구성하는 성읍
국가의 하나인 백제(伯濟)가 발전한 나라로 볼 때, 백제는 소국에서 출발하여 국경
을 인접한 나라들과 수없는 정복전쟁을 거쳐서 인근 소국을 통합하여 마침내 중앙
집권적 국가체제를 마련하는 과정을 필연적으로 거치게 된다. 이러한 중앙집권체
제 정비의 출발은 고이왕(古爾王, 234~286 재위)에서 시작된다. 고이왕은 당시까지

남아 있던 소국의 수장들의 독자적인 기반과 권한을 해체시키고 그들을 중앙의 일정한 지역(오부)에 편입시켰으며, 좌평제(佐平制)와 같은 관등제도를 만들어 중앙집권체제의 기초를 확립했다. 이때부터 체계화된 백제의 관등제도는 그 뒤 14관등제로, 사비로 천도한 뒤에는 16관등제로 정립되었다. 이러한 관등제는 백제사회가 관료사회가 되어 가는 과정을 알 수 있는 지표이며, 인재양성기관인 학교의 성립을 추정할 수 있는 중요한 단서가 된다. 고이왕 때 시작된 중앙집권체제의 기반을 바탕으로 근초고왕(346~375 재위) 대에 와서는 인근 국가들에 대한 대대적인 정복사업을 추진하였고, 이를 바탕으로 서쪽으로는 동진(東晉), 남쪽으로는 왜(倭)와 통하는 국제적인 지위도 확고히 하게 되었다. 즉, 대방 지역의 점령과 동진과의 교류를 통해 백제 문화의 질을 한 단계 높였고, 이를 바탕으로 박사 고흥(高興)을 시켜 국사 『서기(書記)』를 편찬케 하여 국가와 왕실의 정통성을 확립하고 통치 이데올로기를 마련하게 되었다. 또 왕명으로 아직기(阿直岐)를 일본에 보냈으며, 그는 왜(倭) 태자의 스승이 되었다. 일본 왕의 학자 추천 요청에 따라 왕인(王仁)이 『천자문』과 『논어』를 일본에 전해 주었고, 이로써 일본 유학의 기초를 마련했다. 그리고 침류왕(枕流王) 원년인 384년에는 국가 주도로 불교를 받아들여 중앙집권적 통치이념을 더욱 공고히 했다.

백제의 학교제도는 이러한 국가체제의 정비기에 통치체제의 확립과 관련하여 성립되었다고 보이지만, 현재까지 직접적인 기록의 미비로 자세한 것은 알 수 없다. 그러나 간접적인 자료들을 살펴보면 학교의 성립 가능성을 충분히 생각할 수 있다.

우선 태학의 교학 임무를 맡은 관직을 일컫는 '박사(博士)'라는 명칭에서 학교제도의 성립 가능성을 유추할 수 있다. 백제에서 박사의 기록은 『삼국사기』 근초고왕기에 고구려가 태학을 세운 지 3년 만인 375년에 박사 고흥(高興)을 얻어 국사 『서기(書記)』를 만들도록 했다고 전해져 왔다. 그러나 일본 측의 기록에 따르면, 백제가 박사 고흥을 얻기 90년 전인 285년 이미 백제인 박사 왕인(王仁)이 일본에 『논어』와 『천자문』을 전했다고 하니, 오히려 백제가 고구려보다 먼저 박사의 직제를 확립하였다고 볼 수 있다. 백제에서 박사 직제는 오경박사와 전업박사 등이 있다. 오경박사는 중국에서 생긴 제도로 『시경(詩經)』 『서경(書經)』 『역경(易經)』 『예기(禮記)』 『춘추(春秋)』의 다섯 가지 유학경전에 대한 전문적 식견을 가진 자를 말하는데, 이들은 대개 중앙의 관학에서 자신들의 전공 과목을 가르친 것으로 추정된다. 이러한 오경

박사 외에도 성왕(聖王, 523~553 재위) 대에는 의박사(醫博士) · 역박사(易博士) · 역박사(曆博士) 등 전업(專業)박사를 만들었다. 특이한 것은 전문 기술자들에게도 박사 칭호를 주었다는 것인데, 기와 만드는 기술인을 와박사(瓦博士), 탑의 상륜부를 만드는 기술인을 노반박사(鑪盤博士)라 했다. 이들은 일본에 건너가 일본 고대 아스카[飛鳥] 시대의 문화 발전에 큰 공을 세웠다.

다음으로 백제의 관제에서 학교 성립의 가능성을 찾을 수 있다. 사비시대 백제의 중앙관청 부서는 궁중과 왕실의 사무를 관장하는 내관 12부와 일반 서정을 관장하는 외관 10부의 총 22부로 구성된다. 외관 부서 가운데 사도부(司徒部)가 있었는데, 이는 학문과 교육을 담당하는 행정기관이었다. 따라서 그러한 행정기관의 행정 대상이 되는 교육기관이 있었으리라는 유추는 쉽게 할 수 있다. 그리고 앞서 말한 16관등제 가운데 제1관등이 좌평(佐平)이다. 고이왕 대에 정비된 6좌평 가운데 내법(內法)좌평은 예의(禮儀)를 총 관장하는 직책이었으니 현대의 교육부, 문화부에 해당된다 할 수 있다. 최근 중국에서 발견된 진법자묘지(陳法子墓誌)에서는 태학정(太學正)이라는 학교의 관직명까지 발견되었다. 이를 보면 학교교육과 관련된 책임자(내법좌평, 태학정), 책임 부서(사도부), 연구자 및 교육자(박사)가 모두 갖추어진 셈이다.

요컨대, 백제의 형식교육은 그 기록의 일실로 확정할 수는 없지만, 관련 자료로 보아 중앙집권체제가 완성된 근초고왕 대를 즈음하여 고구려와 유사한 수준의 학교제도가 있었다고 보인다. 그리고 백제의 교육이 왜의 학문과 교육에 큰 영향을 주었다는 것도 그 역사적 의미가 크다.

## 3) 신라의 교육

신라의 모태는 진한(辰韓) 12개 성읍국가(城邑國家) 중의 하나인 사로국(斯盧國)이다. 사로국은 오늘날 경주 분지에 있었던 6개 읍락(邑落)의 연합에 의해 형성된 듯하며, 2세기 말부터 인근 소국(小國)을 차례로 복속시켜 진한의 맹주국이 되었고, 4세기 중엽에는 연맹왕국 체제를 완성시켰다. 4세기 중엽 내물왕(奈勿王, 356~402 재위)이 등장하면서 김씨 세습왕조가 성립되었고, 왕호도 종래의 이사금(尼師今) 대신에 마립간(麻立干)을 사용했다. 마립간시대(356~530년대 초)라고 불리는 이 시기에 사로국은 신라로 체제를 전환하여, 대외적으로는 삼국항쟁에 뛰어들었고 대내적으로는 지배체제를 정비했다. 마립간시대의 준비 기간을 거쳐 6세기 초부터 신라는 본격적인 중앙집권체제를 구축하게 된다. 법흥왕(法興王, 514~540 재위)부터 태종무열왕(武烈王)이 654년에 즉위할 때까지를 흔히 중고(中古)시대라 하는데, 이 시기에 신라의 기본적인 국가체제를 마련하게 된다. 즉, 법흥왕 7년에는 율령이 공포되어 국가체제가 법제화·조직화의 시대로 돌입하였고, 진흥왕(眞興王, 540~576 재위)대에는 본격적인 영토 확장사업을 벌여 재위 23년(562)에는 가야 여러 나라를 모두 병합했다(국사편찬위원회, 2003).

그런데 신라는 이러한 국가체제의 정비과정에서 학교를 만들지 않고 화랑도(花郎徒)라는 청소년 단체를 통하여 교육을 실시했다. 『삼국사기』에 다음과 같은 관련 기록이 있다(『三國史記』卷4, 新羅本紀4, 眞興王條).

진흥왕 37년(576) 봄, 비로소 원화(源花)를 받들게 되었다. 처음에 군신이 인재를 알지 못함을 유감으로 여기어 사람들을 끼리끼리 모으고 떼지어 놀게 하면서 그 행실을 보아 거용하려 하여 드디어 미녀 2인을 가리었다. 하나는 남모(南毛)라 하고 하나는 준정(俊貞)이라 하며 도중(徒衆)을 300여 인이나 모았다. 두 여자가 서로 어여쁨을 다투고 시기하여, 결국 준정이 남모를 자기 집으로 유인해서 억지로 술을 권하여 취하게 한 후 끌어다 강물에 던져 죽여 버렸다. 준정도 사형에 처해지고 무리들은 화목을 잃게 되었다. 그 후 나라에서 다시 아름다운 남자를 뽑아 곱게 단장하여 이름을 화랑(花郎)이라 하여 받들게 하니 따르는 무리가 구름같이 모여들었다. 그들은 서로 도의(道義)를 닦기도 하고, 가악(歌樂)으로 즐거이 놀며 명산과 대천을 돌아다니어 멀리 가 보지 않은 곳이 없었다. 이에 그들 중에서 나쁘고 나쁘지 않은 자를 알게 되니, 그중의 착한 자를 가리어 조정에 천거했다. 그런 까닭에 김대문의 『화랑세기(花郎世紀)』에는 "어진 재상과 충성스러운 신하가 이로부터 솟아나고 어진 장수와 용감한 병졸이 이로부터 나왔다."라고 하였고, 최치원의 난랑비(鸞郎碑) 서문에는 "우리나라에 현묘(玄妙)한 도가 있으니, 이를 풍류(風流)라 이른다. 그 가르침의 기원은 『선사(仙史)』에 자세히 실려 있는데 실로 유·불·도를 포함하여 뭇사람을 감화시키는 것이다. 즉, 집에서 효도하고 밖에서 충성을 다하는 것은 공자의 가르침 그대로이며, 무위(無爲)에 처하여 말없음의 가르침을 행하는 것은 노자의 종지 그대로이며, 모든 악한 일은 하지 않고 착한 일만 부디 받들어 행하라는 것은 석가모니의 교화 그대로다."라고 했다.

여기서 보는 바와 같이, 화랑도의 교육목적은 국가에서 필요로 하는 인재양성이었다. 어느 사회든 일정 이상의 조직과 형태를 갖춘 사회로 변모하게 되면 그에 따라 인재양성제도를 갖추게 되는 것이 동서양 역사의 공통된 사실이고, 학교는 그러한 인재양성제도의 전형적인 형태다. 그러나 신라사회는 골품제(骨品制)에 기반을 둔 인재선발 방식을 채택하였을 뿐 체계화된 인재양성제도는 갖추지 못했다. 화랑제도만 하더라도 진흥왕대에 갑자기 생긴 제도가 아니라 그 이전부터 존재한 것이었으며, 이 시대에 와서 체계화된 인재양성제도의 필요성에 따라 새롭게 재편한 것이라 할 수 있다. 재편된 화랑도라는 인재양성 프로그램에는 도의(윤리 · 도덕교육)와 가악(정서교육)을 비롯하여 유오산수(遊娛山水, 체육 및 군사 교육)의 연마과정이 포함되었으며, 특히 유(儒) · 불(佛) · 선(仙) 사상의 가르침도 모두 교육내용으로 들어 있었다. 낭도의 맹세라고 추정되는 임신서기석(壬申誓記石)의 "『시(詩)』『상서(尙書)』『예(禮)』와 같은 유교경전을 3년간 공부하기를 맹세한다."라는 기록에서 학문과 도의의 연마과정을 엿볼 수 있다. 또 향가와 같은 노래를 통해 정서를 함양했으며, 명주(溟州, 강릉), 총석정의 사선봉(四仙峰), 금란굴(金蘭窟), 영랑호(永郎湖), 경포대(鏡浦臺), 한송정(寒松亭), 월송정(越松亭)과 같은 곳을 다니며 심신수련과 상무적인 기질을 기르기도 했다. 화랑도의 조직은 국선(國仙) 화랑 아래에 덕망과 용의(容儀)가 출중한 화랑이 있었고, 그 아래 낭도(郎徒)들로 구성되어 있었던 것으로 여겨진다. 낭도의 교육은 월명사(경덕왕 때 스님), 충담사(경덕왕 때 스님), 범교사(範教師)와 같은 지도 법사가 맡기도 하였지만, 화랑과 낭도들 스스로 서로 가르치고 배우기도 하였다는 것을 기록을 통해 알 수 있다. 화랑도가 삼국통일의 주역이 되었다는 측면에서 화랑도의 성격을 청소년 무사집단으로 보는 경향도 많다. 그러나 〈찬기파랑가〉나 〈모죽지랑가〉와 같은 향가를 보면, 화랑과 낭도의 관계는 힘이나 권력에 의한 상관과 부하와 같은 지배─복종의 수직적 관계가 아니라 종교적 이념으로, 도덕적 · 예술적 정조로 서로서로의 인격도야를 돕는 '도반(道伴)'의 관계, 더 나아가서 사제의 관계로까지 볼 수 있다. 따라서 화랑도의 성격을 단지 무사집단으로만 평가할 것이 아니라 사상적 · 종교적 이념집단으로 보는 것이 타당할 것이다.

사실 학교제도가 없었던 신라의 교육은 불교라는 종교사상을 떠나서는 생각할 수 없다. 불교는 위로는 왕에서 아래로는 일반 서민에 이르기까지 전 사회의 정신적 지주였으며 사회교육의 이념이기도 했다. 즉, 상층계급에게는 사회통합의 이데올로기로서의 호소력을 가졌고, 하층계급에게는 구원과 희망의 메시지를 던져 주었다. 그리하여 불교는 신라의 정치·사회·문학·예술·교육 등 모든 분야에 적지 않은 영향을 끼침으로써 고대 한국인의 인성 형성에 긍정적 작용을 하였다고 볼 수 있다. 특히 화랑도는 불교의 미륵신앙과 밀접한 관련성을 갖고 있다.

## 3. 남북국시대의 교육

### 1) 통일신라의 교육

통일신라시대는 우리 고대사에 있어서 정치적 안정과 문화적 번영을 이룩한 시기다. 비록 통일의 과정에서 국토와 인구는 크게 감소하였으나, 당의 세력을 한반도 밖으로 축출시켜 민족의 자결권을 확보하고, 백제와 고구려 문화를 폭넓게 받아들인 것은 물론 당나라의 국제적인 문화까지 포용하여 새로운 민족문화를 발전시킨 것은 우리 역사 발전에 있어서 큰 의의를 지닌다. 특히 새로운 통일국가 수립과 외세 축출이라는 민족적 과제를 수행하면서 형성된 국민적 공감대를 바탕으로 무열왕 대에는 확고한 전제왕권을 확립할 수 있었다. 이에 따라 중앙과 지방의 군사 정비, 토지제도의 재편성, 귀족의 경제기반 확대, 산업의 발달 등이 수반되어 한국 고대사회의 모델을 이룩하게 되었다. 아울러 적극적인 조공, 숙위와 같은 형태의 대당 (對唐) 외교와 해상활동을 통해 신라의 국제적 지위를 높였고, 유식(唯識)이나 화엄 (華嚴)과 같은 불교철학과 국학, 독서출신과의 설치 등의 유교정치체제가 정착됨으로써 번성기를 맞을 수 있었다(국사편찬위원회, 2003).

통일신라시대의 문화 발전은 대략 세 시기로 구분하여 고찰해 볼 수 있다. 제1기는 문무왕(661~681 재위)에서 신문왕(681~692 재위)에 이르는 시기로 삼국통일의 과정에서 삼국문화가 각기 그 전통을 유지하면서 갈등을 빚고 있던 과도기다. 제2기는 신문왕 이후 성덕왕(702~737 재위), 경덕왕(742~765 재위) 등 무열계 중대(中代) 전제왕권이 확립되고 나서 하대 초엽(9세기 초)에 이르는 시기로 통일신라의 안정기다. 이 시기는 강력한 전제왕권을 바탕으로 정치가 안정된 시기였다. 유교의 왕도 정치사상과 불교의 원융·조화사상을 결합하여 새로운 민족문화를 창출하였고 신라 문화의 후진성도 극복할 수 있었다. 제3기는 원성왕계의 하대인 9세기 초엽부터 멸망 때까지로 신라사회의 구조적 모순이 노출되면서 지방세력의 반발과 대립이 심화되던 시기다. 그리고 진골세력에 반발한 6두품 계열이 선종(禪宗)과 결합하거나 도당(渡唐)유학을 통해 새로운 활로를 모색하던 시기다(국사편찬위원회, 2003).

통일신라시대 학교교육의 출현은 국가체제의 발달과정과 밀접한 관련을 맺고 있다. 즉, 국제체제에 부합하는 인재선발 방식의 필요성과 삼국통일 후, 옛 고구려나 백제 지역을 통치할 관인의 수요까지 증대되었다. 『삼국사기』에는 신문왕 2년(682)에 국학을 세웠다고 되어 있으나 이는 국학제도의 완성 시기다. 진덕왕 2년(648)에 이미 김춘추가 당나라에 가서 국학을 참관하고 돌아와 국학 설치를 위한 준비 작업을 하였으며, 진덕왕 5년에 실제로 국학을 설치하기 시작하여 신문왕 2년에 완성했다. 이러한 사실은 국학의 실무직인 대사(大舍)가 이미 진덕왕 5년에 설치되었다는 데서 알 수 있다(국사편찬위원회, 2003).

[그림 1-1] 국학 터에 세워진 경주향교

출처: 문화재청 홈페이지.

국학의 학호(學號), 직제(職制), 교육과정(教育課程) 등에 대해서는 『삼국사기』에 상세히 나와 있는데 이를 정리하면 다음과 같다(『三國史記』卷38, 雜志7, 職官上).

국학은 예부(禮部)에 속했는데, 신문왕 2년에 국학이란 이름으로 설치되었다가 경덕왕이 태학감(太學監)으로 고쳤고, 혜공왕 대에 다시 국학으로 환원했다.

국학의 직제는 장(長)인 경(卿) 1명과 그 아래 박사(博士)와 조교(助敎) 약간명, 대사(大舍) 2명, 사(史) 2명(혜공왕 때는 4명)으로 구성되었다. 박사와 조교가 실제 교수이며, 대사와 사는 실무 담당자였다.

교육과정은『논어』와『효경』을 필수로 하여 다음과 같이 세 분과로 나뉜다.

①『예기(禮記)』『주역(周易)』『논어(論語)』『효경(孝經)』
②『좌전(左傳)』『모시(毛詩)』『논어』『효경』
③『상서(尙書)』『문선(文選)』『논어』『효경』

이 중 ①은 상경, ②는 중경, ③은 하경으로 분류하였는데, 당의 대경, 중경, 소경 제도와 형식은 같지만 내용은 상이하다. 그리고 특수과정으로 잡학을 설치하여 천문·역·산술·의학 등을 가르쳤다.

학생의 등위는 관직이 대사(大舍, 12등위) 이하에서 무위(無位)까지이며, 나이는 15세에서 30세까지였다. 학업 연한은 9년으로 하되 워낙 둔하여 가망이 없는 자는 퇴학시키고, 가망은 있으나 아직 미숙한 자는 9년 이상의 재학도 허락했다. 학생은 졸업과 동시에 대내마(大奈麻, 17관등 중 10등위) 혹은 내마(奈麻, 11등위)의 관직을 얻는다.

이러한 국학의 교육목적은 교육내용에서 짐작할 수 있듯이 유교사상을 연구·보급하는 유학의 전당으로서의 기능과 유학의 이념에 입각한 국가 관리의 양성을 위한 교육기능을 수행함에 있다 할 수 있다(한국교육사연구회, 1977). 아울러 신라 국학에서 유학교육을 표방한 배경은 지배계급의 정치이념과 관련지어 설명할 수 있다. 즉, 원래 유교정치사상 자체는 중국에서 종주국의 이념으로 발전한 것인데, 신라가 삼국을 통일하면서 여제유민(麗濟遺民)에 대하여 종주국적인 위치에 서게 되므로 그러한 유교정치사상의 이해가 더욱 절실하게 되었고, 이에 상하질서와 차별 논리를 정당화해 주는 유교교육의 필요성이 대두하게 되었다. 그리하여 역대 국왕들은 국학에 나가 강론을 듣는 등의 관심을 게을리하지 않았다.

통일신라의 인재등용은 이른바 독서삼품과(讀書三品科)를 통해서 이루어졌다. 중국 한대(漢代)의 구품중정제(九品中正制)와 비슷한 이 제도는 독서출신과(讀書出身科)라고도 하는데, 원성왕 4년(788)에 생겼으며 국학의 학생 성적을 상·중·하의 삼품으로 나눈 데서 유래한 것이다.

①『춘추좌씨전』『예기』『문선』을 읽어 그 뜻이 잘 통하고『논어』『효경』에도 밝은 자를 상품으로 하고,
②『곡례』『논어』『효경』을 읽은 자를 중품으로 하며,
③『곡례』『효경』을 읽은 자를 하품으로 하되, 만일 오경(五經: 시경 · 서경 · 주역 · 예기 · 춘추)과 삼사(三史: 사기 · 한서 · 후한서) · 제자백가서를 아울러 통하는 자가 있으면 등급을 넘어 특품으로 선발했다.

통일신라 중기 이후에는 국학에서 교육받은 자를 모두 관리로 채용할 수 없는 관직의 부족 현상이 생겼고, 그에 따라 과거제도와 같은 성격을 지닌 독서삼품과 제도가 생겨나게 되었다.

신라의 삼국통일이 당과의 협력하에 이루어진 탓도 있지만 당시 신라의 많은 사람이 당에 유학을 가서 선진 문물을 배워 왔다. 원래 도당유학은 삼국이 모두 추진했다. 640년(영류왕 23년, 무왕 14년, 선덕왕 9년)에는 당의 국자감에 삼국 모두 유학생을 파견하기도 하였으나 이후 고구려는 당나라와의 충돌로 인하여, 백제는 정치적 혼란으로 인하여, 신라는 통일전쟁에 따른 대당관계의 단절로 인하여 파견이 이어질 수 없었다. 그러다가 성덕왕 2년(703) 나당 간의 국교가 재개되고 양국 간의 친선관계가 회복됨에 따라 당 유학이 활발해졌다. 또한 당이 외국인들을 위한 과거인 빈공과(賓貢科)를 설치하였고, 무열왕권의 전제화 과정에서 소외된 불만 귀족층이나 6두품의 활로 모색으로도 도당유학이 권장되었다. 유학생의 입국은 보통 조공사(朝貢使) · 하정사(賀正使) · 사은사(謝恩使) · 숙위(宿衛) 등의 정부 사절단과 같이 이루어지며, 입국 이후 간단한 시험을 거쳐 국자감에 입학하게 된다. 유학생들은 대개 10년간 수업을 받았는데 이 기간에 빈공과에 합격하면 외직으로 파견되기도 했다(신형식, 1984). 김운경 · 김가기 · 최리정 · 기숙정 · 박계업 · 최치원 · 최승우 등이 대표적인 유학생들로, 이들은 당시 세계적인 문화의 중심지였던 당나라 문화를 흡수하여 전래한 문화 전달자였다. 이를 바탕으로 신라는 문화 역량을 축적함으로써 고대 사회 및 문화의 한계인 자기중심성을 탈피하고 중세의 보편문화를 지향할 수 있었다.

## 2) 발해의 교육

역사학계에서는 종래의 통일신라시대를 대치하는 용어로 남북국시대를 말하고 있다. 이는 이 시대의 역사에서 소외되어 온 발해를 포함하여 논의해야 한다는 주장을 반영한 것이다. 발해는 고왕(高王) 대조영(大祚榮)이 고구려가 망한 지 30년 뒤인 698년에 건국하여 926년 거란에 의해 멸망할 때까지 15대 229년간 지속되었던 왕조다. 일찍이 유득공(柳得恭, 1749~?)이 『발해고(渤海考)』에서 "부여가 망하고 고씨(고구려 동명왕)가 망하게 되니 김씨가 남쪽 땅을 차지하고 대씨가 북쪽을 차지하여 나라를 발전시켰다. 이를 남북국(南北國)이라 한다."라고 한 이래, 최근에 이르러서는 각급 학교 교과서에서도 공식적으로 이 시대를 남북국시대라 칭하고 있다. 발해는 건국의 주체가 고구려 유민들이라는 점에서, 또 일본에 보낸 국서에 고려 또는 고려국왕이라고 명시했다는 점이나 문화적 유사성의 측면에서도 고구려를 계승한 나라였다는 점에서 우리 역사, 나아가 교육사에서도 빠뜨릴 수 없는 부분이다.

발해의 문화적 발전은 대외적인 안정을 회복한 8세기 중엽, 3대 왕인 문왕(737~793 재위) 대에 크게 이루어졌다. 문왕은 무왕을 이어서 제도와 문물을 크게 정비하였는데, 지방제도와 중앙관서조직 정비를 통해 중앙집권체제를 강화시켜 나갔다. 또한 당나라에 사신을 보내 각종 유교 서적과 의례를 받아들여 유교를 통치이념으로 삼았다. 이는 발해의 6부 관서의 명칭에서도 알 수 있는데, 발해의 중앙정치조직은 정당성(당의 상서성에 해당), 선조성(문하성), 중대성(중서성)의 3성과 충부(당나라의 이부에 해당)·인부(호부)·의부(예부)·지부(병부)·예부(형부)·신부(공부)의 6부를 근간으로 했다. 여기서 6부의 명칭이 당나라처럼 이·호·예·병·형·공이 아닌 충·인·의·지·예·신과 같은 유교의 대표적 덕목으로 되어 있는 것은 발해의 통치이념이 무엇인지를 단적으로 나타내 주는 사례다. 아울러 발해의 중앙관제로는 3성과 별도로 서적관리를 맡은 문적원과 중앙의 최고 교육기관인 주자감이 있었다.

주자감(胄子監)의 형성 시기는 분명치 않으나 고구려의 태학이나 신라의 국학, 당의 국자감에 비견되는 중앙의 관학으로 추정된다. 주자감의 '주자'는 『상서(尙書)』에 나오는 말로 원자(元子) 이하 경대부(卿大夫)의 자제를 가리키는데, 이를 보아 주자감의 입학자격은 당시의 다른 국학과 마찬가지로 왕족과 귀족의 자제들로 제한되었을 것으로 보인다. 그리고 발해의 중앙관제, 품계, 작위, 연호, 시호 등의 각종 제도가 당과 유사하며 매우 세련되고 완비된 것으로 보아, 교육내용도 당의 국자감 제도와 같이 유교경전 위주로 구성되었을 것으로 추정된다. 발해는 건국 초기부터 당에 유학생을 적극적으로 파견하였는데, 고왕이 당과 외교관계를 수립한 이듬해인 714년에 6명의 학생을 당의 국자감에 입학시킨 기록이 있다. 이후에도 여러 형태로 유학생을 파견하여 당의 문물을 받아들였다(천인석, 1996).

발해의 교육 가운데 특이한 것은 여사(女師)제도다. 무왕의 넷째 딸로 알려져 있는 정효(貞孝)공주의 묘지명에 "(공주는) 어려서부터 여 스승의 가르침을 받아 능히 문왕의 어머니인 태임(太任)과 비견될 수 있었다. 또 항상 여학자인 반소(班昭)의 풍모를 흠모하여 『시』를 독실하게 익혔고, 『예』 공부를 즐거워했다."라는 내용이 있다. 여사(女師)는 모(姆), 여부(女傅) 등과 함께 중국 고대 궁중의 여자 스승을 일컫는 말인데, 발해 역시 이러한 제도를 두어 왕족의 여성교육에 관심을 기울였음을 알 수 있다.

## 3) 신라의 교육가

고대의 교육사상가는 유교적 인물과 불교적 인물로 대별해 볼 수 있다. 유교적 지성으로 『삼국사기』에서는 강수(强首), 설총(薛聰), 최치원(崔致遠), 최승우(崔承祐), 최언위(崔彦), 김대문(金大問)을 언급했다. 불교적 지성으로는 6세기 말부터 활약한 원광(圓光)을 비롯하여 7세기의 원효(元曉), 의상(義湘), 자장(慈藏), 진표(眞表) 그리고 신라 말기부터 활약한 진감(眞鑑), 무염(無染), 범일(梵日), 적조(寂照) 등 9산 선문을 세운 선승(禪僧)들을 들 수 있을 것이다.

유교적 교육 지성 가운데 교육과 관련된 행적이나 기록이 남아 있는 사람은 강수와 설총, 최치원 정도이며, 최승우, 최언위, 김대문에 대한 기록은 충분하지 않아 자세히 논할 수 없다. 강수(?~692)는 태종 무열왕에서 신문왕 대에 활약한 사람이다. 『삼국사기』 「열전」에 따르면, 태종이 왕위에 올라 당으로부터 국서가 왔는데 해독이 안 되는 부분이 있었다. 왕이 강수를 불러 물으니 강수는 막힘이 없었고, 이에 태종은 강수를 곁에 두고 당에 보내는 표문을 짓게 하는 등 외교 문서 작성과 관련된 일을 하게 했다. 당시는 불교가 큰 세력을 이루고 있었던 상황인데, 강수는 불교보다는 사회적으로 힘이 미약한 유교를 택하고, 『효경』 『곡례』 『이아』 『문선』 등을 공부했다. 강수는 스승에게 배운 것보다 스스로 깨달은 것이 깊고 커서 시대가 인정하는 대학자가 되었다. 특히 강수는 학문 못지않게 유교의 가르침을 실생활에서 실천에 옮긴 것으로 유명한 사람이었다.

강수와 더불어 7세기 신라사회에서 활약한 또 한 명의 유학자는 원효의 아들 설총이었다. 설총은 신라 십현(十賢) 가운데 한 사람으로 천성이 총명하여 경서와 역사책에 두루 통달했다고 한다. 그는 당시 한문으로 되어 있던 유교 경전을 신라말로 풀어 읽어 후생을 가르쳤는데 고려시대의 학자들까지 그를 존경했다 한다. 즉, 설총은 유교경전의 '신라화'에 관심이 있었으며, 그가 활약한 신문왕 2년에 국학이 설립되었다는 기록이 있는 것으로 보아 그가 가르친 '후생(後生)'은 바로 국학의 학생으로 추정할 수 있다. 그는 신문왕에게 「화왕계(花王誡)」(혹은 「諷王書」)로 알려진 우화로서 왕에게 올바른 인재 등용을 간하였는데, 이는 군주 교육의 역사에 중요한 의의가 있다.

7세기 불교계의 교육 지성으로는 원광(542~640 추정), 원효(617~686), 의상(625~702), 자장(590 추정~658) 등 다수의 고승이 있다. 원광은 글공부를 좋아해 현학(玄學)과 유학(儒學), 제자백가와 역사서를 통독하여 이름을 날렸으나 이에 만족하지 못하고 진(陳)나라로 유학을 떠났다가 승려가 되었다. 11년간 그곳에서 수학과 교화를 펼치다 진평왕 22년(600)에 귀국하여 불교 교화는 말할 것도 없고, 외교 문서 작성과 국정 자문도 하였으며, 청소년 교화도 펼쳤는데, 그가 귀산과 추항에게 내린 세속오계는 화랑과 청소년에게 매우 현실적인 행동지침이 되었다.

원효(元曉, 617~686)는 신라의 고승으로 성은 설(薛)씨고 아명은 서당(誓幢 혹은 新幢)이다. 33세경에 의상과 함께 당나라로 유학을 떠났으나 중도에서 고구려 군대에 잡혀 귀환했다. 그리고 10년 뒤 다시 의상과 함께 유학을 떠났다가 밤중에 토굴에서 해골에 든 물을 마시고, "마음이 일어나니 온갖 현상이 생겨나고, 마음이 없어지니 토굴과 무덤이 둘이 아님을 알겠노라. 삼계는 오직 마음이로구나. 모든 현상[萬法]은 식(識)으로 인한 것이구나."라고 했다는 깨달음의 설화가 남아 있다. 요석공주와의 사이에서 신라 10현 중의 한 사람인 설총을 낳은 후, 속인의 복장을 하고 스스로 복성거사(卜性居士) 혹은 소성거사(小性居士)라 했다. 〈무애가(無碍歌)〉라는

[그림 1-2] 분황사 원효 초상

노래를 지어 춤추고 노래하며 저잣거리에서 교화를 펼쳤다. 원효는 민중교화자일 뿐만 아니라 100여 부 240권의 저서를 남긴 동아시아의 지성이었다. 그의 불교사상은 무지, 무명(無明)의 존재였던 민중의 마음 상태를 깨달음의 세계로 이끄는 교육사상이 되었다. 또 '나무아미타불'의 육자염불을 위주로 한 그의 민중교화는 문자를 모르는 민중의 수준을 고려한 교육방법상의 배려였다. 자신의 이름을 원효라고 칭한 것은 부처의 광명이 세상을 비추듯이 세상을 비추는 등불이 되겠다는 다짐이자 새벽 아침을 여는 선구자가 되겠다는 다짐이었는데, 실제로 원효는 신라인들에게 삶의 방향을 제시해 준 스승이었다.

의상은 경주 황복사에 출가하여 승려가 되었는데, 661년 당나라에 유학을 떠났다가 670년에 귀국했다. 의상은 중국의 화엄사상을 우리나라에 전함으로써 해동(한국) 화엄의 초조(初祖)가 되었다. 그는 심오하고 난해한 불교의 화엄사상을 하나의 도인(圖印) 형식으로 요약하여 신라 사람들에게 이해시키려 하였는데, 이는 교육미디어상의 혁신적 방법이라 할 수 있다. 그는 낙산사와 부석사 등 전국에 수많은 사찰을 건립하여 중생 교화의 공간으로 삼았는데, 이는 당시 사람들에게는 그 자체로 교육 공간, 문화 공간의 역할을 했다. 그가 제자들과 나눈 대화록이자 강의록인 『화엄경문답』(『지통문답』이라고도 함)이 지금도 남아 있다.

[그림 1-3] 최치원 초상

9세기 이후에 활약한 지성으로는 최치원(857~?)이 있다. 그는 12세의 어린 나이에 당나라에 유학을 갔는데, 인백기천(人百己千)의 노력 끝에 그곳에서 과거에 합격하여 율수현 현위로 근무하다 귀국했다. 그러나 때가 난세가 되어 경륜을 제대로 펼칠 수 없었다. 그는 관직을 떠나 전국을 유람하면서 곳곳에 독서당을 짓고 책에 파묻혀 풍월을 읊기도 하고, 고승들과 교유하며 한가로운 생애를 보냈다. 사상가로서 최치원은 유교는 말할 것도 없고, 불교와 도교 사상 등에도 관심이 많았다. 문장가로서도 다양한 방면에서 지성을 발휘했는데, 정치가로서는 시무안(時務案)을 작성하였으며, 외교가로서는 외교 문서도 작성했다. 역사가로서 『제왕연대력』 등을 편찬하였으며, 문필가로서 『계원필경』을 남겼다. 그런가 하면, 화랑의 난랑비문을 짓기도 하고, 신라 하대 고승들의 비문을 다수 짓기도 했다. 그는 진리는 사람을 떠나 있을 수 없다[道不遠人]고 했고, 진리를 찾는 사람에게 출신 국가를 따지는 것은 의미가 없다[人無異國]고도 함으로써 인간이 배제된 추상적인 도에 대한 논의나 인간에 앞서 국가를 내세우는 것을 경계했다.

신라 말기가 되면서 중앙집권체제가 약화되고, 진골 귀족들 간의 권력 투쟁이 격화되었으며, 지방 실력자인 호족이 등장하였는데, 이때 해외에서 유학하고 돌아온 지식인들은 더 이상 설자리가 없었다. 앞서 언급한 최치원과 같은 유학자들도 그러하였지만 불교 승려들도 대부분 지방 호족들과 일정한 관계를 가지며 지방에 활동처를 마련하게 된다. 그들은 당시 중국에서 큰 반향을 일으킨 혁명적인 불교사상인 선(禪) 불교를 공부하고 돌아와 각 지방에 선문(禪門)을 열어 지방 문화를 일으킨 주역이 되었다. 진감(眞鑑, 774~850), 무염(無染, 800~888), 범일(梵日, 810~889), 적조(寂照, 824~882) 등이 그들이며, 그들의 문하에는 수백 명에서 수천 명의 승속(僧俗)이 대집단을 이루며 신라 말기의 지방 교육문화를 선도했다.

교육의 의미와 형태는 각 시대마다 차이가 있을 수밖에 없다. 동아시아 역사에서 학교의 역사만 하더라도 가까이는 한(漢) 무제(武帝) 때 성립한 태학부터 멀리는 주대(周代)의 여러 학교체제 등 3,000년 이상을 거슬러 올라간다. 이러한 학교의 역사는 교육의 역사 가운데 아주 일부분에 지나지 않는다. 이미 선사시대부터 생활을 향상시키기 위한 갖가지 정교한 기능과 기술교육의 전통을 유지·발전시켜 왔으며, 정신적 삶과 관련해서도 여러 가지 신앙이나 사상이 있었으며, 이들은 우리 전통 교육사상의 원형이라고 해도 과언이 아닐 것이다. 단군신화 역시 한 사회나 국가의 '기원'을 알려 주는 중요한 단서이면서 국가 성립 당시의 교육사상의 원형을 제시하고 있다. 단군이라는 인물과 그 시대인 고조선에 대해서는 사학계의 연구도 제한적으로는 이루어지고 있다. 그러나 역사 기록의 부족과 아울러 이 지역의 대부분이 현재 중국 영토에 속해 있어서 연구에 진척이 없는 것도 아쉬운 부분이다.

이런 가운데 재야 사학자들의 주장과 그들이 의지하고 있는 문헌들, 예를 들면 『한단고기』『태백일사』『삼일신고』 등도 무시해서는 안 된다는 의견이 있다(황금중, 2012: 138-142). 『한단고기』에 따르면, 단군은 고조선 군장을 일컫는 일반적 호칭이지 한 명의 군장을 일컫는 고유 명사가 아니며, 이들 책 속에는 교육과 관련한 많은 이념을 찾을 수 있다. 우리가 고대사회의 교육을 연구하고 공부할 때, 현재와 같이 제한된 상황에서 너무 엄격한 사료적 잣대를 갖다 댐으로써 실제로 있었던 '역사적 유산'을 스스로 포기하고 지금의 상황에 자신을 가두어 버리는 어리석음을 범해서는 안 될 것이다. 그렇다고 우리 민족의 우월성 확립을 목표로 해서 검증도 되지 않은 주장들을 그대로 수용하는 것은 더욱 안 될 일이다. 우리가 교육사를 공부하는 것은 남보다 우월하고 월등했다는 것을 보여 주기 위해서가 아니다. 각 시대, 사회의 조건 아래 만든 교육의 다양한 모습과 사상을 볼 수 있기 때문이다.

사실 삼국과 같은 큰 국가가 성립하고 난 이후에는 교육의 모습이 학교와 같은 형식적 교육으로 점차 정형화되어 가고, 교육내용이나 교육방법, 교재의 선택, 교사와 학생의 선발, 시험제도 등 모든 면이 국가의 유지 · 발전을 목표로 이루어지게 됨으로써 자연히 교육의 다양성은 깨지고 '교육생태계'가 균형을 잃게 되는 것이다. 어떻게 보면 국가가 등장하고 국가의 생존을 목표로 하는 국가주의 교육을 지향하는 순간부터 교육은 일상적 삶과 유리되고 경직되어 갈 수밖에 없는 상황이 만들어지는 것이다. 그러나 우리 고대사를 보면, 전쟁이 일상인 극한의 상황 속에서도, 태어난 순간 나의 운명이 결정되어 버리는 전제왕권사회에서도 정신을 고양시키기 위해 포기하거나 안주하지 않는 삶을 산 위대한 지성들도 적지 않았다. 이들의 교육실천은 그대로 교육사가 되고, 그들의 사상은 교육사상이 될 뿐 아니라 그들의 끊임없는 배움의 과정은 학습사의 소중한 자료가 된다.

---

### 🏛 탐구문제

1. 동아시아교육사 혹은 세계교육사에서 학교의 역사를 알아보고, 학교 성립의 의미를 여러 측면에서 생각해 보시오.

2. 동아시아 여러 나라 사이에는 고대사회부터 교육문화의 교류가 있었다. 그 구체적 사례를 들어 보고, 그것이 시사하는 바를 생각해 보시오.

3. 가까운 박물관이나 선사유적지를 방문해 보고 한국 선사시대의 교육사를 어떻게 구성할 수 있는지를 생각해 보시오.

# 고려시대의 교육

## 1. 고려시대의 사회와 교육

고려시대는 교육사적으로 우리나라의 전통적 교육제도가 상당한 체제를 갖춘 시대로서 이때 확립된 제도가 조선시대 말까지 지속된다. 즉, 중앙의 국자감과 오부학당, 지방의 향교로 이어지는 관학제도는 고려조에 생겨 조선조에 그대로 이어진 우리나라 전통 교육제도의 핵심이었다.

먼저, 고려시대의 교육을 이해하기 위해 고려의 사회문화적 배경부터 보기로 하자. 잘 알고 있듯이 고려 왕조의 성립(918)은 후삼국으로 분열된 후삼국체제의 재통일이라는 역사적 의의가 있다. 고려 태조 왕건은 고려가 고구려의 계승자임을 자처하며 회유정책을 써서 국경을 넓히고 신라사회의 골품제를 해체했다. 그러나 태조의 통일은 대립되는 정권의 소멸을 말할 뿐, 여전히 대립되는 성주들은 후삼국의 혼란시대와 다름없는 반(半)독립적 권한을 유지하고 있었고, 이에 중앙에서는 지방관을 파견하지도 못했다. 태조는 중앙 및 지방 호족들과의 타협 속에서 정권을 유지해 나가고 있었지만, 여러 호족의 존재는 그의 정책 수행에 적지 않은 부담을 주었다. 결국 왕권의 확립과 정권의 안정은 고려 초기의 최대 과제였으며, 이러한 과제는 광종의 개혁정책에 힘입어 어느 정도 해결되었다. 즉, 광종(949~975 재위, 태조의 3남)은 956년에 호족의 노비 수를 줄이기 위해 노비안검법(奴婢按檢法)을 실시했고, 뒤이어 958년에 중국인 쌍기(雙冀)의 건의에 따라 과거제를 실시했다. 이는 개국공신 계열의 옛 무신 대신에 학문을 하는 새 문신을 관리로 등용하려는 것이었다. 새로운 인물들이 새로운 기준에 의해 등용되게 된 것이었다. 과거제도는 왕권의 강화를 위한 새로운 관리체계 설정의 기초 작업이었다(이기백, 1976). 그런데 이 과거제도의 시행은 유교적 소양을 갖춘 인재를 양성하는 국가 교육기구의 존재를 그 전제조건으로 하게 되며, 태조 이래 학교교육에 대한 왕들의 관심은 바로 이러한 시대적 배경과 밀접한 관계가 있다. 대표적 관학인 성종 대의 국자감도 이러한 상황하의 시대적 산물이라고 볼 수 있다.

## 2. 고려시대의 교육

### 1) 고려의 교육제도

고려의 교육제도는 중앙의 관학인 국자감(國子監)과 동서학당(東西學堂, 후에 五部學堂으로 개편), 지방의 향교(鄕校)가 있으며, 사학(私學)으로는 십이도(十二徒)와 서당(書堂)이 있다. 이 밖에 잡학(雜學)이라고 불리던 기술교육을 담당했던 십학(十學)이 있다.

#### (1) 건국 초의 교육

신라의 교육제도인 국학은 신라가 후삼국으로 분열되면서 그 기능이 유명무실해졌다. 즉, 신라 하대가 되면서 왕권을 둘러싼 골품귀족 상호 간의 대립투쟁이 격화되었고, 지방 통제력 해이에 따른 지방세력의 독자적인 행정권 형성은 국학 졸업생이 진출할 수 있는 관로를 더욱 좁게 했다. 그리하여 이 지식인들은 고등 실업군으로서 중앙정부에 대한 비판 세력이 되어 갔고(신천식, 1995), 이들과 마찬가지로 일찍이 입당 수학하고 귀국한 숙위(宿衛) 학생(당나라 국자감에서 수학하던 관비유학생)들도 중앙정부에 대한 비판 세력으로 결집되어 갔다(신형식, 1969). 이들 가운데 일부는 향곡에 은거하여 향선생(鄕先生)으로서 지방 자제의 교육에 전념하기도 했다. 아울러 6두품을 중심으로 한 일군의 지식인들은 당나라에 유학하여 직지인심, 견성성불, 불립문자를 주장하는 개혁 불교인 선(禪)을 공부하고 돌아와 지방에 이른바 구산선문(九山禪門)을 개창하여 지방민을 교화하기도 했는데, 바로 이들이 고려 초기 관료체제의 인적 공급에 크게 기여했다(신천식, 1995).

건국 초에는 이와 같이 중앙의 교육이 황폐화된 상황하에 놓여 있었지만 교육에 대한 태조의 관심은 적지 않았다. 태조는 개국 후 무엇보다 유교적 소양을 가진 관리가 필요했을 것인데, 이를 위해 태조 13년 서경(평양)에 학교를 세웠다. 그리고 수재(秀才) 정악(廷鶚)을 서학박사(書學博士)로 삼아 6부의 생도를 모아 교육시켰는데, 이 학교가 잘 운영된다는 소식을 들은 태조가 비단과 곡식을 내려 주어 장학금으로 쓰게 했다는 기록이 있다(『高麗史』卷74, 志28, 選擧2, 學校). 이후 광종 대의 개혁정치로 중앙집권의 기틀이 마련된 이후 성종 대에 이르러서야 본격적인 관학교육의 체제를 마련하게 된다.

성종의 가장 큰 관심사는 유교적인 중앙집권체제의 완비였다고 할 수 있는데, 이를 위해 중앙관제를 정비하고 유교적인 제도와 문물도 정비했다. 또 군현제(郡縣制)의 개혁 역시 유교적 중앙집권책의 일환으로 이루어졌다. 성종의 교육정책도 이러한 중앙집권책과 무관하지 않은데, 그의 교육정책을 정리하면 다음과 같다. 첫째, '유경습업(留京習業)'제도의 실시다. 성종은 즉위 초에 여러 주·군·현에서 자제를 선발하여 서울에 올라가 학문을 익히도록 하는 제도를 만들었는데 이것이 유경습업제도다. 둘째, '권학관(勸學官)'제도의 실시다. 이 제도는 성종 6년(987)에 전해의 귀향생들에 대한 교수를 위하여, 경서에 능통한 경학박사와 의학박사를 뽑아 12목에 파견하여 유생들이 계속 학문에 정진하도록 장려한 제도다. 셋째, 과거제도에 대한 관심이다. 성종 2년에는 최종 시험 합격자라 할 수 있는 예부시(禮部試) 합격자를 다시 임금이 친히 시험을 보는 복시(覆試)를 실시하였고, 시험의 횟수와 합격자 수도 이전에 비해 늘렸다. 넷째, 국자감의 정비다. 성종 11년인 992년, 조서를 내려 "승지(勝地)를 택하여 널리 서재(書齋)와 학사(學舍)를 세우고 토지를 주어서 학교의 식량을 해결하도록 하며 국자감을 창건하라."고 했다. 그런데 실제 국자감의 창설은 건국 초로 여겨지며, 이때(성종 11년)는 새롭게 정비하였을 것으로 보인다(국사편찬위원회, 2003; 신천식, 1995). 이와 같은 성종 대의 중앙집권책에 의해 고려사회는 호족사회에서 귀족사회로 변모되는 계기를 맞았고 국가의 기틀을 확실히 다질 수 있었다.

### (2) 국자감

국자감은 고려의 최고 학부이자 고려시대의 대표적인 인재양성기관이다. 국자감의 설립은 앞서 언급한 대로 국초인 것으로 여겨지고 성종 때 정비된 것으로 여겨지는데, 그 운영에 대한 기록은 17대 인종(1122~1146 재위) 대에 만든 규정집인『학식(學式)』에 나타나 있다. 이에 따르면 국자감에는 6개의 하위 분과가 있는데, 국자학(國子學)·태학(太學)·사문학(四門學)·율학(律學)·서학(書學)·산학(算學)이 그것이다. 이 중 앞의 3학은 유학을 교육하는 인문계 학이며, 뒤의 3학은 전문계 학으로 각기 입학자격과 수업 연한, 교수구성, 교육내용이 달랐다.

6학 중 최고학인 국자학은 문무관 3품 이상의 자제에게, 태학은 5품 이상의 자제에게, 사문학은 7품 이상의 자제에게 입학이 허용되었으며, 율·서·산학은 8품 이상의 자제 및 서인의 자제에게 입학이 허용되었다. 그리고 유학과 3학에서는 잡로(雜路)와 공(工)·상(商)·악(樂)에 종사하는 자손과 범죄자의 자손도 입학이 금지되었다(『高麗史』卷74, 志28, 選擧2, 學校).

국자감의 교육내용은 유학과 3학에서는『주역』『상서』『주례』『예기』『의례』『모시』『춘추좌씨전』『춘추공양전』『춘추곡량전』과 필수교과로『논어』와『효경』을 가르쳤는데, 이것들은 모두 유학자 양성에 중요한 교과다. 학습 순서는『효경』과『논어』를 읽은 후 여러 경서를 읽으며, 아울러 산술과 함께 시무책(時務策, 국정 현안에 관한 글)을 배운다. 그리고 여가가 있으면 글씨를 익혔는데 하루에 한 장씩 쓰도록 했고, 아울러『국어(國語)』『설문(說文)』『자림(字林)』『삼창(三倉)』『이아(爾雅)』(이 교과목들은 문자학 관련 과목임)를 공부하게 했다. 교과 운영은 박사와 조교가 각기 경서를 분담하여 가르쳤는데, 한 경전을 가르친 후 강(講, 평가)을 받게 했으며, 강을 받은 후 다음 경서로 넘어가게 했다(『高麗史』卷74, 志28, 選擧2, 學校).

국자감의 교육 연한과 정원은 시대에 따라 차이가 있었으나,『학식』에 따르면 유학과는 최장 9년, 전문학과는 최장 6년 이내였을 것으로 추정되며, 정원은 300명으로 되어 있다.

고려의 국자감은 성종 대에 의욕적으로 운영되었으나 국내외의 변화에 따라 부진을 맞게 되었다. 즉, 대외적으로는 북방 거란족의 침입(991년 침입, 서희의 담판으로 물리침)을 받아 국가가 위기를 맞게 되었다. 그리고 대내적으로는 과거제도가 문장 능력을 기준으로 하여 인재를 선발하는 진사과(進士科) 위주로 운영됨으로써 경학 중심의 교육을 시행하던 국자감에 얽매이기 싫어하는 풍조가 생겼고, 때마침 최충의 사숙이 생겨 국자감은 폐지 직전까지 가게 되었다.

이러한 관학의 부진을 일신하기 위해 새로운 교육개혁을 추진한 임금이 고려 16대 예종(1105~1122 재위)이다. 예종이 교육개혁을 추진한 이유는, 당시 국정에 간여하던 문벌들, 즉 이자겸(경원 이씨), 김부식(경주 김씨)과 같은 문벌들을 타파하고 새로운 정치적 인재를 뽑으려는 정치적 의도가 있었기 때문이다. 예종의 교육개혁 정책을 요약하면 다음과 같다. 첫째, 국자감의 위상을 재정립했다. 숙종 때 폐지 위기까지 처했던 국자감의 위상을 높이기 위해 지금까지 아무런 제한이 없었던 과거 응시자격을 국자감 3년 의무수학으로 바꾸어 놓았다. 둘째, 삼사(三舍)제도의 실시다. 삼사제도는 송나라에서 실시되던 제도로서 국자감의 교육편제를 외사(外舍)·내사(內舍)·상사(上舍)로 구분하고 교육의 성과에 따라 승급하는 제도다. 셋째, 칠재(七齋)의 운영이다.[1] 칠재는 유학재과 무학재(武學齋)로 구분되는데, 유학재로서는 이택재(麗澤齋,『주역』전공)·대빙재(待聘齋,『상서』전공)·경덕재(經德齋,『모시』전공)·구인재(求仁齋,『주례』전공)·복응재(服膺齋,『대례』전공)·양정재(養正齋,『춘추』전공)의 6학으로 구분하고, 무학과는 강예재(講藝齋)라 하여 이를 모두 합쳐 국학 칠재라 했다(국사편찬위원회, 2003). 무학은 지금까지 국자감 교육에서 제외되었던 것인데 이 시기에 와서 추가된 것은 북방민족의 침입에 대비하려는 준비와 관련이 있을 것이다. 실제 1104년에 여진(1115년에 금나라를 건국하였으며, 1125년에 요나라를 멸망시키고, 1127년에는 북송을 멸망시킨 당시 동북아시아의 강국)이 침입하였으며, 1107년에는 윤관 장군이 여진 정벌에 나선 일이 있었다. 그러나 이 제도의 시행으로 문반 귀족들의 반발이 적지 않아 인종 대에 와서는 무학이 폐지되고,『학식』이라는 규정집이 대내적인 법제와 격식을 관장하는 식목도감(式目都監)에 의해 만들어짐으로써 국자감은 문벌 귀족 중심으로 전개된다(신천식, 1995). 그러나 문인 위주의

---

1) 칠재의 설치에 대해서는 기존 국자감에다 새로운 조직으로 설치한 것이라 보는 견해와 기존 국자감을 그대로 변경한 것이라는 견해 등이 있다(신천식, 1995).

정치는 무인들의 비판을 사서 1170년(의종 24년) 무인난을 맞게 되고, 국자감 교육도 크게 위축된다.

국자감은 충렬왕 원년(1274)에는 국학(國學)으로, 24년(1298)에는 성균감(成均監)으로, 34년(1308)에는 성균관(成均館)으로 그리고 공민왕 5년(1356)에는 다시 국자감으로, 11년(1362)에는 성균관으로 명칭이 바뀌어 조선조로 이어졌다.

### (3) 향교

고려의 지방학교인 향교는 언제 창설되었는지에 대한 명확한 기록이 없다. 성종대 혹은 인종 대로 추정하고 있다. 그에 앞서 신라 말기에는 신진 지식인의 지방호족과의 결합 현상 등을 볼 때 일부 지방의 학교 성립 가능성을 부정할 수는 없다. 그런데다 앞서 언급한 성종의 유경습업제도나 권학관제도 등의 사실로 미루어 볼 때, 설령 향교가 설립되지 않았다 하더라도 이때 지방교육의 기틀이 마련된 것으로 보인다. 고려의 향교는 예종과 인종 대에 이르러 확립기를 맞는다. 예종은 학문을 좋아하는 왕으로 국학을 부흥시키고자 노력하는 한편, 수령으로서 문과 출신자는 학사 사무를 겸하도록 명했다. 즉, 수령의 임무 가운데 하나로 '수명학교(修明學校)'라는 학교(학사) 관리 조항을 만들어 지방교육 진흥을 수령에게 명했다. 인종 역시 학문을 좋아하는 왕으로 이자겸과 묘청의 난을 겪으면서도 학제와 과거제를 재정비하여 민심의 안정과 집권체제를 확립하고 그동안 침체되었던 향교교육을 강화시켰다.

고려의 향교는 조선조와 마찬가지로 공자를 향사하는 문묘(文廟)와 강학을 하는 명륜당(明倫堂)으로 구성되어 있었는데, 의종(1146~1170 재위) 이후 고려가 원나라에 복속되면서 황폐해졌다. 고려 후기의 향교교육은 충선왕(1308~1313 재위)과 충숙왕(1313~1330, 1332~1339 재위)의 노력을 거쳐, 공민왕(1351~1374 재위) 이후의 신진사대부들에 의해서 부흥의 기운을 펼칠 수 있었다. 공민왕은 유능한 인재 선발을 위해 지방의 인재를 천거하도록 하였으며, 퇴폐한 학교 건물을 수리하여 생도를 기르도록 명했다. 당시 이색(李穡, 1328~1396)은 향교와 학당에서 생도들의 재능을 심사하여 유능한 자는 12도(徒)로 올리고, 12도에서 다시 심사하여 성균관으로 올려 일정한 과정을 수학한 후 과거에 응시할 수 있도록 하는 상소를 올렸다. 이색과 같은 고려 말 지방교육 진흥을 주도한 신진사대부들은 주자학을 새로운 정치적·

사상적 이념으로 수용하고 연구하였으며(국사편찬위원회, 2003), 이를 조선의 건국
이념으로 이어 나갔다.

### (4) 동서학당과 오부학당

동서학당은 24대 원종 2년(1261)에 처음 국도(國都)의 동서에 설치한 두 학교를
말한다. 원종의 동서학당 설치는 그간의 무인정치와 몽고의 전란이 끝나고 왕의 친
정체제로 돌아오는 상황에서 문신관료의 양성이 시급하였음을 반영하는 것이다.
즉, 1231년부터 시작된 몽고의 침입은 1259년 강화조약으로 일단락되었는데, 당시
강화를 청하기 위해 세자로 있던 원종이 몽고에 갔으며, 그해 부왕 고종이 죽자 이
듬해인 1260년에 즉위했다. 그는 친원정책을 펼치고 삼별초의 난을 평정했다. 그리
고 1261년 아직 강화도에서 환도가 이루어지지 않은 상태였지만 문관의 양성을 위
해 개경의 동쪽과 서쪽에 2개의 학당을 설치한 것이다.

동서학당은 국자감이나 향교와 달리 문묘를 설치하지 않았는데, 이는 도성의 국
자감에 문묘를 설치해 놓았기 때문이다. 동서학당의 교육 정도는 지방향교와 같은
수준이었다. 그러나 40년에 걸친 몽고와의 항쟁 등으로 발전하지 못하다가, 고려
말 공양왕 2년(1390)에 포은 정몽주가 성균관 대사성이 되었을 때 오부학당으로 확
충되어 개경의 동·서·남·북·중앙의 5개 지역에 세워졌다.

### (5) 십이도

십이도(十二徒)는 문종 9년(1055), 문헌공(文憲公) 최충(崔沖, 984~1068)이 설립한
문헌공도를 비롯하여 개경에 설립된 당시의 유명한 사학 12개를 말한다. 최충은 해
동공자(海東孔子)라고도 불리는 학자로서 문종 7년, 72세의 고령으로 벼슬에서 물러
났다. 그 후 최충이 사학을 열어 후진교육에 전력하자 당시 국자감 교육의 부실함에
불만을 가진 많은 유생이 구름처럼 몰려들어 성황을 이루었다. 이를 본받아 많은 개
인 사학이 퇴임한 학자들에 의하여 열렸는데 그중 특히 유명한 것이 다음에 나와 있
는 〈표 2-1〉의 12개 학교다(신천식, 1995).

표 2-1   십이도의 도명(徒名)과 설립자

| 도명 | 설립자 | 최종 관직 |
| --- | --- | --- |
| 1. 문헌공도(文憲公徒) | 최충(崔沖) | 대사중서령(大師中書令) |
| 2. 홍문공도(弘文公徒) 웅천도(熊川徒) | 정배걸(鄭倍傑) | 시중(侍中) |
| 3. 광헌공도(匡憲公徒) | 노단(盧旦) | 참정(參政) |
| 4. 남산도(南山徒) | 김상빈(金尙賓) | 죄주(祭酒) |
| 5. 정경공도(貞敬公徒) | 황영(黃塋) | 평장사(平章事) |
| 6. 서원도(西園徒) | 김무체(金無滯) | 복사(僕射) |
| 7. 문충공도(文忠公徒) | 은정(殷鼎) | 시중(侍中) |
| 8. 양신공도(良愼公徒) | 김의진(金義珍) 박명보(朴明保) | 평장사(平章事) |
| 9. 충평공도(忠平公徒) | 류감(柳監) | 시랑?(侍郎) |
| 10. 정헌공도(貞憲公徒) | 문정(文正) | 시중(侍中) |
| 11. 서시랑도(徐侍郎徒) | 서석(徐碩) | 시랑?(侍郎) |
| 12. 구산도(龜山徒) | ? | ? |

최충의 문헌공도는 그의 관명을 따서 시중(侍中) 최공도(崔公徒)라고도 한다. 여기서는 반(班)을 구재(九齋)로 나누어 교육했는데, 구재의 명칭은 낙성(樂聖)·대중(大中)·성명(誠明)·경업(敬業)·조도(造道)·솔성(率性)·진덕(進德)·대화(大和)·대빙(待聘)이다. 당시의 과거는 진사과(進士科)가 주류였고 국자감은 진사과의 과목(科目)인 시(詩)·부(賦)·송(頌)보다는 경학(經學) 위주의 교육이었으므로, 과거에 응시하려는 귀족 자제들이 따로 이 문헌공도를 찾은 것은 당연한 추세였을 것이다.

그런데 『고려사』에 의하면, 이 문헌공도는 매년 여름철에 귀법사(歸法寺, 광종이 963년 개경에 새운 국가 사찰)의 승방(僧房)을 빌려 '하과(夏課)'라는 특별 강회를 열었으며, 도중(徒中)에 급제하여 학문이 우수하고 재능이 많으나 아직 관직에 나아가지 않은 자를 택하여 교도(敎導, 임시교관)로 삼아 구경(九經)과 삼사(三史) 등을 교육했다. 또 간혹 선배들이 찾아오면 초에 금을 그어 놓고 시를 짓는[각촉부시, 刻燭賦詩] 속작시 대회를 열었으며, 그 성적을 방을 붙여 순서대로 불러들여 술을 권하는데,

예의와 절도가 있어 모두 감탄하지 않은 이가 없었다고 한다.

　문헌공도 이외에 개성에 있는 11개의 학교도 대개 문헌공도를 모범으로 했다. 십이도의 교육수준은 국자감과 비슷하였으며, 그 교육에 대해서는 국가가 관리했다. 즉, 인종 11년에 각 도(徒)의 학생이 임의로 옮겨 다니는 경우 동당감시(東堂監試)에 응시할 자격을 없앴으며, 국가에서 재정 지원을 하기도 했다. 그리하여 예종 이전에는 바로 최종 과거시험인 예부시(禮部試)에 응시할 자격을 줌으로써 국가적으로 공인된 학제(學制)의 하나로 인정받았다. 그러나 이에 따라 국자감 교육이 더욱 황폐하게 되어, 예종 대에 이르러서는 십이도 학생들도 과거시험 제술과(製述科)·명경과(明經科)에 응시하기 위해서는 국자감에서 3년 동안 수학해야 한다는 의무 규정을 만들기까지 했다. 이로부터 십이도는 국자감에 예속되는 하위 학교로 전락하게 되었다. 그러다가 고려 말에 동서학당이 오부학당으로 개편되면서 그 속에 흡수 통합되었다가 공양왕 3년(1391)에 폐지되었다.

　그러나 국자감 교육이 부진하고 향교가 생기기 이전, 고려의 독특한 사립 아카데미로 설립되어 고려의 교학에 적지 않은 공헌을 남긴 것이 십이도다. 십이도가 한때 성행할 수 있었던 것은 국가의 내우외환으로 인해 국학 교육이 부진했다는 점, 당시의 학교교육의 초점이 과거시험에 맞추어져 있어 이를 위해서는 부진한 관학보다 국가의 고관으로 과거시험관 등의 경력이 있는 우수한 유학자들이 연 학교를 선호할 수밖에 없었다는 점 등 때문이었다.


　고려의 학교제도는 앞서 언급한 것 외에도 서당과 서재, 십학 등이 있다. 서당은 지방 초등 서민교육기관으로서 그 명칭은 기록에 보이지 않는다. 다만 고구려의 경당이 각 부락에 있었던 것으로 보아, 통일신라를 거쳐 고려시대에 와서는 나름대로 어떤 형태의 지방 초등학교가 생기지 않았을까 추측하는 것이다. 인종 2년(1124) 송의 사신 수행자인 서긍(徐兢)이 저술한 『고려도경(高麗圖經)』에는 "마을 거리에는 경관(經館)과 서사(書舍)가 두셋씩 있어서 백성들의 미혼 자제들이 무리 지어 살면서 스승으로부터 경서를 배우고, 좀 장성하여서는 벗을 택해 각각 그 부류에 따라 절간에서 강습하며, 아래로 졸병과 어린아이에 이르기까지도 그의 선생에게 글을 배운다. 아아, 훌륭하구나."라고 적고 있다. 여기서 우리는 서긍이 본 서사(書舍)를 서당이라고 이름 붙인 것이며, 그 명칭이야 어찌 되었건 초등 문자 계몽기관의 학교가 틀림없음을 알 수 있다.

십학(十學)이라고 불리던 잡학은 앞서 언급하였듯이 기술학 교육이다. 고려 말 국자감이 성균관으로 바뀌면서 유학 전문기관으로 바뀌자, 국자감의 율학(律學)·서학(書學)·산학(算學)이 해당 관서로 이관되면서 공양왕 원년에 십학으로 통합되었다. 십학의 구체적 내용은 예학(禮學)·악학(樂學)·병학(兵學)·율학(律學)·자학(字學)·의학(醫學)·풍수음양학(風水陰陽學)·이학(吏學)·역학(譯學)·산학(算學) 등이다.

## 2) 과거제도와 학교교육

광종 9년에 중국의 귀화인 쌍기(雙冀)에 의하여 성립된 고려의 과거제도는 학교교육과 밀접히 관련되어 있다. 즉, 고려시대 과거제도의 목표는 인재양성과 그 인재의 선발이라는 측면에서 국가의 교육목표와 일치한다. 따라서 과거의 시험과목과 학교교육에서의 교과내용은 서로 일치하고 있다.

이미 고려시대 교육의 배경에서 언급하였듯이 고려 초기의 정치적 권력 상황은 '신강군약(臣强君弱)'이라는 말로 나타낼 수 있을 것이다. 말하자면, 왕권의 약화로 왕조 초기에 많은 파동을 겪게 되고, 그리하여 왕권강화가 왕조의 유지를 위한 지상과제였다. 광종조의 제반 시책 역시 이런 맥락과 관련지어 이해할 수 있다.

우선 광종은 재위 7년(956)에 노비안검법을 실시하였는데, 이는 귀족권신의 노비수효를 줄임으로써 그들의 세력을 그만큼 약화시키려는 의도에서 나왔다. 또 광종은 11년에 노비안검법 등의 호족억제책으로 생긴 반광종적 기운에 대한 숙청을 단행했다. 이러한 광종의 일련의 정책이 왕권을 강화시키려는 목적에서 나왔듯이 과거제도 역시 그러한 목적에 부합한다. 말하자면, 신왕조의 발전이라는 견지에서 볼 때, 과거제는 신하를 선발하는 척도로서 구제도의 개혁을 위하여 필요한 방편을 제공하였던 것이다. 10세기 중엽 삼국이 정립하여 한반도의 패권을 다투던 시기에는 왕 개인에 대한 절대적 충성이 별로 중시되지 않았지만 새로운 왕조질서가 만들어지면서, 즉 고려가 성립된 후에는 그에 알맞은 새로운 정치제도가 필요하였고 과거제가 그 매개체 역할을 했다. 고려의 왕권을 중국식 전제왕권의 경지까지 고양시키는 것을 지상 목표로 삼은 광종에게는 과거제가 그에 필요한 관료제도의 확립을 위해 없어서는 안 될 도구였다.

결국 고려시대 학교교육의 목표가 과거 합격에 있었다고 볼 때, 고려시대 교육은 과거제와 불가분의 관계에 있을 수밖에 없다. 과거제의 의도가 왕권강화에 있었다고 할 때, 고려시대의 교육은 바로 이 왕권강화에 이바지했다고 할 수 있다(차석기, 신천식, 1975).

그런데 초기의 과거시험에는 예비시험이 없어서 중앙의 국학생(사족)과 지방에서 천거된 호족 자제(향족)들은 바로 과거에 응시할 수 있었다. 그러나 제도가 정비됨에 따라 예비시험제도가 생겼고, 예비시험을 거쳐 예부에서 실시하는 본 시험인 예부시[일명 동당시(東堂試)]에 응시할 수 있었다. 성종 대에서 예종 대까지는 예부시 합격자들에 대해 임금이 주재하여 다시 시험을 치게 하는 제도가 있었는데 이를 복시(覆試)라고 한다. 복시에 의하여 급제자의 순서를 정하였으며, 이는 문풍(文風)과 유학을 장려하는 의미가 있었다.

시간의 경과와 함께 과거제도에 대한 여러 문제가 생겼는데, 부정행위도 성행했다. 이를 막기 위해 봉미법(封彌法, 응시자 답안지의 이름을 가림으로써 시험관의 부정을 막는 법), 역서법(易書法, 응시자 답안지를 새로 베껴 부본으로 채점하는 법), 수검통고법(搜檢通考法, 응시자가 시험장에 들어갈 때 부정행위에 사용할 물건을 가지고 들어가지 못하도록 몸수색을 한 다음 들여보내는 것) 등이 차례로 실시되어, 갈수록 과거제의 문제점이 적지 않지 않게 노출되었음을 알 수 있다(이성무, 1995).

고려시대에는 문과가 위주였지만 무과와 승과도 있었다. 무과는 국학 칠재 가운데 무학반인 강예재가 설치되면서 과거에서 무학생을 선발한 예가 있다. 그러나 급제자 상황 등 자세한 것은 알 수 없다. 또 승과는 광종 대에 설치하였고 승려를 대상으로 한 시험이었다.

고려시대의 인재등용법은 과거가 대표적인 것이었지만, 이외에도 음서제(蔭敍制) 등 여러 가지가 있다. 음서제는 과거제와 함께 고려시대의 가장 보편적인 관리등용법이었다. 과거제가 개인의 학문적 능력을 시험으로 평가하는 제도라면 음서제는 조상의 음덕으로 그 자손이 관리가 될 수 있게 하는 제도다. 이 음서제도는 고려의 귀족들이 문벌을 형성해 가고 그 특권을 유지해 가는 데 큰 영향을 주었다. 유일(遺逸)의 천거라는 방법도 있는데, 이는 학식과 재능·덕행이 뛰어났으면서도 가세 등이 미약하여 벼슬에 오르지 못하고 있는 인물을 천거에 의해 특별히 등용하는 제도다(국사편찬위원회, 2003).

## 3. 고려시대의 교육사상가

### 1) 지눌(知訥, 1158~1210)

지눌의 속성은 정씨며, 호는 목우자(牧牛子)다. 황해도 서흥 출신이며, 아버지 정광우는 국학(國學)의 학정(學正)을 지냈다. 그는 태어날 때부터 병약하여 백방으로 약을 구했으나 소용이 없어 아버지가 부처님께 기도를 올리며 병이 나으면 출가시키겠다고 했다. 그 후 병이 나아 구산선문(九山禪門) 가운데 하나인 사굴산파의 종휘 선사에게 나아가 승려가 되었으나 따로 특별한 스승이 있었던 것은 아니다. 그에게는 자기가 모르는 것을 가르쳐 주는 사람이 곧 스승이었고, 올바른 길을 제시해 주는 사람이 곧 은사였다. 25세에는 선과(禪科)에 합격하여 승려로서의 출셋길이 열렸으나 그것을 마다하고, "이것은 명리(名利)의 길이니 우리는 참된 수도를 하는 사람이 되기 위해 이 길을 버리고 산림에 은둔하여 수도하며, 훗날 새로운 수도의 결사를 하고 정혜를 쌍수하자."라고 동료와 약속하고 수도를 떠났다.

지눌은 1190년 팔공산 거조사(居祖寺)에서 도반들과 정혜결사(定慧結社)라는 공동수행 단체를 만들었다. 이 모임의 취지문에서 마음을 바로 닦음으로써 미혹한 중생이 부처로 바뀔 수 있음을 밝혔고, 그 방법으로 정과 혜를 함께 닦는 정혜쌍수를 말했다. 이 결사가 시작된 지 8년이 지난 1197년에는 왕족과 승려 수백 명이 참여하여 함께 수도했다.

원효가 '일심'의 개념으로 진리를 말하였다면, 지눌은 '진심'이라는 개념을 사용했다. 바로 이 진심을 찾는 것이 수행의 목적이요 교육의 목적이 되는 것이다. 그는 「수심결(修心訣)」에서 다음과 같이 말하고 있다(한국불교전서편찬위원회, 2001: 708-713).

만약 부처를 구하고자 한다면 그 부처는 곧 마음이다. 마음을 어찌 멀리서 찾을 것인가. 마음은 몸 밖에 있는 것이 아니나 육체의 몸은 임시적인 것이어서 태어남이 있고 사라짐이 있다. 그러나 참마음인 진심은 공(空)과 같아 끊을 수도 변할 수도 없는 것이다. 몸은 흩어져 불과 바람으로 돌아갈지라도 신령스러운 '한 물건[一物]'은 하늘을 덮고 땅을 덮는다. 슬프다. 오늘날 사람들이 미혹한 지 오래되었구나. 자기의 마음이 진정한 부처인 줄 모르고 자기의 성품이 참된 진리인 줄 몰라, 진리를 구하되 멀리 성현에게 미루며 부처가 되고자 하되 자기의 마음을 관찰하지 못하는구나. …… 원컨대, 참되게 살려는 사람은 게으르지 말라. 머리에 타는 불을 끄듯 자신을 돌이키기를 잊지 말라. 인생은 덧없고 빠른 것이다. 몸은 아침 이슬 같고 목숨은 저녁 노을과 같은 것이니 오늘이 있을지라도 내일을 기약하기 어렵다. 간절히 새길지어다. 간절히 새길지어다.

지눌에게 수행 공부라는 것은 바로 '마음을 찾는 일'이고, 이는 자신의 본래 면목인 진심을 찾는 일이다. 그의 돈오점수는 본래 면목을 회복해 가는 과정, 즉 바람직한 인간 형성의 과정이다(박선영, 1981: 99).

지눌은 이와 같이 이론적이고 사상적인 측면에서만 바른 삶을 추구한 것이 아니라 실제에서도 수행공동체인 결사를 만들어 세속의 명리를 떠나 바른 삶을 추구했다. 그는 '정혜결사를 함께 닦는 것을 권하는 글[勸修定慧結社文]'을 지어, 모든 논쟁을 그치고 선정과 지혜를 함께 닦아서 도를 깨달아 중생을 구제하려는 뜻을 세운 사람이면 유교인이든 불교인이든 모두 이 결사에 들어와 함께 수행할 것을 권했다. 이러한 그의 실천운동은 명리를 따르고 지나치게 경전의 자구에 집착하는 당시 불교계의 풍조를 비판한 것이며, "위로는 깨달음의 진리를 추구하고 아래로는 중생을 구제하겠다."라는 상구보리(上求菩提) 하화중생(下化衆生)의 대승불교 정신을 실천한 것이다.

## 2) 안향(安珦, 1243~1306)

안향의 일생에 대해 『고려사절요』에서는 이렇게 기록하고 있다. "안향은 홍주(경북 순흥) 출신이다. 사람됨이 장중(莊重)하며 조용하고 자세하여, 재상으로 있을 때

[그림 2-1] 안향 초상
출처: 문화재청 홈페이지.

는 계획을 잘하고 결단을 잘하니 동료들은 다만 순순히 좇을 뿐이며 감히 다투지 못했다. 늘 인재를 양성하고 유학의 부흥을 자기 임무라고 생각했다. 또 사람을 알아보는 식견이 있었다. …… 만년에는 항상 회암(晦菴, 주희) 선생의 화상을 걸어 놓고 경모의 뜻을 보이니, 마침내 호를 회헌(晦軒)이라 지었다. 그는 또 문장이 맑고 힘이 있어 볼만했다. 장사(葬事) 때는 칠관(七館)과 십이도(十二徒)가 모두 소복으로 길에서 제사를 드렸다. 시호를 문성공(文成公)이라 했다."(민족문화추진회, 1982: 246-247)

안향은 충렬왕 원년(1275)에 상주판관이 되었는데, 이 시기에 여자 무당 세 사람이 각 지역을 돌며 크게 활동하는 것을 형벌로 다스려 무속을 배격했다. 이어 충렬왕 4년에 국학(국자감이 당시 국학으로 개칭되었음)의 사업(司業, 혹은 司藝)으로 임명되어 유교교육의 직무를 총 관장하게 되었다.

충렬왕 27년(1301)에는 원나라 학관 야율희일(耶律希逸)이 고려에 사신으로 와서 관례대로 문묘를 배알하려 했다. 그러나 당시 고려의 국자감은 수차례 전화(戰禍)로 제대로 문묘를 두고 있지 못한 상태였다. 그래서 관리가 안향의 저택 정사(精舍)에 봉안된 성상(聖像, 공자상)을 방문하였는데, 이때 원나라 사신이 우리 왕에게 문묘의 신축을 건의했다. 이에 안향은 자신의 저택을 조정에 헌납하여 국학의 성묘(聖廟, 대성전)가 되게 했다. 안향의 국학 부흥운동은 이에 그치지 않았다. 국학에 노비 백명을 바쳐 학생들의 학업의 편리를 도왔으며, 금전과 토지 또한 적지 않게 제공하여 교육재정을 마련했다.『고려사절요』에 따르면, "충렬왕 30년(1304)에 첨의부와 밀직사 등 관련 부서와 의논하기를 재상의 직책은 인재를 양성하는 것보다 급한 것이 없는데 이제 양현고가 비어 교육에 쓸 자금이 없다. 청하건대 육품 이상은 각기 은 한 근씩 내고, 칠품 이하는 등급에 따라 베를 내게 하여 양현고(養賢庫)에 돌려서 본전은 두고 이자를 받아 영구히 교육 자금으로 하자 하니 두 부서에서 이를 따랐다. 이 사실을 들은 왕이 내고(內庫, 왕실 재정)에서 금전과 곡물을 내어 보조했다."라고 했다. 국가 교육기관의 교육재정은 일찍이 통일신라시대부터 녹읍(祿邑)을 설치하여 국학 재정으로 삼은 바 있다. 그리고 양현고는 고려 예종 때 설치하여 국학 칠재를 운영한 것에서 비롯되어 그 뒤 역대 왕에게 계승되었으나, 충렬왕 대에는 그동안의 전란으로 비어 있는 상태였다. 안향은 또 양현고의 일부 자금으로 박사 김문정에게 부탁하여 중국에서 공자와 칠십 제자의 상(像)과 제기(祭器)와 악기 그리고 육경(六經), 제자서(諸子書)와 사기(史記) 등을 구입해 왔다. 그리고 양현고의 이자로서 섬학전(贍學錢)을 설치하였는데, 이는 유생들의 학비 보조금이었다. 안향의 이러한 노력으로 충렬왕 30년 국학이 완성되어 대성전이 건립되었고, 그 전해에 중국에서 들여온 성현의 상을 봉안하여 6월에는 왕이 직접 행학(幸學)하여 공자상에 배알하게 되었다. 이리하여 고려 후기 성리학 교육의 근거가 마련되어 유학을 공부하는 유생들이 학관(學館)이 비좁을 정도로 많았으며, 경서를 끼고 수업하는 유생이 수백 명에 이르렀다(김병구, 1993).

안향의 문하에는 권부(權溥, 1262~1346), 우탁(禹倬, 1262~1343), 이조년(李兆年, 1268~1342), 백이정(白頤正) 등이 있었으며, 조선 중종 38년(1543)에 주세붕에 의해 그의 관향인 순흥에 백운동서원이 세워졌다.

고려시대의 교육사는 앞 시대와 달리 학교교육에 관한 내용이 상당 부분을 차지한다. 이는 통일국가체제 정립을 위해 투쟁하던 이전 시대와는 달리 통일국가체제를 확립하였으며, 교육은 확립된 통일국가체제를 유지, 발전시켜 나가는 데 없어서는 안 될 기능적 요소가 되었기 때문이다. 초기의 국자감 설립을 비롯한 관학체제의 확립과 인재선발을 위한 과거제도의 설치는 고려 초기의 정치적 상황 속에서 이해할 수 있다. 이러한 초기 관학체제가 부진에 빠지게 된 것은 발해는 물론 북송까지 멸망시킨 거란의 침입이라는 외부적 요인과 과거시험과 학교교육 내용의 불일치 등 내부적 요인도 있었다. 관학이 부진에 빠지자 당시 시중 벼슬을 지냈고 해동공자로 학식과 덕망이 높았던 최충 등이 12개의 사립학교를 개설하여 관학의 부진을 메워 주었으나 국자감의 부실은 가중되었다. 고려 중기에 예종과 인종은 정치적으로 경원 이씨, 해주 최씨, 경주 김씨 등과 같은 문벌정치에서 벗어나기 위한 한 방안을 국자감의 부활에서 찾으려 했다. 즉, 국자감과 향교 교육을 개혁함으로써 새로운 인재를 양성하고 기존 문벌들을 타파할 수 있으리라 기대하며, 개혁적 교육정책을 대대적으로 추진했다. 그리하여 과거제도와 국자감 교육을 일원화시키고, 독립적으로 운영되던 12개의 사립학교들도 국가가 관리하여 국자감의 부속기관으로 만들었다. 이렇게 하여 체제를 잡아 가던 관학이 다시 혼란에 빠지게 된 것은 다시 몽고(원

나라)의 침입이라는 외부적 문제와 무신정권의 성립이라는 내부적 문제 때문이었
다. 국가가 다시 개경의 동서에 문인 관료를 양성하기 위해 두 학당을 설치한 것도
이 두 가지 문제가 해결될 무렵이었다. 고려 말기, 관학교육의 재건의 계기는 원나
라와의 교류를 통하여 마련된다. 충렬왕 때 사신으로 간 안향이 그곳에서 주자학을
소개함으로써 무속과 불교 중심의 종교·문화·교육계에 새로운 기풍을 일으키게
되었다. 이어 이색(1328~1396), 정몽주(1337~1392) 등이 성균관(국자감의 후칭)의 최
고 책임자인 대사성으로 임명되면서 학풍을 진작하고 성리학을 보급·발전시켜 나
갔다.

한편, 이러한 고려시대의 관학교육과 달리 불교는 이전 시대에 이어 여전히 민간
교육에 큰 역할을 했다. 사원은 문헌공도의 하과에서 보듯이 고려 선비들의 독서처
로 널리 이용되었다. 사실 사원은 불교교육뿐 아니라 유교교육, 나아가 선도(仙道)
의 교육까지 포용하는 교육 공간이 되었다. 즉, 사원은 학교라는 공적(公的) 공간이
부족한 상황에서 학교의 역할을 수행한 것이며, 그곳에서 고승들이 삶을 이끌어 주
는 스승의 역할을 하였다는 것은 지눌의 경우에서 단적으로 확인할 수 있다. 지눌의
정혜결사는 글공부와 마음공부를 겸하는 공부모임이며, 이 모임은 불교인이나 유
교인을 가리지 않았다.

**탐구문제**

1. 고려 관학에는 국자감을 비롯한 여러 학교가 있었고, 시대에 따라 성쇠(盛衰)를 거듭하게
   된다. 관학교육의 성쇠의 여러 요인을 생각해 보시오.

2. 역사상 국가 인재선발 제도의 종류를 알아보고, 그중 과거제의 장단점을 생각해 보시오.

제3장

# 조선시대의 교육

## 1. 조선시대의 사회와 교육

　삼국시대를 전후하여 우리나라에 들어온 유교는 조선시대에 들어와서 확고한 통치이념으로 자리 잡았고, 불교와 도교 사상은 이단으로 몰리게 되었다. 따라서 조선을 이해하기 위해서는 다른 무엇보다 유교를 이해하지 않으면 안 된다. 그런데 우리나라에 들어온 유교는 고려 말을 전후로 서로 다른 성격을 지니고 있다. 고려 말 이전에는 주공(周公)과 공(孔)·맹(孟)을 따르는 경사학(經史學)으로 충효를 강조하는 유교였다. 그러나 고려 말 신진유학자에 의하여 받아들여진, 흔히 성리학(性理學), 주자학(朱子學)으로 불리는 새로운 유교는 인간의 성품과 우주의 이치를 합리적으로 궁구(窮究)하려는 성격을 지녔다. 또한 존왕양이(尊王攘夷, 자민족의 왕조를 높이고 이민족을 배척함)의 민족주의적 대의명분론도 내세웠다. 사실 고려의 사상적 특징은 유·불·도 삼교와 우리 재래의 사상이 교섭하고 융화하여 상호 간에 갈등을 일으키지 않았다. 불교는 종교의 영역에서 백성들에게 평화로운 심성을 고취하였고, 유교는 정치이념의 원리를 제공했으며, 도교는 무위자연 사상을 제시하면서 사상적 균형이 있었다. 그런데 고려 말 존왕양이의 정통성을 주장하는 성리학이 들어옴으

로써 이러한 사상적 융화성이 무너지기 시작했다. 성리학이 주장하는 세상의 질서
란 천존지비, 즉 하늘은 높고 땅은 낮다는 데서 출발한다. 이 천지관계가 가정에서
는 부부·부자의 관계로 나타나며, 나라에서는 군신관계로 나타나고, 천하에서는
화이(華夷)관계로 나타난다(금장태, 1982). 성리학은 자연의 질서를 인간사회의 질서
로 유추·적용시켰고, 이러한 질서구조에 신성성을 부여하고 있다. 부부·부자·
군신의 관계가 인륜인 동시에 천륜으로 파악되는 이유도 여기에 있다. 나아가 조선
이 유교를 통치 이데올로기로 삼은 이유도 바로 여기에 있다고 보아야 한다. 고려
초나 조선 초의 정치적 상황으로 볼 때 군신 간의 수직적 위계질서 확립은 큰 과제
였으며, 이러한 큰 과제를 효과적으로 실현하기 위해서는 불교나 도교보다도 수직
적 위계질서를 학문적으로 합리화시켜 주고 신성화시켜 주는 유교가 통치이념으로
적합했던 것이다. 조선왕조가 유교를 통치이념으로 삼은 이상, 조선시대의 교육 역
시 유교와는 불가분의 관계를 가질 수밖에 없다.

　그런데 고려 말과 조선 초의 성리학은 두 가지 특이한 양상을 나타내고 있는데,
이것이 조선 유학의 특징이 되면서 이후 조선 초기 교육의 방향을 결정하게 된다.
즉, 고려 말과 조선 초의 성리학자들이 주자학을 배경으로 불교를 배척하고 신유학
을 숭상한 점은 같지만, 주자학을 중심으로 한 유교의 새로운 해석과 그들의 인간과
세계에 대한 해석과 평가는 다르게 나타났다. 다시 말하면, 고려 말의 정치적 혼란
과 사회기강의 문란, 국민경제의 피폐 등으로 고려사회가 더 이상 유지되는 것이 불
가능하다고 생각했던 신세력(혁명파)과 고려왕조를 부정하지 않고 계승하면서 중흥
하려는 세력(온건파)이 그것이다. 이는 당시의 역사 상황에 대한 판단과 존왕양이의
의리를 중심으로 한 윤리관에 대한 견해차에서 비롯된 것이다. 의리를 중심으로 한
보수세력과 현실에 입각한 신세력 간의 대립은 초기에는 포은 정몽주와 삼봉 정도
전으로 대표되었다. 포은 계열은 인간의 내면적 본성을 강조하며 만고불변의 도덕
의식을 계발하는 데 그 중점을 두었다. 반면, 삼봉 계열은 불변하는 인간성의 계발
보다는 상황에 대응하는 창의적 변혁을 강조하는 만큼, 관념적 의리 도덕보다는 인
간의 의지력 연마와 지식의 능력 및 문화의식을 고취하는 데 그 중점을 두었다. 이
러한 두 파는 후에 관학파(官學派)와 도학파(道學派), 훈구파(勳舊派)와 사림파(士林
派)를 각각 형성하게 되었으며, 각기 교육에 있어서 관학과 사학을 설치하여 그들의
이념 보급에 힘썼다. 요컨대, 관학파는 여러 관학을 통해 천명사상 등을 보급하여

사회질서를 이룩하려 했고, 사림파는 서원 등의 사학을 통해 의리정신과 대의명분을 가르쳐 왔던 것이다.

## 2. 조선시대의 교육

### 1) 조선시대의 관학교육

#### (1) 성균관

태학(太學), 반궁(泮宮) 등의 이름으로도 불린 성균관(成均館)은 조선시대의 최고 학부로서 태조 7년(1398) 한양 동북방 숭교방(崇敎坊)에 건립한 학교다. 조선은 건국 직후부터 성균관과 향교, 사부학당 등을 세워 관학체제를 정비하였는데, 이는 이들 학교를 통해 조선시대의 통치이념인 유교를 널리 보급하여 유교 중심의 국가체제를 정비하려는 뜻에서였다. 이 가운데 성균관은 유학 연구의 전당이었을 뿐 아니라 당시 통치체제에 필요한 관리 양성의 중심지이기도 했다.

[그림 3-1] 성균관 명륜당

출처: 문화재청 홈페이지.

성균관의 건물구조는 문묘(文廟)와 명륜당(明倫堂)이 중심이다. 문묘는 대성전(大成殿)과 동무(東廡)·서무(西廡)로 구성되어 있는데, 대성전에서는 공자를 향사(享祀)하고, 동무와 서무에서는 역대의 선현(先賢)을 종사(從祀)했다. 이렇게 학교에 종교시설이라 할 수 있는 문묘를 설치하고 국왕이 직접 알성(謁聖)하고 춘추에 석전제(釋奠祭)를 거행하는 것은 선현존숭을 강조하는 유교의 근본 취지이기도 하지만, 조선시대에 와서는 국가의 통치이념에 대한 국왕의 관심을 상징적으로 나타내는 것이기도 했다. 명륜당은 강학하는 학당으로, 명륜당 동·서에는 동재(東齋)와 서재(西齋)라는 기숙사가 있다. 전통 교육기관의 특징의 하나가 바로 이와 같이 종교기능과 교육기능이 합쳐진 '묘학제(廟學制)'라는 점이다. 성균관의 부속 건물로는 도서관에 해당되는 존경각(尊經閣)을 비롯하여 계성사[啓聖祠, 공자·안자(顔子)·자사·증자·맹자의 부친을 제사를 지내는 사당], 비천당(丕闡堂, 과거시험장), 육일각(六一閣, 대사례를 행하는 곳), 양현고(養賢庫, 유생들의 식량과 물품을 관리하는 곳) 등이 있다.

성균관의 직제에서 우두머리는 정3품의 대사성(大司成)이었다. 또 성균관의 학생으로는 생원·진사 시험에 합격한 자를 원칙으로 했으나 정원이 미달될 때는 15세 이상의 사학(四學) 학생으로 보충했다. 그런데 성균관 유생은 동재와 서재에 기숙해야 하는데, 생원·진사로서 입학한 자는 상재생(上齋生)이라 하여 상재에서 기거하고, 사학에서 입학한 유생은 승학생(升學生)이라 하여 하재에서 기숙하여 둘을 엄격하게 구별했다. 성균관의 정원은 시대에 따라 차이가 있었으나 100~200명 정도였다.

성균관 유생들의 학업 및 일상생활을 규정해 놓은 것은 국초에 정한 학업 규칙인 학령(學令)이다. 학령의 주요 내용은 다음과 같다(태학지번역사업회, 1994).

① 매달 초하룻날, 유생은 의관을 갖추고 문묘에 가서 알성(謁聖, 공자를 뵘)하고 사배례(四拜禮)를 한다.

② 매일 학관이 명륜당에 일제히 앉으면 유생들이 마당으로 들어와 읍례(揖禮, 인사)할 것을 청한다. 북소리가 한 번 울리면 유생들이 차례로 마당에 들어와 읍례를 한다. 마치면 각기 자신의 재(齋, 학반)로 돌아가 학우들끼리 마주보고 읍한다. 대표 학생이 학관 앞에 나아가 일강(日講, 그날의 강의)을 청하면, 상재(上齋)와 하재(下齋)에서 한 사람씩 나아가 강(講, 전날 배운 것을 시험함)을 한다. 강에 통과한 사람은 통과 횟수를 연말에 계산하여 과거시험 치는 해에 합쳐서

계산해 주며 통과하지 못한 자는 매로 다스린다. 북이 두 번 울리면 학생들은 읽던 책을 가지고 각기 스승에게 나아가 먼저 배운 것에 대해 질의 토론한 다음 새로운 것을 배운다. 많은 내용을 배우기를 힘쓰기보다 깊이 연구하는 것이 중요하며, 졸거나 강의에 주목하지 않으면 벌을 준다. 책을 읽을 때는 먼저 글의 대의(大義)를 파악하고 그것을 응용할 줄 알아야 하지 글귀 자체에 얽매여서는 안 된다. 항상 사서오경과 역사서만을 읽어야 하며, 노장(老莊), 불서(佛書), 백가자집(百家子集, 당시 이단서로 여긴 유가 이외의 사상 서적) 등을 가까이 하는 자는 벌한다.

③ 매달 제술(製述, 글짓기)을 행하는데, 초순에는 의(疑)·의(義)·논(論)을 짓고, 중순에는 부(賦)·표(表)·송(頌)을 지으며, 하순에는 대책(對策)과 기(記)를 짓는다. 문체는 간결하고 정확하여야 하고, 기괴하거나 편벽되어서는 안 된다. 문체가 경박하고 야비함을 드러내는 자는 퇴학시킨다. 또 해서(楷書)로 쓰지 않으면 벌한다.

④ 강경(講經) 성적은 끊어 읽기가 분명하고 뜻풀이가 정통하여 여러 책을 넘나들며 막힘이 없으면 대통(大通)이고, 완전하지는 못하지만 그래도 끊어 읽기가 능하고 한 경전에서 뜻풀이가 자세하면 통(通)이라 한다. 또한 끊어 읽기가 능하고 한 경전의 한 장(章)의 뜻이 통한다면 약통(略通)이라 하고, 끊어 읽기가 능하고 한 장의 대충의 뜻도 통했지만 자세히 알지 못하면 조통(粗通)이라 한다. 조통 이하는 벌한다.

⑤ 유생으로서 성현에 대하여 말하기를 싫어하고 고담이론(高談異論)을 좋아하거나 덕 있는 군자를 헐뜯고 조정을 비난하는 자, 재물과 뇌물에 대해 상의하고 주색을 즐겨 말하는 자, 현세에 타협하고 권세에 아부하여 벼슬을 꾀하는 자는 벌한다.

⑥ 매월 초팔일과 23일은 옷을 세탁하는 날로 허락한다. 이 날은 예전에 배운 것을 복습해야지, 활쏘기·장기·바둑·사냥·낚시로 유희해서는 안 된다. 어기면 벌한다.

⑦ 길에서 스승을 만나면 몸을 보이고 길의 왼편에 서서 공수(拱手, 손을 모으는 것)해야 한다. 이때 숨거나 얼굴을 가려 예를 행하기를 꺼리면 벌한다.

⑧ 매일 날이 밝기 전에 북소리가 한 번 울리면 일어나고, 두 번 울리면 의관을 갖

쳐 단정히 앉아 책을 읽고, 세 번 울리면 차례로 식당에 나아가 동서로 마주 앉아 식사를 한다. 차례를 지키지 않거나 떠들면 벌한다.

⑨ 조행(操行, 태도와 행실)이 단정하여 모범이 되고 시무(時務)에 통달한 자 한두 사람을 서로 의논하여 뽑아 학관에게 알리고 예조에 보고하여 관리로 등용하게 한다.

이와 같이 성균관의 교육과정은 크게 강독(講讀)·제술(製述)·서법(書法)으로 구성된다. 이 가운데 강독 교재는 사서오경을 위주로 하여 중국의 사서(史書) 등을 순서로 정해 읽도록 했으며, 노장(老莊)·불서(佛書)는 잡서로 취급하여 읽기를 금지했다. 제술은 의(疑)·논(論)·부(賦)·표(表)·송(頌)·명(銘)·잠(箴)·기(記) 등 여러 종류의 문장을 초순·중순·하순에 따라 나누어 지었다. 서법은 해서 위주로 했고, 해서로 쓰지 않는 자는 벌했다.

성균관의 학업내용의 성적평가는 연고(年考), 월고(月考), 순고(旬考), 일고(日考)의 4종이 있다. 연고는 3월 3일과 9월 9일에 시행했으며, 우등자 3명은 바로 문과 복시(覆試)에 응시할 수 있는 자격을 부여했다. 월고, 순고, 일고의 성적도 장부에 기록해 두었으며, 경서 강독의 평가단계는 대통(大通)·통(通)·약통(略通)·조통(粗通)의 네 단계이며 조통 이하는 벌했다는 것을 알 수 있다.

성균관 유생들은 활발한 자치활동도 벌였다. 재생(齋生) 중에서 대표자인 장의(掌議)를 뽑아 그의 주관하에 재회(齋會, 학생회의)를 열어 스스로를 제재했으며, 국가 시책의 실정과 성균관 교풍의 위배에 대해서는 유소(儒疏)를 올려 탄핵 상소했다. 이 유소가 관철되지 않거나 보복 조치를 하면 유생들은 집단행동으로서 식당에 들어가지 않는 권당(捲堂), 수업을 거부하는 공재(空齋), 자퇴를 결의하는 공관(空館) 등을 행했다(태학지번역사업회, 1994). 유생들이 이렇게 집단행동을 하면 시중 여론이 분분해져 상인들은 가게 문을 닫고 동정하여 호응하게 되었고, 이에 왕은 문책을 철회하고 무마하기도 했다.

성균관의 재정은 고려 예종이 설립한 양현고 제도를 따랐는데, 양현고는 제사비인 문묘비(文廟費), 유생의 식비인 공궤비(供饋費), 학비인 섬학전(贍學錢) 등으로 지급된다. 그리고 양현고의 수입원은 학전(學田)을 비롯하여 왕의 특별 하사품과 노비 등이다.

성균관 교육은 국가 통치이념인 성리학의 연구와 보급 및 국가의 관리 양성이라는 목적 아래 선초에 크게 강조되었으나, 초기를 지나면서 수학 인원이 정원에 미달하는 사태가 계속된 것으로 보아 실제는 부진을 면치 못한 것으로 여겨진다.

끝으로, 성균관 문묘에는 대성전 정위(定位)에 문선왕(文宣王, 공자)을 모셨고, 사성(四聖)과 십철(十哲)을 비롯하여 송나라 육현(六賢)을 모셨다. 우리나라 유학자는 모두 18인, 신라의 최치원·설총, 고려의 안향·정몽주, 조선의 김굉필·조광조·이황·정여창·이언적·이이·성혼·김장생·송시열·송준길·박세채·김인후·조헌·김집을 모셨다. 문묘는 국왕이 직접 행차하여 석전례(釋奠禮)를 행하는 곳이므로, 여기에 배향되었다는 것은 유학에 큰 공적이 있었다는 뜻으로 해석되어 국가적으로 높이 받들어졌다.

## (2) 사학

조선의 사학(四學, 사부학당)은 태종 대에서 세종 대에 이르기까지 한성의 남부, 중부, 서부, 동부(북부는 세워지지 못했음)에 차례로 세워진 유학교육기관이다. 그러나 건국 직후에는 독립된 건물조차 갖추어지지 않아 절을 빌려 수업을 하는 등 운영상 부진을 면치 못하다가 세종 대 이후 사부학당 체제로 정착되었다(이범직, 1979).

사학에서는 유교 경전 가운데『소학』과『효경』을 비롯하여 사서오경 등을 가르쳤으며, 그 가운데 학업 능력에 따라 성균관으로 승보(陞補)가 되거나 바로 생원, 진사 회시(會試)에 응시할 수 있도록 했다.

사학의 교육을 성균관 교관이 겸직한 것이나 성균관의 정원에서 결원이 생길 때 사학에서 승보하는 것으로 보아 사학의 성격은 성균관 부속학교의 성격을 지녔다고 볼 수 있다. 사학이 유학교육기관이었음에도 불구하고 문묘가 따로 설치되지 않은 것도 이와 같은 이유에서다.

입학자격은 양반과 양인(良人)의 자제로 하였으나 실제는 양반 자제들이 주 대상이었으며, 정원은 각 학당별로 100명씩 총 400명이었다. 15세에 이르러 우수한 자를 성균관에 승학(升學)할 수 있게 했다. 그러나 학생의 정원이 다 차지 못하였다는 기록이 자주 보이는 것으로 보아 실제 교육활동이 활발하지는 못하였던 것으로 여겨진다. 실제 조선 초기를 지나면서 한성에 사는 양반들이 관학에 다니지 않아도 그들의 특권을 누릴 수 있게 되어 관학교육을 기피하였고, 이에 자연히 중앙의 사학이 부진해졌다고 할 수 있다.

### (3) 향교

지방 학교라는 의미의 향교(鄕校)는 고려 때부터 존속되어 온 교육기관으로 조선시대에 와서도 건국 초기부터 중시되었다. 조선시대에는 건국 후 통치이념인 유학을 각 지방까지 보급할 필요성이 절실하였고, 이러한 역할을 수행하는 데는 향교가 적절한 기관이었기에 전국에 걸쳐 향교의 설립과 진흥에 힘을 쏟았다. 그리하여 선초부터 각 부·목·군·현에 각기 1개교씩 전국적으로 300개가 넘는 향교가 세워졌다. 또 조선 초기부터 각 수령들로 하여금 향교교육에 각별한 관심을 가지도록 했다. 태종 때는 지방 수령의 포폄(襃貶)의 기준으로 삼은 일곱 가지 임무인 수령칠사(守令七事)가 있었는데, 그중 하나가 '수명학교(修明學校, 학교교육을 진흥시키는 것)'였다. 그리고 도회(都會)라고 하여 관찰사가 그 도의 향교 교생들을 모아 시험을 치게 해서 우등생 몇 명을 선발하여 생원·진사시의 복시에 바로 응시할 수 있도록 하는 제도를 두었는데 이것 역시 향교교육 진흥책이라 볼 수 있다. 향교 교생들에게는 군역과 호역이 면제되는 특혜도 있었다. 그러나 조선 중기 이후 향교가 군역의 도피처가 될 우려가 커지자, 낙강충군(落講充軍)이라 하여 고강(考講, 평가)에서 낙제하면 군역의 의무를 지도록 하는 제도를 만들기도 했다.

[그림 3-2] 동래향교

출처: 문화재청 홈페이지.

이렇게 선초에 향교교육을 강화하게 된 배경을 왕도정치의 구현이라는 표면적인 이유와 성리학을 지방민의 생활원리로 확대 · 심화함으로써 광범위한 통치기반을 마련하려는 지배층의 이면적인 관심에서 찾을 수 있다. 조선 초의 이러한 향교정책은 어느 정도 성공을 거두었는데, 그것은 향교가 과거시험 준비기관의 역할을 함으로써 지방민의 계층 이동의 욕구를 충족시켜 줄 수 있었기 때문이다. 그러나 시간이 지날수록 교관의 질이 떨어지고, 계속된 병란과 흉년 및 서원의 속출로 향교는 교육기관으로서의 기능을 점차 잃게 되었다.

향교의 구조는 성균관과 같이 문묘, 대성전, 동 · 서 양무(兩廡), 명륜당과 동 · 서 양재(兩齋)의 형식을 가지고 있었고, 교과내용은『소학』, 사서오경 등을 위주로 하여『근사록』과 같은 성리서, 역사서 등이었다. 입학자격은 양반의 자제 또는 향리로서 연령 16세 이상을 원칙으로 했고, 16세 이하의 동몽은 정원 외 입학으로 허락했다. 서민 자제에 대해서는 원칙적으로 길이 막힌 것은 아니었지만 당시 사회경제적 환경으로 보아 교육이 불가능했다. 향교는 기능상 성현존숭(聖賢尊崇)과 후진양성(後進養成)의 역할을 주로 하였으며, 향로례(鄕老禮) · 향사례(鄕射禮) · 향음례(鄕飮禮) 등을 통한 사회교육적인 역할도 했다.

조선 후기에는 향교의 교육기능이 유명무실해지고, 제향기능만이 남은 상황에서 감영(도) 단위의 낙육재(樂育齋), 군현 단위의 고을에서 양사재(養士齋), 육영재(育英齋)와 같은 기관들을 감사나 지방 수령 혹은 그 고을의 사족(士族)들이 중심이 되어 향교 내부 혹은 인근에 설치하기도 했는데, 설치의 일차적 목적은 주로 과거시험에 대비한 특별 수업[거접(居接)]을 위한 것이었으며, 그 밖에 그 지역의 인재발굴이나 향풍 수립 등도 부수적 목적이라 볼 수 있다.

## 2) 조선시대의 사학

### (1) 서원

조선시대의 대표적인 사립 교육기관은 서원(書院)이다. 서원의 성립은 여말선초 이래 훈구파와 사림파의 대결 산물로 볼 수 있다. 훈구파는 관학으로서 정교지향(政敎指向) 및 교학체계를 형성하였고, 이에 맞서 사림파는 의리학파로서 그들의 결속을 다질 수 있는 구심체인 서원을 설립하여 예교지향(禮敎指向) 교육체계를 형성했다고 볼 수 있다. 이러한 의미에서 서원은 하나의 향촌 사림의 문화적 '길드'였다고 할 수 있다(정순목, 1980b). 즉, 서구 중세의 길드가 신흥 상공인들의 경제적 이익을 위한 협동조합이었다면, 우리나라의 서원은 향촌 사림들의 사회적 신분계층 유지를 위한 문화적 결사(結社)의 성격이 있다.

이러한 배경에서 생겨난 서원은 그 위치가 산수 좋은 곳에 있어 존심양성(存心養性)하기에 좋았고,[1] 학칙과 학령의 구속이 까다롭지 않아 많은 선비가 이곳에서 사기(士氣)를 배양하고 자신들의 학문적 전통을 이어 나갔다.

우리나라 최초의 서원은 조선 중종 38년(1543), 풍기 군수 주세붕(周世鵬)이 성리학의 도입에 공이 컸던 고려 말의 성리학자 안향을 추모하기 위해 그의 관향인 순흥에 송나라 주자의 백록동서원의 예에 따라 세운 백운동서원(白雲洞書院)이다.

백운동서원은 그 후 왕(명종)이 내린 '소수서원(紹修書院)'이라는 편액을 받고, 각종 경서와 노비, 학전(學田)을 하사받음으로써 우리나라 최초의 '사액서원(賜額書院)'이 되었다.

[그림 3-3] 소수서원

출처: 문화재청 홈페이지.

---

1) 정순목(1992)에 의하면 서원의 설립에는 '응취풍수(應取風水)'와 '모합청정(謀合淸淨)'의 원칙이 있었다 한다. 자연 환경과 인문 환경을 아울러 고려했던 것이다.

서원의 교육목적은 처음 설립 동기에서 유추할 수 있는데, 현실과의 타협이 아닌 사림정신의 구현, 즉 의리정신을 구현해 나가는 데 있었다. 그리하여 서원의 유림들은 한편으로는 의리정신을 구현한 선현 유학자들을 숭배하는 제사를 지내며 도통의 확립을 기했다. 말하자면, 서원의 교육목적은 법성현(法聖賢, 성현을 본받음)과 후진장학(後進獎學)이라는 이념 아래 의리정신을 구현함에 있었다고 할 것이다. 그러나 후기로 가면서 서원은 진정한 의리정신의 구현보다도 입신출세의 지름길인 과거시험 준비의 장으로서의 역할 수행에 비중을 두었다.

서원에서 공부하는 서적은 성리서 위주였다. 특히 사림파 선비들이 중시한 『소학』이 강조되었고, 사서오경과 송대의 성리서 등을 주로 읽고 토론했다.

서원이나 향교 등은 청금록(靑衿錄)이라는 재적생 명부는 있었지만 오늘날 학교와 같이 매일 등교하는 것은 아니었다. 거재생(居齋生)이라 하여 동재와 서재에 기숙하며 공부하는 경우도 있었지만 후기로 갈수록 경비 문제 등으로 보통 단기간의 강회(講會) 위주의 교육이 주로 이루어졌다.

조선시대의 서원은 학문적인 기관으로서의 역할 외에도 교육문고로서의 역할(도서관 역할), 출판문화의 중심지로서의 역할, 공론의 집약소로서의 역할 등을 수행했다(강주진, 1983).

2019년, 남아 있는 서원 가운데 9개소가 유네스코로부터 '한국의 서원(Seowon,

표 3-1 │ 유네스코 세계문화유산으로 지정된 한국의 서원

| 서원명 | 주향자 | 소재지 |
| --- | --- | --- |
| 소수서원 | 안향 | 경상북도 영주시 |
| 남계서원 | 정여창 | 경상남도 함양군 |
| 옥산서원 | 이언적 | 경상북도 경주시 |
| 도산서원 | 이황 | 경상북도 안동시 |
| 필암서원 | 김인후 | 전라남도 장성군 |
| 도동서원 | 김굉필 | 대구광역시 달성군 |
| 병산서원 | 류성룡 | 경상북도 안동시 |
| 무성서원 | 최치원 | 전라북도 정읍시 |
| 돈암서원 | 김장생 | 충청남도 논산시 |

Korean Neo-Confucian Academies)'이라는 이름으로 성리학 교육을 진흥시킨 성과를 인정받아 세계문화유산으로 지정되었다.

### (2) 서당

서당(書堂)은 각 고을에 설립되어 문자 계몽의 역할을 맡은 교육기관이다.[2] 조선시대 서당의 설립과 보급은 16세기 사림파의 등장과 밀접한 관련이 있다(정순우, 1985). 향촌사회에 큰 영향력을 지녔던 사족(士族) 출신들은 유교질서를 정착시킨다는 명분으로 서당을 설립했다. 17세기에 들어서도 이러한 사족 중심의 서당 설립 경향은 지속되었고, 임진왜란과 병자호란 이후 일부 사족들은 약화된 자신들의 기반을 강화하기 위해 관권과 결합하여 서당을 설립하고 운영하기도 했다. 18세기 후

[그림 3-4] 김홍도의 〈서당도〉

---

2) 서당의 명칭을 가진 곳이라 해서 모두 초등 정도의 문자 계몽기관은 아니었다. 퇴계 이황의 도산서당과 같이 높은 수준의 교육이 이루어지는 곳도 있었다. 서당 외에도 정사(精舍)나 서재(書齋), 서실(書室)의 이름으로 유명한 학자들이 만년에 자신의 교육적 뜻을 실현하기 위해 향촌에 설립한 강학소(講學所)가 있었다. 대표적인 것으로는 조식의 산천재(山川齋), 이이의 은병정사(隱屛精舍), 성혼의 우계서실(牛溪書室), 송시열의 남간정사(南澗精舍) 등이 있다.

반에는 비사족(非士族) 계층이 서당의 설립 주체로 등장하게 되는데, 동족부락이 서당 설립의 주도 세력이 된다. 그리고 평민 중심의 서당 교재가 본격적으로 나타나고, 고용 훈장이 등장하는 등 서당교육에 큰 변화가 일어나게 된다.

서당의 설립은 기본 자산이나 인가를 요하는 것이 아니므로 뜻이 있고 훈장 한 사람과 방 한 칸만 있으면 누구나 마음대로 설립할 수 있었다. 설립 주체에 따라 서당의 유형을 분류하면 다음의 네 가지로 나뉜다.[3]

① 사숙(私塾) 또는 독서당(獨書堂): 대개 문벌가나 유력가가 그들의 자제 교육을 위해 훈장을 초빙하고 교육 경비를 부담하는 형태다. 사숙 형태의 서당에서는 그 가문의 자제와 일가친척의 자제들도 무료로 글방 벗이 되어 '동냥공부'를 하는 경우도 있으며, 이따금 가숙용 교재를 개발하거나 간인(刊印)하는 경우도 있다.

② 동계(洞契)서당: 양반 계층이나 유력 자산가의 문중에서 학계(學契) 또는 학전(學田)을 조직·경영하면서 마을에 서당을 짓고 그들의 자제를 교육시키는 문중서당을 말한다.

③ 훈장자영(自營)서당: 훈장 자신의 생계를 목적으로 하거나 자기의 교육취미로 세운 형태다.

④ 문중연립서당: 문중(동계)서당의 확대형으로서 지체가 비슷한 문중끼리 그 향촌에서 덕망과 학식이 뛰어난 스승을 모시고 문중의 청소년 자제를 교육시키는 고급 서당이다. 통혼권이 같은 집안끼리 유대관계를 두터이 하는 한편, 같은 사문의 학통을 계승·발전시키려는 의도에서 설립된 서당이다. 이는 연중 개설 학교가 아니라 거접(居接)이나 하과(夏課)와 같은 특별 교육활동을 주로 했다.

서당의 구성에 있어서 한 가지 특색은 접장(接長)제도라고 할 수 있다. 접장이란 비교적 큰 서당에서 훈장 한 사람이 많은 학생을 훈도할 수 없을 때 나이와 학력이

3) 이 분류는 정순우의 분류다. 이만규는 『조선교육사』(1947: 248)에서 훈장자영, 유지독영, 유지조합, 촌조합의 네 가지로 분류한 바 있다.

우수한 학생을 접(接)의 장(長)으로 하는 일종의 보조교사 격인 학생을 의미한다.

서당의 학동은 7, 8세에 입학하여 15, 16세에 마치는 것이 보통이었으나 나이가 많은 학생도 적지 않았다. 서당의 수업은 오늘날처럼 동일 연령의 학생이 같은 날 입학하여 같은 날 졸업하며 동일 교재를 가지고 같은 내용을 공부하는 일제식(一齊式) 수업이 아니라 개별식 수업이었다. 서당에서 학기가 시작되는 것을 개접(開接)이라 하고, 학기가 끝나는 것을 파접(罷接)이라 하는데, 그 시기가 일정한 것이 아니었다. 서당이 평민의 교육기관이 된 이후에는 평민의 생활에 따라 농번기와 명절 등에는 수업을 하지 않았다. 그리고 서당은 남아를 위한 것이었으나 양반 가문에서는 여아를 위해 별당에 가숙 형태의 서당을 만들기도 했다.

서당의 교육은 강독, 제술, 서법의 세 가지 형식이 있었다. 강독 교재로는『천자문』『동몽선습』『통감』『소학』등을 위주로 하였으며, 사서오경이나『사기(史記)』『당송문(唐宋文)』『당률(唐律)』등을 가르치기도 했다. 제술은 오언절구, 칠언절구, 사율(四律), 십팔구시(十八句詩) 등을 가르쳤고, 습자는 주로 해서(楷書)를 연습시켰다.

서당의 풍속으로 개접과 파접 때는 개접례와 파접례를 행했는데, 술과 닭을 예물로 가져가서 소연을 베풀었다. 그리고 책을 한 권씩 뗄 때마다 '책걸이(책씻이)'라 하여 수료식을 했다. 서당이 방학을 하면 학동들은 '원놀이' '승경도 놀이' 등을 통해 여가생활을 즐겼다. 서당은 비록 초등 정도의 교육기관이었으나 일반 백성의 문자교육과 한 마을의 도덕적 · 예양적(禮讓的) 향풍(鄕風)을 수립하는 데 가장 큰 역할을 했다고 할 수 있다.

이러한 마을 단위의 전통 교육기관이었던 서당은 개화기와 일제강점기에 들어서서 개화사상과 민족정신 함양을 담당한 개량 서당으로 변모하여, 일제의 탄압을 견뎌 나가면서 끈질긴 생명력을 과시하다 일제강점기 말기부터 이 땅에서 그 자취를 감추기 시작한다.

## 3) 조선시대의 사회교육

고구려의 태학 이래 우리나라의 학교교육은 모두 유교교육으로 이루어졌다. 이는 유교가 전제왕권을 뒷받침해 줄 수 있는 수직적 위계질서를 잘 합리화시켜 준다는 것과 관련이 있다. 이에 비해 불교는 민중 친화적이면서도 탈세간적 성격으로 인하여 통치 이데올로기로서의 역할을 담당하지는 못했다. 그러나 불교의 서민사회에 대한 영향력은 배불정책을 공식화했던 조선시대에 와서도 줄지 않았다. 종교적 측면 이외에도 윤리, 음악, 미술, 조각 등과 같은 예술적 측면, 문학적 측면에도 큰 영향을 끼쳤고, 이는 비형식 교육으로서 한국인의 심성 형성에 적지 않은 공헌을 했다.

이와 같은 불교의 중생 교화와는 달리 유교에서도 서민 교화를 위해 선초부터 노력했다. 불교의 교화가 개인의 삶의 향상에 초점이 맞추어져 있다면, 유교의 교화는 통치 이데올로기로서 사회의 위계질서의 확립에 초점이 맞추어져 있다.

조선왕조 사회교육의 중요한 한 측면인 유교의 교화는 한글의 창제에 크게 힘입었다. 한글, 즉 훈민정음은 그 용어에서 이미 백성을 훈도한다는 의미가 있는데, 민중의식의 향상에 따라 조선왕조의 항구적인 지배질서 확립을 위한 하나의 수단으로 창제된 측면이 있다(이우성, 1976). 즉, 고려시대처럼 농민을 노비와 같은 생산수단으로 여길 때는 그들의 자질과 지식이 문제가 될 수 없었다. 그러나 농민을 훈도의 대상으로 생각할 경우 그들이 문자를 모르고 예를 이해하지 못하면 새로운 지배체제로 편입시키는 것이 어렵다. 이러한 인식 결과로서 훈민정음의 필요성이 부각된 것이다. 이러한 필요성, 즉 지배 목적의 일환으로 만들어진 한글은 당초부터 백성들을 대상으로 조선왕조의 정당성과 존엄성을 고취하는 데 사용되었다. 한글을 사용하여 무엇보다 먼저 '용비어천가'를 지었다는 사실은 이를 입증해 주고 있다.

다시 말하면, 15세기는 새 왕조의 지배질서를 확립시키는 일이 급선무였던 때였다. 이 때문에 관료층은 물론 일반 민중에게도 고려시대까지의 불교적인 생활양식을 청산하고 유교적인 생활규범을 철저히 주입시킬 필요가 있었다. 나아가 이를 위하여 백성이 쉽게 배울 수 있는 글을 만들고 그것으로 각종 의례서를 지어 보급할 필요가 있었던 것이다. 한글이 만들어진 이후『언문삼강행실도』『언문열녀도』『언문효경』등이 편찬ㆍ보급된 것은 이와 같은 맥락에서 이해할 수 있다.

조선왕조가 실시한 사회교육의 또 다른 측면은 가례(家禮)의 보급과 각종 윤리서의 간행ㆍ보급에서 찾을 수 있다. 고려 말 주자학과 함께 전래된『주자가례』는 조선시대 민중의 생활양식에도 큰 영향을 미치게 된다. 즉, 고려 말부터 조선 초에 이르기까지 일반 백성의 생활은 실제로 유교적이기보다는 불교와 토속적인 신앙과 의례 위주였는데, 조선왕조는 이런 이질적인 사상과 행동을 변화시켜 유교적인 예로 국가적 의식을 통일하려 했다(강만길, 1978).

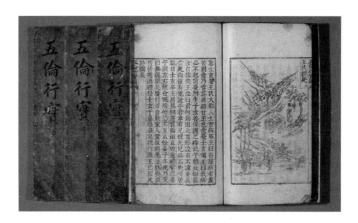

[그림 3-5] 오륜행실도

『주자가례』와 더불어 정부의 각종 윤리서의 간행 또한 왕조의 대민 사회교육 중 하나였다. 즉, 『소학』을 비롯한 『삼강행실도』 『속삼강행실도』 『이륜행실도』 『오륜행실도』 등의 윤리서가 언해와 그림을 곁들여 서민교화용 교재로서 편찬되었다.

조선시대 민중교화시책은 관립 교육기관인 향교를 통해서도 활발하게 이루어졌는데, 선초 향교교육의 강화가 바로 민중교화의 임무와 관련된다. 즉, 향교는 춘추 2회의 석전제와 정기적인 향음례·향로례·향사례 등을 통하여 지방민의 교화를 수행했던 것이다.

### 4) 조선시대의 과거제도

고려시대의 과거제도가 왕권강화와 관련하여 도입되었다는 점을 앞서 살펴보았는데, 조선시대의 과거제도는 왕권강화만으로는 설명될 수 없는 점이 있다. 즉, 조선시대는 귀족사회가 아닌 폭넓은 양반층을 기반으로 하는 양반관료제 사회였으며, 이에 과거제는 왕권강화와 아울러 양반관료제를 지탱해 주는 역할을 하였다고 볼 수 있다.

조선시대의 과거에는 문과·무과·잡과가 있었다. 문과는 소과와 대과로 구분되는데, 소과(사마시, 감시)는 다시 생원시와 진사시로 나뉜다. 생원시는 사서와 오경을 시험과목으로 하였고, 진사시는 부(賦)·고시(古詩)·명(銘)·잠(箴) 등을 시험보았다. 소과는 초시와 복시의 두 단계가 있었는데, 복시 합격자는 성균관에 입학하여 대과(동당시)를 준비한다. 흔히 문과라고 불리는 대과는 원칙적으로 생원과 진사를 대상으로 하지만, 일반 유생인 유학(幼學)들에게도 기회가 주어졌다. 대과는 초시와 복시(회시)와 전시의 3단계로 치러졌으며, 전시(殿試)는 전정(殿庭)에서 실시된 시험으로 복시 합격자를 대상으로 33명(갑과 3인, 을과 7인, 병과 23인)의 등급을 매기는 시험이며, 이때 주로 책문(策問)을 시험 보았다. 이러한 대과 시험은 정기적으로 식년(式年: 子·卯·午·酉年)에 실시되었다.

비정기적으로는 국가에 큰 경사가 있을 때 증광시(增廣試)·별시(別試)가 거행되었으며, 국왕이 문묘에 작헌례(酌獻禮)를 행한 후 명륜당에서 성균관 유생들을 대상으로 한 알성시(謁聖試)도 있었다. 이 밖에도 춘당대(창경궁)에서 시험을 본 춘당시, 12월에 제주 목사가 특산물로 진상한 귤을 성균관·사학의 유생들에게 나누어 줄 때 시험을 본 황감과(黃柑科), 일정한 출석 점수[圓點]를 취득한 성균관과 사학의 유생들을 대상으로 한 도기과[到記科, 일명 원점과(圓點科)] 등이 있었다.

무과는 조선왕조가 양반관료체제를 채택하면서 문과와 더불어 균형 있게 실시되었는데, 시험과목은 경서와 무예 실시의 두 방향으로 이루어졌다.

잡과에는 역과(譯科)·의과(醫科)·음양과·율과의 네 종류가 있었고, 역과에는 한학(漢學), 몽학(蒙學), 왜학(倭學), 여진학(女眞學)이 있었으며, 음양과에는 천문학, 지리학 등이 있었다.

과거의 응시자격은 천인이 아니면 결격사유가 없는 한 가능하도록 규정되어 있었다. 그러나 문과의 경우 사족(士族)이 아니면 현실적으로 응시가 불가능했다.

조선시대의 과거제도는 학교제도와 일직선상으로 연결되어 있지 않았다. 즉, 학교 생도가 아닌 일반 유생인 유학(幼學)에게도 과거시험 자격을 주었다. 이 때문에 관학이 부진을 보여 관학생에게 과거의 특혜를 주기도 했다. 또한 문음으로 들어온 현직 관료들도 승진을 위해 응시하는 비율이 높았다. 조선시대의 과거제도는 조선 양반관료사회를 유지하는 중요한 기제로서 사회문화의 각 방면에 적지 않은 영향을 끼쳤다. 특히 과거에는 유교 교양과 경전 공부가 필수적으로 요청되었기에 조선이 문치주의 사회가 되는 데 결정적인 영향을 끼쳤다 할 수 있다. 그러나 동시에 유생들로 하여금 시험이라는 형식에 얽매이게 하여 실용과 인격 함양을 소홀히 하게 만듦으로써 뜻있는 선비들로부터 외면당했으며, 마침내 갑오개혁을 맞아 폐지되었다.

## 3. 조선시대의 교육사상과 교육사상가

조선시대의 통치 이념이 성리학이었음은 우리가 잘 알고 있는 사실이며, 조선시대의 교육사상이나 교육사상가 역시 주로 성리학, 성리학자를 중심으로 논의되고 있다. 그러나 그 밖의 사상이 전혀 없었던 것은 아니다. 조선사회에서 무속은 여전히 서민뿐 아니라 양반가에서도 신앙으로 기능하고 있었으며, 불교 역시 조선 초기만 하더라도 왕실을 중심으로 신봉되고 있었고, 조선 중기 이후에도 선종의 맥은 유지되어 오고 있었다. 도교 역시 소격서(昭格署)라는 국가 제사를 담당하던 기관이 유생들의 폐지 논란에도 임진왜란까지 존재했으며, 풍수지리 등 민간신앙과 결합하여 일상생활 속에서 불가결한 요소로 자리 잡고 있었다. 조선 후기에 임진왜란과 병자호란, 정유재란 등의 국난을 겪으면서 유학도 조선 중기까지의 리기(理氣) 논쟁과 같은 이론적 탐구보다는 실용적 성격을 중시하는 방향으로 점차 변모되어 갔다. 조선 말기에는 서학이 들어오고 19세기 중반에는 베론성요셉신학당이라는 신학교가 세워지기도 했다. 또한 동학이 창도되어 민중들의 호응을 얻기도 했다. 이와 같이 조선시대도 시대적 흐름에 따라 여러 사상이 부침하였으나 주류는 역시 성리학이었다. 여기서는 조선시대의 교육사상을 선비정신과 실학사상 그리고 교육사상가들의 교육사상을 중심으로 살펴보고자 한다.

### 1) 선비정신과 교육

선비는 조선사회를 이끌어 간 사람이며, 선비정신은 조선시대의 교육적 인간상 내지 이상이었다. 따라서 선비정신과 선비문화를 이해하는 것은 조선왕조 500년을 이끌어 간 역사의 한 주역들을 이해하는 것이다. 이는 우리 조상의 삶의 정신에 대한 탐구라는 측면에서 그 의의를 찾을 수 있다.

선비라는 부류의 사람이 우리나라에 언제 등장했는지는 불분명하다. 단재 신채호는 조선의 선비가 신라의 화랑 또는 그 이전의 상고(上古) 소도제단(蘇塗祭壇)의 무사(武士)까지 연결되는 것으로 보나(신채호, 1990), 이는 그의 추론이고 문헌적 증거에 의한 설은 아니다. 선비라는 용어가 한글로 된 문헌에 기록된 것은 물론 훈민

정음이 제정되고 난 후다. 『용비어천가』에 보면 '선비'라는 글이 보이는데 이는 한자 '儒'의 번역이며, 조선 중기 이후에는 '士'도 선비의 뜻으로 쓰였다. 그러니까 우리나라의 선비는 기본적으로 유자(儒者)를 지칭하며, 이런 입장에서 선비 집단을 '유림(儒林)' 또는 '사림(士林)'이라 칭했다.

그러면 선비는 어떤 식으로 그들의 삶을 살아가야 하는가? 이에 대하여 『소학』「입교(立敎)」편에서 4단계로 나누어 유학자의 삶의 전형을 제시하고 있다.

제1기는 출생에서 9세까지로 가정에서 초보적인 가르침이 이루어지는 시기다. 제2기는 10세에서 39세까지로 학궁(學宮, 학교)에서 수학(修學)이 이루어지는 시기다. 제3기는 40세에서 69세까지로 관인이 되어 왕궁에서 활동하는 시기이며, 제4기는 70세 이후로 관직에서 물러나 가정으로 은퇴하는 시기다. 그러나 조선조 선비의 경우, 관직에서 물러나 고향으로 돌아와 제자 양성에 진력하는 교육자의 삶을 사는 것이 일반적이었다.

다음으로 선비의 직분을 살펴보자. 조선 초 이래로 선비의 으뜸가는 직분은 '명인륜(明人倫)'이다. 중앙의 성균관에서 지방의 향교에 이르기까지 모든 학교는 이 '명인륜'의 현판을 걸어 놓고 교육에 임했고, 공부하는 교실의 이름 자체도 '명륜당(明倫堂)'이며, 학교가 있는 고을 이름도 '명륜동'이었다. 그러면 '인륜'의 본질은 무엇인가? 단적으로 말하면 인륜은 '삼강오륜'으로 구성되는 유교적 차별윤리다. 즉, 가정에서는 부부유별과 부자유친 등의 가정윤리를, 사회에서는 붕우유신과 장유유서 등의 사회윤리를, 왕궁에서는 군신유의의 윤리를 배우게 된다. 결국 선비의 직분이라는 것은 가정과 사회와 국가에서 각기 규정된 차별윤리를 실현하는 것이다.

그런데 조선시대의 선비는 조선의 유교가 성리학인 관계로 성리학적인 관점에 의거하여 '의리정신'을 선비정신의 핵심으로 삼았는데, 이 의리정신은 원래 맹자의 사상에서 출발한다. 조선시대의 선비정신도 맹자의 의리정신을 계승하여 의리와 명분을 그 생명으로 했다. 일찍이 포은 정몽주가 의리를 내세우며 조선왕조에 협력하지 아니하고 죽음을 당하였지만, 그는 조선시대 사림파 선비의 도통의 우두머리가 된다. 그리하여 그 도통은 길재(吉再)로, 이는 다시 김숙자(金叔滋)로 그리고 김종직(金宗直), 김굉필(金宏弼), 조광조(趙光祖)로 이어진다. 그들은 자신을 산림유(山林儒)라 하여 참 선비로 자부했고, 관료파(官僚派), 훈구파(勳舊派) 선비를 묘당유(廟堂儒)라 하여 업신여겼다. 말하자면, 그들은 산림과 재야에 있으면서 국정을 감시·비판하는 역할을 하였고, 국가가 어려울 때는 의병을 일으켜 직접 참여도 하는 실천적인 지식인이었다. 그들은 정신적인 가치를 소중히 했고, 권력과 부를 하찮게 여겼으며, 자신들의 명예를 무엇보다 소중히 여겼다.

## 2) 실학사상과 교육

실학이란 조선 후기 전통적 사회체제의 모순을 극복하고 새로운 사회질서와 국가질서의 확립을 형성하려는 일련의 사상체계를 말하는 것으로, 이러한 세력을 실학파 또는 국학파라고 한다. 그런데 이들 실학자의 실학사상에는 사회 각 분야의 개혁사상과 아울러 교육개혁사상도 포함되어 있어 주목할 만하다.

우선 실학의 발생 요인을 보면, 안으로는 임 · 병 양란을 겪으면서 변질되기 시작한 기존 통치질서의 와해 현상과 그러한 통치질서의 철학적 원리가 되었던 성리학의 몰역사성, 조선 후기 사회의 경제적 변화와 사회계급의 변동 등의 요인을 들 수 있다. 또 밖으로는 서학의 유입과 명말청초의 중국 실학사상과 고증학의 발달이 우리 실학의 형성에 큰 자극이 되었다. 이렇게 형성된 우리 실학의 특성을 천관우는 '자유성' '과학성' '현실성'의 세 가지로 지적했다(천관우, 1969). 즉, 우리의 실학은 자유분방한 지식욕을 구사하여 기존 권위를 비판하고 부정하는 '자유성', 경험적이고 실증적이며 귀납적인 태도인 '과학성' 그리고 실제와 유리된 모든 공허한 관념의 유희를 경멸하고 현실 생활에서 우러나오는 불만과 정열을 토대로 하는 '현실성'을 그 특성으로 가지게 되었다. 이러한 특성은 그들의 교육개혁사상에 그대로 반영되었다.

실학자들의 교육사상은 '교육기회의 개방 확대론' '민족지향적 교육의식' '실용적 교육론' '학제개혁론'으로 요약할 수 있는데, 이는 실학의 특성을 그대로 반영한 것이다.

### (1) 교육기회의 개방 확대론

이만규는 그의 역저(力著) 『조선교육사』에서 조선시대 교육의 폐단으로 '계급 편파 교육' '지방 편파 교육' '성(性) 편파 교육'을 들었다(이만규, 1947). 즉, 조선시대 교육의 폐단은 특정 계급인 양반만을 교육대상으로 삼고, 특정한 지방민(근기, 경상)에

게 교육상 특혜를 주었으며, 남성 중심의 교육을 해 온 점이라고 지적한 것이다. 이
것 모두는 교육기회의 균등이라는 측면에서 문제시될 수 있다. 물론 조선시대의 사
회가 차별윤리를 주장하는 유교를 통치이념으로 내세워 신분질서를 바탕으로 성립
되었기 때문에 이러한 차별은 그 사회 자체가 가지는 특징이기도 하고 한계이기도
했다. 그러나 호양(互讓)을 바탕으로 하는 차별윤리의 유교에 있어, 서인(庶人)의 양
보는 권익의 희생이며 귀족의 양보는 그 봉건적 특권의 재확인이 됨으로써(구본명,
1982), 조선 중기 이후 더 이상 차별윤리의 유교는 합리적 사회이념의 구실을 할 수
없었다.

그리하여 조선 후기의 실학자들은 차별윤리의 철폐, 특히 신분적 차별의 철폐에
서 오는 교육기회의 균등에 대해 관심을 보인다. 반계 유형원은 학교제도에서의 신
분차별에 대해 다음과 같이 논박하고 있다(『磻溪隨錄』, 敎選之制上, 學校事目).


지금 지방의 향교에서 양반은 동재(東齋)에 거처하고 서민은 서재(西齋)에 거처하게 한다.
그래서 비록 서재가 비어 있어도 양반은 들어가기를 꺼리고, 동재가 비록 비어 있어도 서민
은 그곳에 들어갈 수 없으니 심히 무리한 일이다. 마땅히 한 가지로 하여 편의에 따라서 들어
가 거처하게 하고, 등급을 정하여 차별하게 해서는 안 된다.


즉, 학교교육이 반상(班常)을 나누어 취급한 당시의 실정을 반대하고, 신분을 초
월하여 학생은 학생으로서 동등하여야 함을 강조했다. 과거제의 폐단을 지적하면
서 공거제(貢擧制, 추천제)를 주장했다.

성호 이익은 지역적 차별이 교육의 기회나 관리등용에 미치는 폐단을 말하면서
학교교육이 반상(班常)을 나누어 가르치는 당시의 실정을 비판했다(『藿憂錄』, 育材
條). 북학자인 담헌 홍대용 또한 "인재가 나는 것은 사방이 모두 같다. (중앙에서) 멀
고 가까움이 무슨 관계가 있겠는가."라면서 신분, 가문, 적서, 지역 간의 차이에서
오는 일체의 사회적 차별을 철폐하고 능력의 차이만을 인정하자는 논지의 주장을
펼쳤다(『湛軒書』卷4, 內集補遺, 林下經論).

### (2) 민족지향적 교육의식

조선 후기 실학자들의 주장에서 또 하나 특징적인 것은 민족주의적인 사상이다. 민족주의는 자아의식의 소산인데, 조선 후기 실학자의 자아의식은 종래에 비하여 자기의 처지를 절실하게 느끼고 아울러 자기의 현상을 중심으로 세계의 현상을 파악하려고 하는 각성이자 인식이었다. 이러한 의식의 변화는 '명분론적 화이관(華夷觀)'의 허실을 자연과학적 세계관에서 비판하여 '화이일야(華夷一也, 華와 夷의 수평적 관계)'라는 새로운 관점으로 확립했다. 그리하여 그들은 자기 문화에 대한 강렬한 긍지와 선명한 민족의식을 가질 수 있게 되었다.

자문화에 대한 새로운 인식은 실제 교육에서는 국사교육에 많은 영향을 주었다. 이덕무가 아동의 역사교재인 『기년아람(紀年兒覽)』을 편찬한 것, 유득공이 『이십일도회고시(二十一都懷古詩)』를 지어 노래로써 우리 역사를 공부하게 한 것 등이 그러한 관심을 나타내 준다. 그리고 이익과 정약용은 국사교육의 중요성을 강조한 나머지 과거시험 과목의 하나에 포함시킬 것을 주장했다. 특히 정약용은 매 식년(式年)마다 필수적으로 오경삼사(五經三史)와 함께 국사를 시험 과목의 하나로 넣어야 한다고 주장했다. 그는 『삼국사기』 『동국통감』 『국조보감』 등의 사서(史書)를 매 식년마다 바꾸어 가며 치게 함으로써 국사 전반에 걸친 교육을 기대했던 것이다(조원래, 1979).

### (3) 실용적 교육론

주자의 성리학만을 절대시하는 조선시대의 학문 경향은 자연히 명분과 형식으로 흘렀고 현실과 괴리된 관념세계의 추구에 그쳤다. 따라서 자기 생활의 기회나 자기 창조의 정신을 기대할 수 없었으며, 교육은 실생활에 보탬이 없는 무실무용의 비생산적인 것이 되고 말았으니 실학자의 관심이 여기에 집중된 것은 당연하다 하겠다. 그들은 공리공담의 성리학적 학문체계를 부정하고 어떠한 고담준론(高談峻論)도 실용이 아니면 허학(虛學)으로 규정하여 배격했다. 즉, 생산과 실리실용에 직결되는 교육을 내세우고 실천윤리를 중시하였으니 그들이 실학파로 불리는 까닭도 여기에 있다(조원래, 1979). 말하자면, 성리학 이외의 어떠한 학문도 잡학으로 간주하여 이단시했던 조선사회에서의 정규교육은 사실상 사서오경을 중심으로 하는 인문주의 교육에 그쳤다. 따라서 인문주의 교육 자체가 실생활과 동떨어져 있었기 때문에 교

3. 조선시대의 교육사상과 교육사상가    73

육이란 다만 경서의 강독과 문예기술의 연마에 지나지 않았다.

정약용의 경우 문예를 가리켜 "우리가 행하는 도에 있어서 좀이다."라고 하여, 문예 일변도의 학풍을 비난하면서 물리(物理)·이문(吏文)·병서(兵書)·산서(算書)·율서(律書) 등의 실용과목을 과거시험 과목에 넣어야 한다고 주장했다.

연암 박지원도 "독서를 하고서도 실용을 모른다면 학문한 것이 아니며, 학문하는 것을 귀하게 생각하는 까닭은 그것이 실용을 위한 것이기 때문이다."라고 하면서 실용을 중시했다. 순암 안정복 또한 "학문하는 요체는 '무실(務實)'의 두 글자를 행하는 것에 불과하다."라고 하면서 실용적 교육론을 폈다.

### (4) 학제개혁론

실학자들의 교육제도 및 과거제도에 대한 비판은 비판 자체로 그치지 않고 학제개혁이라는 대안을 제시하게 된다.

유형원은 당시의 기존 학교제도가 계열화되지 못함으로써 생기는 불합리한 요인들을 제거하고 교육의 합리화, 공교육의 강화, 초등교육의 강조 등을 골자로 하는 학제개혁론을 내세웠다. 그의 새로운 학제란 중앙에는 최고 교육기관으로 태학을 세우고 그 아래 단계의 학교로서 중앙에서는 중학(四學에서 올라온 선비를 교육함)과 사학(四學)을 설치한다. 각 도(道)의 감영(監營)에는 영학(營學)을, 그 아래 주와 현에는 읍학(邑學)을 설치한다. 그리고 그 아래 단계로 중앙에서는 각 방(坊)에 방상(坊庠)을, 각 향(鄕)에 향상(鄕庠)을 설치하여 사(士)의 자제들만 교육하는 것이 아니라 천하의 민(民)을 교육하는 방안을 내놓았다. 이는 앞서 말한 공거제를 바탕으로 하는 것이다.

담헌 홍대용도 유형원과 유사한 학제 및 인재 양성론을 주장했다. 홍대용은 나라는 9도로, 각 도는 9군으로, 각 군은 9현으로, 각 현은 9사(司)로, 각 사(司)는 9면(面)으로 나누며, 도에서 면에 이르기까지 학교를 세우고 면마다 재(齋)를 두어 면 내의 8세 이상의 모든 자녀는 교육을 받도록 해야 한다고 했다. 재에서 뛰어난 사람은 사로 보내고, 사에서 다시 뛰어난 사람을 뽑아 차례로 올려 보내 대학까지 이르게 하는 것이다. 그리고 대학의 교육은 최고 책임자인 사도(司徒)가 맡아 언행, 지식과 기예를 시험하여 관리로 등용해야 한다고 했다. 그의 이러한 단계적인 학제안은 선발적 교육관에 근거를 두고 있는 것으로 오늘날의 학교제도와도 비슷하다.

이와 같은 실학자들의 교육론은 통치자의 입장에서 행해 왔던 교화와는 구별되는 교육을 민중의 입장에서 생각했다는 데서 큰 의의가 있다. 문제는 이러한 주장이 실학자들 내부의 논의에만 그쳤기 때문에 보다 사회적인 힘으로 작용하지 못했다는 데 있다.

## 3) 교육사상가

유학이라는 학문 자체가 교육사상으로서의 성격이 강하기에 대부분의 이름 있는 유학자들은 자신의 특색 있는 교육론을 남겼고, 교육자로서 활동한 이력이 있다. 조선시대의 교육사상가로는 초기에는 권근, 길재 등을 들 수 있으며, 중기에는 김종직, 김굉필, 서경덕, 조식, 이황, 이이, 송시열 등을 들 수 있다. 또 조선 후기 실학시대에는 유형원, 이익, 홍대용, 박지원, 이덕무, 정약용, 최한기 등을 들 수 있다. 여기서는 이황, 이이, 정약용 등을 중심으로 그들의 교육사상과 교육실천을 살펴보기로 한다.

### (1) 이황(李滉, 1501~1570)

퇴계 이황은 조선시대 중엽에 활동하던 대표적인 유학자로 전형적인 선비의 삶을 살다 간 사람이다. 그의 생애는 보통 세 시기로 구분되는데, 먼저 출생에서 33세까지의 시기는 유교 경전을 연구하는 데 열중한 수학기(修學期)다. 다음으로 34세에 과거에 급제하여 벼슬길에 나서면서부터 49세에 풍기 군수를 사직하고 귀향할 때까지의 벼슬살이 시기인 사환기(仕宦期)다. 그리고 50세부터 70세까지는 비록 관직은 높아졌지만 끊임없이 사퇴하면서 고향 예안에 돌아와 연구와 강의, 저술에 전념한 시기로 강학기(講學期)다(금장태, 2001: 3). 이를 좀 더 상세히 살펴보면, 수학기 가운데 소년 시절은 그의 숙부로부터 학업을 전수받으며 보냈으며, 그 후 청량산을 비롯하여 고요한 산사를 찾아 스스로 독서에 열중했다. 그가 읽은 책은 주자의 『사서집주(四書集註)』를 비롯한 여러 성리서인데, 이를 통해 성리학의 체계를 깊이 이해했다. 23세 때는 성균관에 잠시 유학했으며, 33세 때 다시 수개월간 성균관에서 공부하다가 34세 때 과거에 급제했다. 30대 중반에서 40대까지는 주로 벼슬길에 나가 있었지만 끊임없이 학문도 연마했다. 이 시기 그는 특히 주자의 편지글[朱子書]

에 큰 감명을 받았다. 45세 때는 을사사화가 일어나 많은
선비가 희생당하자 조정에 머물 뜻을 잃고 고향에 내려가
호를 '퇴계(退溪)'라 하고 풍기 군수로 있다가 끝내 벼슬을
버리고 귀향했다. 50세 이후에는 고향의 한적한 시냇가에
계상서당(溪上書堂), 도산서당(陶山書堂) 등을 짓고 문인들
을 가르치며 성리학의 연구와 저술에 몰두했다.

[그림 3-6] 이황 초상

　유학에서는 인간과 사물의 고유한 본성을 성(性)이라 하
는데, 성리학자들은 이를 다시 기질지성(氣質之性)과 본연
지성(本然之性)으로 구분했다. 본연지성은 누구나 하늘로
부터 똑같이 품부 받은 공통된 성품이며, 기질지성은 사람
마다 차이가 있는 개별적 성품이라 할 수 있다. 결국 사람
의 개인차는 이 기질지성의 차이로 설명된다. 그래서 퇴계의 공부에서 강조되는 것
은 본연의 성품, 즉 '처음'의 성품을 회복하는 것[復其初]과 좋지 않은 기질을 변화시
켜 좋은 기질로 만드는 것이다(안경식, 2002: 71).

　퇴계가 강조한 거경(居敬)은 마음공부의 한 방법이라고 할 수 있다. 경의 상태에
머무는 구체적 방법에 대해서는 '정제엄숙(整齊嚴肅)'이라 하였는데, 정제는 몸가짐
을 단정하게 하는 것이며 엄숙은 진실된 마음가짐을 가지는 것이다.

　학교교육과 관련하여 퇴계는 53세 때 성균관 대사성이 되어 국가의 선비교육의
책임자가 되기도 하였으며, 풍기 군수로 있던 1549년에는 감사에게 글을 올려 백운
동서원이 우리나라 최초의 사액(賜額)서원이 되게 했다. 그리고 이산(伊山)서원의
학칙이라 할 수 있는 원규(院規)를 직접 지어 서원교육의 방향을 제시하기도 했다.

　퇴계는 학문이 남에게 보이기 위한 것이 되어서는 안 되고 자신의 인간됨을 위한
것이 되어야 한다는 유교의 이른바 '위기지학(爲己之學)'을 강조했다. 이에 전국 각
처에 300명이 넘는 제자를 둔 사람이었지만 평생 스스로 남의 스승으로 자처하지
않은 사람이었다. 그는 실제 대면 방식을 통해 제자들을 가르치기도 했지만, 멀리
떨어져 있는 제자들과는 편지를 통해 가르침을 주고받았다. 퇴계의 대표적 저술로
는 주자의 많은 편지글을 줄여 만든『주자서절요(朱子書節要)』, 사단칠정 논쟁과 관
련된『논사단칠정서변(論四端七情書辨)』, 임금을 일깨우기 위해 지은『성학십도(聖學
十圖)』등이 있다.

## (2) 이이(李珥, 1536~1584)

율곡 이이는 중종 31년(1536) 강릉 북평촌에서 태어났다. 그의 어머니는 유명한 신사임당이다. 율곡은 어려서부터 어머니에게서 사서(四書) 등의 학문을 배웠고, 13세에 진사시에 합격한 것을 비롯해 모두 아홉 차례에 걸쳐 장원 급제를 했다 하여 구도장원공(九度壯元公)이라고도 불렸다. 19세에는 금강산에 들어가 불교 공부를 하였고, 20세에는 다시 나와 유학을 공부하였으며, 23세에는 도산의 퇴계를 찾아 가르침을 받았다.

율곡의 저서 가운데 교육학의 입장에서 주목할 것은 40세 때 왕에게 지어 바친 『성학집요(聖學輯要)』, 42세 때 해주 석담에서 젊은이들의 도학 입문서로 지은 『격몽요결(擊蒙要訣)』, 47세 때 왕명에 의해 지은 학규인 『학교모범(學校模範)』 등이다. 이 가운데 『격몽요결』은 조선 중기 이후 동몽 교재로 널리 읽힌 책으로 서문 외에 총 10장으로 구성되어 있다. 율곡은 이 책의 서문에서 "사람이 이 세상에 나서 학문하지 않고서는 사람다울 수 없다. 이른바 학문이라는 것 역시 이상하고 별다른 것이 아니다. …… 다 일상생활의 모든 일에 있어서 그 일에 따른 마땅함을 찾을 뿐이지, 현묘(玄妙)한 데 마음을 두어 기이한 효과를 바라는 것이 아니다."라고 하며 학문의

[그림 3-7] 이이 초상

일상성에 대해 말했다. 제1장인 '입지(뜻을 세움)' 장에서는 "글을 처음 배우려는 사람은 먼저 뜻을 세워야 한다. 스스로 큰 인물[聖人]이 되고 말겠다는 각오를 가져야 하는 것이다. 조금이라도 자기 자신을 작게 생각하고 굽혀서는 안 된다. 자신을 믿고 한 번 세운 뜻을 굽힘 없이 밀고 나가려는 의지가 없이는 아무 일도 이룰 수 없는 것이다. 보통 사람은 누구나 그 본바탕은 성인이나 큰 인물과 조금도 다를 것이 없다. 비록 기력이나 체질의 맑고 탁함이 다르고, 순수하고 잡것이 섞인 것이 다를 수는 있다. 그러나 보통 사람도 옳은 것을 바로 알고 지난날의 잘못을 버리고 본성을 찾는다면 누구나 성인이 될 수 있는 것이다. 그런데도 어째서 미리부터 자기는 성인이나 큰 인물이 될 수 없다고 스스로를 내던질 수 있단 말인가."라고 기술하여 보통 사람과 성인이 다를 바 없으니 학문하는 사람은 공부의 목적

을 성인 되기에 두어야 한다고 했다.

이 밖에 율곡은 『동호문답(東湖問答)』을 지어 왕도정치에 대해 왕에게 이야기하였으며, 청주 목사로 부임하여서는 『서원향약(西原鄉約)』을 지어 민중교화에 힘쓰는 등 현실 개혁적 성향도 보여 실학의 선구자로까지 평가받고 있다.

### (3) 정약용(丁若鏞, 1762~1836)

[그림 3-8] 정약용 초상

다산 정약용은 영조 38년(1762) 경기도 광주 마현에서 태어났다. 7세 때 이미 시를 짓기 시작하였고 14, 15세 때 사서와 육경, 제자백가서를 통달했다. 15세 되던 해에는 호조 좌랑이던 아버지를 따라 상경하여 남인(南人) 학자들과 교류하였고, 이듬해 이가환·이승훈 등을 통해 성호 이익의 유고를 얻어 읽고 깊이 공감했다. 이후 그는 벼슬살이를 하다가 천주학에 연루되어 장기간의 유배생활을 하였으며, 만년에는 다시 향리로 돌아와 일생을 마무리했다.

다산의 교육론은 관념성보다는 실용성이 드러난다. 이는 교육제도의 측면이나 내용 및 방법의 모든 측면에서 그러하다. 먼저, 제도의 측면에서 다산은 진정한 학문과 교육의 일차적 걸림돌을 과거제로 보고 이 제도의 개혁을 주장했다. 즉, 종래의 과거는 선비로 하여금 실생활을 외면하게 하고 사변적인 일에만 허송하게 하여, 과거에 급제해서 정무를 보더라도 실사회의 민생을 제대로 챙길 수 없다고 했다. 그래서 그는 과거시험 방식, 시험 과목, 시험 실시 시기, 선발 인원 등의 모든 면에서 개혁이 필요함을 주장했다.

다산의 교육론 가운데 교육 내용 및 방법과 관련하여 주목할 점은 『천자문』『통감(通鑑)』『사략(史略)』등 당시에 널리 읽혔던 책들을 읽지 못하게 하는 '삼불가독설'을 주장한 것이다(이러한 불가독설은 이미 연암 박지원의 책에도 실려 있어 연암의 주장이라고 소개되기도 함). 즉, 『천자문』은 문자학습서임에도 불구하고 문자가 체계적으로 배열되어 있지 않은 폐단이 있고, 『사략』은 중국 역사의 요약본으로서 그 첫머리부터 허구적인 내용이 많으며, 『통감(통감절요)』역시 중국 역사로서 중국에서조차 그 가치를 인정받지 못하고 있음을 지적했다. 특히 그는 『천자문』의 폐단을 시정하기 위해 『아학편(兒學編)』이라는 이천자문을 직접 만들었다. 이 책은 상·하로 구분되어 상권은 구체적 명사 위주의 유형자[有形字, 실자(實字)]로, 하권은 추상명사 · 대명사 · 형용사 · 동사 등의 무형자[無形字, 허자(虛字)]로 구성되어 있다. 또 음양대치와 한자 구성의 원리와 법칙에 따라 편찬함으로써 아동의 학습원리를 고려한 책으로 볼 수 있다.

다산은 당시의 교육내용이 주로 중국 서적을 중심으로 짜여진 것에 대해서도 불만을 가지고 우리 것에 대해 관심을 가졌다. 그래서 과거시험에도 우리 역사, 즉 『삼국사기』 『고려사』 『동국통감』 등을 포함시켜야 한다고 주장하였으며, 자신의 아들들에게도 틈틈이 우리 역사와 실학자들의 책을 읽어야 한다고 권했다. 그뿐만 아니라 실업 과목도 크게 강조하였는데, 농업이나 방직 · 군사 · 의술 등을 기예(技藝, 기술)라 하고 이를 통해 부국강병을 이룰 수 있다고 보았다.

다산은 교사의 중요성에 대해서도 언급했다. 교사의 선택이 학교를 일으키는 흥학(興學)의 우선임을 말하면서 목민관은 교사를 잘 선발해야 할 임무가 있다고 했다. 즉, 목민관은 단아하고 방정한 자를 교사로 선발하여 모범적 스승이 되게 하여야 하고, 생활에 문제가 없도록 공궤(供饋)에도 배려와 후원을 해 주어야 한다고 했다. 교사는 가르치면서 배우므로 교직은 자신의 수양에도 도움이 된다고 하였으며, 학생 지도는 가르치면서 행동을 수정해야 하므로 학생의 잘못을 지적하여 거론만 하기보다는 바로잡아 주어야 한다고 했다(최관경 외, 2004: 333).

지금까지 본문에서 논의한 조선시대의 교육을 요약 · 평가하면 다음과 같다. 조선은 전근대사회에서 근대사회로 이어지는 시대적 의의를 지닌 시대로서 교육사상의 성격도 초기와 중기까지의 주자학적 성격부터 실학시대를 거쳐 서학과 동학 그리고 서양의 여러 근대적 사상까지 아우르는 광대한 내용을 담고 있다. 따라서 조선시대의 교육은 다음과 같은 몇 시기로 요약해 볼 수 있다.

### ① 관학교육체제 확립기: 태조~성종(1392~1494)

조선 왕조의 개국 이래 왕권을 확립하고 조선사회의 지배체제를 정립하기 위해 관학교육체제를 확립한 시기다. 고려 말부터 권문세족을 대신하여 정치 일선에 등장한 신진사대부 가운데 개혁파들은 역성혁명을 완수하여 조선 왕조를 건국하고 통치체제를 정비해 나갔다. 천도를 비롯하여 궁궐, 종묘, 사직, 학교 등을 세워 도읍의 기틀을 마련하였고, 사상적·문화적으로는 숭유억불정책에 의한 성리학적 정교이념(政敎理念)을 확립했다. 국왕과 개혁파 신진사대부들에 의해 주도된 조선 초기의 교육은 한편으로는 성균관과 향교와 같은 관학교육체제의 확립으로 나타나고, 다른 한편으로는 성리학적 정교이념을 일반 백성에게 보급하는 교화(敎化)정책으로 나타난다.

② 사학체제의 확립 및 교육사상의 발전기: 연산군~경종(1494~1724)

건국 이래의 전통 귀족인 훈구파와 사림에서 학문적으로 체계를 형성한 신진 사류 사이에 사상적 대립이 나타나, 정치적으로 사화와 당쟁이 발생하여 관료 상호 간에 권력투쟁이 나타나는 시기다. 원래 지방의 중소 지주 출신들이었던 사림은 김종직과 그의 문인인 김굉필, 정여창의 교육활동에 힘입어 영남·기호지역 사림들의 인간적·학문적 접촉이 이루어지면서, 성종 16년(1485) 이후 훈구세력에 대응하는 정치세력인 사림파로서 모습을 갖추었다. 그러다가 무오사화와 갑자사화를 겪으면서 입지를 잃었던 사림파는 조광조가 중용되면서 새로운 정치질서의 수립을 통해 군주나 백성이 천명에 따라 생각하고 행동하는 이상사회의 실현, 즉 지치(至治)주의를 내세우며 세력을 넓혀 나갔다. 이들은 군주를 성군으로 만들기 위한 군주교육에도 힘썼다. 기묘사화 이후, 사림파는 서원과 향약 등을 통하여 향촌사회에 그들의 기반을 확대해 나가며 성리학적 가치의 대표적 교본인『소학』의 실천운동과 종족공동체의 생활규범을 밝힌『주자가례』의 보급운동에 나섰다. 특히 서원의 설립은 사림세력 성장의 결과로 나타난 시대적 산물이라 할 수 있다(국사편찬위원회, 2003). 정몽주, 길재, 김숙자, 김종직, 김굉필, 조광조로 이어지는 사림의 계보, 즉 도학파의 도통은 그 후 조식과 이황으로 대표되는 영남학파와 이이와 성혼으로 대표되는 기호학파로 이어지면서 성리학 연구가 심화되고 발전되었다. 성리학은 인간과 천지자연의 '성(性)'과 '이(理)'를 탐구하는 학문이며, 개인의 인격함양 공부인 수기(修己)와 사회의 지도자 자질함양 공부인 치인(治人)을 목표로 하는 학문이라는 점에서 그 자체가 교육사상이자 교육이론이라 할 수 있다.

③ 실학교육기: 영조~고종 13년(1725~1876)

사림을 중심으로 형성된 학파는 17세기에 와서는 붕당정치에 휘말리면서 성리학적 명분과 의리사상이 변질되어 갔다. 서원 역시 교육기관으로서의 역할보다는 자기 학파나 당파의 입지를 강화하기 위한 도구로 남설(濫設)되었다. 그리고 학문도 예학(禮學) 중심으로 흘러가 시대적·현실적 문제에 대처할 수 없었다. 이에 이론과 형식 논리로 빠져드는 당시 성리학의 한계를 인식하고 현실 중심의 개혁론이 대두되었다. 훗날 실학자라 지칭되는 이들은 여러 측면에서 다양한 현실개혁론을 제시하였는데 그 가운데는 교육개혁론도 적지 않았다. 18세기 전반에 농업 중심의 개혁론을 제시한 유형원, 이익 등 남인 출신의 경세치용(經世致用)학파들은 토지제도 개혁을 비롯하여 양반문벌제도와 과거제도의 문제를 지적했다. 18세기 후반에 상공업의 진흥과 기술의 혁신을 주장하며 부국강병과 이용후생을 강조한 북학파, 이용후생학파들은 대부분 서울의 노론 집안 출신으로 박지원, 홍대용, 박제가 등이 중심인물이었다. 이들은 상공업의 발달과 더불어 사농공상의 직업평등을 주장했다. 실학의 완성자라고 일컬어지는 정약용은 토지개혁, 과학기술, 상공업 진흥에도 관심을 보였다. 그는 교육개혁에도 적극적이어서 기존 인재등용법인 과거제를 비판하고 민족지향적인 교육의식을 표명하였으며, 실용적이고 경험적인 성격의 교재 편찬까지 시도했다.

④ 근대교육의 출발기: 고종 13년~순종 4년(1876~1910)

우리나라 근대교육의 출발점을 어디로 잡을 것인가, 그 기준을 무엇으로 할 것인가에 대해서는 여러 가지 견해가 있을 수 있다. 서구교육의 도입을 출발점으로 볼 수도 있으며, 관에 의해 교육제도 개혁이 이루어진 시점을 출발점으로 볼 수도 있다. 그런가 하면 교육의 내적인 발전 논리에 따라 근대교육의 출발점을 잡아야 한다는 견해도 있다. 우리 근대교육의 논의에서는 이 모든 관점이 하나라도 빠져서는 안 된다. 이 시기는 서구교육의 도입기라고 할 수 있고 민족교육의 각성기라고도 할 수 있다. 위정척사운동, 개화파의 개혁운동, 동학운동 등 근대적인 사상과 운동이 일어났으며, 전통적 유교교육과는 다른 신교육 체제와 제도가 생겨난 시기다. 이 내용은 다음 장에서 다루기로 한다.

역사상의 조선시대를 지금의 입장에서 평가하는 것은 쉬운 일이 아니다. 조선시대의 교육이 안고 있는 지나친 인문주의적 경향은 실업교육, 직업교육, 기술교육의 약화를 초래했다. 가부장적 질서는 여성과 아동의 교육에 대해 등한하였고, 주자학 중심의 교육사상이 다른 교육사상의 발전을 저해한 점 등은 시대적 상황에 따른 한계로 보아야 할 것이다. 그러나 이러한 시대적 한계에도 불구하고 오늘날 입장에서 긍정적 의의 역시 적지 않다.

우선 조선시대의 지배적 사상이었던 성리학에 대한 교육학적 의의다. 학자에 따라 차이는 있지만 대체로 성리학 사상들은 우주론, 인성론 및 수양론 등의 체계로 구성되는데, 이 가운데 인성론과 수양론은 교육론과 밀접히 관련을 맺고 있다. 그러기에 조선시대의 성리학자들의 사상은 거의 대부분 교육이론 혹은 교육사상의 성격을 띠고 있다. 오늘날 우리는 조선시대에는 교육이론과 사상이 없다고 생각할 것이 아니라 실천지향적 성격을 지닌 교육사상과 이론이 있었음을 생각하고 이를 현대적인 관점에서 재해석하는 노력이 필요할 것이다.

또한 성리학자들은 단지 교육사상가로서만 존재했던 것이 아니라 그들의 교육사상과 교육이론을 현실에서 실천한 교육자이자 교육실천가였다. 선비로 일컬어지는 조선시대의 유학자들은 성현의 삶을 전형으로 삼아 생활 속에서 앎을 검증하고, 앎을 생활 속에서 실천하는 학행일치(學行一致), 지행합일(知行合一)의 삶을 산 사람들이기에 조선시대는 수많은 훌륭한 스승이 배출된 시기라고 할 수 있을 것이다.

조선시대의 성리학은 20세기 이후 전근대적 사상으로 근대적 서양사상에 밀려난 것도 사실이다. 그러나 20세기 후반부터 근대의 한계가 다방면에서 노출되면서 근대교육의 산물인 근대적 학교교육 역시 많은 폐단을 드러내고 있다. 특히 인간교육, 인격교육, 인성교육 등에 대한 문제는 현대교육이 해결해야 할 필수적인 과제로 떠오르고 있다. 이런 상황에서 성리학이 주창하고 있는 '거경궁리(居敬窮理)'와 같은 공부는 삶과 유리된 지식 편중의 교육문제와 인간교육의 문제를 해결할 수 있는 하나의 대안으로 고려해 볼 만하다.

### 탐구문제

1. 최근 유네스코로부터 '한국의 서원(Seowon, Korean Neo-Confucian Academies)'이라는 이름으로 세계문화유산으로 지정된 서원들을 방문하여 그 교육적 가치를 알아봅시다.

2. 의리와 명분을 핵심으로 하는 조선시대의 선비정신이 오늘날 지식인들에게 줄 수 있는 시사점을 구체적으로 생각해 보시오.

3. 20세기 후반부터 서구식 근대교육에 대한 한계가 노출되고 있는 상황에서 조선시대의 유교교육이 현대교육 문제 해결에 줄 수 있는 시사점을 생각해 보시오.

# 근·현대기의 교육

## 1. 개화기의 교육

### 1) 개화기 근대사상의 형성

임·병 양란을 거치며 조선사회는 사회경제적으로 큰 변화와 혼란을 맞게 된다. 이러한 변화와 혼란에도 위정자들은 획기적인 문제 해결책을 제시하지 못했고, 오히려 관리들의 부정부패의 도만 더해 갔다. 이런 사회적 혼란상은 교육에도 그대로 반영되었다. 조선사회의 통치이념이자 교육이념이었던 성리학은 몇몇 학자에 의해 현실에 보다 탄력적으로 대처하기 위한 실학으로 성격의 변화를 꾀하려다 실패함으로써 현실과 동떨어진 수구적 교육이념으로만 남게 되었다.

조선 말기의 사회 내부에서는 사회의 어려움을 극복하려는 몇 가지 움직임이 있었는데, 위정척사운동, 동학운동, 개화운동이 그것이다.

위정척사운동은 정학(正學)을 지키고[衛正], 사학(邪學)을 배척한다[斥邪]는 운동이다. 여기서 정학이란 공·맹·정(程)·주(朱)의 유학을 의미하며, 사학(邪學)이란 불교·도교·육왕학(陸王學)·서학 등을 말한다. 그리하여 위정척사운동은 바른 도로서의 유학의 순수성을 지키기 위한 운동으로 출발했지만, 실제 전개과정을 보면 구미 열강의 침략에 대한 민족적 저항운동으로 이어지게 되고(강제언, 1982), 나아가 선비정신의 발현으로 의병운동으로까지 이어진다.

이러한 위정척사운동이 보는 바람직한 교육은 성리학적 이념에 충실한 전통교육의 회복 혹은 현실 문제 인식을 반영한 실학적 교육관이 될 것이다. 이른바 근대교육이라는 이름 아래 행해지는 서양 문물에 대한 학습이나 기존 왕도체제를 개혁하려는 의도가 담긴 교육내용은 당연히 이단시되어 배척되었다.

이 시기에 사회의 위기를 극복하고자 일어난 또 하나의 운동이 동학이다. 1860년 수운(水雲) 최제우(崔濟愚)가 창도한 동학은 서학의 위협과 기존 유교적 질서의 한계를 인식하고 '다시 개벽'이라는 인류 문명의 변혁을 주장하며 민중종교로 출발했다. 동학의 종교적 이념은 수운의 '시천주(侍天主)' 사상과 해월(海月) 최시형(崔時亨)의 '사인여천(事人如天)' 사상 그리고 의암(義菴) 손병희(孫秉熙)의 '인내천(人乃天)' 사상으로, 이는 곧 인간존중 사상이요 인간평등 사상이다. 즉, 수운은 "(한울님을) 네 몸에 모셨으니 사근취원(捨近取遠) 하단 말가."라는 시천주 사상을 내세움으로써 유교에서 왕의 독점적 권한에 속했던 천(天)의 권한과 속성을 세속화(secularization)시켜 버렸다. 이는 천관(天觀)의 큰 변화였다. 또 해월은 교조의 사상을 이어받아 한울의 품성을 지니고 있는 각 개인은 한울과 같은 존재이므로 "사람 섬기기를 하늘과 같이 하라[事人如天]."는 주장을 함으로써 계급, 연령, 성에 관계없이 모든 인간은 다 귀한 존재라는 인식을 민중에게 심어 주었다. 해월의 이러한 사상은 인간관의 큰 변화다.

[그림 4-1] 최제우 초상

물론 수운과 해월의 이러한 사상은 당시 왕조사회의 입장에서 볼 때는 용인될 수 없는 이단 반역 사상이었고 탄압의 대상이었다. 그러나 1894년 동학사상은 반봉건, 반외세 이념의 동학농민운동으로 이어져 수많은 민중의 참여를 이끌어 냈다.

이러한 동학사상과 동학운동은 인간존중, 인간평등의 근대적 인간관으로서 많은 민중의 삶의 변화, 의식과 행동의 변화를 가져왔는데, 19세기 말 서양에서 들어온 근대 교육사상과는 또 다른 자생적 사상이었다. 이러한 동학사상을 바탕으로 하여 일제강점기에는 소파 방정환 등에 의하여 20세기 아동교육사상과 운동으로 전개되기도 했다(안경식, 1994, 2021).

　김옥균, 박영효, 홍영식, 유길준, 서재필 등의 이른바 개화파에 의해 주도된 또 하나의 근대적 운동이었던 '개화사상'은 위정척사운동이나 동학사상보다는 직접적으로 근대교육의 추진을 뒷받침해 준 사상이었다. 그리하여 개화사상의 교육론은 구교육의 극복과 신교육의 전개를 이어 주는 사상적 기반이 되었다(윤건차, 1987).

　개화사상가들이 가장 먼저 수행한 작업은 근대적 제반 개혁을 수행할 인재의 양성이었다. 개화파는 신식 군대의 설립, 근대적 경찰제도 등의 근대적 사업을 추진할 간부를 양성하기 위하여, 국가가 외국에 유학생 및 실습생을 파견하는 조치를 취할 것을 요청했다. 그리고 각 층의 젊은이를 모집하여 외국에 유학시켜 근대적 문물을 배워 오게 했다. 그들의 근대교육에 대한 이러한 노력은 일차적으로 갑신정변의 개혁정강에 반영되었다. 그 요지는 ① 문벌을 폐지하여 인민의 평등권을 제정하고 재능에 의하여 인재를 등용할 것, ② 규장각을 폐지할 것, ③ 과거급제 방법을 폐지할 것, ④ 내외의 공채를 모집하여 운수·교육·군비에 충실을 기할 것, ⑤ 국민은 일제히 단발할 것, ⑥ 준수한 청소년을 선발하여 외국에 유학시킬 것 등이다(윤건차, 1987).

## 2) 근대학교의 성립과 전개

### (1) 기독교계 학교의 설립

　천주교가 우리나라에 전파되어 순교의 역사를 거듭한 후 약 1세기가 지나 신교가 들어왔다. 신교의 전래는 순조 32년(1832)에 독일계 네덜란드인 선교사 구즐라프(C. A. Gutzlaff)가 전도를 목적으로 한 것이 처음이다. 그러나 신교가 본격적으로 전래된 것은 고종 19년(1882) 5월에 미국을 비롯하여 여러 외국과의 수호조약을 체결한 후부터다. 한미수호조약이 체결된 후, 정부는 1883년 여름에 보빙대사(報聘大使)로 민영익을 임명하고 미국을 방문하게 했다(손인수, 1981b). 이때 뉴욕에 있는 감리교 선교본부는 민영익으로부터 한국의 사정을 듣고 선교의 필요성을 느껴, 당시 일본에서 선교하고 있던 미국 감리교 선교사 매클레이(R. S. Maclay)로 하여금 한국을 방문하여 사정을 알게 했다. 그리하여 매클레이 부부는 1884년 6월에 한국에 도착하여 김옥균의 안내로 고종을 알현하고 교육과 의료사업의 윤허를 받게 되었다.

이러한 경위로 1884년 9월에 의사 알렌(H. H. Allen) 부부를 비롯하여, 1885년에 언더우드(H. G. Underwood), 아펜젤러(H. G. Appenzeller), 스크랜튼(M. F. Scranton) 부인 등의 선교사들이 입국하게 되었다. 이들은 교육과 의료를 선교의 수단으로 삼았다.

궁정 어의로 활약하던 알렌은 국립병원 설립을 정부에 제의하여 교섭한 끝에 1885년 4월에 광혜원(廣惠院)이라는 국립병원을 세웠는데, 이것이 우리나라 근대적 병원의 효시다. 여기서는 의료뿐만 아니라 서양 의학과 기술을 가르쳤으며, 후에 세브란스 의전의 모체가 되었다.

아펜젤러는 1885년 7월에 서울에 들어와 1개월 먼저 와 있던 의사 스크랜튼의 집 한 채를 빌려 방 두 칸 벽을 헐어서 조그마한 교실을 만들었다. 그리고는 같은 해 8월 3일 2명의 학생으로 수업을 시작하니, 고종은 1886년 6월 8일에 배재학당(培材學堂)이라는 교명과 편액을 내렸다. 이 배제학당의 설립 목적을 아펜젤러는 "우리는 통역관을 양성하거나 우리 학교의 일꾼을 기르려는 것이 아니라 자유의 교육을 받은 사람을 내보내려는 것이다."라고 했다. 학당훈은 '욕위대자(欲爲大者) 당위인역(當爲人役)'으로 기독교의 진리를 실천하며 교회와 국가에 봉사할 수 있는 지도자를 양성한다는 것이다.

한편, 언더우드는 1885년 4월에 입국하여 광혜원에서 화학과 물리학을 가르치다가, 1886년 서울 정동 자기 집에 붙어 있는 건물을 이용하여 고아원 형식의 학교를 창설했다. 이는 통칭 언더우드학당이라는 것으로 곧 오늘날 경신 중·고등학교의 전신이다. 언더우드는 경신학교를 세울 때부터 이를 확장하여 기독교 대학과 신학교의 증설을 꾀하려고 했으나, 이때 서울의 대학 설립은 재한 선교사 간에 그리 환영받지 못했다. 그러나 언더우드는 처음의 뜻을 굽히지 않고 노력한 결과, 드디어 1915년 3월에 미국 북장로교, 감리교, 캐나다 장로교 선교부 연합위원회의 도움으로 서울 종로의 한국기독교청년회(YMCA) 회관을 빌려 경신학교 대학부라는 이름으로 개학하게 되었다. 이것이 바로 연희전문학교의 시작이 되었다.

1885년 6월에 이 땅을 밟은 감리교 여선교사 스크랜튼 부인은 1886년 5월경에 정동 자신의 집에서 30대 여성 한 명을 상대로 학교를 시작하였는데, 이것이 우리나라 여학교의 시초가 된 이화학당이다. 1887년 고종은 이 학교를 이화학당이라 명명하고 현판을 하사했다. 이 이화학당의 설립은 당시 남존여비 사상으로 여성교육이 필

[그림 4-2] 초창기의 이화학당

출처: 이화여자대학교 홈페이지.

요하지 않다고 여기던 때의 혁신적인 일이었다.

그 후, 1894년에는 평양에 감리교계의 광성학교(光成學校)·숭덕학교(崇德學校)·정의여학교(正義女學校) 등이 설립되어 지방 미션학교의 효시가 되었다. 그리고 1897년 선교부의 지방학교 설치에 관한 정책이 결정되자 선교부가 설치되어 있는 전국 주요 도시마다 남녀 중학교가 설립되어 나갔다. 그러다가 1906년에는 숭실학교에 대학부가, 1910년에는 이화학당에 대학부(정식 대학이 아닌 단기과정)가 각각 설립되어 고등교육의 임무도 담당하게 되었다.

이들 기독교계 학교의 건학정신은 기독교 교육과 인간 가치의 증진, 여권신장, 남녀평등과 민주주의 가치의 교육이다(손인수, 김인회, 임재윤, 백종억, 1984). 이 가운데서 특히 여학교는 가정의 개혁과 여성의 자유 및 평등을 주장하는 데서 출발했다. 덧붙이자면, 이 같은 기독교계 미션학교의 설립정신은 기독교 정신을 널리 전함으로써 이웃과 사회를 위해 서양의 문물과 사상을 소개·전달하여 낡은 유교적 구습을 타파하고, 나아가 민주적인 새로운 사회를 만드는 동시에 우리 민족에게 자주자립하는 정신적 자세를 확립하는 데 두었다. 미션학교는 이 이념에 따라 우리에게 서구적 교육제도와 신학문을 소개하는 일에 개척자적 소임을 다했을 뿐 아니라 민주주의를 가르치기도 했다. 그리하여 그들이 소개한 신학문과 민주주의의 영향은 차차 민간에게 높아져 개화사상의 요소가 되었고, 이것이 마침내 민주주의 이념의 성장을 돕기도 했다. 또한 우리가 국권상실로 고민할 때, 이들 미션학교가 교육구국운동의 한 주역을 담당하기도 했다.

그러나 이러한 선교정책에 따른 교육활동을 거시적으로 볼 때, 앞서 언급한 몇몇 학교를 제외하고는 대부분 기독교 전파에 필요한 정도만큼만 교육을 실시하는 문화식민지 교육의 테두리를 벗어나기 어렵다는 평가를 받기도 한다(김인회, 1983).

### (2) 관·공립학교의 설립

수천 년 동안의 구질서에서 벗어나 새롭게 전개되는 세계사조에 발맞추어 나라를 근대화하려는 개화사상가들의 노력은, 유교적 전통의 제약과 이에 뒤따라야 할 정책적 뒷받침이 없었기 때문에 전통과 개혁, 보수와 혁신의 갈등 속에서 지속되다가 1894년 고종 31년 갑오경장으로 인해 현대 국가의 모습을 갖추기 시작했다. 즉, 정치·외교 관계로부터 사회·경제 전반에 이르기까지 일대 혁신이 단행되었고, 이때 교육에도 새로운 제도가 생겼다.

그런데 정부에서 설립한 근대학교가 갑오경장 이전에 없었던 것은 아니다. 통변학교(通辯學校, 1883)와 육영공원(育英公院, 1886)이 그것이다. 통변학교는 동문학(同文學)이라고도 하며 일종의 통역관 양성소라고 볼 수 있는데, 육영공원이 설립되고 폐지되었다. 남궁억(南宮檍)이 이 학교에 입학하여 최우등으로 졸업하기도 했다. 육영공원은 고종이 정부에 봉사할 수 있는 인재양성이라는 목적으로 설립한 학교다. 입학생은 고급관료의 자제로 한정하였고, 헐버트, 길모어 등과 함께 미국 교사가 영어를 위주로 가르쳤다. 1894년 재정난으로 폐지되었고, 학생들은 배재학당에 위탁하여 교육시켰다. 그 뒤 정부에서는 영어학교를 신설했다(이광린, 1969).

이러한 배경에서 단행되었던 갑오경장에 즈음하여 정부는 종래 학사를 관장하던 예조를 폐지하고 교육 문제를 전담하기 위하여 학무아문(學務衙門, 이후의 학부)을 두는 동시에 과거제도를 폐지했다.

새로 출발한 학무아문은 1894년 7월에 고시를 발표하여 국정쇄신에 있어 영재교육의 시급함을 강조하고, 소학교와 사범학교를 세워 종래 교육에서의 계급의식을 불식하고 반상의 구별 없이 준총(俊聰)을 모아 인재를 기를 뜻을 밝혔다. 아울러 앞으로 대학교와 전

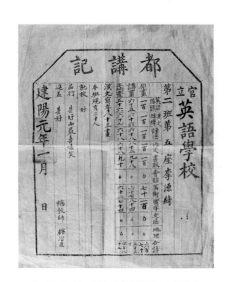

[그림 4-3] 조선시대 영어학교 성적표

문학교도 차례로 세우려 했다.

또 1895년 1월 7일에는 고종이 우리나라 최초의 헌법이라 할 수 있는 「홍범 14조」를 선포했는데, 이 중 11조에서 "국중(國中)의 총명한 자제를 널리 파견하여 외국의 학문과 기예를 전습시킨다."라고 하여 서양의 근대 교육과 기술을 받아들일 것을 시사했다.

학무아문의 고시와 홍범 11조의 선포는 신문화·신교육·신학문·신기술의 습득 및 도입이 국가의 당면 과제로 얼마나 시급한 것이며, 이것이 개화와 부국강병을 위하고 국가보전의 첩경이 된다는 것을 정부 스스로가 밝힌 것이라 볼 수 있다.

그리하여 고종은 1895년 2월, 전 국민에게 교육조서(敎育詔書)를 내렸다. 이 교육조서는 서양의 근대적 국민교육 제도를 공식적으로 채택하려는 고종의 결단을 나타낸 것이다. 이러한 19세기 서양 민족주의 국가들의 국민교육 제도를 전개할 때 신교육 운동가들에 의하여 제창된 전인교육의 사상, 즉 덕·체·지의 조화적 발달을 이상으로 하는 교육원리를 반영하였다는 것은 특기할 만하다(이돈희, 1985).

이 교육입국의 정신에 따라 정부는 교육을 통한 국가중흥의 이상을 실현하기 위하여 1895년 4월 먼저 교사양성을 목적으로 한 「한성사범학교관제」를 공포했다. 이는 우리나라 최초의 현대식 학교법규다. 그 후로 정부는 계속해서 여러 학교관제와 교칙을 제정했다. 이러한 관제에 의하여 정부는 관·공립학교를 계속 설립하게 되었다. 즉, 1895년 4월에 한성사범학교를 설립하였고, 동년 7월에 「소학교령」을 공포했다. 이에 따라 3년제 심상소학교, 2·3년제 고등소학교가 설립되었다. 중학교의 경우, 1899년 중학교 관제가 공포되고, 1900년 최초의 관립 중학교(4년제)가 설립되었다. 그런데 갑오경장 자체가 일본의 권유로 이루어졌던 것인 만큼, 이때 제정된 신학제와 그에 따른 관학도 대체로 일본의 것을 모방한 것이었다. 그 제도와 목적이 그랬고 교과목 또한 그랬다. 특히 소학교·중학교 사범학교의 제도에서는 이것이 현저하게 드러났다.

당시 관·공립학교의 건학정신은 실학, 실용이라고 할 수 있는데, 이는 우리의 전통사상 가운데서 개화사상에 가장 유사한 요소를 실학사상이라 보았기 때문이다(손인수, 1981b). 그러나 1905년 을사늑약 이후에 설립된 관학은 모두 일제의 제도적 동화정책에 의하여 세워졌다.

### (3) 민간인 사학의 설립

갑오경장은 근대화의 요소를 지니고 있기는 하였으나 너무 갑작스러운 타의에 의한 개혁 단행이었기 때문에, 신학제의 제정도 실제상의 개혁이라기보다는 제도상의 개혁에 지나지 않았다. 그러므로 정부의 노력에도 불구하고 관·공립학교보다 더 활발하게 전개된 것이 민간인 사학이었다.

우리나라 최초의 민간인 사학은 원산학교다(신용하, 1974). 원산학교는 1885년 아펜젤러가 세운 배재학당보다 2년 앞선 1883년, 원산의 향중부로(鄕中父老)들이 외국의 도전과 새로운 정세 변화에 대응하기 위해 민중의 자발적인 성금을 모아 이루었다는 점, 또 외국인 혹은 관의 주도에 앞서 민중의 광범한 근대화 의욕으로 설립되었다는 점에서 그 교육사적 의의를 높이 평가하지 않을 수 없다.

원산학교에 이어 1895년에는 민영환이 흥화학교(興化學校)를, 1896년에는 민영기가 중교의숙(中橋義塾)을 세웠다. 1899년에는 안창호(1878~1939)가 그의 고향인 평안남도 강서지방으로 돌아가 점진학교(漸進學校)를 세웠는데, 이는 서도(西道)에서 민간인이 세운 최초의 사립학교인 동시에 남녀공학을 실시한 최초의 소학교였다(손인수, 1981b).

1901년에는 서광세 외 수 명이 낙연의숙(후에 보광학교)을 세워 국어를 가르치고, 잠시 사범과를 두어 교사양성에 힘쓰다가 1916년에 폐교되었다. 1902년에는 우산학교(의법학교)가 설립되고, 1904년에는 상동교회 목사 전덕기가 청년학원을 설립하였는데, 청년학원은 그 후 신민회의 기관학교로서 독립사상 고취에 노력하다가 1914년 폐교되었다. 1905년 2월에는 엄주익이 양정의숙(현 양정 중·고등학교)을 창설하였고, 1905년 5월에는 이용익이 교육구국의 인재를 양성하기 위하여 보성학교(현 고려대학교 전신)를 창설했다.

그런데 1905년 11월 을사늑약 이후에는 사학의 설립이 곧 교육구국운동이라는 양상으로 나타났다. 민족운동을 하던 애국지사들은 직접 교육사업에 종사하거나 교육단체를 조직하여 더욱 교육열을 북돋아 주었다. 이들은 학교를 설립하기 전에 우선 교육기관으로 학회를 만들었는데, 서북학회, 호남학회, 기호학회, 대한자강회, 황성중앙학회, 여자교육회, 태극학회, 대한흥학회, 보인학회, 국민교육회, 대한동인회, 대한학회 등이 그것이다. 이들 학회의 취지는 모두 청소년의 교육을 개도·면려하여 국권을 회복하는 데 두었다. 그리하여 이 학회들은 각기 부속기관으로 사립학교를 세우는 한편, "국가의 존망은 교육에 좌우된다."라는 것을 주창하였는데, 이에 자극되어 경향 각지에서 수많은 학교가 열리게 되었다(정순목, 1980a).

을사늑약 이후 개인이 세운 사학을 보면, 1906년 5월에는 민영휘가 사재를 털어 휘문의숙을 설립했다. 처음 교명은 광성의숙이었는데, 고종이 뒤에 휘문의숙이라는 교명을 내렸다. 이 학교에서는 부대사업으로 휘문관을 두어 교과서 및 기타 서적을 출간했다.

1907년 일본은 정미7조약을 맺어 고종 황제를 폐하고 대한제국의 군대를 해산시켰는데, 이 해 안창호는 미국에서 귀국하여 자아혁신과 자기개조를 통해서 민족혁신과 민족개조를 이룩할 생각을 가졌다. 안창호는 이를 위해 평양에 대성학교(大成學校)를 세웠는데, 교육방침은 건전한 인격의 함양, 애국정신이 강한 민족운동자의 양성, 국민으로서 실력을 구비한 인재의 육성, 강건한 체력훈련의 네 가지였다(오천석, 1975). 안창호는 대성학교 설립을 전후하여 전국 방방곡곡을 찾아다니면서 교육 유세를 하였으며, 그 강연을 통해 군중에게 교육을 통한 인격완성과 국권회복에 대한 자신감을 심어 주었다.

한편, 이 무렵 남강 이승훈(1864~1930)이 평양에서 안창호를 만났는데 이것이 그의 생애의 전환점이 되었다. 즉, 이승훈은 기울어져 가는 나라에 대하여 깊이 깨닫고 정주 향리로 돌아와 1907년 8월 초등교육기관으로 강명의숙을 세웠고, 같은 해 12월 그 유명한 오산학교(五山學校)를 설립하여 민족교육을 전개했다. 이승훈은 조선민립대학 설립 운동, 오산 일대를 교육도시로 만들려는 '종합교육계획'을 설계하기도 했다. 이렇게 오산학교와 대성학교는 같은 뿌리에서 출발했는데, 대성학교는 후에 안창호의 망명과 함께 흥사단으로 형태를 바꾸었고, 오산학교는 줄곧 학교로 남아 일제에 대항했다.

그런데 당시 사학의 교육실천을 통한 교육구국운동은 남쪽지방보다 북쪽지방이 더 활발하게 전개되었다. 그 이유는 남쪽이 유교사상과 같은 온건한 전통사상이 뿌리박고 있었음에 비해 북쪽은 사상적으로 보다 개방적이었기 때문이다. 그리하여 평북의 선천과 정주, 평남의 평양, 황해도의 안악 등지가 이른바 일제 통감부의 주요한 사찰지역이 되었고, 선천의 신성학교, 정주의 오산학교, 평양의 대성학교, 안악의 양산학교는 그들이 말하는 불손의 핵이 되었다(손인수, 차석기, 문형만, 오인탁, 1982).

[그림 4-4] 정주 오산학교 제1회 졸업식

이 같은 사학의 설립을 통한 애국열은 국내에만 국한되지 않았다. 우리나라와 국경을 접하고 있는 블라디보스토크에는 이미 1905년에 계동(啓東)·세동(世東)·신동(新東)의 세 학교가 세워졌고, 이 밖에 연해주 각처에 1908년까지 11개의 학교가 설립되었다(이광린, 1969). 그리고 동간도 지방에서도 사립학교 설립이 활발했다. 간도와 용정촌에 이동녕과 그곳에 먼저 가 있던 이상설, 여준 등에 의하여 한국인 최초의 교육기관인 서전서숙이 개교되었다. 서전의숙은 한국의 역사, 지리, 국제공법 등을 학생들에게 가르쳐, 일본 제국주의의 불의와 새로운 민족진로 개척을 위한 방향 제시를 위해 힘썼으나 1년 만에 폐교되었다. 서전서숙 폐교 후에는 김약연, 김하규, 남위언이 자신들이 운영하던 서당을 합쳐 명동서숙(후에 명동학교로 개칭)을 만들었는데, 이곳은 민족교육운동의 중심지가 되었다. 당시 이 학교의 교장으로 김약연이 있었으며, 윤동주, 나운규, 문익환 등이 이 학교를 다녔다. 동간도의 학교 수는 1910년까지 무려 130여 개교가 되는데, 이들은 항일교육운동의 중심지 역할을 했다.

1908년 일제의 「사립학교령」이 공포되기 전까지는 사학을 설치하는 데 인가가 필요 없었고 보고의 의무도 없었으므로 정확한 통계를 알 수 없다. 그러나 황현(黃玹)의 『매천야록(梅泉野錄)』에 의하면, 1910년 한일합병 직전까지 불과 몇 해 사이에 3,000여 교에 달하는 사학이 세워졌다고 하고, 황성신문에서도 1907년부터 1909년 4월까지 민중들이 세운 각종 사학의 수가 3,000여 교에 달했다(손인수, 1981b). 이처

[그림 4-5] 간도 명동학교

럼 나라가 위기에 빠져 있을 때 교육을 통하여 나라를 구하겠다는 운동이 크게 일어
난 것은 한국교육사상 아주 의의 있는 일이라 할 수 있다.

민간인 사학의 건학정신은 개화와 자주독립이라는 두 가지 측면을 통해 그 정신
을 고려해 볼 수 있다. 즉, 1905년 이전에 세워진 사학은 개화라는 이름의 근대화를
실천하기 위하여 설립되었는데, 여기에는 이용후생의 실학사상도 나타나고 있다.
말하자면, 이때의 사학은 개화된 선진 여러 나라의 문물과 기술을 습득하고 부국강
병을 이루는 데 목적을 두었다 할 것이다.

그러나 일제의 침략을 당하게 되자 교육구국의 인재 양성이라는 새로운 민족적
요망에서 많은 사학이 탄생하게 되었다. 다시 말해서, 일제로부터 국가가 위기를 맞
았을 때 애국지사들이 설립한 사학의 근본정신은, 청소년을 신지식으로 계몽하여
사회폐습을 개혁하고 민족산업을 일으키며 나아가 국권회복운동을 위한 역군을 양
성함에 있었다. 여기서 말하는 '교육과 산업'은 자강운동의 한 표방이며, 갈수록 강
화되는 일제통치에 대한 저항의 한 형태였다.

### (4) 교육사상가

개화기의 교육사상가로는 유길준(兪吉濬, 1856~1814), 이승훈(李昇薰, 1864~1930),
남궁억(南宮憶, 1863~1939), 서재필(徐載弼, 1864~1951), 안창호(安昌浩, 1878~1938)

[그림 4-6] 유길준

등이 있다.

유길준은 한학을 하다 연암 박지원의 손자 박규수(朴珪壽, 1807~1877)의 문하에서 개화사상가들과 교유했다. 1991년 신사유람단의 일원으로 일본에 갔다가 계몽사상가 후쿠자와 유키치(福澤諭吉)의 게이오의숙(慶應義塾)에 적을 두면서 우리나라 최초의 일본 유학생이 되었다. 1883년에는 친선사절단인 보빙사로 미국에 갔다가 최초의 미국유학생이 되었다. 갑신정변 뒤 귀국하여 서양의 문물을 소개한 『서유견문(西遊見聞)』을 집필하였는데, 여기에는 근대적 교육을 소개하는 내용도 있다.

남궁억은 1884년 동문학이 설립되자 입학하여 근대교육을 접했다. 그 뒤 관직에 있다가 외국 여러 나라를 순방하며 근대 문물을 견학하였으며, 1896년 서재필의 독립협회에 참여했다. 1898년에는 황성신문의 사장이 되어 애국계몽운동을 전개했다. 1906년에는 양양 군수가 되었으며, 그곳에서 1907년 현산학교(峴山學校)를 설립했다. 1908년에는 관직을 그만두고 애국계몽단체인 관동학회를 창립하고 잡지 『교육월보』를 창간했다. 1910년에는 배화학당 교사로 활약하였으며, 1919년에는 강원도 홍천으로 낙향하여 모곡학교(牟谷學校)를 설립하여 무궁화 보급운동을 전개했다.

서재필은 어려서 한학을 하여 과거에 합격하고 관직생활을 시작하였으며, 김옥균·서광범·홍영식·박영효 등과 교유하며 개화사상가가 되었다. 그는 임오군란 이후 미국에 망명했으며, 그곳에서 서양식 교육을 받았다. 갑오경장 이후 귀국하여 1896년 국민계몽과 교육 그리고 개화사상을 전파하기 위해 독립신문과 독립협회를 만들었고, 배재학당 강사로 후학을 가르치기도 했다.

도산 안창호는 1878년 평안남도 강서군에서 출생했다. 16세까지는 서당에서 유학을 공부했는데, 이때 동문수학한 몇 살 위의 필대은(畢大殷)은 그의 계몽자가 되어 민족주의 사상을 심는 데 큰 역할을 했다. 도산은 1894년의 동학혁명과 청일전쟁 등을 직접 목격하면서 민족자강의 필요성을 절실히 느꼈고, 17세에 상경하여 구세학당(救世學堂, 경신학교의 전신)에 입학하여 신학문을 배우는 한편 기독교에 입교하여 인생관과 세계관의 틀을 마련했다. 1896년에는 미국에서 돌아온 서재필 등에 의해 독립협회가 탄생했는데, 도산은 필대은과 함께 독립협회에 가입하고 관서지부 조직의 임무를 맡았다. 그리고 평양 쾌재정에서 행한 만민공동회 주최의 연설로 그는 약관의 나이에 대웅변가의 명성을 얻었다. 1899년에 독립협회가 강제 해산당하자 도산은 고향에 돌아와 점진학교(漸進學校)를 세웠다. 이 학교는 초등과정의 학교로서 남녀공학을 최초로 실시한 학교이기도 하다. '점진'이라는 교명은 꾸준히 힘을 기르자는 그의 신조의 표현이었다. 교육사업에 종사한 지 3년 만인 1902년에는 스스로 좀 더 실력을 배양하기 위해 미국으로 유학을 떠나게 되는데, 미국에서도 교포들의 계몽운동을 위해 공립협회(共立協會)를 만들었다. 그 사이 조국은 을사늑약으로 국운이 기울어져 갔고, 이에 도산은 귀국길에 올라 '신민회(新民會)'를 조직한다. 신민회의 사업 내용 가운데 교육사업으로는 평양의 대성학교(大成學校) 설립이 있었다.

도산의 교육사상은 자기수양과 자기개조에서 시작하여 민족혁신과 민족개조를 목표로 하는 것으로, 먼저 건전한 인격의 수련을 통해 근대적 시민으로서의 자질에 필요한 힘을 기르자는 실력배양론과 밀접한 관련이 있다. 도산의 건전한 인격은 이른바 덕육·체육·지육의 '3대육(三大育)'과 무실(務實)·역행(力行)·충의(忠義)·용감(勇敢)의 '4대 정신'을 통해 달성될 수 있다고 보았다.

[그림 4-7] 안창호

## 2. 일제강점기의 교육

1905년 일본의 강압에 의하여 체결된 을사늑약은 조선을 병합하고자 한 일본 제국주의의 침략적 야심을 노골적으로 드러낸 것이다. 그리하여 그들은 우선 조선병합을 위한 준비 단계로서 통감부를 두고, 조선의 지배체제를 그들의 야심에 부합할 수 있도록 재정비하기 시작했던 것이다. 이 같은 그들의 침략적 야심이 교육에도 그대로 반영되었음은 재언할 필요도 없다. 특히 국권회복을 위한 민족교육의 대두와 사학을 통한 민족사상의 고취 등은 일제 침략정책에 비추어 볼 때 반동적 요소였고, 이를 제지하기 위한 통감부의 탄압정책이 자연 수반되었던 것이다. 통감부를 통한 그들의 교육정책을 살펴보면 다음과 같다(손인수, 1971).

첫째, 우민화가 기본 방침이었다. 통감부는 이 방침을 수행하기 위하여 학제개혁을 단행하여 수업연한을 단축했다. 1895년 공포된 소학교령에 의하면 수업연한이 6년(심상과 3년, 고등과 2년 내지 3년)이었다. 그런데 통감부는 1906년에 종래의 「소학교령」을 폐지하고 칙령 제44호로 「보통학교령」을 공포하여 초등교육의 수업연한을 4년으로 단축시켰다.

둘째, 점진적인 동화정책을 썼다. 이 동화정책을 수행하기 위해 일제는 관·공립 보통학교를 이용했다. 즉, 그들은 높아져 가는 우리의 교육열을 항일운동의 온상이었던 민간인 사학에서부터 이전시키기 위해 관·공립 보통학교를 확장·설립하였고, 여기서 그들의 식민지정책에 무조건 복종하는 인간상을 형성하고자 했다. 아울러 일본어 수업의 비중도 점차 확대하였고, 일본인 교원 배치와 친일적 내용의 교과를 통하여 친일강화정책을 폈다.

이와 같은 정책만으로도 안심하지 못했던 통감부는 1908년 드디어 「사립학교령」을 공포하여 항일 애국사상의 온상인 사학을 감시하게 되었다. 구체적으로는 학교 설립인가를 까다롭게 하고, 「교과용도서검정규정」을 만들어 교과서를 불온하다고 하는 등의 정책으로 옮겨지게 되었다.

## 1) 일제의 교육정책

일제의 교육정책은 세 시기로 나누어 볼 수 있다. 첫 시기는 무단통치기(1910~1919)다. 이 시기는 합방에 반대하는 의병운동과 애국계몽운동을 탄압하기 위해 군사활동, 정치활동, 문화활동 일체를 금지하고 공포 분위기 속에서 행정, 경제, 사회, 문화면에 걸친 식민통치의 기반을 마련해 가던 시기였다(강만길, 1984b). 이 시기는 조선인에 대한 무단통치와 아울러 보다 철저한 조선인의 정신적 개조와 민족사상의 말살을 위한 교육개혁이 단행되던 시기였다. 즉, 일제가 조선을 합방한 1910년부터 3·1운동이 일어난 1919년까지 10년간의 초기 식민지 통치시대의 교육 틀을 마련한 「제1차 조선교육령」이 1911년에 공포되었다. 같은 해에는 보통학교, 고등보통학교, 여자고등보통학교, 실업학교 등의 제반 규칙과 학교 관제에 대한 관계 법규가 공포됨으로써 식민교육으로서의 조선교육의 일차적 재편이 시도되었다. 「제1차 조선교육령」의 주요 내용은 신민화의 교육이었다. 제2조 '충량한 국민의 육성'과 제3조

'시세와 민도에 맞는 교육' 등에서 그것을 알 수 있다.

한편, 총독부는 「조선교육령」과 아울러 1908년의 「사립학교령」을 1911년에 「사립학교규칙」으로 개정 공포하여 항일운동의 온상이었던 사학의 통제를 강화하게 된다. 이 「사립학교규칙」의 통제 내용은 한국의 역사와 지리 또는 민족정신에 자극을 줄 만한 교과용 도서에 대한 탄압을 비롯하여 일본인 교원 배치와 일본어 교육 강화, 사학에 대한 기부금 금지 등이었다.

두 번째 시기는 이른바 문화통치기(1919~1936)다. 3·1운동에 놀란 일제는 종래의 무단통치에서 문화통치로 통치정책을 바꾸게 되었다. 그런데 이때의 문화정치란 조선인의 거족적인 항일투쟁에 대처하여 조선인을 회유할 뿐만 아니라 악화된 국제 여론을 무마하기 위한 대외선전용의 기만적 술책에 불과한 것이었다(문형만, 1982). 실제는 새로운 친일세력을 보호·육성하고, 참정권 문제와 지방제도 개편문제를 제기하여 의견을 대립시키고 계층문화를 조장함으로써, 항일투쟁의 응집력을 약화시킬 뿐만 아니라 그 내적 에너지를 무산시키기 위한 기만적인 통치방식으로 일관하였을 따름이다. 교육에서도 문화정책에 따라 새로운 교육제도를 모색했고, 보통학교를 비롯한 각급 학교를 확충·정비해 나갔다. 1922년 2월에는 「교육령」을 전면 개정하여 「제2차 조선교육령」을 공포하였는데, 보통학교의 수업연한은 4년에서 6년으로, 고등보통학교는 4년에서 5년으로, 여자고등보통학교는 3년에서 4년(또는 5년)으로 연장하는 등의 조치가 있었다. 「제2차 조선교육령」은 표면적으로는 일본 학제와 동일하게 하는 융화책을 사용했으나, 그 이면의 속셈은 동일한 교육제도와 교육기간을 확충함으로써 일본식 교육을 강화하여 우리 민족의 사상을 말살하려는 데 있었다(손인수, 1971).

세 번째 시기는 군국주의 침략기(1936~1945)다. 조선을 병합하는 데 성공한 일본은 그 제국주의적 야심을 아시아 대륙에 펴기 위하여 만주사변을 일으켰고, 나아가 일지전쟁(日支戰爭, 중일전쟁), 태평양전쟁을 도발하기에 이르렀다. 이에 따라 병참기지화한 조선을 인적·물적 자원의 공급처로 활용했다. 일제는 조선에 대한 교육방침으로 국체명징(國體明徵), 내선일체(內鮮一體), 인고단련(忍苦鍛鍊)이라는 슬로건을 내세우고, 조선인을 일본인화하는 일과 조선인을 총동원하여 전쟁 수행에 필요한 인적·물적 자원을 공급하는 일에 모든 교육적 노력을 기울였다. 그리하여 교육내용은 이 목적 달성에 적합하도록 개정되었고, 교내외 행사는 모두 일본색으로 점철되었으며, 교육기관은 이에 발맞추어 개편되었다(오천석, 1975). 1938년 미나미 총독은 황국신민화를 보다 철저하게 추진하기 위해 「조선교육령」을 개정하여 「제3차 조선교육령」을 공포했다. 그 주요 내용은 차별교육을 없앤다는 명목으로 양국의 교명을 같이한 것, 황국신민화의 교육목적을 위해 교육내용상 일본정신을 강조한 것, 조선어 말살정책과 사립중학교 설립을 불허한 것 등이다. 그리고 1936년의 신사참배 문제로 성경 과목을 폐지시키기도 했다(손인수, 1971). 이 시기 조선의 학생들은 '학생보국근로대' '학도지원병' 등의 명칭으로 노동과 전쟁에 강제 동원되었으며, 이에 응하지 않으면 '비국민(非國民)'으로 낙인 찍혔다.

## 2) 일제강점기 민족교육운동의 전개

이와 같은 일제의 교육정책에 대하여 우리도 나름대로 교육저항운동을 벌이게 되는데, 여기서는 이를 사학의 민족교육운동과 민간종교단체 등이 주가 된 민중교육운동으로 나누어 살펴보기로 하자.

앞서 개화기 교육에서도 살펴보았듯이, 일제의 침략에 항거하는 사학의 교육정신은 바로 교육구국정신이었다. 이러한 사학의 교육구국정신은 1910년 이후의 일제하에서도 계속 이어져 내려와 우리나라 근대민족사적 과제의 역할을 담당하게 되었다.

일제는 사학을 탄압·말살하기 위하여 1908년 「사립학교령」을 공포하여 사학 탄압정책을 추진한 결과, 1908년에 5,000여 개였던 학교가 1910년 5월에는 2,250개로 감축되었다. 이후 1915년 3월에 「개정사립학교규칙」을 공포하여 이중 삼중의 법적 제약을 가한 결과, 1919년에는 742개교로, 다시 일제 말년에는 400여 개교로 줄어드는 실정이 되었다. 그러나 이러한 사학에 대한 탄압은 역으로 3·1운동이라는 큰 사건을 불러일으켰고, 사학도들이 이 운동에 참여하도록 자극을 준 셈이 되었다. 3·1운동의 항쟁 준비를 담당한 민족지도자가 대부분 사학의 관계자였고, 가담 학생들 역시 그러하다는 것이 이를 입증해 준다. 사학의 민족의식에 의하여 일어난 3·1운동의 정신은 우리나라 학생운동의 전통을 세워 7년 후인 1926년에 6·10만세운동을 일으켰고, 이는 1929년에는 이른바 광주학생운동으로 발현하게 되었으며, 4·19 정신으로까지 이어지게 된다. 일제는 끊임없이 우리의 사학을 탄압하여 왔으나 우리의 사학정신을 흩어 놓을 수는 없었다. 그것은 사학의 건학정신 자체가 교육구국의 인재 양성이라는 민족적 요망에서 이루어졌고, 사학의 설립자나 교사가 모두 독립운동의 지사이자 애국자로서의 긍지와 신념을 함께 가지고 자라나는 세대를 지도하였기 때문이다.

　　다음으로 민중교육운동을 살펴보자. 앞서 살펴본 대로 일제에 의한 사학의 통제와 교육시설의 태부족으로 인하여, 민중들의 교육열은 정규교육기관이 아닌 민중교육기관에 의하여 상당 부분 충족될 수밖에 없었다. 그리하여 민중교육기관은 기존 사학 못지않은 중차대한 임무를 맡게 되었다. 예를 들면, 3 · 1운동을 주도한 천도교 3대 교주인 의암 손병희는 일본 망명 중 일본의 학교교육 상황을 둘러본 후 교육의 위력을 인식하고, 독립정신을 함양시키는 방법의 하나로 학교교육을 진흥시킬 것을 생각했다. 그는 우선 사학 설립에 앞서 기존 사학에 대한 교육자금을 기부하기도 했고, 사학을 인수 경영하기도 했다. 그는 동덕여학교(경성), 양덕여학교(용산), 명신여학교(대구), 보성학교(경성) 등 10여 개 학교를 맡아서 경영했다. 또한 출판사업으로는 1910년 천도교중앙총부 직속으로 인쇄소 창신사를 설립하여, 그 후 보성학교를 인수할 때 부속 인쇄소인 보성사와 합병했다. 이 보성사에서 바로 우리 민족의 일대 장거인 3 · 1운동 후에 '개벽사'를 설립하여 전 조선 출판물의 상당 부분을 출판함으로써 민중계몽에 지대한 역할을 하게 되었다. 천도교의 민중교육운동은 3 · 1운동 후 '천도교청년당'이라는 교회의 전위단체를 통하여 보다 조직적으로 전개된다. 즉, 천도교청년당은 성별, 연령별, 직업별 부문 운동을 일으켜서 여성부 · 소년부 · 청년부 · 학생부 · 노동부 · 농민부 · 상민부의 7개 부로 나누어 보다 조직적인 민중계몽운동과 교육운동을 벌였다. 그중 소년부 운동을 보면, 천도교소년회를 조직하여 아동교육에 힘썼다. 즉, 천도교소년회는 『어린이』라는 잡지를 발행하여 당시 아동들에게 민족의식을 일깨워 주었을 뿐만 아니라 아동의 인격적 예우를 위해 노력했다. 그 중심인물이 손병희의 사위인 소파 방정환이었다. 오늘날의 어린이날 역시 그 기원이 1922년 천도교소년회의 어린이날에서 비롯되었다고 할 수 있다. 또한 천도교청년당 농민부에서는 조선 농민의 의식적 각성, 봉건사상과 전근대적 억압에서의 해방을 위해 '조선농민사'를 설립했다. 이 조

[그림 4-8] 방정환

선농민사에서는 농민의 지식적 각성을 위해 월간 『조선농민』을 발간하였고, 농민 야학을 설치하거나 순회강연을 하기도 했다. 아울러 특기할 것은 1929년 조선일보의 문자보급운동과 1931년 동아일보의 브나로드(Vnarod)운동에 앞서, 이미 조선농민사를 통하여 문자보급운동을 벌였다는 것이다.

신간회는 1927년 2월에 창립되어 1931년까지 활동한 민족운동단체로서 일제의 문화통치에 대처하기 위해 조직되었던 좌우합작 모임이다. 신간회의 행동강령 가운데는 "조선 농민의 교양에 적극적으로 노력한다."는 것과 "조선인 본위의 교육을 확보한다."는 조항이 들어 있었다. 이렇듯 신간회는 주로 일제의 식민교육에 대한 저항과 조선인 본위의 교육을 실시하라는 주장 그리고 자체적으로 야학과 강연회 등의 사회교육을 통하여 민족·민중 운동을 전개해 나갔다.

이 밖에도 기독교의 YMCA, YWCA를 통한 민중계몽운동 또한 가벼이 여길 수 없으며, 근우회 등을 통한 여성교육운동도 간과할 수 없다. 특히 일제시대의 개량서당은 일제의 탄압으로 사학이 폐교되거나 그 설립이 어려울 때 사설학술강습회에 대한 탄압을 피하기 위한 수단으로 설립되었거나, 지역에 따라 중등교육시설이 없을 때 그 대신 설립되어 근대적 초등교육을 실시함으로써 국민 교양을 높이는 동시에 문맹 퇴치에 큰 공헌을 한 민중교육기관이었다.

끝으로 지적할 것은 조선민립대학의 설립운동이다. 3·1운동 이후 우리 민족은 식민지적인 전문학교 교육에만 만족할 수 없었으며, 다시 민립대학 설립운동을 전개했다. 당시 사회적 분위기와 각계의 호응에 힘입어 1922년 11월에 이상재를 대표로 조선교육협회에서 '조선민립대학기성회'가 결성되었다. 그리고 1923년 3월에는 '조선민립대학기성회발기총회'가 개최되었다. 당시 서울과 지방 그리고 해외에서까지 이 운동에 적극 호응하자 당황한 총독부는 자금 모금에 대해 방해와 압력을 가하였고, 때마침 홍수와 한발 등의 천재지변 등이 겹쳐 결국 뜻을 이루지 못하고 말았다. 이에 일제는 1924년 경성제국대학을 설치하여 예과(豫科)를 개설하였고, 1926년에는 3년제 법문학부와 4년제 의학부를 개설하는 등의 대응책을 제시하여 우리의 고등교육열을 무마했다.

지금까지 이 장에서는 19세기 서양 열강의 도전과 조선 사회 내부의 모순과 혼란으로 새로운 질서를 모색하던 시기, 즉 개화기와 대한제국기를 거쳐 일제강점기에 이르기까지의 교육을 살펴보았다. 새로운 질서의 모색으로는 유학의 순수성으로 외세를 배척하자는 위정척사운동과 종래의 전통적 유·불·선을 바탕으로 하여 인간에 대한 개인적 자각을 통하여 후천개벽의 길을 제시한 동학 그리고 서구 문물의 적극적 수용을 통해 부국강병을 이루려 했던 개화사상이 등장했다. 이런 가운데 급변하는 정세 속에서 서양 문물이 급속하게 소개되고, 학교 역시 이른바 근대학교가 선교사들에 의해, 정부에 의해, 민간인들의 자발적 노력에 의해 생겨나게 되었다. 그들의 교육정신은 기독교 정신과 민주주의의 정신, 부국강병, 개화자강, 민족독립 등으로 차이가 있지만 서양의 새로운 지식과 교육제도를 받아들인 것은 공통된 점이다. 그러나 우리의 주권은 1905년을 기점으로 통감부시대를 거쳐 을사늑약에 이르러 상실되고 공교육은 일제의 통제하에서 이루어지게 되었다. 일제하의 교육정책은 초기에는 감시와 억압, 우민화, 동화 등이 주였지만 3·1운동 이후 회유정책으로 바뀌었다. 또 일제가 중일전쟁, 태평양전쟁을 일으키고부터는 학생들의 노동력을 착취하고 병사화했으며, '황국의 신민'으로 만들고, 민족정신을 말살하던 시기였다. 그러나 이러한 일제의 탄압에도 불구하고 조선인들은 국내외에서 독립을 위한 민족교육을 포기하지 않았던 시기이기도 하다.

　근대교육의 개념과 성격 그리고 기점에 대해서는 학계에서도 논란이 많다. 근대사회 자체가 서양 역사에서는 중세 봉건사회 이후를 지칭하는 개념이며, 서양의 계몽주의, 자본주의의 발달과 공교육체제의 형성 등과 함께 설명되어야 하는 개념이다. 그런데 동양사회나 우리나라 사회의 역사 전개과정은 서양과 같을 수가 없으며, 따라서 근대사회, 근대교육의 개념도 서양의 그것과 같을 수가 없는 것이다. 그러나 우리나라에서는 일반적으로 근대교육은 곧 서양식 교육을 의미하고, 그 역사 역시 서양식 교육의 도입을 의미한다고 보아 온 것도 사실이다. 우리의 근대사상은 실학시대에 이미 그 싹이 나타났다는 견해도 있고, 동학이나 개화사상에서 근대사상을 찾아야 한다는 견해도 있어 왔다. 근대교육의 기점 역시 1895년 「한성사범학교관제」의 공포에서 시작되어야 한다는 견해와 함께 1883년 원산학교에서 시작되어야 한다는 견해, 또는 1886년의 배재학당에서 찾아야 한다는 견해도 있다. 그런가 하면 이런 하나의 사건에서 찾기보다는 전통교육이 해체되고 새로운 교육으로 변화되어 가는 교육 내부의 변화과정에서 찾아야 한다는 견해도 있다.

　근대교육의 성격에 대한 논의는 크게 발전론의 시각과 한계론의 시각으로 구분해 볼 수 있다. 발전론은 근대교육 성립과 전개 자체를 바로 교육발전의 과정으로 보는 시각이다. 개화기는 근대화의 출발점이고, 이때 근대학교가 설립되면서부터 전통적 교육의 침체에서 벗어날 수 있었고, 교육의 발전이 이루어졌다고 보는 것이다. 학교·학생·교사 수의 증가, 취학률의 증가 등에서 보듯이 전통교육에서 일부 계층의 전유물이었던 학교교육이 보편화된 것은 교육의 근대화라고 볼 수 있다는 견해다. 또 일부 학자들은 그런 관점에서 일제강점기의 역사도 보아야 한다고 주장한다. 이른바 식민지근대화론이라는 이 주장은 일제에 의한 식민 지배가 결과적으로 조선의 근대화의 기초가 되었다는 것으로, 교육 역시 이 시기에 발전 혹은 근대화되었다는 점은 객관적 사실이라고 본다. 그러나 근대교육의 성격을 이와 같은 발전론의 시각에서만 볼 수는 없다는 견해가 있다. 이에 따르면, 우리 역사의 지난 세기는 근대화의 시기였으며, 이는 결국 서구화의 역사, 이성 중심의 역사, 물질문명화의 역사였다. 교육 역시 서구교육의 도입과 추종, 조화로운 교육보다 이성이 중심이 된 교육, 인간교육이나 교양교육보다 자본주의 사회에 필요한 직업인 교육에 치중함으로써 더 이상 이 상태로 나아갈 수 없는 한계를 맞았다. 따라서 이제는 근대교육의 한계를 인식하고 새로운 모델의 교육을 모색해야 하는 시기다. 이러한 새로운 모델에 대해 근대화 시기에 폐기되고 무시되었던 우리의 전통, 즉 유교나 불교 또는 화랑도와 같은 교육 이론과 실제가 어떤 시사점을 줄 수 있는지를 고민해야 될 때다.

## 3. 광복 이후의 교육

### 1) 미군정기의 교육

광복과 더불어 미군이 진주함에 따라 한·미 양국의 관계는 한말의 수교국에서 그 양상이 새롭게 바뀌었다. 즉, 미국은 이제 점령국이 되었으며 우리나라의 모든 국정을 통치하게 되었다. 미군은 우선 조선총독부의 학무국을 접수하여 문교부로 개편하는 한편, 7명(후에 10명)으로 구성된 교육위원회를 조직하고(1945. 9. 16.) 당시 가장 급선무였던 초등학교와 중등학교 등 각급 학교의 개학 문제를 해결했다. 한

편, 미군정 당국은 안재홍을 위원장으로 한 10개의 분과위원회로 구성된 교육심의
회를 발족시켜(1945. 11. 23.) 교육 이념 및 정책을 새로 세웠다. 그때 제정된 교육이
념이 '홍익인간(弘益人間)'이었다. 홍익인간의 이념하에 이루어진 미군정의 문교정
책을 살펴보면 다음과 같다(중앙대학교 부설 교육문제연구소, 1974).

첫째, 교수 용어로 '한국어'를 사용하게 했다. 이것은 민족해방과 아울러 당연한
처사라 하겠으나, 일제강점기의 상황을 생각해 본다면 감격스러운 것이었다.

둘째, 일제의 잔재인 황국사상의 조속한 불식을 위해서 국민교육의 기초가 되는
초등학교 교과서 편찬사업 및 보급에 힘썼다. 그리하여 1945년 11월에 학무국에서
제일 먼저 발간한『한글 첫걸음』을 비롯하여『국어독본』『교사용 국어독본』『공민』
『국사』『지리』등이 인쇄·배포되었다.

셋째, 민주교육이념의 보급을 위해서 교사 재교육 강습에 주력했다. 당시 교사는
대부분 일본식 교육 이념과 방식에 젖어 있어 민주사회의 건설에 적당치 못하다 하
여 민주주의 교육이념과 신교수법에 대한 교원 재교육을 실시했다.

넷째, 교육제도의 민주화였다. 교육심의회에서 제정한 학제의 획기적인 의의는
종래의 복선형에서 단선형으로 개혁한 데 있다. 말하자면, 종래의 제도가 지배자와
피지배자를 따로따로 양성하기 위한 복선형이었음에 비하여, 신제도는 교육의 기
회를 모든 국민에게 균등하게 주는 일원적인 것이었다.

다섯째, 문맹 퇴치를 위하여 전국적으로 성인교육을 행했다. 해방 당시에 12세
이상 총인구의 78%가 문맹이었던 점을 인식하여, 1945년 12월 성인교육위원회가
조직되었고 이는 군정 말기에 교화국과 통합되어 사회교육국이 되었다.

이와 같은 교육정책 외에도 교육과정의 민주화정책 등은 특기할 만하다. 즉, 종래
교사 중심의 수업방식에서 아동 중심의 수업방식으로 전환시키고, 교과 중심의 교
육에서 생활 중심의 교육으로 가르치도록 지도되었다. 이러한 움직임은 오천석이
중심이 되어 '새교육운동'이라는 이름으로 전개되었다. 오천석은 당시의 새교육운
동에 대해 계급주의·차별주의 교육, 도구화 교육, 억압주의적인 교육, 획일주의적
인 교육, 지식 중심 교육 등을 배격하고 실생활 중심 교육, 아동 중심 교육 등의 새
로운 교육을 펴려는 운동이었다고 했다(오천석, 1975).

당시 또 하나 주목할 사건은 좌우세력의 사상적인 대립의 심화로 학원은 큰 격동
속에 빠져들어 갔다는 것이다. '국대안 반대운동'이 그 대표적인 것이다. '국대안'이

란 국립 서울대학교 창설안을 의미하는 것이다. 당시 현실에서 고등교육기관들이 다수의 유능한 교수를 일시에 얻는다는 것은 불가능했다. 교육의 질을 저하시키지 않기 위해서는 인적 자원을 공동으로 사용하거나 이 기관들을 재조직하지 않으면 안 될 실정이라고 보았다. 그리하여 1946년 10월부터 서울과 그 부근에 있는 관립 고등교육기관을 전부 폐지하고 거대한 종합대학을 신설하기로 하는 국립 서울대학교 창설안을 내었다(1946. 6. 19.). 군정청 문교부의 국대안이 발표되자, 전문대학교 수단연합회는 국대안을 운영하는 이사회가 문교부 관료로만 구성된 것은 고등교육기관의 자치권을 박탈하고 관료 독재화할 우려가 있다 하여 거세게 반대했으며, 학생들의 반대 또한 거셌다. 대체로 좌익계 학생들이 주동한 반대운동은 서울대학으로 통합될 각 학생들의 동맹휴학으로 번졌고, 이러한 동맹휴학은 전국의 400여 개 학교로 퍼졌다. 이후 서울대학교는 예정대로 신설되고(1946. 8. 22.) 동맹휴학도 차차 수습되어 갔지만 국대안 문제는 미군정 시기 최대의 학원 문제로서 문교당국의 일방적인 처사에 대한 반발과 기존 학교의 전면적 폐지 계획이 좌익계 교수를 축출하기 위한 방책으로 생각되어 거센 반대운동을 가져왔던 것이다.

사실 1945년 광복 직후 38선 이남지역에 진주한 군정 당국자들은 교육전문가가 아니었고, 교육목적 또한 한국의 상황과 관계없이 미리 결정되었다. 첫째로 국제정치의 역학관계 속에서 미국의 국익을 우선하는 원칙을 지녔고, 둘째로 그 원칙에 부합하는 교육정책과 목적을 수립하고 설정하였으며, 셋째로 그러한 원칙 밑에서 한국교육은 민족의 자주성이나 독립성보다 민주주의의 실현을 우선해야 하고 이를 위해서는 일본식 교육 대신 미국식 교육 방법과 이론을 한국교육에 도입·정착시켜야 했다(김인회, 1984). 이러한 교육방침은 때마침 새교육이라는 이름의 교육혁신운동과 부합하여 널리 전개되었다. 이로부터 한국에는 일본식 교육에서 미국식 교육으로 대체되기 시작하였으며, 이는 오늘날 한국교육의 해결과 방향을 결정짓는 중요한 요소가 되었다. 군정에서는 미국으로부터의 교육원조를 체계적으로 받고, 민주주의의 교육을 시찰하기 위해 한국교육위원단(Korean Educational Commission)이 1946년 4월부터 8월까지 미국을 방문했다. 또 1947년 4월부터 6월까지는 미국의 대한교육 및 정보조사단(Educational and Informational Mission to Korea)이 내한하여 조사활동을 벌였고, 이를 계기로 두 나라 간의 교육 부문 인적 교류가 활성화되었다. 또 1948년 8월에는 미국의 지원 아래 교원연수소(Teachers Training Center)가 설치되어 교사들의 재교육을 담당했다(이길상, 2007). 이러한 일련의 과정은 한편으로 는 민주주의 교육 제도와 문화를 이해하는 계기가 되었으며, 다른 한편으로는 미국 교육의 이념이 도입되는 데에도 중요한 계기가 되었다.

## 2) 대한민국의 교육

### (1) 제1공화국의 교육

1948년 8월 15일 정부가 수립되자, 우리의 건국이념에 부합하는 교육 기본법의 제정이 무엇보다 시급했다. 이를 위하여 안호상 초대 문교부 장관을 위시한 5인 기 초위원회의 노력 끝에 1949년 12월 30일 「교육법」을 제정·공포하게 되었다. 「교육 법」에서의 교육 이념과 목적은, "교육은 홍익인간의 이념 아래 모든 국민으로 하여 금 인격을 완성하고, 자주적 생활 능력과 공민으로서의 자질을 구유(具有)케 하여, 민주국가 발전에 봉사하여 인류공영의 이상 실현에 기여하게 함을 목적으로 한다." 라는 제1조의 규정에서 알 수 있듯이, 홍익인간의 이념 아래 민주국가의 발전에 공 헌할 수 있는 인격 완성 등을 목적으로 삼았다. 「교육법」은 교육자치제의 실시를 위 한 법적 근거를 마련하였으나 한국전쟁의 발발로 1952년 6월에야 한강 이남지역 에 군 교육구와 각 시의 교육위원회가 설치되었다. 원래 이 교육자치제는 교육의 중 앙집권화를 탈피한 지방분권화, 일반 행정으로부터의 독립화, 전문화 그리고 관료 의 통제를 배제한 민주화를 지향했다. 그러나 제1공화국하에서 실시될 때는 교육청 의 관료주의화, 교육위원의 자질 저하, 시민의 의사 불반영, 자문기관의 성격 모호 등의 문제(오천석, 1975)로 큰 난관에 부딪혔다. 한편, 「헌법」 제16조에는 "모든 국민 은 균등하게 교육을 받을 권리가 있다. 적어도 초등교육은 의무적이며 무상으로 한 다."라고 하여 항일 독립운동을 하던 정당과 미군정기에 제기되었던 무상의무교육 제를 명문화하기도 했다.

1950년 한국전쟁으로 인하여 교육계는 다시 위기를 맞게 된다. 그러나 정부는 전 쟁의 장기화에 대비해 1951년 2월 「전시하 교육특별조치요강」을 제정·발표하여 다음과 같은 조치를 취하게 했다. 즉, 피난학생의 취학을 독려하고 가교실, 피난 특 설학교를 설치하며 북한 피난학생을 수용하게 했다. 또 도시에 피난학교를 설치하 여 수업을 재개하였고, 전시연합대학을 설치하여 운영하였으며, 전시교재를 발간

[그림 4-9] 한국전쟁 시기 피난학교

출처: 부경근대사료연구소.

했다. 이 시기 미국의 교육사절단(Unitarian Service Committee)이 방한하여 서울과 부산에서 워크숍을 가지기도 했다.

전쟁 후 1956년부터 피바디(Peabody) 사범대학 교수단이 내한하여 5·16 군사 쿠데타 이후까지 6년간 머물면서 교사 양성 및 교사 재교육에 관한 기술 원조와 지도 조언을 했다. 사절단은 사범학교를 교육대학으로 전환시키는 데 결정적인 공헌을 했으며, 유아교육·도서관 사서교육 등에도 많은 영향을 끼쳤다. 그러나 이 피바디 사절단은 이후 한국교육의 성격과 방향이 미국식으로 결정되는 데 절대적인 영향을 끼친 것으로 평가하고 있다. 다시 말하면, 한국교육의 방법과 이론 및 실제에 미국식 교육학을 본격적으로 심어 놓은 것이 이 사절단이며, 특히 이 사절단이 도입한 것으로 알려진 집단검사, 각종 표준화검사를 비롯하여 사지선다형 객관식 시험방법은 교육의 단편화, 획일화 경향을 초래하였다는 비판을 받고 있다(손인수, 1994: 604).

1954년에는 제1차 교육과정이 공포되었다. 이 시기를 교과과정 시기라고 하며, 여기에는 미국의 진보주의 교육사조와 신교육운동을 반영한 생활 중심 교육과정으로 편성되어 있다. 제1차 교육과정은 우리 손으로 만든 최초의 교육과정이라는 역사적 의미가 있다.

한국전쟁기를 포함한 제1공화국은 국가 정체성·국민 정체성 형성에 초점이 주어진 시간이었다. 대한민국 설립을 전후하여 민주주의와 민족주의 교육을 지향하였으나 전쟁으로 인하여 반공이 최고의 교육 이데올로기가 되었다(안경식, 2009).

제1공화국은 대한민국의 출발점이며, 이 시기 대한민국의 교육 관련법을 마련하는 등 제도적 토대를 마련했다. 그러나 남북 분단과 정치적 혼란이 극복되지 못한 상황에서 교육은 정치로부터 자유로울 수 없었고, 교사와 학생 역시 정치적 도구로 이용되는 선례를 남겼다.

### (2) 제2공화국의 교육

4·19 학생 의거는 장기에 걸친 1인 독재와 그에 결부된 부정부패에 대항하여 민주주의와 정의의 기치 아래 일어난 운동이었다. 그리하여 제2공화국의 교육은 학원의 민주화운동에서 출발한다. 4·19혁명 후 독재정권 아래 자리 잡은 학원의 비민주적 요소에 대한 제거운동으로 시작된 학원의 민주화운동은, 자유당 정권의 부정부패와 부정선거에 적극 가담한 교육 관계자의 제거에서 시작하여 학도호국단의 해체와 학생회의 조직을 가져왔다. 나아가 교육자치제의 강화를 위해 '교육자치제도 심의위원회'를 설치하도록 했다. 즉, 학원 안에서는 비민주적이고 하강식이고 관료체계적이며 정치적으로 이용되어 온 학도호국단을 해체하고 자치적 학생회로 대체해야 한다는 요구가 높아졌고, 이에 따라 정부는 「학도호국단 규정 폐지에 관한 건」을 공포하여(1960. 5. 10.) 창단된 지 10년이 넘는 학도호국단을 해체했다. 그리고 학생회 연합인 전국대학생총연합회가 조직되었고(1960. 9. 12.), 교육행정에서 중앙집권적인 체제를 완화하여 교육공무원의 인사권을 비롯한 각 학교 인사권을 지방으로 이관했다.

그리고 4·19혁명 후 학원민주화운동에 하나의 큰 시금석으로 등장한 것이 교원노동조합 조직 문제였다(강만길, 1984b). 이는 어용적 성격을 띤 '대한교육연합회'를 배격해 온 교원들에 의해 결성된 '대한교원노동조합연합회'(1960. 5. 22.)가 단체교섭권과 단체행동권을 요구하면서 비롯되었다. 당시 정부는 교직의 특수한 성격으로 보아 그러한 권한을 인정할 수 없다 하며 그 단체를 불법화하여 문제가 본격화되었다. 결국 5·16 군사 쿠데타로 인하여 이 운동은 일체 불법화되고 '대한교육연합회'만 존속되었다.

요컨대, 제2공화국의 문교정책은 4·19 이념을 계승하여 학원민주화운동을 전개했으나, 뒤이은 5·16 군사 쿠데타로 인해 미완의 정책으로 끝나고 말았다.

### (3) 제3 · 4공화국의 교육

5 · 16 군사 쿠데타의 결과로 제2공화국이 붕괴되고 혁명정부가 들어섰다. 이어 4대 교육목표로서 간접침략의 분쇄, 인간개조, 빈곤타파, 문화혁신 등의 문교방침을 세웠다. 간접침략의 분쇄는 반공교육으로 이어졌는데, 이는 혁명정부가 제2공화국에서 교육계 최대의 현안이었던 교원노조를 해체하고 간부들을 공산주의자로 몰아 파면한 것과 직접적으로 관련이 있다. 또 인간개조는 사회개혁과 함께 혁명정부의 기본 목표였는데, 인간의 사고방식 · 가치와 같은 의식구조를 바꾸어 조국의 근대화를 달성하겠다는 것이었다. 제3공화국에서 교육은 박정희 대통령에 의해 명명된 '제2경제'로 표현되었고, 교육을 통해 사고방식을 바꿀 수 있다는 당시의 행동주의 교육학이론에 크게 고무되었다. 당시 행동주의 교육학의 선구자인 정범모는 제2경제를 통한 의식구조를 개혁하기 위해 의타적 인간상과 요행에 의해 성공을 바라는 전형적 인간인 『흥부전』을 초등학교 교과서에서 삭제하라고 요구하여 논란이 일어나기도 했다(정재걸, 2010). 즉, 정범모는 "어린이들이 흥부를 닮는 날에는 경제발전을 기대하기 어렵고, 부러진 제비 다리를 붙여 부자가 되는 흥부 얘기는 제2경제 정신에 위배되며, 더구나 현대사회에 필요한 기업가 정신 계발에는 암이 된다."라고 했다. 이에 대해 국문학계의 학자들은 문학작품을 순수한 어린이에게 문학 자체로 이해시키지 않고 어떤 주의주장에 입각해 판단하려는 생각은 위험한 생각이며, 경제 논리에 전통적인 문학 유산의 추방 위험성에 대해 우려를 표시했다.

제3공화국의 교육에서 주목할 내용 가운데 또 하나는 「국민교육헌장」의 제정이다. 1968년에 제정된 이 헌장은 박정희 대통령이 '국민교육의 장기적이고 건전한 방향의 정립과 시민생활의 건전한 윤리 및 가치관의 확립'을 위해 교육 장전을 제정할 것을 지시한 데서 시작되었다. 그러나 그 배경은 역시 1968년 연두기자회견사에서 제시된 제2경제이고, 그를 뒷받침할 국민정신교육이 필요하다고 보았던 것이다. 「국민교육헌장」은 이후 학교 교육과정(제3차 교육과정)과 장학지침, 생활지도 등 학교교육은 말할 것도 없고 거국적인 차원에서 강조되었다. 「국민교육헌장」은 1972년 장기집권을 위한 초헌법적 비상조치인 '10월 유신'과 그 이후 추진된 '국적 있는 교육'과 '새마을 교육' 등의 시책을 뒷받침하는 이념이 되었다.

이 밖에 제3공화국하에서의 교육정책으로 주목할 것은 다음과 같다(백종억, 1984). 첫째, 혁명 과도정부에서 폐지되었던 교육자치제가 1964년에 부활되었는데,

과거의 시·군 자치제가 아니라 특별시·도 단위의 자치제로 개편되었다. 그러나 당시는 완전한 자치제가 아니라 임명제하에서의 자치였기에 명목상 자치제에 지나지 않았다 할 수 있다. 둘째, 대학의 권위 및 질적 향상, 지역 간의 격차 해소를 위해 1968년 대학입학 예비고사를 실시하게 되었다. 셋째, 1969년 아동의 정상적 발달 촉진, 과외공부의 지양, 학교차 해소 등의 여러 가지 목표 달성을 위해 중학교 무시험 진학제를 시도했다. 넷째, 제2차 교육과정이 1963년에 공포되었으며, 생활 중심 교육과정 또는 경험 중심 교육과정이라는 특성을 보였다.

제4공화국은 박정희 대통령의 영구 집권을 위한 1972년의 '10월 유신'으로 시작되었다. 10월 유신은 당시의 대내외적인 정세, 즉 1972년의 7·4 남북공동성명으로 반공정신의 이완 상태와 경제성장정책의 지속적 추진 등을 주된 이유로 내세우며 단행되었다. 이에 따라 정부의 교육정책 역시 10월 유신을 적극 홍보하는 방향으로 결정되어 각급 학교의 교육내용과 교재 등에 적극 반영되었으며, 교사 역시 10월 유신을 홍보하는 역할을 수행했다. 특히 1970년부터는 농촌근대화 운동으로서 '새마을운동'이 시작되었으며, 1972년의 새마을 교육의 목표를 "국민교육헌장의 이념 아래 학교교육을 통하여 학생과 향토민에게 새마을 정신을 함양하고 향토개발과 국가발전에 공헌한다."라고 정하고, 각급 학교에서 학교새마을운동이라 하여 환경개선사업, 자연보호운동, 절약·저축 운동 등을 구체적 사업으로 전개해 나갔다. 또 모든 대학에 새마을연구소를 개소하고 관련 연구를 진행시키기도 했다.

이 밖에 제4공화국의 주요 교육시책으로는 제3공화국에서 시행한 무시험제로 입학했던 중학생들이 졸업과 함께 명문 고등학교에의 진학을 희망함으로써 발생한 과외 등의 사회적 부작용을 완화하기 위해 고교 평준화 정책을 시·도별로 시행한 것을 들 수 있다. 또 대학에서는 실험대학제도와 대학의 특성화 정책이 추진되었다. 실험대학제는 1973년부터 대학교육개혁안으로 시행되었는데, 주요 내용은 졸업학점의 조정(감축), 학과별 정원제에서 계열별 정원제로 전환, 부전공·복수전공제 실시, 우수학생의 조기졸업제 등이다. 1980년대 초까지 고등교육정책에 큰 영향을 끼쳤던 대학의 자율화라는 당초의 취지에도 시행과정에서 정부의 간섭과 통제가 강하게 작용함으로써 의미가 퇴색되었고, 특히 교수의 자질을 평가한다는 교수재임용제가 실시됨으로써 비판적 지식인들을 통제하는 수단이라는 비판을 받게 되었다. 대학 특성화 정책은 당시 문교부가 1972년을 '고등교육개혁의 해'로 정하고 지역대학을 중점적으로 육성하고, 대학별 특성화를 추진 위해 지방대학에 대학별 특성화 분야(공과 분야)를 지정하고, 교수의 서울·지방 간 교수 교류제 등을 도입했다.

1973년과 1974년에는 제3차 교육과정이 공포되었는데, 국민적 자질 함양, 인간교육의 강화, 기술교육의 쇄신 등 1968년에 공포된 「국민교육헌장」 이념의 구현을 기본 방향으로 삼았다. 또 이론적으로는 1960년대 미국에서 성행하던 학문 중심 교육과정에 바탕을 두어 생활경험보다 지식의 구조를 강조했다.

제3·4공화국에서 일관되게 추진했고, 정권의 정당성으로 부여한 것은 조국의 근대화, 즉 경제 성장이었고, 교육은 이를 추진하기 위해 수단적 역할을 했다. 그리하여 교육은 제2경제라고 명명되기도 했다. 이 과정에서 10월 유신이 선포되고, 교육은 유신교육과 새마을 교육이라는 정치적·경제적 이데올로기의 수단이 되었다. 1960년대와 1970년대를 관통하는 이 시기의 교육은 '베이비 붐' 세대의 취학과 진학으로 이어지면서 각급 학교의 양적인 팽창이 급격히 이루어졌다. 그리고 전쟁으로 파괴된 교육체제의 복구를 위해 미국식 교육이 이식되었다. 이러한 일련의 과정에서 우리의 전통 문화는 가치 없는 것으로 전락하였고, 교육문화 역시 본질적인 인간교육보다 수단적이고 도구적인 교육관이 비판 없이 자리 잡았다.

### 🖥 탐구문제

1. 일제에 의한 식민 지배가 결과적으로 조선의 근대화의 기초를 되었다는 주장을 식민지근대화론이라고 한다. 식민지근대화론의 관점에서 일제강점기 교육을 설명하고, 그 주장의 타당성과 문제점을 생각해 보시오.

2. 20세기 후반부터 근대교육의 한계와 탈근대교육에 대한 논의가 활발하다. 탈근대교육을 기획할 때 우리가 전통사회의 교육에서 시사받을 수 있는 점을 생각해 보시오.

3. 광복 이후 대한민국의 교육이 미국교육의 영향을 받은 과정과 그 영향을 생각해 보시오.

제 2 부

# 서양교육사

# 고대 그리스의 교육

　　고대 그리스는 민주주의라는 더불어 사는 삶의 양식을 발명했고, 인간의 인간화라는 교육의 원형을 창출했다. 그런 점에서 서양문화의 원천으로 주목을 받는다. 그리스의 교육은 기원전 10~8세기 호머의 '영웅'교육론에서 시작되어 히포크라테스의 '육체'건강학에 이르러 어느 정도 원형이 마련된다. 그런 바탕 위에 기원전 5세기에 이르러 소피스트들은 기존의 '영웅' 또는 '귀족'교육과 대비되는 '인간'교육을 도모하게 된다. 소피스트들은 아테네라는 공동체 내에서 영향력을 발휘하는 '유능한 시민양성'을 교육의 핵심과제로 이해했다.

　　반면에 소크라테스(플라톤)는 '선에 대한 지식(추구)'을 교육의 핵심과제로 삼았다. 그래서 소크라테스(플라톤)는 인간화의 철학을 대변한 것으로 평가된다. 덕 있는 인간의 형성이라는 흐름을 계승한 아리스토텔레스는 인간적인 선에 대한 탐구를 넘어 선한 인간의 양성으로까지 교육적 관심을 확장한다. 아리스토텔레스에 따르면, 교육은 인간의 근원적인 자연을 바탕으로 연습과 습관 및 교수의 형태로 진행되는 인간화의 과정이다. 그러므로 인간의 인간됨과 인간다운 실존은 교육을 통해 스스로 성취하는 자신의 작품이라고 할 수 있다.

## 1. 고대 그리스와 그리스인의 탄생과 교육

교육은 기존의 문화와 기술, 삶의 규칙과 원리를 다음 세대에게 전수하는 세대 간의 실천이며, 인간적인 실존의 근원적 현상이다. 그런 점에서 인류의 역사와 교육의 역사는 동근원적이고 상호 지시적이라고 할 수 있다. 우리가 서양교육사에서 주목하는 고대사회는 역사적 격동기라고 할 수 있는 기원전 5세기 전후의 고대 그리스다. 그 시기에는 페르시아 전쟁(기원전 492~448)이 발발하여, 고대 그리스의 정치적 역학관계를 결정적으로 변혁시키게 된다. 당시 강대국이었던 페르시아의 침공에 맞서기 위해 그리스의 폴리스들은 델로스 동맹(Delian League)을 맺었으며, 기원전 480년 살라미스(Salamis) 해전을 통해 페르시아를 격파하고 최종 승리를 거두게 된다. 하지만 전후 아테네의 독주는 스파르타나 코린트와 같은 폴리스들의 불만을 야기하게 된다. 그 결과 아테네 주도의 델로스 동맹과 스파르타 주도의 펠로폰네소스 동맹 사이에 펠로폰네소스 전쟁(기원전 431~404)이 발발함으로써 고대 그리스는 쇠락의 길로 접어들게 된다. 그 후 폴리스들은 마케도니아의 알렉산더에 의해 정복되어 식민지로 전락하였다가, 종국에는 로마의 지배로 떨어지게 된다.

기원전 5세기 전후 고대 그리스는 통상적으로 스파르타와 아테네라는 성격이 서로 다른 두 폴리스를 통해 설명되곤 한다. 이들 폴리스들은 두 번에 걸친 외부와의 전쟁, 즉 트로이 전쟁(기원전 1193~1184)과 페르시아 전쟁을 함께 치르면서 '영웅'이라 불리는 그리스인을 탄생시켰다. 하지만 그 둘 사이에 펼쳐진 펠로폰네소스 전쟁은 공유하던 그리스 문화와 제도 및 인간상을 보다 섬세하게 분화시키고 경합시키는 시험대였다. 경합에서 거둔 군사적·정치적 승리는 스파르타의 몫이 되었지만, '민주주의'라는 공동체적 삶의 양식은 패배한 아테네의 유산으로 인정되었다. 아울러 혹독한 내전으로 인해 기존의 영웅이 사라지고 대신에 '아름답고 선한 인간'이 그리스인의 정체성과 교육적 원형으로 등장하게 되었다. 이렇듯이 그리스의 패권을 둘러싼 아테네와 스파르타의 경합은 결국 폴리스의 완전한 몰락으로 이어지게 되지만, 그리스라는 공동체와 그리스인이라는 인간형 및 정체성을 빚어내는 역사적 계기가 된 셈이다.

그리스에서 교육에 대한 관심은 이민족과의 대결을 통해 '영웅'이라는 이상적인 그리스인이 탄생하는 것과 떼려야 뗄 수 없이 결합되어 나타난다. 영웅의 모습과 업적은 성장세대의 모범과 귀감으로 추앙되었을 뿐만 아니라, 거듭되는 서사와 구전을 바탕으로 영웅을 모방하고 답습하는 인간화 프로그램이 작동되기 시작했기 때문이다. 영웅 또는 귀족 교육이 그리스라는 공동체의식과 그리스인의 정체성을 형성하는 기제가 됨으로써, 그리스는 그리스 반도를 넘어 지중해의 패권자로 성장해 나가게 된다. 이처럼 폴리스라는 좁은 테두리를 넘어 지중해를 중심으로 정치적 · 문화적 지평을 확장하기 시작하면서, 그리스는 서양문화의 모태로 도약할 만한 역량을 갖추었는가라는 새로운 도전과 과제 앞에 놓이게 된다. 그러한 도전과 과제를 가장 민감하게 수용하고 대응한 것은 아테네였다. 아테네는 세계시민적인 개방성과 진취성을 핵심으로 하는 문화를 지향하였으며, 그에 따라 새롭게 요구되는 인간 형성을 놓고 다양한 갈래의 현자들이 격돌하는 현장이 되었다. 그에 반해 스파르타는 영웅의 업적을 모방하고 답습하는 전통을 견지했으며, 영웅의 후계자를 자처하게 되었다. 이와 같이 상반된 흐름과 특성을 고려할 때, 아테네와 스파르타 사이의 다툼과 갈등은 단순히 그리스반도와 지중해를 둘러싼 패권 다툼만이 아니라, 또한 새로운 인간 형성과 새로운 역사 형성의 패러다임을 놓고 전개되는 문화대결이라고 평가할 수 있다.

## 1) 호머(Homeros, 기원전 800?~750?)

그리스와 그리스인의 탄생을 엿볼 수 있는 대표적인 문헌은 호머의 대서사시『일리아드』와『오디세이아』다. 이 두 작품은 모두 '영웅'이라는 그리스인 탄생을 신화적으로 그려 내고 있다.『일리아드』는 빼앗긴 왕비 헬레네를 되찾는다는 명목으로 그리스 연합군이 트로이에 맞서 10년간 치른 전쟁의 마지막 해(기원전 1184)를 기술하고 있다. 그런데『일리아드』는, 저술의 의도와 교훈에 따라 판단해 볼 때, 전쟁사라기보다는 그리스인의 탄생을 이야기하고 있다. 호머는 명예에 대한 사랑이라는 귀족윤리의 근간을 그려 내고 있기 때문이다. 호머의 영웅들은 결단과 용기로 무장하고 오직 고귀함을 위해서만 헌신하는 명예의 윤리를 구현하고 있다. 예컨대, 트로이의 영웅 헥토르(Hector)는 결투에 나서면서 아내 안드로마케(Andromache)에게 자신의 최고 임무는 자신과 자기 아버지를 위해 '영광을 얻는 것'이라고 말한다. 그러면

[그림 5-1] 헥토르와 안드로마케

서 "모든 고귀한 족속은 영웅적 행위를 통해 자신을 알리고 명예를 얻는다."라고 말한다(Homeros, 2007: 제6권). 이렇듯이 영광은 영웅만이 누릴 수 있는 것이고, 용기의 척도이며, 인간의 위대함에 대한 객관적 인식이자 귀족윤리의 근간이다. 영웅에게 부여되는 명예에는 인간의 모든 빼어난 자질, 예컨대 자부심, 고상한 욕망, 우월성에 대한 의식 그리고 경쟁을 통한 승리와 정당한 공명심 등이 포함되어 있다(성기산, 1993: 68-69).

『일리아드』의 제9권은 포이닉스와 아킬레우스의 대화에서 전쟁이 영웅탄생의 현장이라는 것을 직접적으로 드러낸다. 포이닉스는 아킬레우스에게 "그대의 아버지는 참혹한 전쟁이나 정치적 집회에 관하여 아무런 기술을 갖추고 있지 않은 그대를 집에서 멀리 떠나보내면서 나를 그대의 선생으로 삼게 했다."라고 말한다. 아킬레우스의 아버지인 펠레우스(Peleus)는 자신의 대리인이자 아들의 보호자인 포이닉스를 아킬레우스와 함께 전쟁터로 보낸다. 물론 전쟁에서 아들을 보호하여 불의에 대한 응징인 전쟁에서 승리하도록 도우려는 것이 직접적인 이유였겠지만, 심층적으로는, 자신의 아들이 '말과 행동에서 빼어난 사람', 즉 영웅으로 교육되기를 원했기 때문이다(Homeros, 2007: 제9권).

호머의 『일리아드』는 '전쟁'을 매우 특별한 방식으로 이해하고 있다. 전쟁은 한편으로 참혹하고 야만적인 비극의 현장이지만, 다른 한편으로 역사를 형성하고 역사적으로 빼어난 존재를 빚어내는 극적인 현장이기도 하다. 왜냐하면 "영웅 서사시는 삶 전체를, 숭고한 목표를 위해 운명과 투쟁을 벌이는 인간을 객관적으로 반영하기 때문이다"(Jaeger, 2019: 95). 호머가 주목하는 영웅탄생은 도식적인 구도에 따라 펼쳐진다. 영웅은, 첫째, 기존의 삶에서 문제의식(예컨대, 왕비 헬레네의 납치)을 느끼고, 둘째, 그 문제를 해결해 내기 위해서 자신의 존재와 역량을 극적으로 시험할 무대로 출정하며, 셋째, 전쟁터라는 인간형성의 풀무에서 불순한 것을 모두 태워 버리고 순수성을 획득하여 새로운 인간으로 변신하고, 넷째, 자신이 두고 떠나온 삶의 세계로 되돌아와 인간사를 새로운 차원으로 이끌어 올

[그림 5-2] 아킬레우스

리게 된다. 말하자면, 자연적인 인간이 문제의식을 품고 자신의 삶의 자리를 떠나 전쟁과 모험이라는 특별한 교육과정을 밟은 후 떠났던 그 자리로 되돌아왔을 때, 그는 새로운 역량을 갖춘 새로운 인간이 되어 새로운 해법을 내놓게 된다. 영웅에 의해 창출된 새로운 세계는 다시금 새로운 문제를 낳게 되고, 새로운 문제는 출전과 귀향이라는 새로운 영웅교육을 요청하며 영웅탄생의 모태가 된다.

『오디세이아』는 트로이 전쟁에서 싸웠던 오디세우스 장군이 고국인 이타카로 되돌아오기까지 겪게 되는 '모험'에 관한 이야기다. 『오디세이아』는, 『일리아드』에 비해 영웅탄생의 구조를 완화된 모습으로 그려 내고 있지만, 여전히 동일한 영웅탄생의 과정을 따르고 있다고 할 만하다. 전쟁이 끝나자 오디세우스는 자신의 정예부대를 이끌고 무사히 고국으로 귀환해야 한다는 새로운 과제 앞에 서게 된다. 만일 육로를 이용해서 귀환하고자 하면, 거대한 부대의 행군에 위협을 느낀 주변 국가들이 결사항전을 할 것이고, 그러한 저항에 대항할 수밖에 없는 오디세우스의 정예부대는 그들을 몰살시킬 것이 분명하다. 이것은 오디세우스에게만 주어진 새로운 과제다. 오디세우스는 육로귀환에 따른 문제를 바로 자신이 지혜롭게 풀어 나가야 할 삶의 과제로 인식한다.

새로운 과제를 인식한 오디세우스는 과감하게 새로운 방법을 모색하게 된다. 불필요한 살육을 막고 또한 자신의 정예부대를 희생시키지 않기 위해서 바다로 항해하는 것을 선택하게 된다. 이로써 오디세우스는 뭍에서 단련된 육군을 이끌고 바다

[그림 5-3] 오디세우스의 모험

로 항해해야 한다는 새로운 도전과 모험에 몸을 던지게 된다. 항해는 당연히 처음 접하는 온갖 위험을 초래하게 된다. 오디세우스는 문제들을 차례로 극복하면서 새로운 과제를 맡아 낼 새로운 인간으로 성장해 나간다(Homeros, 2015). 이러한 구도에서 보면, 『오디세이아』는 『일리아드』와 마찬가지로 영웅탄생의 과정을 따르고 있다고 할 수 있다. 물론 영웅이 탄생하는 교육과정의 특징은 서로 다르다. 『오디세이아』는, 『일리아드』가 묘사하는 '전쟁'이라는 교육의 과정 대신에, '모험'이라는 교육의 과정을 따르고 있기 때문이다.

호머가 그려 내고 있는 전쟁 혹은 모험이라는 교육의 과정은 기본적으로 세 가지 조건의 합으로 구성된다. 첫째, 학습자에게 천부적으로 부여된 자질(용기 혹은 기지)이라는 조건이 갖춰져야 한다. 둘째, 천부적 자질을 최대한으로 단련하고 발휘할 수 있는 특수한 교육적 상황(전쟁과 모험)이 주어져야 한다. 셋째, 전쟁과 모험 중에서, 전사나 낙오와 같은 교육실패를 회피할 수 있도록, 기존의 경험과 지혜를 전수해 주는 조력자의 도움이 동반되어야 한다. 요컨대 호머의 영웅 또는 귀족 교육은 빼어난 자질을 갖춘 학습자의 노력뿐만 아니라, 지혜로운 조력자의 조력 그리고 운과 신의 가호가 필요하다. 그래서 호머는 영웅의 탄생을 매우 신비롭고 기적적인 사건으로 묘사한다. 예컨대, 호머는 아킬레우스가 "켄타우로스라고 하는 반인반마의 괴물에게서 치료의 기술을 배웠다."라고 말한다(Homeros, 2007: 제11권). 이 말은 영웅이라는 빼어난 인간이 탄생하는 전쟁과 모험의 위험과 양면성을 암시한다. 영웅은 신적

인 존재로의 상승과 야만성으로의 하강이 경합하는 위험과 위기 속에서 탄생한다.[1]

## 2) 스파르타의 교육: 영웅교육의 계승

　　호머로부터 비롯된 영웅교육의 지향점은 칼로카가티아(kalokagathia, 미선성), 즉 아름다움과 선함의 조화로운 합일이다. 미선성(美善性)은 육체의 아름다움과 잘 도 야된 정신의 선함이 윤리적 고귀함으로 합일된 상태를 의미한다. 고대 그리스의 교 육은 미선성이라는 교육적 이상을 구현하기 위한 과정으로 구상된다. 그래서 사변 적인 지식탐구보다는 체육과 음악 그리고 전쟁참여와 종교 및 정치 활동과 같은 공 동체 경험이 강조된다. 이처럼 미선성을 지향하는 교육에서는 개인의 행복과 완성 을 지향하는 전인교육뿐만 아니라, 공동체의 번영에 기여하는 유용한 인간양성을 지향하는 공동체 중심 교육이 공존했다. 그런데 개인의 완성과 공동체의 번영이라 는 교육의 이중적인 지향점은 기원적 5세기에 스파르타와 아테네로 계승되는 과정 에서 각기 다르게 강조되면서 수용된다. 그 결과 스파르타와 아테네는 정치질서와

[그림 5-4] 고대 그리스의 전사

---

1) 르네상스 시대의 마키아벨리(Niccolo Machiavelli, 1469~1527)는 영웅탄생의 위험성과 양면성에 주목할 것 을 요구한다. "옛 저술가들은 완곡한 표현을 써 가며 우리의 주의를 환기시키고 있다. 예컨대, 그들은 아킬레 스를 위시해 많은 고대 군주가 반인반마인 켄타우로스에게 맡겨져 양육되고 교육받은 것으로 기록하고 있 다. 여기서 반인반수의 지도를 받았다고 하는 것은 결국 군주가 두 가지 기질을 모두 사용할 줄 알아야 한 다는 것이고, 어느 한쪽의 기질 없이는 다른 한쪽의 기질도 지속적으로 효과를 발휘할 수 없다는 의미다." (Machiavelli, 2004a: 165).

사회문화 그리고 교육실천에 이르기까지 대비되는 체제와 발달과정을 보여 주게 된다(오인탁, 2003: 49 이하).

스파르타는 그리스반도의 남쪽 끄트머리에 위치해 있던 폴리스로서 지리적인 고립과 열악한 생활여건으로 인해 상대적으로 낙후된 공동체였다. 게다가 소수인 자유시민이 다수의 노예로 구성된 공동체를 엄격하고 전체주의적인 방식으로 통치할 수밖에 없었다. 그에 따라 스파르타는 공동체의 존속에 필수적인 교육을 모색했고, 지적 훈련보다는 군사훈련과 체육을 강조하는 교육을 시행했다. 스파르타는 호머의 영웅교육에서 교육의 원형을 발견하였으며, 스스로 영웅교육의 후계자로 자처하게 된다.

스파르타는 강인하고 엄격하며 군사적이고 전체적인 문화를 가진 폴리스로 알려져 있다. 하지만 스파르타는 아테네에 비해 상대적으로 덜 주목받았다. 단순, 소박, 검소, 절제, 강인함, 심신의 조화, 공동체 우선주의 등을 스파르타의 덕목으로 칭송하는 경우는 많지만, 스파르타의 교육을 제대로 논의하거나 대변하는 이론가는 많지 않다. 스파르타의 교육에 대한 직접적인 증언은 플루타르크의 『영웅전』 리쿠르고스 편에서 발견된다(Plutarchus, 1994).

플루타르크는 스파르타의 국부라고 할 수 있는 리쿠르고스를 자세하게 묘사한다. 그러면서 리쿠르고스의 입법에 따라 운행되는 스파르타의 사회문화 및 교육의 모습을 간접적으로 그려 내고 있다.

리쿠르고스는 쓸모없고 사치스러운 모든 예술을 불법으로 선포함으로써 사치와 재물에 대한 욕망을 없애 버렸다. 그는 또한 모든 사람이 공동으로 식사를 하며 똑같은 빵과 고기를 먹도록 정함으로써 사치스러운 식탁에 편안히 앉아 인생을 낭비하는 일이 없도록 하고자 했다. 스파르타는 건강한 젊은이를 훌륭하게 교육시키기 위해서 결혼과 임신 및 출산까지 국가가 통제했다. 여자에게도 달리기나 씨름, 쇠고리던지기, 창던지기 따위로 몸을 단련하도록 명령했는데, 이는 튼튼한 모체에서 태어난 열매들이 더욱 든든하게 뿌리내리며 더 잘 자라기 때문이다. 스파르타의 아이들이 일곱 살이 되면 나라에서 맡아 단체를 조직하였고, 여기서 아이들은 같은 규율과 훈련 속에서 함께 살며, 놀고 배웠다. 아이들은 언제 어디서나 젊은이들의 의무에 대해 상기시켜 주는 어른들을 만날 수 있었다(Plutarchus, 1994: 136-152).

스파르타에서는 국가가 시민의 교육을 전적으로 관장했다. 스파르타는 '어린이들이 집단에 봉사하기 위해 태어났으며, 집단에 봉사할 수 있도록 양육되어야 한다'고 믿었다. 모든 어린이는 강인하게 될 수 있도록 엄격한 훈련을 거쳐야 했으며, 시민의 지위를 얻으려면 법이 규정한 모든 교육을 성공적으로 끝마쳐야 했다. 여성도 튼튼한 아이를 낳아 전사로 키워 내기 위해 필요한 모든 훈련과 교육을 받아야 했다. 그 결과 스파르타의 여성들은 '남편이나 아들이 조국을 위해 전쟁터에서 싸우다 영광스럽게 쓰러졌다면, 그가 잠들어 있는 신전에 가서 신에게 감사'했을 정도였다고 한다(성기산, 1993: 81).

스파르타의 교육이 엄격함과 강인함 그리고 용기와 전체를 위한 희생을 강조한 것은 사실일 것이다. 그렇다고 해서 스파르타의 교육을 호전성만을 기르는 야만적인 교육으로 간주할 때는 주의가 필요하다. 예컨대, 스파르타는 호전적인 군사교육에 일관했으므로 당연히 시와 음악 교육을 전면적으로 금지했을 것으로 추측할 수도 있다. 스파르타의 교사들은 '음악과 읽기 그리고 쓰기를 배우는 것을 금지'하는 대신에 오로지 '군사훈련과 운동만을 강조'했다(성기산, 1993: 80-81). 하지만 그것은 과도한 해석이다. 플루타르크는 스파르타가 '시와 음악에 대한 교육도 게을리하지 않았고', 다만 '도덕적인 내용 혹은 영웅적인 내용이 강조됐을 뿐'이라고 말한다.

> 스파르타의 교육은 체육이 중심에 서 있었지만, 시와 음악에 대한 교육도 게을리하지 않았다. 스파르타인들은 우아하고 재치 있게 대화하는 일 못지않게 시와 음악에 대한 교육에도 굉장한 관심을 기울였다. 그들의 노래는 젊은이들의 마음을 사로잡고 열정과 정열로 불타오르게 할 만큼 생명력과 영혼을 지닌 것이었다. 시의 형식은 단순하며 꾸밈이 없었다. 그리고 주제는 언제나 심각하고 도덕적이었다(Plutarchus, 1994: 158).

스파르타의 교육은 훗날 루소(Jean-Jacques Rousseau, 1712~1778)가 새롭게 발견하기까지 오랜 기간 동안 오해되거나 평가 절하되어 왔다. 하지만 근대 초입 계몽주의의 한복판에서 근대문명의 병폐를 직시한 루소는 스파르타야말로 '사치와 예술이라는 허황한 교리를 깨부수는 불멸의 반증'이라고 칭송한다. 루소는, 허위와 사치를 원천적으로 차단하고자 했던 스파르타를 재평가하면서, 스파르타가 '오직 영웅적인 행적에 대한 추억들'만을 남겼다고 말한다. "아테네 시민들은 말을 잘할 줄 알았지만, 스파르타 시민들은 잘 행동할 줄 알았다."(Rousseau, 2007: 101)

## 3) 아테네의 교육: 전문교육자의 탄생

아테네도, 스파르타와 마찬가지로, 호머에서 발원하는 영웅교육의 흐름을 이어받는다. 그러면서도 아테네는 스파르타와 대비되는 교육으로 나아가게 된다. 스파르타가 단순함과 소박함, 절제와 강인함 그리고 공동체 우선주의로 기운다면, 아테네는 수사학과 토론, 민주주의, 개별성과 탁월성과 같은 자기계발의 가치를 내세우게 된다. 그 결과 스파르타와 아테네의 교육은 서로 대비되는 모습으로 전개되었다고 평가된다.

아테네는 호머로부터 이어져 온 영웅교육을 생산적으로 변화시키면서 자신의 고유한 교육을 찾아 나가게 된다. 그러한 변화의 원인은 한편으로 그리스를 둘러싼 상황의 변화이고, 다른 한편으로 교육받은 인간에 대한 인식 변화다. 시대 상황으로 볼 때 기원전 5세기는 동방과의 접촉으로 인해 세계 이해의 지평이 확장되고, 그에 발맞춰 페리클레스(Pericles, 기원전 495?~429)의 정치개혁이 효력을 발휘하던 시기였다. 또한 아테네에서는 민주주의라는 공동체적 삶의 형식이 자리를 잡으면서 유능한 지도자가 공동체를 통치해야 한다는 능력주의 사회관이 대두하게 된다. 그와 함께 대중을 설득하는 능력과 정치적·윤리적 문제를 논변하는 능력을 갖춘 유능한 사람이 긴급히 요청되었다. 이러한 시대적·사회적 요구에 따라 아테네에서는 새로운 교육운동이 펼쳐지게 되는데, 그것의 중심에는 전문교사집단인 소피스트(sophist)가 서 있었다.

그런데도 소피스트는 대체로 부정적으로 평가되어 왔다. 소피스트에 대한 부정적인 평가는 특히 플라톤의 대화편 『소피스테스』에서 압축적으로 기술되어 있다. 플라톤은 소피스트가 구사하는 기술을 논쟁의 기술로 규정하면서, 자신이 대변하는 철학탐구인 변증의 기술 또는 논증의 기술과 구별한다. 소피스트의 논쟁술은 잘못된 판단을 철저한 검증 없이 활용함으로써 가상의 지식을 낳게 되지만, 엄밀한 논증과 변증에 바탕을 둔 철학하기는 참된 지식을 낳는다는 것이다. 철학탐구는 논박을 통해 대화상대자의 무지를 드러내고, 인간의 영혼을 무지로부터 정화(치료)하며, 영혼을 참된 지식의 원천으로 해방시키지만, 소피스트의 기술은 선과 정의에 대한 지식 없이 그것에 대한 가상만을 제공하여 사람들을 혼란에 빠트린다. 따라서 소피스트의 기술은 올바른 정치의 기술인 설득의 기술이 아니라, 그저 듣는 사람들을 기분 좋게 만드는 아첨의 기술일 뿐이다. 나아가 정치적인 공동체를 건강하게 만드는 건강학이 아니라, 약한 부분을 그저 가려 주기만 하는 미용술에 불과하다(Platon, 2011: 463a-465c).

반면에 소피스트 운동에 대해 긍정적인 평가를 내리는 소수의 의견도 있다. 이들은 소피스트가 공통사상을 가진 학파가 아니라, 유사한 사고방식과 관심을 가진 '사회적 운동'이었다는 점에 주목한다. 사회적 운동이기 때문에, 부정적 평가를 받을 소지도 많았겠지만, 또한 긍정적으로 평가될 여지도 있다. 나아가 소피스트 운동이 정치적 변혁의 기술이나 철학적 논증의 기술보다는 교육의 기술에 초점을 맞추고 있다는 점에 주목한다. 말하자면, 소피스트는 교육을 보다 체계적이고 전문적으로 전개할 수 있는 가능성에 주목한 최초의 전문교육자 집단이었다. 그들의 교육적 의미는 크게 셋으로 요약될 수 있다(Kerferd, 2003).

첫째, 소피스트 운동과 더불어 교육적 관심이 자연 및 신으로 대변되는 세계질서로부터 인간으로 전환된다. 대표적인 소피스트인 프로타고라스는 "인간은 만물의 척도다."라는 명제로 유명하다. 인간-척도-명제와 더불어 교육의 초점과 관심은 자연질서라는 객관으로부터 인간의 내면이라는 주관으로 전환되기 시작한다. 즉, 소피스트들은 자연적 질서 또는 신화적 세계질서로부터 인간을 미루어 이해하던 방식에서 벗어나, 차츰 인간 및 인간사(pragma) 자체에 대한 탐구로 관심을 전환하는 데 기여했다.

둘째, 소피스트 운동과 더불어 교육의 관심이 사회적 실천으로 전환된다. 소피스트들은 지식의 객관적 성격보다는 지식을 구성하는 사회적 조건에 관심이 많았고, 특히 지식이 활용되는 맥락, 즉 사회적 유용성에 주목하여 문법과 수사학, 논리학과 웅변술과 같은 지적 훈련에 치중했다. 이와 같은 지식사회학적 관심은 그 당시 격렬한 비판과 공격의 대상이 되었다. 하지만 그 덕분에 정치와 민주주의 그리고 법이라는 사회적 실천 자체가 인간적인 삶의 주요 장치이자 관심사로 인정될 수 있게 되었다.

셋째, 소피스트 운동의 핵심적인 관심은 바로 교육(인간형성)으로의 전환이다. 소

피스트 운동의 가장 중요한 특징은 천부적으로 주어진 자연(physis), 즉 고귀한 족속
과 영웅을 교육의 출발점으로 삼는 영웅주의 교육 또는 귀족주의 교육에서 벗어났
다는 것이다. 다시 말하면, 소피스트는 자연과는 구별되는 관습(nomos)의 교육적
의미와 가치를 새롭게 발견했다. 그와 더불어 교육의 본성과 목적에 대한 새로운 인
식과 교육기술이 발견되고 발전될 수 있는 계기가 마련되었다.

소피스트 운동의 긍정적인 측면도 어느 정도 인정해야 할 것 같다. 만일 소피스트
를 전적으로 부정하게 된다면, '자연'철학으로부터 소크라테스와 플라톤의 '인간'철
학으로 이행되는 과정조차도 제대로 이해될 수 없을 것이다. 바로 그런 이유로 소피
스트 운동은 심지어 18세기의 계몽운동에 비견될 만한 '그리스의 계몽운동'으로 평
가되기도 한다(Kerferd, 2003: 10-11). 하지만 기원전 5세기가 전개되면서 소피스트
는 소크라테스의 정당한 비판과 공격을 받아 그리스 역사의 무대에서 사라지고, 그
대신에 소크라테스-플라톤-아리스토텔레스로 이어지는 토착교육자의 시대가 열
리게 된다.


## 2. 고대 그리스의 교육사상가

### 1) 소크라테스(Socrates, 기원전 470~399)

소크라테스는 독창적인 가르침뿐만 아니라, 신념과 일치하는 삶으로 인해 서양
철학사 및 서양 교육사에서 독보적인 위치를 차지하는 철학자다. 그런데도 소크라
테스의 삶에 대해서는 정확하게 알기 어렵다. 왜냐하면 소크라테스 스스로는 아무
런 책도 남기지 않았고, 소크라테스의 삶에 대한 증언들도 서로 일치하는 것은 아니
기 때문이다. 예컨대, 크세노폰은 『소크라테스 회상』에서 소크라테스가 '정욕과 탐
욕을 자제하는 데 있어 가장 엄격한 사람'이고, '추위나 더위와 같은 모든 어려움을
태연하게 감내한 사람'이라고 말한다(Xenophon, 2002: 18). 반면에 플라톤은 소크라
테스를 가리켜 델포이의 신전의 경구인 "너 자신을 알라(gnothi seauton)."를 몸소 실
천한 애지자요, 문답법과 조산술(maieutike)이라는 대화의 기술을 통해 무지의 자각
과 지식의 상기(anamnesis)를 일깨운 위대한 스승이라고 칭송한다.

[그림 5-5] 〈소크라테스의 죽음(The Death of Socrates)〉(1787)

소크라테스에 대한 증언들이 서로 엇갈릴 뿐만 아니라, 전해지는 증언조차도 각각의 관점에 따라 나름으로 각색되어 있을 것이 분명하기 때문에, 교육사상사 연구는 소크라테스의 삶과 행적을 객관적으로 추적하기보다는 대체로 파편적인 증언을 토대로 하여 교육자로서 소크라테스의 삶과 사상을 재구성하는 편을 선택하게 된다. 이럴 때 참조하게 되는 대표적인 문헌은 소크라테스의 죽음과 관련된 플라톤의 대화편 3부작,『소크라테스의 변론』『크리톤』『파이돈』이다. 그중에서도『소크라테스의 변론』이 가장 우선적으로 참조해야 할 문헌이다. 왜냐하면 이 대화편은 자신의 삶에 대한 소크라테스 스스로의 증언과 설명을 담아내고 있기 때문이다.

### (1) 소크라테스의 삶: 자기배려의 삶

『소크라테스의 변론』에서 소크라테스는 여론의 비난과 멜레토스 일당의 고발에 맞서 자신의 삶을 변론해야 하는 과제 앞에 서게 된다. 소크라테스에게 가해진 비난의 핵심은 그가 국가의 신을 믿지 않음으로써 국가의 기강을 문란하게 했으며, 잘못된 가르침(교육)으로 청소년들에게 해악을 끼쳤다는 것이다. 그에 대해 소크라테스는 자신의 삶을 적극적으로 옹호하면서, 영혼을 배려하는 삶의 가치에 대해 다시 한번 일깨워 주려고 시도하게 된다.

소크라테스는, 소피스트들처럼 '사람들을 교육하고 그 대가로 돈을 받는 삶'이 아

[그림 5-6] 델포이 신전

니라, 사람들을 만나서 '대화하고 따지는 삶'을 살았다고 말한다(Platon, 2012: 19d).
그런 삶을 살게 된 계기는 델포이 신전의 신탁이었다. 어느 날 소크라테스의 친구인
카이레폰이 델포이 신전을 찾아서 아테네에서 가장 지혜로운 자가 누구인지를 묻
자, 신전의 여(女)사제는 "소크라테스보다 더 지혜가 있는 사람은 하나도 없다."라
는 신탁을 전한다. 그 말을 전해 들은 소크라테스는, 신탁의 진실을 검증하기 위해,
지혜로운 사람으로 여겨지는 사람들을 만나서 대화를 나누는 '진리검증 및 진리탐
구의 삶'에 착수하게 된다(Foucault, 2011: 82). 소크라테스는 당시 지혜로운 자로 인
정받는 정치인, 시인 그리고 장인들을 차례로 만나 대화를 나눈다. 하지만 그들에
게서 지혜와 무지의 공존만을 확인하게 된다. 이렇듯이 신탁의 진실검증은 표면적
으로 지혜로운 사람들의 지혜를 점검하는 활동으로 시작된다. 하지만 실제적으로
는 소크라테스 자신의 영혼점검으로 이어지며, 소크라테스는 자신의 무지를 자각
하게 된다. 자기인식이라는 측면에서 볼 때 소크라테스는 분명 다른 사람들보다 더
지혜롭지만, 그에게는 무지의 극복 또는 지혜탐구라는 자기배려의 삶이 과제로 다
가온다.

　그래서 소크라테스는 무지의 자각에서 비롯되는 자기인식과 자기배려의 명령을
따르는 삶을 살게 된다. 그런 삶의 모습은 날마다 '죽음이나 그 밖의 다른 어떤 것'을
염려하는 삶이 아니라, 더 먼저 '수치스럽게 되지 않도록 염려'하는 삶이었다고 말한
다(Platon, 2012: 28d). 소크라테스는 무지와 망각이라는 수치스러움을 피하기 위해

영혼을 돌보고 배려하는 삶을 살았다. 영혼을 배려하려면 먼저 무지를 넘어서야 하며, 그러기 위해서는 진리를 찾고 진리에 복종하는 삶을 살아야 한다. 그러한 삶은 '신체나 돈에 대한 염려보다는 오직 정신을 훌륭하게 하는 데 마음을 쓰는 삶'이다. 즉, "돈으로부터 덕이 생겨나는 것이 아니라, 돈이나 그 밖의 모든 것이 오직 덕에 의하여 진정으로 좋은 것이 될 수 있다."라는 신념을 실천하는 삶이다(같은 책, 30b).

소크라테스는 인간적인 덕을 깨우치고 획득하기 위한 자기인식과 자기배려의 노력으로 일관된 삶을 살았다. 그러한 삶은 또한 아테네의 젊은이를 위한 일이며, 신이 아테네에게 허락한 선물이다. 이런 점에서 소크라테스는 자신의 삶을 가리켜 '잠자고 있는 아테네의 시민들이 깨어 있게 만들기 위해서 꼭 필요한 등에와 같은 삶'이라고 말한다(Platon, 2012: 30e). 잠자고 있는 사람들을 일깨우는 삶은 환영받지 못하지만, 결코 그만둘 수도 없는 삶이다. 왜냐하면 그것은 바로 그를 향한 신(daimon)의 음성이기 때문이다. 이러한 소크라테스의 삶에 대한 변론을 듣고 나서도, 아테네 시민들은 돈과 명예를 좇는 삶의 방식을 바꾸고 싶지 않았다. 소크라테스 또한 신이 명령하신 삶의 방식을 단념할 수 없었다. 아테네 시민들은 소크라테스의 삶에 대한 거부의 표시로 소크라테스에게 사형을 선고하게 되고, 소크라테스는 사형선고를 받은 후에도 아테네 시민을 향해 마지막 수업을 하게 된다.

여러분! 제 자식들이 성장하여 어른이 되거든, 제가 여러분을 괴롭혔던 것과 같은 일로 그들을 괴롭혀서 복수를 해 주세요. 즉, 그들이 덕보다는 돈이나 그 밖의 다른 것에 먼저 머리를 쓴다는 생각이 들거나 또는 아무것도 아닌데도 무엇이 되기라도 한 것처럼 생각이 들게 되면, 제가 여러분에게 한 것처럼 마음을 써야 할 일에는 마음을 쓰지 않고 아무것도 아니면서 잘난 줄로 알고 있다면서 크게 꾸짖어 주세요(Platon, 2012: 41e-42a).

이 마지막 당부는 매우 아름답다. 특히 자신의 자식을 비판하고 훈계해 달라는 부탁은 소크라테스의 삶을 관통하는 관심사가 바로 교육이었다는 것에 대한 강력한 논거가 된다. 생존이 아니라 실존의 진리와 아름다움에 이르려고 애쓰는 삶만이 인간다운 삶이라는 주장을 유언으로 남기면서 소크라테스는 역사의 무대에서 내려간다.

### (2) 소크라테스의 교육법: 문답법과 조산술

『소크라테스의 변론』을 통해 볼 때, 소크라테스는 '의견(doxa)'의 지배에서 벗어나 참된 '지식(episteme)'을 추구하는 삶을 살았고, 그러한 삶의 가치와 방법을 일깨워 주려고 애쓴 사람이었다. 소크라테스는 '무엇이 진정으로 아름답고(kalon) 좋은(agathon) 것인지'(Platon, 2012: 21d)에 대한 앎이야말로 훌륭한 인간이 되기 위한 최고의 조건이라고 생각했다. 그래서 그는 끊임없이 대화와 논쟁을 통해 자신과 대화 상대자의 무지를 깨우치고 아름다움과 선에 대한 지혜를 추구하도록 촉구했다.

소크라테스가 삶으로 실천한 가르침은 "진정으로 아름답고 좋은 것에 대한 앎은 스스로의 성찰에 의하여 찾고 확증하며 실천해 낼 수밖에 없다."라는 것이다. 프로타고라스가 주장하듯이, 모든 사람에게는 '정의라는 감정과 타인에 대한 존경심'(Platon, 2002: 322c)이라는 덕의 씨앗이 들어 있다. 하지만 그러한 맹아는 올바르게 보살펴지고 가꿔질 때 비로소 인간다운 덕으로 구현될 수 있다. 소크라테스가 견지한 또 하나의 믿음은 "모든 인간적인 덕의 비결은 지식이다." 또는 "선을 알면 반드시 실천한다."라는 것이다. 이것은 물론 "아는 대로 행한다."와 같은 지행합일의 주장이다. 하지만 보다 엄격하게 말하면, 소크라테스의 주장은 앎과 실천이 일치되어야 한다기보다는 앎과 실천이 일치한다는 것에 가깝다. 왜냐하면 그것은 앎과 삶의 괴리를 극복하라는 충고라기보다는 삶과 실제적으로 일치하는 앎을 추구하라는 요청이기 때문이다.

누구든 현실적인 경험에 근거하여 소크라테스의 주장에 대해 의문을 품을 수 있다. 아는 대로 실천하지 않는 경우가 허다하기 때문이다. 하지만 앎과 실천의 일치 여부를 따지기 이전에 자신이 염두에 두는 앎의 속성을 점검해 볼 필요가 있다. 소크라테스는 기억된 사실로서 앎보다는 성찰하는 삶의 양태로서 앎에 주목한다. 성찰하는 삶의 또 하나의 양태가 실천이라는 점에서, 소크라테스가 주장하는 지행합일은 성찰하는 삶의 두 양태가 동근원성과 동시성으로 특징지어진다는 의미가 된다. 말하자면, 성찰하는 삶은 참으로 아름답고 선한 것이 무엇인지를 탐구하는 삶인 동시에 아름답고 선한 것을 실천하는 삶이다. 따라서 오직 아름다움과 선이 무엇인지에 대한 탐구를 통해서만 훌륭한 삶의 실천이 가능하게 된다. 바로 그런 의미로 소크라테스는 "성찰하지 않는 삶은 인간다운 삶이 아니다."라고 말한다(Platon, 2012: 38d).

소크라테스가 청년들에게 가르치고자 한 것은 성찰하는 삶의 아름다움과 좋음이다. 그런 가르침과 교육은, 예컨대 사회적으로 유능하고 유익한 사람이 되도록 만드는 것이 아니라, 청년들이 자신의 영혼을 스스로 돌보고 배려하도록 돕는 일이다. 영혼의 배려로서 교육은 오직 학습자가 스스로 생각하고 배려하도록 촉구하는 것일 수밖에 없다. 그래서 소크라테스는 '문답법'이라는 독특한 교육방법을 창안한다. 문답법은 학습자가 자신의 영혼을 돌보도록 촉구하는 교육방법이다. 즉, 교사는 질문을 던지고 캐물어 줌으로써 학생으로 하여금 자신의 지력을 발휘해서 아름다움과 선에 대한 진리를 탐구하도록 이끌게 된다. 소크라테스가 구사한 문답법은, 보다 구체적으로 '반문(反問)법'(학습자를 무지의 자각으로 이끌기 위해 교사가 구사하는 무지의 고백과 논박술)과 '조산술'(학습자 스스로가 지식을 상기하도록 이끄는 교사의 조력)로 구성된다.

소크라테스가 실행한 교수법과 교육적 삶의 구체적인 모습은 『프로타고라스』나 『메논』과 같은 짧은 대화편에서 발견된다. 『프로타고라스』에서 소크라테스는 교육의 근본 관심사인 '선에 대한 지식'이 외부로부터 전수될 수 없고, 오직 교사의 문답법에 따른 학습자의 자기인식일 수밖에 없다고 주장한다. 학습자의 자기인식을 이끌어 내는 소크라테스의 구체적인 교수법은 『메논』에서 제대로 모습을 드러내게 된다. 여기서 소크라테스는 기하학을 배운 적이 없는 노예소년에게 기하학적 지식이 상기되는 과정을 시범적으로 예시한다. 소크라테스는 오직 캐묻고 따지기만 한다. 그런데도 노예소년이 자신이 알지 못하는 기하학적 지식을 깨우쳐 간다.

『메논』에서 보여 준 소크라테스의 시범수업은 노예소년으로 하여금 기하학에 대한 지식을 상기하게 만들었다. 그런데 교육의 궁극적인 관심사인 아름다움과 선에 대한 지식도, 소크라테스가 노예소년에게 했던 것과 동일한 방식으로 자주 묻고 따지게 될 때, 학습자가 스스로 상기하게 될까? 이에 대해서는 약간의 의문도 남는다. 그런데도 소크라테스는 선에 대한 지식이 주입이나 전수에 의해서 학습자의 내면에 심어질 수는 없기 때문에, 오직 질문과 논박 그리고 예시와 모범을 통해서 학습자의 지성이 활동하도록 이끌어 주는 교사의 조산술과 학습자의 지적 자발성, 즉 지식의 상기술이 서로 결합될 때 학습자의 내면에서 퍼올려질 수 있다고 결론을 내린다 (Platon, 2009: 85d). 이처럼 교육자의 조력을 통해 학습자가 자신의 내면에서 스스로 퍼올린 지식을 학습자 스스로의 지성으로 자각하고 확신하게 될 때, 학습자의 내면에는 선에 대한 지식이 자리할 뿐만 아니라 또한 동시에 반드시 실천으로 연결된다.

소크라테스가 실행해 보인 교육은 학습자가 무지를 자각하도록 이끄는 것에서 시작해서 학습자가 자신으로부터 지식을 퍼올리는 것(상기)으로 완성된다. 그에 적합한 교육기술은 문답법이다. 이는 한편으로 진정으로 아름답고 좋은 것에 대한 무지를 자각하도록 일깨워 주는 대화·논박의 기술과 다른 한편으로 학습자가 자신의 지성을 발휘함으로써 스스로 지식을 낳도록(상기하도록) 이끌어 주는 조산의 기술로 이루어진다. 문답법이라는 소크라테스의 교육활동은 젊은이들로 하여금 스스로 성찰하는 사람, 즉 자신의 무지를 깨닫고 올바른 진리를 상기하기 위해 정진하는 사람 그리고 상기한 지식을 실천하는 사람으로 이끄는 교육적 배려로 특징지어진다.

## 2) 플라톤(Platon, 기원전 429?~347)

플라톤은 25편 이상의 대화편을 남겼다. 대부분의 대화편은 스승인 소크라테스의 철학을 기억하고 기록하려는 것이지만, 또한 동시에 소크라테스의 입을 통해 플라톤 자신의 철학을 전개하려는 것이다. 이처럼 소크라테스의 가르침에 대한 기억과 플라톤 철학의 모색이 뒤섞이면서, 소크라테스와 플라톤의 철학을 구별하는 문제가 발생하게 된다. 그래서 저술 시기에 따라 초기 작품에서는 대체로 소크라테스의 모습이 원형대로 보존되는 편에 가깝고, 중기와 후기 작품에서는 플라톤의 철학이 소크라테스의 입을 통해 대신 표현되는 경향이 크다고 해석하게 된다.

### (1) 플라톤의 교육개념: 영혼의 전환과 상승

소크라테스의 계승자로서 플라톤은 스승이 유보한 과제를 완성해야 하는 과업을 떠맡게 된다. 따라서 플라톤은 소피스트와 구별되는 소크라테스의 교육관을 보다 체계적으로 구조화함으로써 소크라테스의 교육론이 지향하는 교육의 구체적인 모습과 형태, 즉 교육의 과정을 적극적으로 구성하게 된다. 플라톤에 따르면, 교육의 지향점은 '선의 이데아'이며 교육의 과정은 '영혼의 과감한 전환과 지속적인 탐구 및 고양'으로 이루어진다. 이러한 플라톤의 교육관은 『국가』의 〈동굴비유〉(Platon, 2001: 514a-517a)에서 압축적으로 그려지고 있다.

플라톤의 〈동굴비유〉는 매우 간략하지만 교육개념을 함축적으로 설명하는 탁월한 그림이다. 〈동굴비유〉에서는 어릴 적부터 온몸이 결박당한 채로 지하의 동굴에 살고 있는 사람들의 처지로부터 이야기가 시작된다.

> 사람들은 어릴 적부터 사지와 목이 결박당한 채로 지하의 동굴 속에 살고 있다. 그들은 동굴의 벽면에 비치는 그림자들만을 보면서 살아왔기 때문에, 그것들을 실물이라고 생각한다. 그런데 그들 중 하나가 결박에서 풀려나서 뒤쪽에서 타고 있는 모닥불을 바라보도록 강요받자, 그는 눈이 부셔서 고통스러워하며 보다 진실한 것을 제대로 보지 못한다. 또한 누군가가 그를 험하고 가파른 오르막길을 통해서 동굴 밖으로 억지로 끌고 나가자, 그는 더욱 고통스러워한다. 처음에는 눈이 부셔서 어느 하나도 제대로 볼 수 없었지만, 익숙해지면서 차츰 실물들을 보게 된다. 마지막으로 그는 하늘과 하늘에 있는 태양을 보고 나서, 그것이 계절을 가져다주며 이 세상의 모든 것의 원인이 된다는 것을 알게 된다. 그와 더불어 그는 자신이 살던 곳의 동료들을 떠올리면서 자신은 그 모든 변화로 인해서 행복하지만, 그들은 불쌍하다고 생각하게 된다. 그래서 그는 다시 동굴로 내려가서 결박된 자들을 풀어 주어 위로 이끌고 가려고 한다(Platon, 2001: 514 이하).

[그림 5-7] 플라톤의 〈동굴비유〉

〈동굴비유〉에 따르면, 인간의 실존에 주어진 기본 설정은 세계개방의 가능성보다는 오히려 세계은폐의 가능성이다. 이 말은 인간의 감각지각이 세계와 만나는 일차적인 토대이고, '그들(일반인)'의 의견을 거쳐 사회와의 만남이 이루어진다는 의미다. 그와 같은 감각적이고 대리적인 만남은 인간에게 가변적이고 종속적인 실존을 낳게 된다. 따라서 인간적인 삶을 책임져야 할 교육은 우선적으로 본래적인 실존을 회복시켜야 할 과제를 떠맡게 된다. 그러한 교육은 주어진 삶의 조건, 관습과 현실에 적응하는 교육이 아니라, 주어진 삶의 방식으로부터 해방되고 방향을 전환하는 교육이어야 한다.

〈동굴비유〉는 교육의 과정, 즉 영혼의 전환과 상승을 도식적으로 그려 보인다. 결박된 채 벽면을 향하던 몸이 풀려나 모닥불이 타고 있는 반대 방향으로 전환되고, 이어서 지하의 동굴에서 바깥세상으로 상승한다. 그와 더불어 그림자에서 실물로, 실물에서 태양으로 나아가는 인식의 전환과 고양이 전개된다. 따라서 교육은 주어진 실존의 수용이 아니라, 그에 대한 거부로부터 시작된다. 그러한 거부는 곧 존재와 인식의 참된 원천을 향한 영혼의 전환과 상승으로 이어지게 된다. 그와 더불어 교육은 또한 내용적인 원리도 확보하게 된다. 교육은 단순히 영혼의 전환으로 그치는 것이 아니라, 또한 진리와 선(善)으로의 전환이기 때문이다. 말하자면, 교육은 선을 향하고 선과 관계 맺으며, 선에 대한 지식을 획득하는 기획이다.

바로 이 지점에서, 플라톤의 교육론은 "선에 대한 지식으로 특징지어지는 인간의 덕(arete)은 가르쳐질 수 있는가?"라는 유명한 문제 앞에 서게 된다(Platon, 2009: 70a). 여기서 플라톤이 주목하는 덕은 전통과 관습의 규범을 따르는 유능함이나 유익함이 아니라, 엄밀한 의미의 덕, 인간적인 탁월함을 의미한다. 제기된 질문과 관련하여 플라톤은 오직 "지식(episteme)만이 가르쳐질 수 있다."라는 과감한 주장을 내놓는다(Platon, 2009: 87c). 표면상으로 볼 때, 이 명제는 검증 가능한 '지식'만이 교육을 통해 전수될 수 있다고 주장하는 것처럼 보인다. 하지만 보다 심층적으로 보면, 플라톤은 지식만이 '교수'될 수 있다고 주장한다. 타인을 통해 학습자에게 직접 '전수'될 수 있는 것은 오직 '의견(doxa)'뿐이다. 하지만 '지식(episteme)'은 학습자가 스스로 찾아내야 한다는 의미로 '교수'될 수 있다(Platon, 2013: 200e 이하). 지식은 '보지 못하는 눈에 시각을 넣어 주듯이'(Platon, 2001: 518c) 또는 '물이 가득 담긴 컵에서 실을 타고 비어 있는 컵으로 이동하듯이'(Platon, 2010: 175d) 전수될 수 없다. 지식은

'가르치지 않고 다만 물어보기만 할 때 학습자 스스로가 알게 되는 것'(Platon, 2009: 85d)이다. 지식은 학습자 스스로가 수행해야 하는 직접적인 통찰의 결과일 수밖에 없다. 말하자면, 지식은 자발적이고 주체적 탐구의 결과로 학습자의 내면에서 형성되는 것이다. 그러한 지식의 형성이 가능하려면, 참된 존재와의 올바른 관계맺음이 있어야 하고, 이를 위해서는 참된 존재자를 향한 영혼의 전환이 있어야 한다.

이로써 플라톤은 교사에 의해 전달된 정보와 학습자가 알게 된 내용을 동일시하는 전수-수용이라는 교수-학습의 모델 대신에, 문답-상기라는 조산술-상기술의 모델을 제시하게 된다. 조산술-상기술의 모델에서는 교사에 의해서 질문되는 것과 그것을 계기로 학습자에게서 발견되는 것 사이에는 넘어설 수 없는 격차가 존재한다. 교육을 통해 학습자가 습득하게 되는 지식은 교사가 전수해 줄 수 있는 지식과는 근본적으로 다르다. 첫째, 학습자 스스로가 지적 활동을 통해 터득하는 지식이기 때문이고, 둘째, 터득된 지식은 그것을 소유한 학습자의 실존과 결합된 인격적 지식이기 때문이다. 인격적 지식은 자신의 내면에서 앎을 퍼 올리는 학습자의 형성과 더불어 획득되며 작동된다. 따라서 인격적 지식의 획득은 오직 캐물어 봄이라는 소크라테스적인 교수행위와 그로 인해 가능해지는 영혼의 전환, 즉 참된 존재자와의 올바른 관계맺음을 전제조건으로 하여 펼쳐지는 학습자의 자발적인 기여에서 비롯될 수밖에 없다.

플라톤이 대변하는 교육은, '전수'라는 의미의 교수와 '수용'이라는 의미의 학습이 인과적으로 결합되는 것이 아니듯이, 또한 학습자 스스로의 '통찰'이나 자발적 '자각'도 아니다. 교육은 교사의 끈질긴 질문하기와 그것에 따라 성취되는 학습자의 자발적인 상기가 결합될 때 비로소 가능하기 때문이다. 상기는 망각해 버린 지식을 다시 기억하는 것, 즉 회상으로 이해되기도 하지만, 회상보다는 학습자의 자발적 탐구와 발견에 더 가깝다. 상기는 반드시 스승의 문답법을 짝으로 하기 때문이다. 이때 문답법은 단순한 의미의 대화가 아니라, 지식으로 위장된 신념을 논박함으로써 진리로 향한 영혼의 자기전개를 도와주는 엄격한 교수법이다. 즉, 문답법은 학습자의 내면에서 진리가 창출될 수 있도록 학습자를 해방시키고 정화시키는 기술, 즉 조산술로 이어진다(Platon, 2009: 85d). 따라서 교육적 유대의 형성과 진리에 대한 공동탐구에 입각할 때 비로소 학습자의 상기가 이뤄질 수 있게 된다(Höffe, 2001: 86).

플라톤의 교육개념은 교육에 대한 소피스트의 기계적인 이해를 완전히 넘어선다. 플라톤은 올바른 교육적 관계맺음 또는 실존을 부각한다. 교육적 관계맺음은, 세계의 감각적인 지각이나 의견의 수동적인 수용과는 달리, 오직 교육자의 문답법에 의해 자극된 학습자의 자발적 참여 그리고 지적 원천으로부터 지식을 퍼 올리려고 애쓰는 탐구와 상승이라는 상기행위 속에서 현재화될 수 있다. 플라톤의 교육은 우리의 실존을 막고 있는 무지로부터 해방을 얻으려는 영혼의 간단없는 투쟁이며 선에 대한 지식을 향한 끝없는 고양으로 파악될 수 있다(Heidegger, 2004: 85; Jaeger, 2019).

### (2) 플라톤의 교육체계: 정의로운 국가를 위한 정의로운 영혼의 형성

플라톤이 『프로타고라스』나 『메논』에서 새롭게 파악하고자 했던 교육개념은 『국가』에 이르러 종합되고 체계화된다. 『국가』의 표면상 주제는 국가의 통치체제와 통치원리로서 정의를 탐구하려는 것이다. 그런데 『국가』가 주목하는 정의는 공동체와 국가의 원리이기 이전에 인간과 삶의 원리다. 왜냐하면 『국가』를 관통하는 주제는 바로 "'올바른 삶(bios dikaios)'이 무엇인가?"(Platon, 2001: 484a)라는 질문이고, 그러한 질문이 올바른 삶을 위한 교육, 올바른 삶을 보장해야 할 국가의 정체, 마지막으로 올바른 사람을 길러 낼 국가의 올바른 교육에 대한 질문으로 이어지기 때문이다.[2]

플라톤은 『국가』에서 올바른 삶의 원리인 정의라는 덕목이 그 자체로 그리고 결과에서도 좋은 것이라는 것을 논증하려고 시도한다. 그런데 정의는, 예컨대 쾌락과 관련된 절제라는 덕목이나 두려움과 관련된 용기처럼 특정한 영역에 국한된 덕이 아니라, 인간적인 삶의 모든 영역 및 인간과 인간 사이에까지 관련된 덕이다. 즉, "나라가 올바르게 되는 것과 똑같은 방식에 의해서 사람이 올바르게 된다"(Platon, 2001: 441d). 그런데도 『국가』에서는 분명 "올바른 삶(bios dikaios)과 올바르지 못한 삶(bios adikos)이 어떤 점에서 서로 차이가 있는가?"(같은 책, 484c)라는 질문이 핵심이다. 이 질문은 이어서 "올바른 사람이 책임져야 하는 국가의 통치원리, 즉 정체는 어떤 것인가?"라는 질문으로 이어지고, 이것은 또 다시 "올바른 사람이 다스리는 올바른 국가가 해야 할 교육의 모습은 어떠한가?"라는 질문으로 연결될 뿐이다. 이

---

2) 그러한 의미 및 논리연관을 꿰뚫어 봤기 때문에, 루소는 『국가』를 가리켜 공공교육에 대한 책, 말하자면 '지금까지 집필된 것 중에서 가장 훌륭한 교육론'이라고 평가하게 된다(Rousseau, 2009: 67).

렇듯이 "올바른 사람을 교육시켜 줄 올바른 국가의 정체는 어떠한가?"라는 질문과
"올바른 국가의 교육을 이끌어 나갈 올바른 영혼의 모습은 어떠한가?"라는 질문은
하나이자 동일한 것이다. 이러한 순환논리에 비춰 볼 때, 정의라는 영혼의 질서에
대한 탐구와 정의라는 정치질서에 대한 탐구는 『국가』를 이끄는 견인차이자, 또한
동시에 정의교육과 관련된 아름다운 이야기를 직조하는 날줄과 씨줄이라고 할 만
하다.

　정의는 분명 특별한 덕이다. 정의는 성품의 특성 또는 성격의 특성이기도 하지
만, 또한 조직의 생리와 구조적 특성을 함께 의미하기 때문이다. 정의는 성품의 조
화, 균형, 비율, 대칭 등 인성의 구조적 특성이면서 조직과 공동체의 특성이기도 하
다. 『국가』는 먼저 기존의 대화편에서 전개한 인간 영혼의 유형론을 계승하면서 그
것을 사회구조의 계급론으로 확장한다. 인간의 영혼은 욕망, 기개 그리고 이성으로
구성되어 있다. 마찬가지로 사회의 계급도 생산계층, 수호계층, 지배계층으로 구성
되어 있다. 각각의 성격요소와 계급에 해당하는 덕목은 절제, 용기, 지혜인데, 이러
한 덕목을 길러 주는 것이 교육의 기본적인 사명이면서 교육체계를 구성하게 된다.
하지만 정의는 영혼의 능력 어디에도 해당하지 않고, 어떤 계급에도 귀속되지 않는
다. 그렇기 때문에 정의는 오히려 영혼과 국가 전체의 건강성, 다시 말하면 균형과
조화를 담당하는 덕목으로 간주된다. 따라서 정의는 『국가』가 전개하는 공교육의
구조와 얼개, 말하자면 영혼과 국가의 건강성을 담보하는 교육의 구조화 및 체계화
의 중심개념으로 작동하게 된다.

　정의는 영혼의 역량들과 사회구성원들의 서로 다른 역할과 다른 기능들이 보다
큰 전체 속에서 균형과 조화를 이루는 원리 및 상태를 의미한다. 다름과 차이 그리
고 구별이 존중받으면서 또한 동시에 전체적으로 균형과 조화를 이룰 수 있게 만
드는 원리가 바로 정의다. 그래서 『국가』에서 플라톤은 정의라는 덕을 기반으로 하
여 이상적인 인간형성과 국가형성을 동시에 책임질 교육, 다시 말하면 이상적인 국
가에서 수행할 교육을 구상하게 된다. 정의라는 원칙에 따라 구축되는 교육은 크게
기초(공통)교육과 지도자를 위한 특수교육으로 구성된다. 먼저, 모든 남녀 어린이
가 받게 될 기초교육은 음악과 체육을 중심으로 실시된다. 음악과 체육은 신이 준
두 교과인데, 그것들은 각각 영혼과 육체를 위한 별개의 교과가 아니라, 모두 영혼
의 기개적인 측면과 애지적인 측면을 일깨우는 역할을 하는 공통의 교과다(Platon,

2001: 411e). 따라서 기초교육은 인간의 각 부분 혹은 영역을 계발하거나 사회의 일부 계층과 관련된 교육이 아니라, 모두 인간의 정신 자체를 계발하는 기초교과다. 기초교육에 이어지는 고급교육은 각 계급에 적합한 능력을 지닌 자를 선발하여, 각계급의 사명과 역할에 적합한 역량을 갖추도록 기르게 된다.

하지만 기초교육과 고급교육 간의 엄격한 계열성과 위계성뿐만 아니라, 특히 『국가』 415a 이하에서 등장하는 자연적 자질에 관한 논의, 말하자면 금의 자손, 은의 자손, 동과 철의 자손 등의 언급은 플라톤사상이 귀족주의적이고 엘리트주의적인 성향을 띤다고 비판받는 근거가 된다(한기철, 조상식, 박종배, 2016: 196-201). 그런데 플라톤이 신화적으로 묘사하는 인간의 자질은 신분적·계급적으로 주어진 '사실'이 아니라, 교육적 선발기준, 즉 잠재적 역량과 '가능성'을 의미할 수도 있다. 만일 '금' '은' '동'이 서로 구별되는 잠재적 역량을 의미하는 은유라면, 플라톤의 교육적 구상은 순전히 계급사회에 기반을 둔 귀족주의적 발상이라기보다는 오히려 이상주의적인 또는 능력주의적인 구상으로 평가될 수도 있을 것 같다.

### 3) 아리스토텔레스(Aristoteles, 기원전 384~322)

라파엘로의 유명한 그림 〈아테네 학당〉(1508~1511)는 고대의 위대한 두 철학자 플라톤과 아리스토텔레스를 매우 대조적으로 묘사하고 있다. 플라톤은 둘째손가락으로 하늘을 가리키고 있고, 아리스토텔레스는 절제된 모습으로 손바닥을 펴서 땅을 향하게 한다. 그러한 이해에 따르면, 아리스토텔레스는, 이데아론과 상기이론으로 대표되는 플라톤의 이상주의와 대비되게, 상식과 의견 그리고 경험과 실천에서 출발하는 경험주의자 혹은 상식의 옹호자로 이해된다. 그래서 철학사에서는 아리스토텔레스의 입장을 압축한다는 유명한 말이 전해지고 있다. "나는 플라톤을 사랑하지만, 진리를 더욱 사랑한다(Amicus Plato, sed magis amica veritas)."[3]

---

3) 아마도 이 말은 아리스토텔레스의 『니코마코스 윤리학』에서 기원하는 것 같다. 여기서 아리스토텔레스는, 플라톤의 이데아론을 비판적으로 검토하면서, '친구와 진리는 둘 다 소중하지만, 친구보다 진리를 더 존중하는 것이 경건한 태도'라고 말한다(Aristoteles, 2006: 1096a).

[그림 5-8] 라파엘로의 〈아테네 학당〉

### (1) 아리스토텔레스의 교육개념: 개별적 존재자의 자기실현과 자기완성

아리스토텔레스가 플라톤의 제자로서 플라톤의 철학을 계승하면서도 심화·발전시킨 것은 분명하다. 그렇다고 해서 플라톤이 이상주의 철학자인 데 반해, 아리스토텔레스는 현실주의 철학자라고 말하는 것은 다소 과도하다. 왜냐하면 아리스토텔레스가 감각과 경험 및 현상의 의미와 가치에 주목한 것은 사실이지만, 플라톤에 못지않게, 감각지각이나 경험보다는 여전히 순수한 성찰과 관조를 보다 중시하고, 지성적인 삶(탐구하는 삶)을 모든 삶의 원형으로 간주하기 때문이다.

플라톤과 아리스토텔레스의 차이를 보다 절제적인 방식으로 해석하는 입장도 가능하다. 예컨대, 그 둘은 이상주의 혹은 현실주의라는 점에서 대비되기보다는 '보편개념'에 대한 이해에서 서로 대비될 뿐이다(Höffe, 1995: 184). 플라톤은 성찰을 통해서 도달하게 되는 보편개념이 개별적인 사물과는 구분되는 불변적인 실체일 뿐만 아니라, 모든 사물의 이상적인 원형으로 실재한다고 봤다. 바로 이 지점에서 아리스토텔레스는 입장을 달리한다. 즉, 아리스토텔레스는 플라톤의 이데아론이 단지 우리의 '개념'에 불과한 것을 참된 '존재'로 만들었다고 비판한다(Aristoteles, 2007: I 9, VII 14, XIII-XIV). 아리스토텔레스가 볼 때, 보편적인 개념은 모든 개별 존재자에 대해 논리적인 필연성을 담보할 뿐이다. 하지만 그러한 논리적 필연성으로부터 존재적 필연성이 뒤따라 나오는 것은 아니다. 말하자면, 논리적으로 그럴 수밖에 없다고 해서 실제적으로 반드시 존재할 수밖에 없다고 추론하는 것은 오류다. 따라서 보편적인 개념을 실제적으로 존재하는 존재자의 실체로 간주하는 것은 잘못이다. 그것보다는 인식의 기준(논리적 필연성)과 자립적인 실재의 기준(존재의 필연성)이 서로 결합되어야 한다고 말하는 것이 보다 합당하다. 이러한 아리스토텔레스의 비판적 입장을 한마디로 표현하면, "보편적 개념은 개별적인 사물에 앞서(ante rem) 존재하는 것이 아니라, 바로 사물 속에(in re)에서 존재한다."라고 보는 입장이라고 할 수 있다.

따라서 아리스토텔레스가 플라톤의 이데아론을 순전히 거부한 것이 아니라, 그것을 수정 · 발전시켰다고 보는 것이 더 합당한 것 같다. 플라톤이 보편개념으로 파악하는 이데아는 현상과 경험 이전에 혹은 그것들을 초월하여 존재하는 실재가 아니라, 하나하나의 개별적인 존재 속에 구현되어 있는 특질인데 오직 개념화 작업으로 파악된 것일 뿐이다. 각각의 존재자는 질료라고 하는 형체 내부에 자신의 고유한 이데아, 즉 형상을 간직하고 있다. 이때 질료는 형상을 이루게 될 가능태이며, 형상은 질료가 실현해 나갈 현실태일 뿐이다. 따라서 모든 존재자는 스스로 실현해 나갈 요소를 자신 속에 이미 함유하고 있으며, 그것을 발현함으로써 자기 스스로를 실현해 내게 된다.

이렇듯이 아리스토텔레스는 플라톤의 이데아론 또는 보편개념을 새롭게 규정하고 이해함으로써 세계 내적인 목적론을 수립할 수 있게 된다. 목적론적 관점에 따를 때, 모든 존재자에게는 스스로를 구현해 낼 수 있는 씨앗, 즉 목적이 함유되어 있다. 예컨대, 도토리는 나중에 특정한 식물인 도토리나무를 싹트게 할 원인을 스스로에게 함유하고 있다. 그러한 이해에 따를 때 인간도 마찬가지로 목적을 지닌 존재가 되며, 인간의 교육과 삶은 자신 안에 잠재적 요소로 부여된 목적을 실현해 내는 과정으로 파악될 수 있다.

아리스토텔레스는 자연적인 인간이 보여 주고 있는 현재의 모습과 아직 실현되지 않은, 그렇지만 실현되어야 할 최종적인 모습 사이에 교육을 위치시킨다. 인간의 신체적인 완성뿐만 아니라 인간의 가장 고유한 능력인 정신의 실현도 교육을 필요로 한다. 이 말은 가장 인간적인 삶에는 인간의 자기실현의 과정이 전제되어 있다는 의미다. 여기서 인간은 '자연'이라는 재료와 '이성'이라는 형성능력의 합으로 파악된다. 따라서 인간의 구체적인 삶은 있을 수는 있지만 아직 있지 않은 상태를 현실로 구현시키는 과정이자 성장으로 특징지어진다. 다시 말하면, 인간은 완성된 형식으로 형성되어야 할 존재이며, 인간의 잠재능력은 최고의 완성과 실현이라는 목적을 향해 간단없이 활동하고 펼쳐지게 된다. 그러한 인간의 모든 노력, 모든 활동과 탐구 및 추구는 궁극적으로 자기구현 또는 자기완성이라는 목적을 향하게 된다.

### (2) 아리스토텔레스의 행복한 삶을 위한 교육

아리스토텔레스에 의하면, 인간은 목적성취를 위해 애쓰는 존재, 즉 목적을 추구하는 존재다(Aristoteles, 2006: 1094a). 인간이 추구하는 목적들 중에는 더 이상 수단일 수 없고 그 자체로 목적인 최고선들이 있다. 그런 것들 중에서 으뜸 되는 것은 바로 '행복(eudaimonia)'이다. 따라서 인간의 모든 애씀은 궁극적으로 행복을 위한 애씀이다. 그러한 애씀 중에서 가장 으뜸인 것은 바로 교육이다. 이때의 교육은 행복한 사람, 다시 말하면, 빼어나게 활동하는 존재가 되려는 모든 노력을 포괄한다. 따라서 아리스토텔레스에게 있어서 교육은 인간이 부여받은 자연적 본성과 사회적 관습을 바탕으로 행위의 습관과 연습 그리고 지적 탐구라는 학습을 통해 행복한 존재, 즉 덕에 부합하는 활동적인 삶으로 성장해 나가도록 이끄는 제반 노력을 의미한다.

인간은 행복을 추구하는 존재다. 그런데 행복의 필수조건이자 행복의 핵심적인 구성요소는 바로 인간적인 덕이다. 그렇다면 행복한 존재가 되려는 제반 노력으로서 교육은 주어진 자연을 바탕으로 덕을 길러 나가며 또한 덕에 부합하는 활동을 전개하는 활동과 떼려야 뗄 수 없게 결합되어 있다. 그러한 교육의 모습을 아리스토텔레스는 한 문장으로 요약한다. "인간은 부분적으로 자연(physis)이라는 바탕을 통하여, 부분적으로 습관(ethos)을 통하여 그리고 부분적으로 수업(mathesis)을 통하여 선하게 된다."(Aristoteles, 2006: 1179b) 인간의 행복은 빼어난 활동적인 삶일 수밖에 없고, 빼어난 활동의 필수조건은 덕일 수밖에 없으며, 행복의 필수조건인 신체적·정신적 덕은 습관과 훈련 그리고 학습을 통해 형성된다.

　　인간은 세 가지의 것을 통하여 선하고 고귀하게 된다. 이 세 가지의 것은 자연(physis),
　　습관(ethos) 그리고 이성(logos)이다. …… 따라서 인간은 이러한 세 가지의 것을 서로 조
　　화롭게 하지 않으면 안 된다. 왜냐하면 인간은 많은 것을 그의 습관과 자연에 거슬러 행동하
　　며, 이러한 행동은 인간이 자신의 이성을 통하여 달리 행하는 것이 더 좋다는 확신으로 실천
　　된 것이기 때문이다. 이러한 합리적인 숙고를 통한 행동은 바로 교육의 결과이다. 인간은 부
　　분적으로 습관을 통하여 그리고 부분적으로 수업을 통하여 자연에 더 필요한 것을 배우게 된
　　다(Aristoteles, 2004: VII 13, 1332a이하).

　　아리스토텔레스는 교육하지 않으면 안 되는 생명체인 인간에게 내재된 최종 목
적인 행복으로부터 교육을 파악하고 있다. 다시 말하면, 교육은 인간의 최종 목적인
행복에 의해 부과된 과제이자 임무이며, 행복한 삶을 펼칠 수 있도록 인간을 형성해
나가는 활동이다. 행복을 향한 교육은 인간의 자연적 소질을 선과 공동체 그리고 앎
의 의지로 이끌고 고양해 나가는 활동이다. 그래서 인간다운 행복은 교육을 통해 얻
을 수 있는 인간 고유의 '성취이며 작품'이 된다. 그러한 교육은 자연적 소질에 담긴
가능성을 단계적으로 성취해 가는 활동이므로, 자연의 질서에 따라, 먼저 체육(신체
의 단련: 몸의 연습)에서 시작하여, 본능적 충동을 공동체적인 요청에 맞추는 덕육(관
습과 처세술) 그리고 마지막으로 정신의 요청(관조하는 것)을 따르는 지육으로 진행
된다. 따라서 아리스토텔레스의 교육학은 자연적 소질을 바탕으로 성격과 태도를
형성하는 교육과 개방적인 정신과 지식을 형성하는 교육이 서로 조화를 이룸으로
써 덕에 부합하게 활동하는 삶, 즉 행복을 지향하고 있는 것으로 특징지어진다(오인
탁, 2003: 441).

　　이상과 같이 요약될 수 있는 아리스토텔레스의 교육사상은 교육목적과 관련해서
는 플라톤과 크게 구별되지만, 교육의 과정과 절차에서는 플라톤의 아이디어를 좇
아 가면서 보다 구조화 및 체계화하고 있다고 평가할 수 있다. 아리스토텔레스에 있
어서 교육의 목적은, 플라톤에게 찾을 수 있는 바와 같이 국가(공동체)를 위해 유능
한 시민(지도자)을 선발·양성해 내는 것이기보다는 '행복한 삶(eudaimonia)'을 영위
할 수 있는 인간을 육성하려는 것이다. 이 말은 이상적인 공동체 형성이라는 목적
보다는 오히려 인간적인 최고선인 행복이라는 목적이 교육의 일차적인 관심사라는

뜻이다. 이에 대해서 아리스토텔레스는 『정치학』에서 분명하게 언급하고 있다. 지도자가 되기 위해서는 서둘러 지배의 기술을 습득하려고 들기보다는 오히려 더 먼저 잘 지배되는 경험을 해야 한다는 것이다. "선량한 지배자는 선량하고 현명한 자이며, 정치가가 되려는 자는 현명한 자라야 한다."(Aristoteles, 2004: 98) 또는 "최선의 법률이라 하더라도, 청년들을 그 정체의 정신에 입각한 습성과 교육으로서 훈육하지 않는다면 아무런 쓸모가 없을 것이다."(같은 책, 218) 나아가 "모든 도시국가는 정치에 참여하는 사람들이 도덕적일 때, 비로소 도덕적으로 될 수 있다"(같은 책, 297).

아리스토텔레스에 있어서 교육이 추구해야 할 최고선은 국가의 지도자 양성보다는 행복한 사람의 육성이다. 그리고 최고선으로서 행복에 도달하기 위해서 그리고 덕에 부합하는 활동이라는 의미의 행복을 누리기 위해서는, 중용이라는 덕을 실천하는 이성적인 삶이 필수적이다. 이성은 인간을 인간답게 만드는 근본적 요소이며, 덕은 행복을 보장하는 가장 중요한 수단이자 행복의 핵심적인 구성요소이기 때문이다. 그런데 행복을 위해 요청되는 이성적인 삶은 습관에 따른 덕의 함양과 학문탐구를 통한 이성의 훈련이라는 교육을 통해서 비로소 가능해진다.

아리스토텔레스가 주목하는 교육의 모습은 인간의 잠재능력을 형성능력으로 이끌어 주는 실천이다. 그러한 교육은 자연(physis)을 바탕으로 하여 습관(ethos) 혹은 계획적인 연습(연마, askesis)과 교수(학습, mathesis)라는 두 과정으로 이루어진다. 바로 이 지점에서 아리스토텔레스의 교육사적 기여와 의의가 잘 드러난다. 플라톤에 있어서는 교육의 근본원리, 즉 영혼의 전환과 상기라는 학습의 계기가 밝혀졌지만, 교육의 유형과 형태를 구조화하는 것에는 이르지 못하고, 다만 연령에 따라 그리고 교과내용에 따라 단계별로 나뉘었을 뿐이다. 하지만 아리스토텔레스는 교육의 유형과 단계를 동시에 구조화할 수 있는 교육의 본질적인 형태를 습관과 연습 및 교수(학습)로 구분하고 있다는 평가를 받는다.

아리스토텔레스가 주목하는 첫 번째 교육적 계기는 바로 타고난 자연(physis)이다. 자연은 분명 매우 중요한 교육의 투입요소이며 교육적 성취와 결과를 예견하는 중요요소다. 그렇다고 해서 타고난 자질과 역량의 빼어남이 곧 교육적 성취를 보장하는 것은 아니다. 교육은 근본적으로 자연을 수정하고 보완하며 교정하는 활동이기 때문이다. 교육계획을 세우고자 할 때는 물론 '자연의 구분을 따라야' 한다. 그렇게 해야 하는 이유는, 자연을 보존하고 교육적으로 인정하려는 것이 아니라, 바로 자연의 결함을 보완하려고 하기 때문이다. 말하자면, '모든 기술과 교육은 단지 자연이 남겨 놓은 결함을 채우려는 노력'이기 때문이다(Aristoteles, 2004: 1337a).

교육의 두 번째 계기이자 교육의 첫 번째 유형은 바로 습관(ethos)이다. 자연은 교육적 가능성을 타고난 인간적인 바탕이다. 그렇기 때문에 자연을 단순히 지키거나 보완하려는 노력으로는 인간다운 덕인 성품의 덕과 지성의 덕을 성취해 낼 수 없다. 자연의 연장과 확장은 기껏해야 본성적인 덕일 수밖에 없고, 엄밀한 의미의 덕에는 미치지 못하기 때문이다. 인간다운 역량인 성품의 덕과 지성의 덕은 오직 올바른 연마와 실천습관 그리고 적극적인 교수-학습을 통해서만 획득될 수 있다. 바로 여기서 두 가지 교육유형이 분명하게 구별되며 나타난다. 첫 번째 유형은 바로 습관과 연습(연마, askesis)이다. 이것은 교육의 과정을 수행하는 실제적인 수단이면서, 또한 동시에 교수(mathesis)의 결과로 형성될 이성적 능력을 통해 제대로 이끌어져야 할 모든 공부와 연마를 의미하기도 한다.

교육의 세 번째 계기이자 교육의 두 번째 유형은 바로 교수(mathesis)라는 교수-학습의 과정이다. 이것은 가능태로 부여받은 자연을 적극적으로 형성해 나가는 필수적인 교육유형이다. 교수-학습이라는 교육유형은 습관과 경험이라는 선행하는 교육유형을 필수조건으로 한다. 적극적인 교육인 교수-학습과 이것에 의해 길러지는 지적인 덕은 많은 '경험과 시간을 필요로 한다'(Aristoteles, 2006: 1103a). 왜냐하면 말을 통한 가르침이 제대로 작동되기 위해서는 '배우는 자의 영혼이 먼저 선행하는 습관을 통해 고귀한 애착과 고귀한 증오에 이끌릴 수 있도록 잘 준비되어야 하고, 마치 종자를 받아들일 토양처럼 잘 경작되어 있어야' 하기 때문이다(같은 책, 1179b).[4]

덕이 지식인 한 가르칠 수 있다고 주장하는 플라톤과 비교해 볼 때, 아리스토텔레스는 덕 교육에서 지식의 불필요성을 주장한 것이 아니라, 오히려 지식의 필요성에 덧붙여 습관과 태도 혹은 성격 형성이라는 측면을 함께 강조하고 있다. 다시 말하면, 교육에서 이론적인 통찰을 간과하기커녕 교육의 체화적인 측면을 함께 강조

---

[4] 아리스토텔레스가 구조화하고 체계화한 교육의 과정은, 첫째, 주로 신체적인 성장이 이루어지는 시기, 둘째, 영혼의 비이성적인 부분(욕망)이 두드러지는 시기, 셋째, 이성의 우위에 의하여 성장과정 전체의 의미가 드러나는 시기로 나뉜다. 이러한 시기 구분에 따라 아리스토텔레스는 교육의 유형과 과정 및 단계를, 신체(자연)의 교육(體育), 인격(습관)의 교육(德育) 그리고 지력(이성)의 교육(智育)으로 구분하게 된다(Boyd & King, 1996: 58 이하).

하는 것이다. 이렇듯이 구체적인 교육의 과정과 실천을 함께 강조함으로써 아리스
토텔레스의 교육론은 교육에 대한 근원적인 성찰을 수행한 플라톤의 교육론을 구
체화 · 체계화할 수 있었을 뿐만 아니라, 서양교육사에서 주목하고 참고할 만한 교
육적 사고와 실천의 으뜸 틀로 자리 잡게 된다.

### 🔖 탐구문제

1. 고대 그리스의 호머 작품에서 엿볼 수 있는 '영웅'탄생이라는 교육과정은 오늘날의 관점에
   따르면 비−형식적 교육으로 특징지어진다고 할 수 있다. 영웅교육과정의 의의와 한계를
   점검하면서, 비−형식적 교육과 형식적 교육의 관계를 함께 점검해 보시오.

2. 소피스트는 실용적 지식을 가르치는 피상적인 교육관을 대변하는 것으로 비난을 받는다.
   다른 한편, 인간과 실천으로 교육의 관심을 옮긴 그리스의 계몽주의로 칭찬을 받는다. 소피
   스트에 대한 상반된 평가를 점검하면서, 전문직으로서 교사로서 소피스트의 기여와 한계
   (숙명)를 논의해 보시오.

3. 소크라테스는 자신의 영혼을 돌보는 일에 충실하면서 또한 영혼을 배려하는 삶을 살도록
   촉구했다. 소크라테스가 보여 준 자기배려의 기술이 무엇이며, 그것이 우리에게도 여전히
   타당한 기술인지 논의해 보시오.

4. 플라톤의 〈동굴비유〉는 두터운 신화적 세계관을 배경으로 하고 있다. 〈동굴비유〉에서 신
   화적 속성을 걷어내고 그것을 심리적 · 경험적 성장과 깨우침이 전개되는 은유라고 해석
   하게 되면, 어떤 이야기가 되며 얼마나 설득력을 갖출 수 있게 되는지 다시 쓰기 또는 다시
   말하기를 해 보시오.

5. "집을 지어 봄으로써 건축가가 되고, 악기를 연주함으로써 악사(樂士)가 되듯이, 우리는 옳
   은 행위를 함으로써 옳게 되고, 절제 있는 행위를 함으로써 절제 있게 되며, 용감한 행위를
   함으로써 용감하게 된다."(Aristoteles, 2006: 1103a−b)라는 주장을 참고할 때, 아리스토텔레
   스가 말하는 습관이 우리가 흔히 말하는 인습과 어떻게 다른지 그리고 습관의 교육적 의미
   와 가치를 논의해 보시오.

# 초기 로마부터 근대 태동까지의 교육

 고대 그리스에서 전개된 소피스트와 소크라테스-플라톤-아리스토텔레스 간의 논쟁에서는 전자의 교육방법적 전문성보다는 교육목적에 대한 후자의 주장이 승리를 차지했다. 그에 따라 '어떻게 훌륭한 사람을 기를 것인가'라는 방법론보다는 '훌륭한 인간, 즉 덕의 교육적 가치가 무엇인가'라는 교육목적 탐구라는 전통을 후대에 물려주게 되었다. 교육의 본질에 대한 관심은, 물론 아리스토텔레스와 초기 로마에서 덕의 획득에 대한 관심으로 기울기도 했지만, 고대로부터 중세를 거쳐 근대의 태동기까지 서양교육사의 핵심관심사를 차지해 왔다.

 초기 로마로부터 중세까지 교육의 흐름은 기본적으로 플라톤의 교육이해를 바탕으로 하여 기독교라는 종교적 색채가 가미되는 정도로 그쳤다. 그러한 목적론적이고 본질주의적인 전통은 일차적으로 14~15세기 르네상스의 도전과 더불어 크게 의문시되었고, 이어서 근대의 태동과 더불어 새로운 선택지 앞에 놓이게 된다. 한편으로는 세계를 형이상학적이고 종교적으로 해석하는 전통에서 벗어나기 위한 방책으로 현실세계의 실제를 직관하자고 하는 실학주의의 흐름과, 다른 한편으로는 인간의 이성과 반성이라는 보편적인 성찰능력에 바탕을 둔 합리주의의 흐름으로 분화되기 시작한다.

## 1. 초기 로마의 교육

### 1) 초기 로마 사회와 교육

로마는 기원전 753년경 작은 도시국가로 출발하여, 기원전 27년 이탈리아반도를 통일하고 지중해로 진출하게 된다. 그와 더불어 당시 지중해의 강자였던 카르타고와 충돌하면서 세 차례에 걸친 포에니 전쟁(1차: 기원전 264~241, 2차: 기원전 218~201, 3차: 기원전 149~146)을 치르게 된다. 로마는 카르타고에 대한 승리를 기반으로 마케도니아, 그리스, 소아시아, 시리아 그리고 아프리카 북단의 이집트까지 차례로 정복하면서 지중해의 지배자로 등장한다. 그 후 로마는 두 차례의 삼두정치 끝에 기원전 27년 옥타비우스가 황제로 등극함으로써 제정(帝政)시대로 접어들었다. 제정 초기 약 200년간 로마는 평화와 번영을 구가하지만, 초기 로마의 검소하고 강직했던 기풍 대신에 사치와 향락의 문화가 지배적으로 되면서 내부로부터 붕괴되기 시작한다. 내적 위기를 타개하기 위해 콘스탄티투스 황제는 313년 기독교 공인과 비잔틴으로의 수도 이전과 같은 비상조치를 취했지만, 무너지는 로마제국의 붕괴를 막을 수 없었다. 로마는 급기야 395년 동·서로마로 분열되었고, 476년 서로마제국이 먼저 멸망하고 1453년 동로마제국이 멸망함으로써 로마의 장대한 역사는 막을 내리게 된다.

로마는 그리스와 더불어 서양 역사와 문화의 거대한 흐름을 함께 만든 나라다. 그런데도 로마인은 기질과 문화 측면에서 그리스인과 대조적이었다. 그리스인들이 심미적이고 사색적이며 이상주의적 경향을 띠는 데 반해, 로마인들은 실천적이고 실제적이며 현실주의적인 경향을 띤다고 평가된다. 로마인들에게는 실용적인 것을 추구하는 경향이 강해서, 법학, 군사 및 행정 조직, 토목과 건축 기술을 발달시켰다. 하지만 심미적인 문학과 예술, 사색적이고 이론적인 철학 등은 그리스의 정신과 문화에 의해 정복당했다는 평가를 받는다. 그럼에도 불구하고 실용적인 로마인들은 그리스의 문화를 실제적인 방식으로 수용하여 자신의 방식으로 재창조했다. 예컨대, 로마인들은 그들의 도덕적 엄격주의와 일맥상통하는 스토아주의 철학을 적극적으로 수용했다. 또한 문법과 수사학에 대해서는 그리스인들에 비해 오히려 더 큰

[그림 6-1] 로마의 건축-콜로세움

가치를 부여했다. 웅변술이 시민생활과 정치적인 실천에서 보다 높은 실용성을 지니고 있었기 때문이다.

　로마에서는 기원전 3세기경에 루두스(Ludus)라는 사설학교들이 생겨났다. 루두스는 놀이 또는 유희를 의미한다는 점에서, 가정교육의 보조수단이었을 것으로 짐작된다. 로마에서 본격적인 학교교육이 시작된 계기는 홍수처럼 밀어닥친 그리스 문화였다. 그리스 문학을 번역하거나 모방하기 시작하면서 문법학교가 생겨나기 시작했다. 처음에는 루두스와 문법학교의 성격차가 뚜렷하지 않았지만, 기원전 1세기 중엽에 초등교육기관인 문자학교, 중등교육기관인 문법학교 그리고 고등교육기관에 해당하는 수사학학교라는 학교별 위계가 정해지게 된다. 문자학교는 기존의 루두스를 계승한 것으로 계층에 상관없이 6~7세의 남녀 아동들을 취학시켰고, 문법학교에는 12~13세의 상류계층 남자아이들이 취학하였으며, 수사학학교는 수사학과 대중연설의 기술을 배우는 전문교육과정이었다. 수사학학교는 16세 이상의 청년들이 취학해서 일상생활과 정치활동에 필요한 다양한 형식의 웅변을 공부했다(Boyd & King, 1996: 103-118).

　로마의 학교교육은 그리스의 학교교육을 수용한 것인데도, 그리스의 교육에 비하면 교과의 폭이 매우 좁았다. 로마는 체육, 무용, 음악, 과학, 철학을 문학과 웅변 공부의 보조과목 정도로 소홀하게 취급했다. 그뿐만 아니라 문학과 수사학마저도 웅변가 양성이라는 실용적인 목적에 이끌려 기술적이고 실천적인 측면을 강조했다. 이러한 경향은 자유로운 학문과 예술의 발전을 저해하는 요인이 되었다고 평가된다. 하지만 학교별 성격을 명확히 규정하여 제도화한 것 그리고 문법과 문학 등 언어교과를 가르치는 방법을 고도화한 것은 로마가 남긴 유럽의 교육전통으로 인정된다.

## 2) 초기 로마의 교육사상

초기 로마의 교육사상가로는 카토(Cato, 기원전 234~149), 바로(Varro, 기원전 116~27), 키케로(Cicero, 기원전 106~43), 퀸틸리아누스(Quintilianus, 35~95) 등이 유명하다. 카토는 당시 로마로 밀려들던 그리스 학문의 영향을 물리치기 위해 로마의 전통에 입각한 교육저술을 남겼다고 전해진다. 반면에 바로는 지금은 전해지지 않는 『신자유학문(Disciplinarum libri novem)』이라는 책에서 문법, 수사학, 변증법, 기하, 산수, 천문학, 음악, 의학, 건축 등 거의 모든 학문을 두루 논한 것으로 전해진다. 그로 인해 바로는 그리스에서 발달했던 여러 학문을 계승하여 7자유학과(7 liberal arts)가 성립될 수 있는 계기를 마련했다는 평가를 받는다. 7자유학과란 4세기 이후의 로마로부터 중세에 걸쳐 중등교육기관에서 가르친 7개의 교과인데, 문법, 수사학, 변증법의 3학(trivium)과 산수, 기하, 천문, 음악의 4과(quadrivium)로 구성된다(Boyd & King, 1996: 108).

[그림 6-2] 키케로

### (1) 키케로(Cicero, 기원전 106~43)

키케로는 로마의 교육이 웅변가 양성이라는 방향으로 흘러가도록 하는 데 주도적인 역할을 한 인물로 평가된다. 키케로는 뛰어난 웅변과 빼어난 문장력으로 국가의 최고 관직에까지 올라간 웅변가이며 문장가였다. 특히 그의 『웅변가론(De Oratore)』은 그리스의 교육적 이상을 받아들여 그것을 로마교육의 이상으로 삼게 된 결정적인 계기가 되었다.

키케로는 『웅변가론』에서 교육의 목적을 구체적이고 실용적으로 설정한다. 즉, 교육의 목적은 교양 있는 웅변가를 기르는 것이다. 키케로는 철학과 웅변을 대립적으로 파악하는 당시의 경향에 맞서서 교양인이 되려면 철학과 웅변을 함께 갖춰야 한다고 주장한다. 키케로가 볼 때, 웅변가는 단지 말만 잘하는 사람이 아니라, 대중을 계몽하는 지도자를 의미한다. 철학적 지식과 교양은 그것을 적절하게 표현하는 능력을 함께 갖추지 못하면 쓸모가 없으며, 역으로 지식과 교양이라는 재료가 없으면 빼어난 웅변능력도 아무런 힘을 발휘할 수 없다. 그러므로 웅변가를 양성하기 위해서는 웅변에 대한 이론과 말하기 기술의 습득 못지않게 철학교육도 받아야 한다. 키케로는 웅변가를 웅변과 철학에 고루 능통한 인간으로 파악함으로써, 그리스의 교육적 이상을 로마로 계승·발전시키는 데 크게 기여한 것으로 평가된다.

키케로는 또한 『의무론(De officiis)』이라는 책을 통해 그리스 철학을 로마화하는 데 앞장선다. 『의무론』은 아테네에서 유학하는 아들 마르쿠스에게 전하고자 했던 서신 형식의 글이다. 제1권에서 키케로는 도덕적인 선과 관련된 의무를 넷으로 구분해서 진리에 대한 의무, 정의의 의무, 용기의 의무 그리고 절제 의무에 대해 차례로 논의한다. 제2권에서는 "도덕적으로 선한 것은 무엇이든 정당하고 유익하다."라고 말한다(Cicero, 1989: 122). 제3권에서 키케로는 '오직 유익하게 보이는 것만이 도덕적으로 선한 것'과 상충될 뿐, "도덕적인 선과 유익함이 결코 서로 상충할 수 없다."라고 말한다. 따라서 선과 유익이 서로 어긋나는 것으로 보일 때는 "도덕적으로 악한 것에는 결코 유익이 있을 수 없다는 것을 명심하라."고 충고한다(같은 책, 195).

이렇듯이 키케로의 『의무론』은 그리스어의 'agathon(좋음)'에 포함된 이중적 관심(옳음과 유익함)을 주된 성찰의 대상으로 삼고 있다. 키케로는 좋음에는 도덕적인 선과 이로움이라는 두 차원이 포함되어 있다는 것을 인정하면서도, 도덕적 선이 모든 이로움의 원천이요 판단의 근거라는 점을 고수한다. 말하자면, 이로움을 주는 것(재산, 명예 등)은 그 자체로 선한 것이 아니라, 그것들이 오직 올바른 덕(선)에 의해 이끌리고 제대로 평가될 때 비로소 이로움을 발휘할 수 있다는 것이다. 이런 점에서 키케로의 의무론은 그리스의 철학에서 강조해 온 덕론을 계승하며 발전시켰다고 할 수 있다.

## (2) 퀸틸리아누스(Quintilianus, 35~95)

키케로 이외에 로마가 배출한 탁월한 교육사상가로는 퀸틸리아누스를 들 수 있다. 그는 수사학 교사의 아들로 태어나 황제의 수사학 교사가 된 인물이다. 퀸틸리아누스가 저술한 『웅변교수론(Institutio Ortoria)』은 웅변가 양성을 로마교육의 이상으로 삼는다. 그는 웅변교육을 통해 당시 천박한 형식주의로 퇴락하던 로마의 수사학과 언어교육을 쇄신하고자 했다. 퀸틸리아누스가 보기에, 훌륭한 웅변가란 변론술에 능할 뿐만 아니라 교양 있고 도덕적으로도 뛰어나야 한다. 그러기 위해서는 철학교육을 통해 말과 사고를 조화롭게 발달시켜야 한다.

한 걸음 더 나아가 퀸틸리아누스는 웅변가가 철학자를 넘어서야 한다고 주장한다. 왜냐하면 철학자의 삶은 시민생활의 의무나 공공생활 참여와 같은 실제적 관심사에서 멀리 떨어져 있을 수도 있기 때문이다. 따라서 완전한 웅변가는 고귀한 인간성과 원숙한 인격을 갖춘 이상적인 인간이며, 그러한 인간을 양성하는 것이 바람직한 교육이다. 이러한 주장은 그리스의 이소크라테스(Isocrates, 기원전 436~338)의 전통을 계승하고 있다고 할 수 있다. 이소크라테스는 플라톤과 마찬가지로 훌륭한 통치자 양성에 관심을 가졌다. 하지만 플라톤이 절대적인 지식을 소유한 '철학자 통치자'에 주목한 반면, 이소크라테스는 연설과 표현에 익숙한 '웅변가 정치가'에 더 많은 관심을 가졌다. 그래서 이소크라테스가 주목하는 웅변가 교육은 철학적 지식 외에 고전에 관한 지식, 올바른 행위와 수사학적 지식을 함께 강조한다(성기산, 1993: 148, 162).

퀸틸리아누스는 웅변가 양성을 교육목적으로 설정하였을 뿐만 아니라, 또한 완전한 웅변가가 될 때까지의 교육과정을 자세히 설명한다. 그가 제시한 웅변가 양성을 위한 교육방법은 오늘날의 관점에서 보더라도 의미심장하게 여겨질 정도다. 예컨대, 퀸틸리아누스는 아동의 자발성을 강조하고, 개인차와 학습동기에 기초한 조기교육을 강조할 뿐만 아니라, 강압과 체벌금지를 주장한다. 그 외에도 퀸틸리아누스는 외국어교육을 강조했고, 가정교육보다는 학교교육이 우위에 선다고 주장한 것으로 알려져 있다. 로마의 학문과 문화가 그리스에서 온 이상 외국어인 그리스 언어와 교양을 습득하는 것은 불가피하기 때문에, 학교에서는 모국어인 라틴어보다 그리스어를 먼저 가르쳐야 한다는 것이다(Boyd & King, 1996: 112-115).

## 2. 중세의 교육

중세는 통상적으로 서로마 제국이 멸망한 476년부터 14~15세기 르네상스 운동까지의 기간을 가리킨다. 중세는 기독교 세계관과 봉건제도로 특징지어지며, 흔히 암흑의 시대로 불린다. 이처럼 중세를 암흑기라고 부르는 것에는 고대 그리스와 초기 로마의 문명이 쇠퇴하거나 파괴되었다고 보는 관점과 종교의 우위에 따라 인간의 이성이 위축되었다고 보는 관점이 함께 반영되어 있다. 중세에서는 고대 그리스와 초기 로마에서 발달했던 학문들이 위세를 잃고, 그 대신 종교적 · 신학적 패러다임이 그 자리를 차지한 것은 사실이다. 반면에 기독교 덕분에 유럽 전체가 지역과 민족의 차이를 뛰어넘어 하나의 기독교 문명권으로 통합될 수 있었던 것 또한 사실이다.

### 1) 중세의 사회와 교육

서양의 중세는 로마제국의 몰락으로 인한 혼란을 극복하고 봉건제도라는 새로운 통치 및 경제 질서를 형성하면서 확립되었다. 봉건주의는 토지를 매개로 한 주종관계를 축으로 하여 이루어진 정치 및 경제 질서를 의미한다. 국왕은 신하들에게 충성의 대가로 영지를 나누어 주고, 영주들은 또 다시 자신에게 충성을 바치는 자들에게 자신의 땅을 나누어 줌으로써, 국왕을 정점으로 하고 최종 생산자인 농노를 밑바닥으로 하는 피라미드식의 계층질서인 봉건제도가 수립된다. 봉건제도는 4세기 말에서 9세기까지 점진적으로 발달하여, 13~14세기에 이르러 서유럽의 기본적인 사회질서로 확립되었다.

중세는 봉건제도의 폐쇄성으로 인해 정체된 시대라고 평가된다. 중세사회의 경제 및 정치 체제는 폐쇄적인 농촌경제체제를 기반으로 한다. 농촌경제라는 정체된 물적 토대로 인해 중세사회의 체제는 기본적으로 자급자족체제로 고착될 수밖에 없었고, 잉여생산물의 교류나 유통을 통한 가치창출은 거의 불가능했다. 이러한 상황으로 인해 중세 봉건제도의 존속은 유통에 기초한 도시발달을 가로막는 파괴적인 요인으로 간주되었을 뿐만 아니라, 또한 도시에서 활발해질 수 있는 교육과 문화의 발전을 저해하는 요인으로 낙인찍힐 수밖에 없었다.

이전의 고대 그리고 이후의 근대와 동시에 비교해 볼 때, 중세가 상대적으로 정체되고 폐쇄된 시대로 평가를 받는 또 하나의 이유는 기독교 세계관 때문이다. 중세의 기독교사회는 교회를 정점으로 하여 모든 사회 영역을 수직적으로 계열화하는 사회였다. 인간의 존재와 가치뿐만 아니라 모든 사회 영역도 종교의 지배와 간섭으로부터 결코 자유로울 수 없었다. 그에 따라 종교화된 중세의 극복과 세속화된 근대로의 전환은 하나이자 동일한 과정으로 파악될 수밖에 없었다. 이런 점에서 중세의 기독교적 세계관은 사회의 각 영역들이 고유한 논리를 기반으로 분화·발전하는 것을 가로막는 폐쇄적이고 정체된 세계로 평가된다.

### (1) 중세의 학교교육

중세에 대한 부정적인 평가는 기독교적인 봉건제도라는 구체제와 근대라는 신체제의 투쟁이라는 관점과 무관할 수 없다. 중세의 교육에 대한 평가도 마찬가지로 고대 및 근대 교육과의 비교와 무관하지 않다. 중세에서는 기독교의 존속과 교회의 목회적인 필요성이 학교의 존재 이유였기 때문에, 모든 교육적 노력은 신학의 관점과 감독에 종속되어 있었다. 반면에 세속적인 학문과 문화는 학교의 주요 교육내용으로 인정받지 못해 학교교육에서 소외되고 쇠퇴할 수밖에 없었다. 이런 점에서 중세의 교육은 암흑기의 교육이라는 평가를 받게 된다. 그럼에도 불구하고 중세로부터 면면히 이어져 온 교육제도, 특히 중세대학의 발달은 고대의 교육 제도와 실천을 근대로 계승해 줌으로써 근대교육을 준비하는 초석이 되었다고 평가할 수 있다.

중세사회의 학교교육은 언어와 같은 기초교육 이외의 모든 교육내용을 성서로부터 가져왔고, 교수방법도 교회에서 오래 지속되어 온 교리문답을 중심으로 진행되었다. 문법학교라고 불리는 중등학교도 성직자 양성을 위한 중간단계의 교육기관이었을 뿐이다. 문법학교의 다음 단계로 고위 성직자 양성을 위한 교구의 본산 소재지에 세워진 본산학교와 왕족을 위한 궁정학교 그리고 수도사 양성을 위한 수도원학교 등이 운영되었지만, 이들 학교도 모두 대중을 대상으로 하는 학교가 아니었다. 중세의 폐쇄적인 학교교육에도 불구하고, 내적 이질성과 균열의 가능성을 내포하는 기사교육과 같은 세속교육도 있었다. 특히 여러 차례에 걸친 십자군원정으로 인해 외부세계의 관점과 문물이 도입되면서 기사교육은 점차적으로 중세 학교의 폐쇄성에 변화의 바람을 불러일으키는 계기가 된다.

중세의 기사들은, 별도의 학교가 존재하지는 않았어도 관행적이고 일정한 틀을 갖춘 교육방식으로 자제들에게 특별한 교육을 실시했다. 기사계급 출신의 자녀는 6세까지 가정에서 예절교육을 받았고, 7세부터 13세까지 영주의 저택이나 궁정에서 궁정 예법이나 종교의식, 교양수업, 무예 등을 익혔다. 14세부터 20세까지는 승마, 수영, 궁술, 검술, 수렵, 장기, 시 짓기 등 기사에게 필요한 각종 기예와 소양을 배웠다. 기사에게 가르쳐진 소양은, 일차적으로 전쟁 수행에 필요한 실제적인 능력과 관련이 있었지만, 이후 절대왕정시대에는 귀족이나 왕족과 같은 상류층을 위한 교양교육의 주요 내용으로 계승된다. 기사교육은 특히 근대의 신사교육이라는 교양인 양성에 직접적인 영향을 끼치게 된다. 이런 점에서 학교제도의 발전보다는 계급별 생활양식이나 문화 형성에 영향을 끼쳤다고 할 수 있다.

중세의 교육에 보다 결정적인 영향을 끼친 역사적 흐름은 봉건제도라는 경제적 · 정치적 토대가 와해되면서 전개되기 시작한 시민사회의 발달이다. 11세기 말에서 13세기 말까지 진행된 십자군전쟁 동안 봉건제도가 와해되면서 도시와 시민사회가 발달함으로써, 유럽사회는 점차적으로 중세로부터 근대사회로 탈바꿈하기 시작했다. 시민이라는 새로운 계층의 형성은 도시의 발달과 더불어 봉건제도 바깥의 새로운 계층, 말하자면 근대 시민계급의 등장을 알리는 이정표가 되었다. 그에 따라 시민을 위한 시민학교가 등장하면서, 농업기반의 봉건제도와 구별되는 상업적 경제체제의 발전과 직업분화에 대해 적극적으로 대응하기 시작했다. 시민학교는 기초교육뿐만 아니라 새로운 직업군에 필요한 기능적인 능력을 함께 길러 주게 된다. 대표적인 시민학교는 각 직종의 조합들이 설립하여 운영하는 길드(guild)학교다. 길드학교는 특정 직업마다 숙련된 장인이 수행해 오던 도제(徒弟)교육의 형식을 취했다. 하지만 시민학교는 세속화된 학교라는 점에서 근대 학교제도의 맹아를 지니고 있었다고 평가된다.

## (2) 중세대학

중세대학은 비록 중세의 기독교적 세계에서 탄생하였지만, 근대 이후의 교육에 중대한 영향을 끼친 교육제도의 성립으로 간주된다. 오늘날 세계적인 고등교육기관으로 자리 잡은 현대대학은 물론 19세기 초 독일의 베를린 대학교에 기반을 두고 있다. 하지만 역사적으로 볼 때, 전문교육기관으로서 대학제도 자체가 성립된 것은 암흑기라고 불리는 중세사회다. 이런 점에서 중세대학의 성립은 주목할 만한 사건이다.

중세대학이라는 고등교육기관은 시민사회의 성숙에 따른 새로운 교육적 요구와 십자군 원정 이후 유럽으로 들어온 풍부한 지적 자극들을 전수해야 하는 사회적 요구를 반영하여 탄생했다. 한편으로 십자군 원정 이후 원거리무역과 상업의 발달로 인해 비약적인 경제발전과 시민사회의 성장이 이루어짐에 따라 전문 인력에 대한 수요가 증가한 것과, 다른 한편으로 도시지역에 거주하는 시민계급이 새로운 지적·학문적 주체세력으로 등장하게 된 것이 중세대학의 성립을 촉진하게 되었기 때문이다.

새로운 지적 욕구로 충만한 젊은이들이 지식으로 무장한 스승들을 찾아 도시로 몰려들면서 점차적으로 중세대학이 형성되기 시작했다. 그와 함께 자생적으로 모여든 스승과 학생의 무리 또는 학습조합을 가리키는 우니베르시타스(universitas)라는 용어가 생겨났고, 차츰 의학, 법학, 신학과 같은 전문분야에서 요구되는 전문지식을 습득하기 위한 전문교육기관을 가리키는 용어로 전용되었다. 그 결과 자생적인 학자집단을 지칭하던 우니베르시타스는 점차 권위를 인정받는 고등교육기관으로 자리 잡게 되었고, 이후에는 국가로부터 특권과 제도적 보호 장치를 부여받게 되었다.

최초의 중세대학은 법학으로 유명한 볼로냐 대학교로, 1088년에 설립되어 1158년

[그림 6-3] 볼로냐 대학교

2. 중세의 교육    155

대학의 특권을 획득하게 된다. 의학으로 유명한 살레르노 대학교는 1096년에 세워졌지만 1231년에 공인된다. 그 외에 파리 대학교는 노틀담 대성당에 설립한 본산학교에서 출발하여 1109년에 세워졌고, 1167년에는 영국의 옥스퍼드 대학교가 개교했으며, 옥스퍼드 대학교의 운영에 대해 불만을 품고 떠난 교수들에 의해 캠브리지 대학교가 1209년에 설립되었다. 중세대학은 전통적인 교과인 7자유학과를 중심으로 하는 교양교육을 실시한 후, 이어서 법학, 의학, 신학과 같은 전문교육을 진행했다. 7자유학과 중심의 자유교육은 고대 그리스에서 비롯된 유산으로, 직업교육이나 실용교육과 대비되는 이론교육이다. 중세대학 초기에는 학위제도가 없었으나, 13세기부터 마기스테리움(magisterium)과 독토르(doctor)라는 학위를 수여하기 시작했다 (Boyd & King, 1996: 191–227).

## 2) 중세의 교육사상

중세 초기에는 주로 교리논쟁에서 교회의 관점을 방어하는 역할을 하는 교부철학이 학문의 주된 흐름을 차지하고 있었다. 교부철학은 대체로 플라톤의 이원론적 철학을 활용하여 기독교의 교리를 정당화하는 데 주력했다. 교부철학 시기를 대표하는 신학자는 아우구스티누스다. 반면에 중세 후기가 시작되자 사회가 한층 더 복잡해지고, 세계에 대한 관점과 태도 및 인식도 폭넓어지기 시작했다. 이와 더불어 종교적 신념과 철학적 논증 간의 대립과 대결을 조화시키는 방식으로 기독교를 합리화해야 하는 과제가 등장하게 된다. 이러한 과제에 응답한 철학을 가리켜 스콜라철학이라고 부른다. 스콜라철학은 주로 아리스토텔레스의 철학을 변화하기 시작하는 세계이해에 적용하려고 애썼으며, 대표적인 인물은 토마스 아퀴나스다.

### (1) 아우구스티누스(Aurelius Augustinus, 354~430)

아우구스티누스는 방황과 무절제로 점철된 젊은 시절을 보내다가 기독교로 개종한 후 수도원에 들어가 신학공부에 몰두하게 된다. 이후 40세에 주교가 되고 나서 본격적인 저술 작업과 교리논쟁에 참여하게 된다. 아우구스티누스는 대표적인 저서인 『신국론(De Civitate Dei)』(410) 외에 교육과 관련된 『교사론』 『기독교 교리』 『교리문답집』과 같은 저서를 남겼다.

[그림 6-4] 아우구스티누스

아우구스티누스의 교육사상을 재구성하는 데 핵심적인 역할을 하는 책은 401년에 나온『고백록』이다. 『고백록』은 방탕한 삶을 반성하는 고백으로 그치는 것이 아니라, 어린 시절부터 가지고 있었던 지적 호기심을 통해 참된 진리를 찾아가는 자기교육의 여정을 보여 주는 교육고전이기도 하기 때문이다(주영흠, 2007: 32). 아우구스티누스는『고백록』에서 문자학교인 루두스에서 무엇인가를 배웠다는 사실보다 심하게 맞았다는 사실을 가장 먼저 언급한다. "나는 지식을 얻기 위해 학교에 다니게 되었지만, 그것이 무슨 쓸모가 있는지 몰랐고, 또한 공부에 게으름을 피워 매를 맞아야 했습니다."(Augustinus, 2008: 21-22) 그뿐만 아니라, 그는 또한 자신의 모국어가 아닌 그리스어로 써진 그리스 문학공부에 대해서도 강한 혐오감을 느꼈다고 말한다. "내가 호메로스를 억지로 배워야 했던 것처럼 그리스 아이들이 베르길리우스를 어쩔 수 없이 배워야 한다면, 그들도 나와 똑같은 느낌을 가졌으리라고 생각합니다."(같은 책, 28)

아우구스티누스는 루두스를 마치고 문법학교에 들어가고 나서, 다행히도 공부를 좋아하게 되는 계기를 발견한다. 새로운 교사인 문법학자들로부터 배우게 된 라틴문학과의 만남, 특히 베르길리우스(Publius Vergilius Maro, 기원전 70~21)의『아이네이스(Aeneis)』가 큰 즐거움을 가져다주었기 때문이다. "하나 더하기 하나는 둘, 둘 더하기 둘은 넷과 같은 지식은 그 당시 나에게는 듣기 싫은 노래와도 같았습니다. 그러나 '무장한 병사가 목마를 앞세우고, 트로이 성은 불타오르며……'와 같은 구절들은 재미있었습니다."(Augustinus, 2008: 28) 라틴문학에서 발견한 즐거움 덕분에 아우구스티누스는 이른바 7자유학과에 대한 공부를 좋아하게 되었다. 그 결과 '수사학이나 논리학, 기하, 음악과 산수에 관한 것이면 무엇이든, 큰 어려움 없이, 또 어느 누구의 가르침도 없이 이해'할 수 있게 되었다(같은 책, 94).

아우구스티누스가『고백록』과 여러 저술에서 강조하고자 하는 교육은 단순히 지식이나 정보를 전달하고 습득하는 것이 아니라, 학습자의 내면에 있는 인식능력, 즉 '지성의 빛(lux intellectus)'을 통해 진리를 터득하여 신의 의지와 뜻을 통찰하는 것에 이르는 것이다. 아우구스티누스는 교육을 지성의 빛과 신의 조명으로 파악하고 있을 뿐만 아니라 그러한 교육에서 교사가 차지하는 특별한 역할도 함께 강조한다. 교사는 논리적인 과정을 통해 학생이 자신의 잠재능력을 분명하게 알 수 있도록 도와주는 조력자의 역할을 담당해야 한다. 그런데 이처럼 진리를 상기시켜 줄 교사의 역할이 특히 중요한 까닭은 바로 학습자 내면에는 신의 계시를 통해 밝혀질 수 있는 모든 지식과 진리가 이미 들어 있기 때문이다(주영흠, 2007).

아우구스티누스의 학습관은, 분명 플라톤의 상기이론을 계승하면서도, 또한 동시에 그것을 신학화하고 있다. 왜냐하면 진리를 명확하게 인식하도록 이끌어 주는 것은 인간 내면에 있는 순수한 지성의 상기행위가 아니라, 바로 신의 은총을 통한 자기각성이기 때문이다. 또한 아우구스티누스의 지성(intellectus)이라는 개념조차도 선의 이데아를 관조할 수 있는 능력이 아니라, 신의 음성을 들을 수 있는 내면의 능력을 의미하기 때문이다. 따라서 아우구스티누스에게 있어서 최고의 교사는 문답법과 조산술을 구사하는 소크라테스와 같은 교사가 아니라, 인간의 내면에 지성의 빛을 비춰 주는 신(神)일 수밖에 없다.

### (2) 아퀴나스(Thomas Aquinas, 1225~1274)

아퀴나스는 5세에 성 베네딕트 수도원 학교에 입학하여 9년간 기초교육을 받은 후, 15세에 나폴리 대학에서 자유교과교육을 경험했다. 아퀴나스는 19세에 도미니크 교단의 수도사가 되어 아리스토텔레스 철학의 권위자였던 마그누스(Magnus)에게서 신학을 배웠으며, 32세에 학위를 마친 후 교수자격을 획득하게 된다. 이후 아퀴나스는 독립된 학자이자 설교자로서 유럽의 여러 지역을 떠돌며 신학교육과 저작활동에 힘을 쏟게 된다.

아퀴나스가 남긴 저서 중에서 『신학대전(Summa Theologiae)』(1267~1274)이라는 책은 철학사뿐만 아니라 기독교 사상사에서 기념비적인 저서로 꼽힌다. 이 책은 총 464편의 논문으로 이루어진 미완성의 대작이다. 하

[그림 6-5] 아퀴나스

지만 그 책 안에 펼쳐진 아퀴나스의 기독교철학은 1879년 교황 레오 13세가 가톨릭

교회의 정통 사상으로 선포할 정도로 근·현대 기독교 사상에 결정적인 영향을 끼쳤다. 또한 아퀴나스의 철학은 토미즘(Thomism)이라고 불리면서 현대에서도 끊임없이 수용·재해석되고 있다.

아퀴나스의 저서들은 대체로 기독교신학에 관한 것이다. 그렇기 때문에 그의 교육사상은 저서 중에 언급된 교육과 관련된 것을 간추리거나 아니면 그의 전반적인 사상으로부터 재구성될 수밖에 없다. 아퀴나스는 타인의 도움 없이 학습자가 스스로의 이성을 통해 지식을 얻을 수 있다는 것을 인정하면서도, 그런 지식의 비중은 극히 낮을 뿐이라고 본다. 그 대신에 학습자가 지식을 꿰뚫어 보고 명쾌히 이해하는 과정에서는 반드시 '학습자의 마음에 빛을 비추는 신의 작용'이 있어야만 한다고 주장한다. 이 말은 아우구스티누스와 마찬가지로 학습자의 마음속에 잠재적으로 존재하는 진리를 강조하면서도, 그 속에는 반드시 신의 빛이 작동해야만 올바른 인식으로 성장할 수 있다는 의미다(한기철, 조상식, 박종배, 2016: 233-235).

아우구스티누스는 『진리론(De Veritate)』의 제11장인 「교사론」에서 지식을 터득하는 과정에서 학습자에게 끼치는 교사의 영향을 강조하고 있다. 아퀴나스는 학생의 내면에 들어 있는 인식을 끄집어내는 교사의 조력행위에 주목하면서, 특히 교사가 전개하는 논리적 과정을 강조한다. 이러한 생각은 직접적으로 아우구스티누스의 조언을 따르고 있지만, 보다 근원적으로는 지식의 조산술을 강조한 소크라테스의 전통을 계승하고 있다.

## 3. 문예부흥기의 인문주의 교육

고대 그리스에서 형성된 이상주의 교육사상은 중세의 기독교를 만나면서 오히려 더 강화되었다고 할 수 있다. 왜냐하면 보편적인 지식과 인격의 완성을 강조하던 고대의 이상주의에 절대와 초월이라는 신학적 개념이 덧보태지면서 보다 엄숙한 수양과 지적 절대성 및 보편성이 강조되었기 때문이다. 그러던 중 15세기 사라센의 침공으로 서구의 이상주의에 균열이 발생하기 시작한다. 사라센의 확장으로 그리스인들이 대규모로 서구로 이주하면서, 스콜라철학과는 구별되는 그리스철학 자체에 대한 탐구열풍이 불기 시작했고 신 중심의 스콜라철학과는 대조적인 인간 중심

의 그리스철학을 부활시키자는 운동으로 이어지게 되었기 때문이다. 그러한 문화
운동을 가리켜 '르네상스(재생 혹은 부활)'운동이라고 부른다.

르네상스(문예부흥)운동은 신 중심의 이상주의에 맞서 자연스럽게 인간중심주의
운동 또는 인문주의운동과 궤를 같이하게 된다. 이때 전개된 인문주의는 강조점에
따라 이성주의와 자유주의에 바탕을 둔 개인적 인문주의와 사회의 개혁을 함께 지향
하는 사회적 인문주의로 대별된다. 전자는 주로 이탈리아를 중심으로 전개되며 자유
교육과 조화로운 인간의 완성을 강조하면서 그리스와 로마의 고전교육과 체육 및
음악 교육에 관심을 집중한 데 반해, 후자는 북구에서 전개되면서 사회개혁과 도덕
개혁을 촉구하는 민중적 인문주의로서 고전문학과 성서문학을 강조하게 된다.

## 1) 문예부흥과 인문주의 운동

문예부흥은 신 중심과 내세 위주라는 폐쇄적인 중세문명에서 벗어나서 보다 인
간적인 것 또는 보다 인간다운 삶을 되찾으려는 움직임이다. 그것은 먼저 교회의 권
위에서 벗어나 현세의 삶을 긍정하고 개인의 자율성과 주도성을 회복하려는 움직
임으로 나타난다. 하지만 그러한 문예부흥은 내용적으로 인간성을 재발견하고 회
복하려는 운동, 즉 인간중심주의(humanism)운동으로 자리 잡게 된다. 이와 같은 현
실세계의 긍정과 인간중심주의라는 두 특성으로 인해, 문예부흥 시기는 중세적인
질서를 넘어서서 근대정신과 근대세계가 탄생하는 시점으로 간주된다.

르네상스 초기에는 고대 그리스와 로마의 건축양식을 본 뜬 새로운 건축양식이
등장하고, 신 중심의 문학인 신학 대신에 인간적인 문학인 고대 그리스 로마의 작품
을 본 뜬 문학작품들이 주목을 받았다. 이어서 철학자들과 과학자들이 스콜라철학
에서 벗어나기 위해 고대의 철학자들을 다시 공부하기 시작했고, 심지어 신학에서
도 초대교회의 정신으로 되돌아가자는 움직임이 나타났다. 그러나 고대문화를 복
원하는 것이 문예부흥기 사람들이 진정으로 원하는 새로운 삶의 이상이 될 수는 없
었다. 고대 문화를 부활시킴으로써 그들이 막연하게 추구했던 주도적이고 자율적
인 삶의 이상을 어느 정도 충족할 수는 있었지만, 이미 천 년 이상의 세월이 흘러 삶
의 조건 자체가 크게 달라진 상황에서 옛날 방식의 복원은 결코 완전한 충족감을 줄
수 없었기 때문이다. 따라서 완전한 충족감을 얻기 위해서는 과거로의 복귀가 아니

[그림 6-6] 르네상스의 중심 '피렌체'

라, 미래를 향한 새로운 시도와 탐색이 또한 필요했다. 이렇듯이 문예부흥운동 속에는 과거로 돌아가려는 움직임과 새로운 미래로 나아가려는 움직임이 뒤섞임으로써 다양한 형식의 문화와 변용이 창출된다.

　문예부흥운동은 전개되는 지역에 따라 기본적인 성격에서도 다소간 변화를 겪게 된다. 그러한 변화는 이탈리아에서 시작된 문예부흥의 기운이 북유럽으로 전파되는 과정에서 생긴 자연스러운 현상이었다. 이탈리아반도는 고대 로마제국의 심장부로서 로마의 문화적 전통이 짙게 남아 있었고, 사회는 상업적으로 활기 넘쳤다. 그 속에서 전개된 인문주의 교육은 라틴어로 된 문학작품들을 공부하는 일이었으므로 그들의 생활감정에 부합되는 생생한 의미를 지니고 있었다. 그러나 북유럽에서의 인문주의 교육운동은 여전히 이질적인 외래 사상을 받아들이는 일이었기 때문에, 발원지에서와는 상당히 다른 모습을 띠게 되었다. 이러한 차별적인 전개와 양상으로 인해 남유럽의 '개인적 인문주의'와 북유럽의 '사회적 인문주의'로 구분된다.

　문예부흥운동의 초기에는 다방면의 재능을 발휘할 수 있게 해 주고 개인의 삶을 보다 품위 있게 고양해 줄 교양이 추구되었으며, 고대의 건축양식이나 예술, 고전문학 등이 그러한 욕구를 충족시켜 주었다. 그래서 초기 인문주의는 예술활동과 문학공부를 통하여 개인의 교양을 넓히려는 개인적이고 심미적인 인문주의로 특징지어진다. 반면에 15세기 중반 이후 북유럽에서 전개된 후기 인문주의의 경향은 사회

적 인문주의 또는 북부 인문주의라고 불린다. 북부 인문주의 운동은 여러 측면에서
발원지인 이탈리아반도의 인문주의 운동과는 차이가 있었다. 북유럽은 중세적 관
습과 사고방식에 젖어 있어서 이탈리아반도와 같은 활기를 느낄 수 없었고, 되살려
야 할 조상들의 문화적 전통도 없었기 때문이다. 따라서 새로운 인간성 및 새로운
삶을 찾는 작업과 사회의 구조와 문화를 변형·개조하는 작업을 병행할 수밖에 없
었다. 이런 점에서 북부의 인문주의는 사회적 인문주의라는 특성을 띠게 된다고 말
한다.

　문예부흥운동은 또한 교육에서도 인문주의 교육운동으로 전개된다. 인문주의 교
육이란 중세의 스콜라주의 교육에서 벗어나려는 새로운 경향의 교육을 가리키는
말이다. 스콜라주의는 교육의 목적을 영혼의 구원과 내세에 대한 준비에 두었고, 신
학공부와 신학적 논의를 뒷받침하기 위한 논리학 공부를 주된 교육내용으로 삼았
다. 그것은 현실생활의 필요를 충족하기 위한 교육이라기보다는 성직자를 양성하
거나 신앙생활을 위한 '신'중심주의 교육이었다. 신 중심의 스콜라주의 교육이 문예
부흥기의 시대정신에 부합하지 않는 것은 당연했다. 문예부흥과 더불어 사람들은
현세의 삶을 긍정하고 보다 인간다운 새로운 삶을 모색하기 시작했고, 고전작품에
서 발견되는 고대 자유인들의 삶의 모습을 이상으로 삼았기 때문이다. 문예부흥기
의 인문주의자들이 볼 때, 고대 자유인들이 추구하는 삶은 각 개인이 자율성과 주도
성을 갖고 자기 삶의 주인이 되는 삶이었다. 그래서 인문주의자들은 고대 그리스와
로마의 교육적 전통 속에서 '인간'이 중심이 되는 교육을 찾아 복원함으로써 새로운
삶의 이상을 실현하고자 했다. 그러한 정신에 입각한 교육이 인문주의 교육이다.

　인문주의 교육의 목적은 현세에서 인간다운 삶 또는 교양 있는 삶을 누릴 수 있도
록 준비하는 것이다. 그것은 세상과의 인연을 끊고 영혼의 구원을 갈망하는 금욕적
인 수도사가 아니라, 다방면에 관심을 가지고 세상일에 적극적으로 뛰어들어 사람
들과 폭넓게 교제하는 교양 있는 실천가를 기르는 교육이다. 이러한 목적을 달성하
기 위하여 인문주의자들은 고대 그리스 로마의 자유인들이 써서 남긴 고전작품들을
공부함으로써, 그 작품 속에 나타나 있는 고대 자유인들의 정신세계를 본받고 되살
려 내려고 했다. 보다 구체적으로 말하면, 인문주의자들은 고대 로마의 학교에서 가
르쳤던 문법, 수사학, 역사, 도덕철학 등의 교과목을 새롭게 가르치고 배웠으며, 그
러한 교과목들에 대한 공부를 가리켜 '인간성 연구(studia humanitatis)'라고 불렀다.

## 2) 문예부흥 시기의 교육사상

　　중세를 대변하는 스콜라철학 중심의 교육은 근대로 넘어가는 문턱에서 크게 두 가지의 서로 상반된 운동으로 나뉘어 전개되었다. 하나가 고대의 세계관을 올바로 계승하고 발전시키려는 노력이라면, 다른 하나는 고대와 중세를 모두 극복하고 새로운 세계관을 구축하려는 시도다. 이러한 양방향의 움직임이 동시적으로 전개되는 시점이 바로 르네상스 시기다. 따라서 중세에서 근대의 교육으로 넘어가는 과도기인 르네상스 시기에는 전통의 계승과 전통과의 단절이라는 계기가 모두 등장한다. 후자의 입장은, 예컨대 마키아벨리의 『군주론』에서 발견되고, 전자의 입장은 미란돌라의 『인간 존엄성에 관한 연설』에서 펼쳐지고 있다. 따라서 르네상스 시기의 교육사상은 마키아벨리가 대변하는 '현실의 진리에 기반을 둔 교육'으로부터 미란돌라에게서 찾을 수 있는 '인간의 존엄에 기반을 둔 교육'까지 매우 넓은 스펙트럼으로 전개된다고 할 수 있다.

### (1) 마키아벨리(Niccolo Machiavelli, 1469~1527)

　　마키아벨리는 1469년 이탈리아의 도시국가 피렌체에서 태어나, 피렌체의 공화국의 서기장을 역임하는 등 다양한 정치적 경험을 쌓는다. 하지만 1512년 피렌체의 공화정이 무너지고 메디치 가문이 피렌체의 지배권을 장악하면서, 마키아벨리는 공직에서 추방되어 독서와 글쓰기에 전념하게 된다. 이때 그가 쓴 책이 『군주론』이다. 『군주론』은 『로마사 논고』와 더불어 마키아벨리의 대표적인 저작이다. 그런데 『군주론』은, 여러 공화국의 긍정적 역량을 최대한으로 조명하는 『로마사 논고』와는 달리, 내용과 지향점에서 고대 및 중세로부터 완전하게 결별한다. 말하자면, 중세와 고대에서 강조되어 온 '이상의 교육학' 대신에 '현실의 교육학'을 전면에 내세우게 된다. 마키아벨리는 플라톤과 마찬가지로 국가라는 통치 및 권력 체제의 전제조건인 지도자의 교육을 이론화하지만, 전혀 다른 접근법을 활용한다. 이상과 원리에 입각하여 현실을 파악하고 진단하는 대신에, 마키아벨리는

[그림 6-7] 마키아벨리

전적으로 '현실의 진리'에 따라 논의를 전개하기 때문이다(Machiavelli, 2004a: 67).

마키아벨리는 이상이 아니라 현실을 철학적 성찰과 교육적 실천의 출발점으로 삼는다. 마키아벨리는 현실을 직시함으로써 새로운 시작에 관한 이론가이고자 한다. 새로운 시작의 정치와 교육에 관한 논의를 시작하면서, 마키아벨리는 '우리가 실제로 살아가는 방식'과 '우리가 살아 나가야만 될 방식' 사이에 존재하는 '현격한 차이'에 대해 주목할 것을 요구한다(Machiavelli, 2004a: 153 이하). 만일 현실과 이상이 현격하게 차이가 있다면, 사람들이 실제로 살아가는 현실에 기반을 둔 정치와 교육에 대한 담론은 당연히 이상에 기반을 둔 담론과는 전혀 달라야 한다. 예컨대, 마키아벨리는 현실의 진리에 입각했을 때 군주가 처신해야 할 방식에 대해 이렇게 충고한다. "군주는 함정에 빠지지 않도록 조심하기 위해서 때로는 여우가 되어야 하고, 늑대를 위압하기 위해서 때로는 사자가 되지 않으면 안 된다."(Machiavelli, 2004a: 165-166)

키케로로부터 이어지는 서양 전통에 따르면, 폭력과 기만은 군주가 절대 닮아서는 안 되는 두 기질이며, 각각은 사자와 여우로 상징된다(Cicero, 1989: 41). 그런데 마키아벨리는 여우와 사자를 모방의 대상이라고 칭한다. 이것은 흔히 말하는 마키아벨리즘을 펼치기 위한 발언이 아니다. 왜냐하면 마키아벨리는 군주가 여우와 사자를 모방해야 하는 조건, 즉 현실을 진리를 분명하게 밝히기 때문이다. "만일 모든 사람이 선하다면, 그런 충고는 백해무익할 것이다."(Machiavelli, 2004a: 166) 그렇지만 불행히도 현실적인 인간 중에는 군주에 대한 신의를 충실히 이행하지 않는 경우가 비일비재하다. 그런 현실 속에서 자신을 지켜 내려는 군주가 있다면, 그에게는 신의를 갖추기보다는 갖추고 있는 것처럼 보이는 것이 훨씬 더 유익하다(같은 책, 167).

이러한 도발적인 주장에도 불구하고, 마키아벨리는 군주가 훌륭한 기질을 갖추는 것 자체를 비난하지 않는다. 마키아벨리는 '실제로도 훌륭한 기질을 갖추면 좋다'는 것을 분명하게 인정한다. 하지만 그것을 '항상', 즉 상황에 맞추지 않고 늘 사용하게 되면 해롭게 된다고 지적할 뿐이다. 따라서 군주는 선을 고수할 수만 있다면 선에서 벗어나지 않아야 하겠지만, 부득이 악을 행해야 할 경우에는 과감하게 악에 발을 들여놓을 각오를 해야 한다. 이와 같은 마키아벨리의 논의방식은 오늘날의 관점에서도 매우 선동적이지만, 르네상스 당시 그리고 고대와 중세의 전통과는 크게 차이가 난다. 왜냐하면 마키아벨리는 이상에서 출발하여 논의를 전개하는 것이 아니라, 현실의 진리, 즉 인간과 사회의 실제적인 모습에서 출발하여 정치와 교육에 대한 논의를 펼치기 때문이다. 이처럼 현실의 진리에 기반을 두고 군주교육을 논의하는 마키아벨리의 관점은 고대와 중세의 흐름을 단숨에 뛰어넘어 근대적인 세계상을 열어 주는 '근대적인 기획'으로도 평가될 수 있다(Althusser, 2001: 51).

### (2) 미란돌라(Giovanni Pico della Mirandola, 1463~1494)

르네상스 시대에 마키아벨리와 대척점에 서는 교육사상가는 미란돌라라고 할 수 있다. 미란돌라가 1484년 피렌체 아카데미의 일원이 되자 보수적인 학계로부터 거친 비난이 일게 된다. 이에 미란돌라는 『인간 존엄성에 관한 연설(Oratio de hominis dignitate)』(1486)을 발표하면서 공개토론을 제안한다. 하지만 이 책의 주장 중 일부가 교황청으로부터 이단으로 판정받자, 미란돌라는 프랑스로 망명하였다가 1494년 의문사로 일찍 생을 마감하게 된다.

[그림 6-8] 미란돌라

미란돌라는 마키아벨리와 동시대인이며 르네상스의 중심지인 피렌체에서 함께 활동한 학자다. 또한 새로운 시대에 맞는 시대정신으로의 변혁을 내세운다는 점에서도 동일하다. 그렇지만 미란돌라는 지향하는 바와 핵심적인 사상에서 마키아벨리와 정반대의 위치에 선다. 미란돌라는 고대 및 중세와의 완전한 단절이나 결별이 아니라, 오히려 전통의 심층적 계승 편에 서게 된다. 그럼으로써 미란돌라는 인간의 이성능력 안에서 인간의 특별한 능력인 자유와 존엄성을 발견하게 된다.

『인간 존엄성에 관한 연설』에서 미란돌라는, 종교적인 수사와 은유를 활용하면서도, 근본적으로 탈-종교적이면서 인간 중심적인 관점을 견지한다. 나아가 인간을 규범과 이상에 따라 재단하려고 들기보다는 인간의 존재를 순수하게 있는 그대로 받아들인다. 인간은 불멸적인 존재(신)와 구별될 뿐만 아니라, 미리 결정된 존재(사물)와도 구별된다. 인간에게는 자연이 미리 정해 준 자리가 없기 때문이다. 인간의 본질과 존재는 미리 결정되어 있지 않다. 그런데 바로 그러한 미정(미결정)이야말로 인간이 자유로운 존재라는 근거가 되며, 또한 절대적인 가치인 존엄성을 가지는 근거가 된다. 즉, 인간은 자연에 의해 미리 결정된 존재가 아니라 결정의 가능성 또는 결정의 자유를 가진 존재이며, 자신의 자유를 발휘하여 신적인 경지로 상승할 수 있는 존재 또는 존엄한 존재다. 이처럼 인간이 스스로의 자유를 선용하여 스스로를 인격과 실존으로 빚어낼 수 있는 존재이기 때문에, 미란돌라는 기꺼이 "인간은 위대한 기적이다(Homo est maximum miraculum)."라고 말한다(Mirandola, 2009: 13).

자연에 의해 생존에 필요한 모든 역량을 미리 부여받은 동물과 비교했을 때, 인간은 부족하고 결핍적인 존재라고 할 수 있다. 하지만 미란돌라는 그러한 미결정의 상태야말로 인간의 자유와 존엄의 근거라고 말한다. 인간은 자신의 본질이 이성적 존재나 자유로운 존재로 미리 결정되어 있기 때문에, 절대적인 가치를 갖게 되는 것이 아니다. 바로 인간의 미결정성 자체가 자신의 자유를 발휘해서 자신의 존재를 완성할 수 있는 근거가 되며, 그러한 결정가능성이야말로 인간이 존엄한 이유와 근거가 된다.

미란돌라는 미결정이라는 인간조건이 인간의 교육적 형성가능성을 확보해 준다고 말한다. 그러한 예찬 자체보다는 예찬의 근거가 오히려 더 특별하다. 고대와 중세의 전통이 강조했듯이, 인간은 이성적인 존재이거나 신의 형상을 닮은 존재이기 때문에 위대한 존재인 것이 아니다. 인간은 미리 결정되어 있지 않기 때문에, 즉 스스로 결정할 자유와 능력을 갖춘 존재라는 점에서 위대하다. 이처럼 인간이 자유의지에 의한 자기창조라는 특전을 가졌다면, 인간은 예찬받을 만하다. 인간의 본질이 있다면, 그것은 자유의지로써 스스로를 형성할 수 있고 형성해 나가야 하는 존재라는 것이다. 이와 같은 자기형성과 자기생성이라는 특전이야말로 인간만의 고유한 특성이고 인간이 존엄성을 가진 존재라는 근거가 된다. 인간의 존엄성에 대한 미란돌라의 발견은 근대의 시작과 더불어 몽테뉴(Michel de Montaigne, 1533~1592)와 페늘롱(Francois Fenelon, 1651~1715)을 거쳐 루소(Jean-Jacques Rousseau, 1712~1778)에게 직접적으로 계승된다. 나아가 인간의 존엄성에 대한 논의와 철학은 루소를 거쳐 칸트(Immanuel Kant, 1724~1804)의 도덕철학에 이르러 완성 지점에 도달하게 되며, 근대정신의 대표적인 아이디어로 자리를 잡게 된다.[1]

---

1) 칸트는 『교육학 강의』(1803)에서 명백하게 미란돌라의 주장을 인용하면서 교육은 미리 규정되지 않은 인간이 '자신의 본분(규정)에 도달하려는 실천'이라고 말한다(Kant, 2001: A 13).

### (3) 에라스무스(Desiderius Erasmus von Rotterdam, 1469?~1536)

[그림 6-9] 에라스무스

에라스무스는 르네상스 시기에 중세의 기독교와 고대의 전통을 비판적으로 수용·발전시킴으로써 이후 프로테스탄티즘의 형성과 교육사상에 큰 영향을 끼친 대표적인 교육사상가다. 그는 미란돌라와 마찬가지로, 르네상스 정신에 입각하여 전통적인 문화와 종교로부터 인간적인 요소를 찾아내려고 했다. 그러면서도 에라스무스는 북유럽 인문주의 운동의 중심인물답게 그와 동시대인이며 종교개혁의 선구자인 루터와 대립하면서 사회개혁, 특히 종교적 혁신과 관련된 논란의 중심에 서기도 했다.

에라스무스는 그리스 고전에 대한 연구에 매진함과 동시에 당시 교회의 문제점을 예리하게 파고들었다. 그 결과로 나온 저서가 바로 『우신예찬(Laus Stultitiae)』(1511)이다. 그 후 에라스무스는 그리스어로 된 신약성서를 라틴어로 옮기는 작업을 시작하여, 1516년 그리스어-라틴어 대조 번역판을 출간하게 된다. 이 성서 번역은 문헌 비판적인 방법을 통하여 원전에 접근함으로써 이후 루터에 의한 독일어 번역의 초석이 되었다는 데 의의가 있다. 하지만 그로 인해 에라스무스는 유명세와 더불어 그의 생애에서 중대한 사건인 루터와의 대립을 겪게 된다. 당시는 이미 루터로 인해 시작된 종교개혁의 격동이 정치적 차원으로 치닫고 있을 때였다. 하지만 온화한 성품과 온건한 사상을 가졌던 에라스무스는 루터의 급진성을 직접 비판할 수밖에 없었고, 이성에 합당치 않은 폭력을 사용하거나 분파를 이루어 대립하는 것을 용납할 수 없었다.

에라스무스는 인문주의 시대 최고의 교육사상가로 간주될 정도로 『아동자유의지론』 『학습방법론』 『기독교군주교육론』 등 수많은 저서를 출간했다. 에라스무스는 인문주의 교육사상가답게 지성을 갖춘 인간성 함양을 교육의 목적으로 삼는다. 그에 따르면, 신이 인간에게 부여한 최고의 특권인 이성을 제대로 활용하게 함으로써 인류발전에 기여하며 자신의 행복을 추구하게 하는 것이 올바른 교육이다. 이러한 생각은 18세기 계몽주의의 인간이해를 미리 보여 주고 있다고 평가된다.

에라스무스는 고전교육의 중요성을 강조한다. 그러면서도 고전교육은 그 자체로 가치를 갖는 것이 아니라 경건한 신앙심을 가지도록 하기 때문에 가치를 갖는다고 말한다. 그는 또한 그리스와 로마 전통적인 작품뿐만 아니라 성서문학도 고전교육에 포함시킨다. 따라서 올바로 고전에 접근할 수 있기 위해서는 그리스어와 라틴어는 물론이고, 히브리어도 습득해야 한다고 주장한다. 에라스무스는 또한 교육방법에 있어서도 혁신적인 내용을 제안한다. 이를테면 언어적 학습보다 사물을 통한 학습이 우선되어야 한다고 주장한다. 이러한 주장은 곧이어 등장할 실학주의 교육을 예고하고 있다. 에라스무스는 또한 아동에 대한 연구가 필요하다고 말하면서 개별교육의 중요성과 조기교육의 필요성 그리고 놀이와 신체단련 또한 강조한다. 에라스무스가 교육사상사에 남긴 또 다른 진보적인 생각은 바로 교육에서 교사의 중요성을 강조했다는 것이다. 이런 점에서 에라스무스는 근대의 아동 중심적인 교육이론과 현대 진보주의 교육이념의 윤곽을 미리 그려 주었다고 평가되기도 한다(한기철, 조상식, 박종배, 2016: 252).

## 4. 종교개혁과 교육

### 1) 종교개혁

중세로부터 근대로 넘어오는 과정에서 중요한 영향을 끼친 사건으로 르네상스라는 문화개혁운동 이외에 종교개혁운동을 꼽을 수 있다. 종교개혁운동은 1517년 독일 비텐베르크 대학의 신학 교수이던 마르틴 루터가 가톨릭교회의 면죄부 판매에 반대하여 95개조의 반박성명을 발표함으로써 시작되었다. 당시 교황 레오 10세(Leo X)는 세속적 권력투쟁에 몰두하고, 성직자들은 향락에 빠져 가톨릭교회의 부패가 극에 달해 있었다. 신도들로부터 세금을 강제 징수할 뿐만 아니라, 성직을 매매하였으며, 급기야 성베드로 대성당 개축공사 비용을 마련한다는 구실로 면죄부를 팔기에 이르렀다. 이미 개혁의 필요를 절감하고 있던 루터는 마인츠 주교대리 테첼(Tetzel)이 면죄부를 파는 것을 보고 격분하여, 영혼의 구원은 면죄부가 아니라 성서와 신앙에 의해서만 가능하다는 95개조의 신념을 발표하게 된다.

표면적으로 보면 종교개혁운동은, 가톨릭교회의 과도한 세속화와 타락에 대한 반발에서 비롯되었다. 하지만 그 배경에는 십자군전쟁 이후로 성장한 민족의식으로 인한 민족교회 분리운동, 가톨릭교회의 경제적 수탈에 대한 시민과 농민의 반발 등이 복합적으로 자리 잡고 있다. 종교개혁운동은 성서원전 연구와 본래적인 기독교의 정신으로 돌아가자는 운동이라는 점에서 고전문화를 되살리려는 문예부흥운동의 연장선상에 서 있다. 따라서 종교개혁을 가능하게 한 심층적인 원인은 인문주의적 각성이며, 그런 점에서 종교개혁은 북유럽 문예부흥의 직접적인 산물이라고 할 수 있다.

인문주의운동은 고대 그리스와 로마의 고전문화와 인문학을 되살리자는 것이었지만, 북유럽에서는 기존의 제도와 관행에 대한 비판정신과 변화에 대한 열망을 자극하는 방향으로 전개되었다. 바로 그런 흐름을 배경으로 루터가 교회개혁을 주장하자 젊은 인문주의자들은 즉각적으로 호응했다. 그런데 종교개혁운동이 전개되면서 모든 사람을 위한 의무교육이라는 이념과 교회가 아닌 국가가 설립하고 관리하는 학교교육이라는 새로운 교육적 이상을 제시하게 됨으로써 종교개혁은 역으로 근대교육제도의 발전을 자극하게 된다.

## 2) 루터(Martin Luther, 1483~1546)

루터는 다양한 강론과 저술을 통하여 자신의 교육적 이상을 펼쳤다. 그 핵심은 의무취학론과 공교육론으로 요약될 수 있다. 루터는 유명한 「취학의무에 관한 설교」

[그림 6-10] 루터

에서 국가는 학교를 세우고 국가재정으로 운영해야 하며, 만약 필요하다면 강제수단을 써서라도 아동을 취학시켜야 한다는 점을 강조한다(Boyd & King, 1996: 286). 루터는 또한 「기독교적 학교의 설립과 유지를 촉구하는 글」에서 학교교육의 중요성을 강조했다. 아동의 양육에서 가정의 역할은 매우 중요하다. 하지만 가정교육은 체계성과 전문성에 있어서 한계를 가질 수밖에 없다. 왜냐하면 아버지가 생업을 제쳐 두고 자녀교육을 위해 시간을 내기가 쉽지 않으며, 또 설혹 시간을 낼 수 있다 하더라도 무엇을 어떻게 가르쳐야 할지 잘 모르기 때문이다. 게다가 학교에서는 언어와 예술, 역사와 수학 등 인류가 축적해 온 경험을 체계적으로 배울 수 있다.

루터가 주장한 교육의 내용과 방법은 인문주의의 가치를 반영하면서 종교적 목적을 가미한 특성을 가진다. 그는 성서읽기를 통한 독일어 교육의 필요성을 강조하면서도, 언어교육의 필요성은 여전히 복음주의의 실현에 놓여 있다고 본다. 예컨대, 역사와 시를 교육해야 하는 이유는 종교 및 교회의 역사를 이해하는 데 유용하기 때문이다. 마찬가지로 루터는 성직자들에게도 자유학과 수업을 실시해야 한다고 주장한다. 루터가 교육내용으로 제안한 과목들은 다분히 인문주의적 교양인 양성과 관련이 있다. 음악교육이나 다양한 교과를 통한 정서 및 건강 교육을 강조하는 것이 대표적인 경우다. 루터가 제안하는 교육방법도 상당히 진보적인 성격을 띠는 것이었다. 예를 들어, 사물 자체에 대한 인식의 강조, 아동의 능력에 따른 학년제 교육, 인격존중, 체벌 반대, 아동의 자연스러운 성장의 중시, 교직의 중요성 강조 등이 바로 그런 예다. 그러면서도 루터는 기독교교육 전통의 주입식 암기 및 암송 교육을 강조하거나 엄격한 훈육을 강조하는 모순적인 입장을 취하기도 한다. 하지만 여성교육의 필요성을 강조하고 여성교사의 임명에 찬성하는 입장 등은 선구적인 생각으로 평가받을 만하다.

루터가 제안하는 교육과정 이론, 즉 교육의 단계이론은 현대적인 학교체제의 기본적인 윤곽을 보여 준다고 할 수 있다. 먼저, 모국어를 위주로 하는 초등학교에서는 읽기, 쓰기, 성경, 체육, 음악을 가르친다. 라틴어 중등학교에서는 라틴어, 그리스어, 히브리어 등과 같이 성서해석에 직접적으로 관련이 있는 고전어를 다루어야 하며, 수사학과 변증법과 같은 자유교과를 비롯하여 법학과 역사도 가르쳐야 한다. 대학은 전문적인 직업훈련 단계인데, 어학교육과 아리스토텔레스 철학교육에 주안점을 둔다. 한편, 직업학교는 단순한 직업 준비나 기술 습득을 위한 교육에 전념해야 한다는 것이다.

종교개혁과 루터의 교육사상은 '모든 국민에게 교육을!'이라는 보통교육사상으로 요약된다. 이것은 나중에 공교육제도 혹은 의무교육제도의 성립에 기반이 되는 생각이다. 예컨대, 1619년 「바이마르(Weimar) 교육령」이나 1642년 「고타(Gotha) 교육령」 등은 모두 루터의 보통교육사상에 직접적으로 영향을 받은 것들이다. 이렇듯이 종교개혁사상은 공립학교의 제도화, 지방자치정부의 학교설치 의무화, 부모의 의무교육에 대한 책임, 교육세 부과, 무상교육의 도입 등 오늘날 전 세계적으로 보편화된 학교교육의 공적 제도를 잉태하는 토대가 된다(한기철, 조상식, 박종배, 2016: 269-271).

## 5. 실학주의 교육의 등장과 근대로의 이행

15~16세기에 전개된 인문주의 흐름은 17세기에 들어서면서 자연과학의 발달과 더불어 차츰 실학주의(realism) 교육으로 이어지게 된다. 실학주의 교육론의 대표라고 할 수 있는 코메니우스(Comenius, 1592~1670)는 『대교수학』(1632)에서 감각적으로 직접 관찰하고 경험하는 것을 기초로 학습하게 될 때 오히려 사물의 본질에 가장 잘 접근할 수 있다고 주장하게 된다. 그러한 실학주의 흐름은 자연과학의 혁명과 더불어 시작된 지식의 실용성과 실천성을 강조하는 교육과 고전어보다는 사회생활을 통한 구체적인 경험과 모국어를 중시하는 경험 중심의 교육으로 이어지게 된다.

### 1) 자연과학의 발달과 실학주의

르네상스 운동으로 표면화된 유럽의 근대정신은 17세기에 접어들면서 새로운 질적인 변화를 겪게 된다. 그것은 한마디로 과학적 세계관과 경험론 철학의 등장이다. 근대적 방법론에 입각한 자연과학은 코페르니쿠스(Copernicus, 1473~1543), 케플러(Kepler, 1571~1630), 갈릴레오(Galileo, 1564~1642) 등 위대한 과학자를 통해 비약적으로 발전했으며, 1687년 뉴턴(Newton, 1642~1727)의 『제일원리』에 이르러 정점에 도달하게 된다. 그들의 활약으로 자연 법칙에 대한 지식과 자연에 대한 인간의 통제능력이 폭발적으로 증대되면서, 17세기는 '자연과학의 세기'라고 평가받게 된다.

자연과학의 방법론을 체계화함으로써 과학의 발전을 촉진하고 과학정신을 확산시키는 계기를 마련한 것은 베이컨(Francis Bacon, 1561~1626)이다. 베이컨은 기존의 방법론인 연역법보다는 구체적인 사실들을 관찰하여 일반적 법칙과 원리를 이끌어 내는 귀납법이 자연탐구의 합당한 방법임을 강조함으로써 근대과학의 방법론을 정립하게 된다. 베이컨은 올바른 사고를 방해하는 네 가지 고정관념을 '종족의 우상' '동굴의 우상' '시장의 우상' '극장의 우상'이라 부르면서, 진리탐구는 우리 마음 속에 있는 이 네 가지 우상을 파괴하는 데서부터 출발해야 한다고 주장한다. 나아가 진리탐구를 위해서는 고정관념에서 벗어나 사물을 객관적으로 관찰하는 것이 중요 하다고 말한다.

한편, 데카르트(René Descartes, 1596~1650)의 합리론 철학은 다른 측면에서 자연 과학의 발전에 공헌하게 된다. 데카르트에 따르면, 인간의 경험은 사실성만 제시할 뿐 결코 필연성과 보편타당성을 제공하지 못한다. 따라서 참된 인식은 오직 이성에 의해서만 가능하다. 이처럼 데카르트는 과학적 방법의 이론적 기초를 수학의 명증 성과 확실성에서 찾는다. 그럼으로써 데카르트는 과학이론에 논리적 엄밀성을 부 여하게 된다. 이렇듯이 경험론과 합리론은 서로 다른 측면에서 자연과학의 발전과 과학적 사고방식의 형성에 이바지하게 된다.

자연과학의 발달에서 비롯된 사고방식의 변화는 교육에서 '실학주의(realism)'라 는 이름으로 모습을 드러낸다. 실학주의란 교육에서 관념적인 것보다는 실용성과 실천성을 더 중요하게 여기는 교육사조를 의미한다. 예컨대, 언어로 표현되는 추상 적 관념의 습득보다는 구체적 사물에 대한 직접적 경험을 강조한다. 또한 언어 또는 문학보다는 자연현상이나 사회제도를 연구대상으로 하여 현실생활에 대한 구체적 이며 실제적인 학습을 강조한다. 이와 같은 경험주의 교육사조가 등장하게 되는 직 접적인 계기는 종래의 교육이 형식적인 언어중심주의(흔히 말하는 '키케로주의')로 흘 렀기 때문이다. 하지만 보다 근본적으로는, 고전을 중심으로 하는 인문주의 교육이 보다 인간적인 삶을 열망하는 근대정신을 포용하고 충족시킬 수 없었기 때문이다.

실학주의의 초기에는 인문주의에서 실학주의로 넘어가는 과도기적인 실학주의 가 전개되는데 이를 가리켜 '인문적 실학주의'라고 부른다. 인문주의 교육은 고전 문학을 폭넓게 공부함으로써 교양을 갖춘 신사를 양성하려고 했다. 그러나 인문주 의 교육은 차차 초기의 이상을 망각하고 점차 고전의 정신을 배우기보다는 문자공 부만 일삼는 방향으로 변질되어 갔다. 이러한 경향에 맞서 교육의 현실적 적합성 과 실용성을 강조하는 실학주의가 바로 인문적 실학주의다. 인문적 실학주의를 대 표하는 사상가로는 프랑스의 라블레(F. Rabelais, 1483~1553), 스페인의 비베스(J. L. Vives, 1492~1540) 그리고 영국의 밀턴(J. Milton, 1608~1674) 등이 유명하다.

인문주의 교육에 대한 비판은 실질적이고 실용성 있는 교육내용을 추가해야

[그림 6-11] 몽테뉴

한다는 선에서 멈추지 않았다. 몽테뉴(Michel de Montaigne, 1533~1592)는 교육내용의 범위를 확대한다고 해서 인문주의 교육의 결함이 고쳐지는 것이 아니라고 본다. 몽테뉴는 학문적 지식과 구별되는 삶의 지혜를 강조함으로써 '사회적 실학주의'를 대변하게 된다. 몽테뉴에 의하면, 공부의 유용성은 아이들을 학식 있는 사람으로 만드는 데 있는 것이 아니라, 삶을 살아가는 지혜를 가지도록 하는 데 있다. 그러므로 아이에게 실제적 지혜의 기초가 충분히 다져지기까지는 학문적 지식을 습득하는 공부를 보류해야 한다. 실제적 지혜와 도덕적 인격을 갖추지 못한 상태에서 습득된 지식은 쓸모가 없기 때문이다. 몽테뉴는 삶의 지혜를 기르는 교육의 올바른 시작은 주위 사람들과의 교제에서 이루어져야 한다고 말한다. 따라서 그는 여행을 통하여 세상 견문을 넓히고, 역사공부를 통하여 다른 시대에 살았던 사람들과 교섭하게 하는 것을 학문적 지식습득의 대안으로 제시한다(Montaigne, 2007).

실학주의의 세 번째 단계는 '감각적 실학주의'인데, 이 단계에 와서 실학주의는 인문주의와 확연히 구분되는 새로운 교육사조로 완성된다. 그러므로 감각적 실학주의야말로 17세기 실학주의를 대변할 뿐만 아니라 진정한 의미의 실학주의라 할 수 있다. 감각적 실학주의는 자연과학의 지식과 연구방법을 교육에 끌어들임으로써 교육의 현실적 적합성과 실용성을 확보하고자 하는 교육사조다. 그러므로 감각적 실학주의는 '과학적 실학주의(scientific realism)'라고 불리기도 한다.

인문적 실학주의가 고전의 내용을 강조하고, 사회적 실학주의가 사회생활의 경험을 유용한 지식의 원천으로 본다면, 감각적 실학주의는 실물, 표본, 그림 등 언어가 아닌 구체적인 사물에 대한 직접경험을 지식획득의 원천으로 본다. 그리하여 인간다운 삶을 위한 보다 적합한 교육의 이상적인 모습은 실물교육에서 발견된다고 생각했다. 즉, 감각경험을 통해서 이루어지는 실물학습은 책을 통한 간접적인 학습보다는 훨씬 효과적이다. 그렇기 때문에 실물에 의한 교육이 보다 실제적인 교육일 수밖에 없다는 것이다. 감각적 실학주의는 또한 자연과학적 지식과 실생활의 직접적인 결합을 추구했기 때문에, 교수방법의 모든 원리를 자연 속에서 구하고, 자연법칙에 따라 교육하려고 한다. "모든 지식은 감각으로부터 온다." 바로 이것이 감각적 실학주의자들의 구호다. 그래서 감각적 실학주의는 자연과학적 지식을 존중하고, 감각에 의한 사물의 관찰을 중시하며, 여행, 관찰, 실습, 실험 등은 물론이고, 식물원, 동물 사육장, 광물 표본, 그림과 도표, 지도와 지구본 등의 교구를 도입하게 된다. 교육방법이라는 측면에서 볼 때, 실학주의는 근대교육의 진정한 출발점이다(신차균, 안경식, 유재봉, 2013: 223-232).

## 2) 코메니우스(Johann Amos Comenius, 1592~1670)

코메니우스의 교육사상은 『대교수학(didactica magna)』에 잘 나타나 있다. 이 책은 순전히 교수방법에 관한 책이라기보다는 교육체계의 전반을 다루고 있는 책이다. 이 책은 총 33개의 장으로 구성되어 있으며, 인간학, 교육가능성, 교육목적, 학습내용, 교수방법, 학교제도 등 거의 모든 교육문제를 다루고 있다. 『대교수학』을 중심으로 살펴볼 때, 코메니우스의 교육사상은 다음과 같은 세 가지 측면으로 정리될 수 있다(한기철, 조상식, 박종배, 2016: 282-284).

[그림 6-12] 코메니우스

첫째, 『대교수학』에는 범지학적 가정이 놓여 있다. 『대교수학』에서 코메니우스는 자신의 『범지학』(pampaedeia)의 첫 장에서 나오는 유명한 구호, '모든 사람에게 모든 것을 다방면으로(omnes omnia omnino)'라는 구호를 부제로 삼는다. 여기서 onmes는 모든 사람을 뜻하며, 보통교육의 이념을 나타낸다. 모든 사람은 교육적으로 평등하다는 것이다. 그러한 교육적 평등은 모든 사람이 모든 것(omnia)을 배울 때 실현된다. 여기서 말하는 모든 것을 배워야 한다는 것은 교육적 필연성과 논리성에 입각하여 학습내용을 선정하고 조직하여 교육에 활용해야 한다는 의미다. 마지막으로, omnino는 '모든 것이 철저하게 학습되어야 한다.'는 의미다. 이는 학습자의 자발성과 흥미에 기초하여 주도면밀하고 다양한 방식으로 가르쳐야 한다는 의미다.

둘째, 코메니우스는 고전 중심의 교육과 대비되는 사물(res)교육을 강조한다. 사물교육은 당시 지배적이던 스콜라주의 철학과 인문주의의 언어중심주의의 대안으로 제시된 것이다. 사물교육에서는 감각적 직관과 자기활동이 강조된다. 이것은 근대 이후의 교육 이론과 실천에도 계속 적용되고 발전될 정도로 획기적인 개념이라고 할 수 있다. 코메니우스는 또한 보통교육의 기초인 모국어에서 출발하며 학습자의 일상경험을 교육의 출발점으로 삼는다.

셋째, 코메니우스의 교육사상은 이후에 본격적으로 전개될 자연주의 교육을 미리 보여 주고 있다. 코메니우스가 말하는 자연이 '자연소질'을 의미하는 것은 아니지만, 자연사물에 기초해서 교육해야 한다는 주장이나 아동의 개별적인 특성을 고려해서 교육을 해야 한다는 주장 속에는 18세기 이후에 전개되는 자연주의 교육사상의 싹을 이미 가지고 있었다고 평가할 수 있다. 실제적으로도 코메니우스의 교육사상은 이후에 등장하는 학교법령, 보통의무교육, 모국어 교육, 초등학교의 실물수업, 각종 교수방법론 등에 직접적인 영향을 주게 되며, 또한 18세기 이후에 전개될 자연주의 교육사상에도 직간접적으로 영향을 끼치게 된다.

---

### 🧑 탐구문제

1. 전통적인 교육 중에서 현재 거의 사라진 교육은 바로 수사학 또는 웅변 교육이라고 할 수 있다. 수사학 또는 웅변이 철학보다 더 높다고 하는 퀸틸리아누스의 주장을 음미해 보면서 수사학교육에서 어떤 의미와 가치를 찾을 수 있는지 생각해 보시오.

2. "도덕적인 선과 사회적 유용성은 결코 어긋나는 일이 없지만, 도덕적인 선과 유용해 보이는 것은 서로 어긋날 수 있다."라는 키케로의 주장이 오늘날에도 여전히 타당할 수 있는지 논의해 보시오.

3. 교육을 지성의 빛과 신의 조명으로 파악하며, '신을 최고의 교사'라고 말하는 아우구스티누스의 주장을 탈-신화적으로 해석했을 때도 그것이 여전히 의미가 있는 주장일 수 있는지 논의해 보시오.

4. 르네상스 시기의 마키아벨리와 미란돌라가 인간의 가치에 대해 완전히 상반된 평가를 내리는데, 그중에서 어느 편이 우리에게 보다 합당하게 가정될 수 있는지 검토해 보시오.

5. '모든 사람에게 모든 것을 다방면으로'라는 코메니우스의 구호를 바탕으로 인문교육, 교양교육 또는 자유교육의 가능성과 의미를 검토해 보시오.

# 근대의 교육

서양의 근대는 혁명의 시기라고 할 만하다. 일찍이 종교혁명과 과학혁명을 성공적으로 완수한 서양은 18세기에 이르러 의식혁명이라고 할 수 있는 계몽운동을 대대적으로 전개하고 프랑스혁명으로 대변되는 정치혁명을 차례로 완수한다. 이와 같은 인간조건의 혁명적 변혁과 더불어 새로운 교육의 지평이 열리게 된 것은 자명하다. 하지만 인간조건의 혁명적 쇄신을 구체적인 교육행위와 교육제도로 번역하여 정착하는 과정은 이념의 재구성과 현실의 재조정이라는 지루한 절차를 거치게 된다. 따라서 근대교육이 펼쳐 보이는 다면성과 다양성은 전통의 계승과 변혁의 시도, 역사에 대한 회고와 미래에 대한 전망이 교차되는 지점에서 전개되는 가능성 모색과 방향설정의 난맥상을 그대로 반영하고 있다.

근대의 도래와 더불어 서양 각국은 인간의 교육권에 대한 인식이 점증함에 따라 교육체제의 정비와 국가주관의 보편교육의 확립에 돌입하게 된다. 새로운 교육제도의 도입은 새로운 과제를 낳고, 새로운 과제는 기존의 교육전통과 교육사상에 대한 재검토와 재정비를 요구하게 된다. 그러한 요청에 대한 반응 중 하나는 18세기 계몽주의 한복판에서 전개되는 양자택일의 한판승부다. 말하자면, 근대의 교육은 문명의 진척을 완성하려는 진보적 계몽주의(프랑스의 백과전서파)와 기존의 문명화를 극복하려는 비판적 계몽주의(루소) 중에서 어느 편을 선택해야 할 것인가라는 과제 앞에 서게 된다.

## 1. 서양 근대 교육제도의 성립

### 1) 보통교육이념의 태동

서양의 근대는 보편교육제도의 도입과 제도화 시도로 특징지어진다. 근대 이전에 이미 보편교육의 가치와 지향점에 대한 다양한 논의가 있었지만 대체로 전문성을 위한 고등교육제도의 정비에 주안점을 두었다면, 근대 이후로는 보편적 기초교육에 주목하게 된다. 대중을 위한 공교육 및 의무교육의 필요성 자체는 이미 교육의 보편적 가치와 권리를 천명한 종교개혁 운동과정에서 배태된 것이다. 하지만 종교적 혹은 정치적 이해관계에 따라 다르게 해석·옹호되어 오다가, 근대에 와서야 모든 사람에게 보편적으로 허용되는 보통교육이라는 교육제도로 자리 잡기 시작한다.

공립·보통·의무 교육이라는 이념을 실현하기 위한 선구적인 법안은 1642년 독일의 고타(Gotha)공국과 영국의 식민지였던 뉴잉글랜드의 매사추세츠(Massachusetts)에서 동시에 제정된다. 두 법령은 모두 공립·보통·의무교육을 규정한 최초의 시도라는 점에서 의의가 크다. 「고타 교육령」은 계몽군주였던 에른스트(Ernst der Framme, 1661~1674)가 교육자 라트케(Wolfgang Ratke, 1571~1635)와 코메니우스(John Amos Comenius, 1592~1670)의 사상을 받아들여 제정했다. 그 법안은 취학의무, 학급편성, 학교관리, 교과과정, 교수법 등을 체계적으로 규정하는 16장 45개조로 구성되어 있다. 예컨대, 제2장은 "모든 아동은 예외 없이 1년간 학교에 다녀야 한다."라고 규정하고 있다. 또한 제13장은 "12세 이하의 아동을 취학시키지 않으면 부모가 처벌을 받는다."라고 규정한다. 이러한 조항들은 아동의 취학의무와 부모의 교육적 책임을 명확하게 규정한 세계 최초의 의무취학 규정이라고 할 수 있다.

한편, 청교도혁명에 실패한 후 신대륙으로 건너가 매사추세츠 지역에 정착한 영국의 청교도들은 신으로부터 구원받기 위해서는 교육을 받아야 한다는 칼뱅주의에 입각하여, 1642년 「매사추세츠 교육령」을 제정한다. 이 교육령에 따르면, 각 마을은 마을 안의 모든 소년이 교육을 받을 수 있게 할 권한과 의무를 가지며, 자녀교육을 소홀히 하는 자에게는 벌금을 부과한다. 「매사추세츠 교육령」은 공립학교제도, 교육에 대한 부모와 고용주의 의무, 지방자치단체의 학교설치 의무 그리고 세금에 의한 무상교육과 같은 근대 공교육제도의 근본원리를 함축하고 있다는 점에서 의의가 있다.

## 2) 프랑스의 국가교육체제 시도

프랑스에서는 라 샬로테(Louis Rene de la Chalotais, 1701~1785)가 예수회교단 주관의 교육에 대한 비판의 일환으로 국가교육체제를 들고 나왔다. 라 샬로테는 1763년에 자신의 교육관을 담은 『국가교육론』을 통해 예수회가 주관하는 교육이 부당하다고 비판하면서, 국가교육체제가 그것을 대신해야 한다고 주장한다. 즉, 자신의 교단에 헌신하기로 서약한 교사에게 국가의 교육을 맡길 것이 아니라, 국가에 의존하는 국가교육체제를 확립해야 한다는 것이다. 하지만 라 샬로테의 국가교육체제 구상은 여전히 국민 전체를 위한 보통교육을 주창했다기보다는 국가의 필요를 충족시키기 위한 교육을 옹호하고 있다. 그는 사실상 상류계층을 위한 교육에 주목하면서, 일반대중에게는 교육이 불필요하다고 생각하기 때문이다. 게다가 생산직에 종사해야 할 서민들이 읽기와 쓰기를 배우게 되면 육체적인 일을 회피하게 되기 때문에, 일반대중에게는 직업에 필요한 범위를 넘어서는 교육이 필요 없다는 입장이다.

라 샬로테가 국가교육의 중요성을 부르짖은 후, 루소(Jean-Jacques Rousseau, 1712~1778), 엘베시우스(Claude Adrien Helvetius, 1715~1771), 튀르고(Anne Robert Jacques Turgot, 1727~1781), 디드로(Denis Diderot, 1713~1784) 등이 국가교육을 지지하면서 동일한 주장을 내놓는다. 이들은 상당한 의견 차이를 보이면서도, 미래 시민을 교육하는 일은 국가가 담당해야 하며, 성직자가 아닌 일반인이 교사가 되어야 한다는 점에서 의견이 일치한다. 이처럼 국가주관의 교육에 대한 주장이 확산되는 중에도, 교육에 대한 교회의 독점적 지위는 지속되었다. 그러다가 1789년 프랑스대혁명과 더불어 국가교육체제를 확립해야 하는 문제가 다시금 국가적 의제로 부상하게 되지만, 막상 국가교육체제라는 과제가 이론적 논의에서 실천을 위한 입법으로 넘어가는 순간 수많은 난관에 직면하게 된다.

프랑스에서 국가교육체제의 도입을 어렵게 만든 것은 교육에 있어서 국가와 개인의 상대적 권한에 관한 문제였다. 개인의 자유를 옹호하는 사람들은, 미래 시민을 교육할 필요성은 인정하면서도, 획일적인 교육을 강요하는 국가의 권한에 대해서 저항한다. 그러면서 국가의 지나친 간섭 없이 교육의 기회를 제공할 수 있는 방안을 모색하게 된다. 반면에 정치적 혁명에 경도된 사람들은, 아동이 부모에게 속하는 것이 아니라 국가에 속한다고 역설하면서, 국가에 대한 충성을 주된 관심사로 하는 교육체제를 관철시키려고 한다. 이러한 대립 속에서 국가교육체제를 수립하기 위한 수많은 공교육 법안이 제안되었지만 실행되지는 못한다. 예컨대, 1791년의 탈레랑(Charles-Maurice de Talleyrand-Perigord, 1754~1838) 법안과 1792년의 콩도르세(Marquis de Condorcet, 1743~1794) 법안은 모두 헌법에 기초하여 모든 시민에게 무상의무교육을 실시하려는 법안이었으나, 심리 도중에 폐기되고 말았다.

그중에서 콩도르세의 법안은, 비록 실행되지는 못했지만 민주국가의 교육체제를 이상적으로 제시하였다고 평가된다. 콩도르세는 인간의 원래 타고난 능력이 불평등하며, 교육이 그것을 확대할 수도 있다는 것을 날카롭게 의식하고 있었다. 그래서 국가교육이 필연적으로 좋은 것이라고 생각하지는 않았지만, 올바른 교육은 진정한 자유와 평등을 증진시킬 수 있기 때문에, 올바로 시행되는 국가교육은 자유나 평등에 어긋나지 않는다고 생각했다. 그는 국가가 구성원을 교육해야 하는 이유로 다음 세 가지를 든다. 첫째, 타인에게 의존하지 않고 자신의 의무를 다할 수 있으려면, 모든 시민은 반드시 알아야 할 최소한의 지식을 갖춰야 한다. 둘째, 시민들의 다양한 재능을 발전시키고 사회복지에 최대한 기여할 수 있으려면, 교육이 필요하다. 셋째, 혁명이 가져다준 진보를 계속 유지하고 확장하기 위해서 교육이 필요하다.

[그림 7-1] 콩도르세

국가교육의 필요성에 대한 신념에 못지않게, 국가교육의 한계에 대한 콩도르세의 통찰도 매우 예리하다. 콩도르세는 사실에 관한 '지식'을 가르치는 '적극적인 수업'과 정치, 도덕, 종교에 관한 '의견'을 가르치는 '넓은 의미의 교육'을 구분하면서, 국가교육은 '넓은 의미의 교육'이 아니라 '적극적인 수업'에 국한되어야 한다고 말한다. '의견'의 문제에 국가가 개입하는 것은 개인의 자유에 대한 부정을 의미하기 때문이다. 따라서 어떤 공공기관도 정치, 도덕, 종교 문제와 관련하여 자녀를 양육하는 부모나 진리를 탐구하는 사상가의 자유를 간섭할 권리를 가질 수 없다. 그리하여 콩도르세는 국가의 권위는 인정하면서도 교육을 일체의 정치적 권위로부터 독립시키고, 사상의 자유와 학문의 자율적인 발전을 보장하고자 했다. 그러한 신념에 따라 콩도르세는 공교육안의 기본 원칙으로 다음 세 가지를 제시했다. 첫째, 모든 사람에게 균등한 교육기회를 제공하고, 둘째, 교육 내용과 방법에 있어서 국가재정과 시간이 허용하는 한도 내에서 최선을 다해야 하며 그리고 셋째, 교육 자치권을 인정하여 교육과 진리탐구에서 모든 정치적 압력을 제거해야 한다(Condorcet, 2019).

　　그러나 국민교육체제를 마련하려는 혁명의회의 노력은 의견대립으로 결실을 보지 못했고, 나폴레옹의 집권으로 정국은 새로운 지배계급인 부르주아 계급의 이익에 영합하는 방향으로 급변하게 된다. 그 결과 국가주의적이며 중앙집권적인 교육행정체제가 수립되어 지배계급을 위한 중등교육과 고등교육은 확충될 수 있었지만, 프랑스혁명의 이상인 모든 국민을 위한 초등교육은 오히려 경시되는 방향으로 전개된다. 초등교육을 제외한 일체의 공공교육이 국가의 직접적인 통제하에 들어간 것과 더불어 그때까지 이어져 오던 교육이론의 다양한 물줄기는 프랑스에서 완전히 고갈되었다. 교육에 대한 논의가 있었더라도, 그것은 교육자집단 안에서가 아니라 바깥에서 이루어졌다. 예컨대, 주로 가정교육에 관심을 기울인 일련의 여성작가들이나 이상사회를 꿈꾸며 그것을 위한 수단으로 교육의 변화를 열망하는 일군의 사상가들이 19세기 초반 프랑스 사회의 교육적 담론을 점령했다.

　　전자와 같은 흐름의 대표적인 경우는 네케르 드 소쉬르 부인(Albertine Adrienne Necker de Saussure, 1766~1841)이다. 그녀는 루소의 제자이면서 동시에 비판자였다. 그녀는 스승인 루소의 정신에 따라 학습자의 결정을 존중하고 자립능력을 길러주어야 한다고 주장한다. 하지만 아동의 자연이 본질상 선하다고 본 루소와는 달리, 소쉬르 부인은 아동의 자연이 본질상 악하다고 보았다. 그에 대한 당연한 귀결로 소쉬르 부인은 루소의 소극적 교육을 거부한다. 아동은 악으로 흐르는 성향을 가지고 있기 때문에, 아동에게 법에 대한 복종을 강요할 때 아동의 의지를 올바르게 훈련할 수 있고 상상력을 올바른 방향으로 계발할 수 있다는 것이다.

　　한편, 프랑스혁명의 실패로 인해 새로운 사회를 건설하려는 정치적 희망이 사라진 자리에 전통과의 연속성을 외면한 채 전적으로 새로운 사회를 창조하려는 유토피아적 희망이 줄기차게 표출된다. 대표적인 경우가 생 시몽(Claude Henri de Saint-Simon, 1760~1825)인데, 그는 사랑을 으뜸 동기로 하는 '새로운 기독교적 공동사회'를 희망한다. 또한 과거를 돌보지 않고 유토피아적인 희망으로 도피하려는 경향은 '보편적 교육'을 창안한 자코토(Joseph Jacotot, 1770~1840)에게서도 찾을 수 있다. 자코토는 포괄적인 사회개혁이라는 공상적 정치이념을 교육에 직접 적용했기 때문이다. 자코토는 『보편교육론』(1822)에서 다음과 같이 주장한다.

> 모든 사람은 잠재적으로 동일한 능력을 가지고 있으며, 누구나 모든 교과를 배울 능력을 가지고 있다. 사람들 사이에 나타나는 차이는 지력의 결함에서 기인하는 것이 아니라 의지의 부족에서 기인한다. 출발만 제대로 한다면 누구든지 어떤 교과든지 혼자서 배울 수 있다. 그뿐만 아니라, 만약 올바른 방법만 알고 있다면, 교사는 자신이 모르는 교과까지도 가르칠 수 있다(Boyd & King, 1996: 544-545).

자코토의 이론이 상당 부분 과격한 주장을 담고 있는 것은 사실이다. 그런데도 자코토의 이론이 비-현실적 환상으로 떨어지지는 않고, 오히려 오늘날까지 기존의 교육적 가정과 관점에 대한 비판과 재평가의 계기로도 작동할 수 있는 까닭은, 자코토가 자신의 아이디어를 항상 실제 수업사태와 관련지으면서 그것에 적용하려고 노력하였기 때문이다(Rancière, 2008).

### 3) 독일의 보통의무교육제도와 국가주관의 교육

모든 국민에게 초등교육을 제공하는 보통의무교육제도는 프로이센의 계몽군주들에 의해 최초로 도입되었으며, 그 이면에는 절대왕권을 확립하고 부국강병을 이룩하려는 절대주의 정치사상이 자리 잡고 있었다. 절대주의 체제는 중세의 봉건사회로부터 근대 시민사회로 넘어오는 과도기적인 체제로서 봉건귀족과 신흥 자본가 세력이 절대왕권 아래에 공존했던 통치체제를 의미한다. 절대주의 국가에서는, ① 교육의 주도권이 교회로부터 국가로 이관되고, ② 학교제도는 관료 및 상비군 간부 양성을 위한 중등학교제도와 일반국민의 자녀를 위한 초등학교제도가 2원적으로 운영되는 복선형 학제로 구성되며, ③ 교육목적은 부국강병과 군주에 대한 충성심을 기르는 데 놓이게 되고, ④ 교육내용은 왕권에 대한 충성심을 함양하는 교과목과 기능, 실과, 수학 및 근대어 등 산업진흥에 필요한 실학적인 교과목들을 강조하게 된다. 이러한 절대주의 교육정책은 프로이센의 보통의무교육제도 발전과정에서 전형적으로 나타난다.

브란덴부르크(Brandenburg)의 선제후였던 프리드리히 빌헬름(Friedrich Wilhelm der Grosse Kurfurst, 1620~1688)은 독일통일의 위업을 달성하여 프로이센 왕국이라는 절대군주제를 확립했다. 그의 후계자인 프리드리히 빌헬름 3세(Friedrich Wilhelm III, 1688~1713)는 초대 프로이센 국왕 프리드리히 1세(Friedrich I)가 되어 베를린을 수도로 정하고, 할레(Halle) 대학교(1692)와 베를린 아카데미(1700)를 개설했다. 제2대 국왕인 프리드리히 빌헬름 1세(Friedrich Wilhelm I, 1713~1740)도 선왕의 정책을 이어받아 1717년「의무취학령(Der Erlass)」을 발령하여 국민들에게 자녀의 의무취학을 명령했다. 이어 1736년에는 학교설립과 교원의 의무 그리고 취학연령과 주요교과와 관련된「일반학교령(Principia Regulationa)」을 제정하여 공포했다. 이 교육령은 뒤이어 수립될 의무교육제도의 기초가 되었다는 데 역사적인 의의가 있다. 제3대 국왕이 된 프리드리히 2세 대왕(Friedrich II der Grosse: 1740~1786)은 베를린 세미나(Berlin Seminar)와「일반지방학사통칙」을 제정했다. 1763년에 공포된「일반지방학사

[그림 7-2] 할레 대학교

통칙」은 프로이센 보통교육제도의 기초가 된 세계 최초의 초등교육령으로, ① 5세에서 14세까지의 취학의무, ② 학교의 설치 및 개학기간, ③ 교재 및 그 내용, ④ 수업료, ⑤ 빈곤자에 대한 학비면제, ⑥ 학교감독, ⑦ 교사의 자질, 직무 및 봉급 등을 규정하고 있다.

이처럼 프로이센에서 세계 최초로 국가에 의한 보통의무교육제도가 체계화될 수 있었던 까닭은 계몽군주의 의지와 추진력 때문만이 아니라, 그를 둘러싼 수많은 계몽지식인의 역할 때문이기도 했다. 국가에 의한 교육을 강조한 전형적인 주장은 피히테(Johann Gottlieb Fichte, 1762~1814)의 〈독일 국민에게 고함〉에서 발견된다. 피히테는 프랑스군의 점령하에 있던 베를린의 아카데미에서 1807년 말부터 1808년 초에 이르기까지 14회에 걸쳐 〈독일 국민에게 고함〉이라는 대중강연을 한다. 그 내용은 다음과 같다.

> 교육은 프랑스가 독일인들에게 자유를 허용한 유일한 분야이므로, 이 자유를 최대한 활용하여 더 애국적이고 더 지적이며 더 독창적인 국민을 길러 내야 한다. 독일의 중흥을 위한 교육은 옳은 것을 자신의 당연한 의무로 주저함 없이 행할 수 있는 확고부동한 도덕성을 함양하고, 개인주의적 이해관계와 경쟁에서 벗어나 민족 공동체의식을 개발하여 자아를 완성하는 유일한 길이 국가에 봉사하고 자신과 국가가 일체가 되는 것임을 인식하게 하는 교육이어야 한다. 이런 교육은 종전의 교육방식이 아니라, 전혀 새로운 형태의 교육, 즉 '인간 자체를 형성하는' 새로운 국민교육이어야 한다(Fichte, 2013: 21).

[그림 7-3] 피히테

이러한 피히테의 주장 속에는 전체 국민을 대상으로 하는 교육, 교육비의 국가부담, 기초교육의 공통화, 양성평등교육 등 국가주관교육의 중요한 원리들이 잘 나타나 있다. 독일 국민을 향한 피히테의 호소는 당시 프로이센이 처해 있던 국가적 위기 상황으로 말미암아 독일 국민들에게 큰 감명을 주었고, 나아가 독일의 교육개혁을 촉발하는 계기가 되었다. 피히테의 호소를 계기로 프로이센은 패전으로 인한 국가적 위기에 처해 있던 1808년 국립교육국을 신설하고, 훔볼트(Wilhelm von

Humboldt, 1767~1835)를 최고 책임자로 임명하여 교육개혁사업을 주도하게 했다.

[그림 7-4] **훔볼트**

훔볼트가 남긴 대표적 업적은 베를린 대학교를 창설한 것이다. 그는 진보적 교육사상가인 피히테와 슐라이어마허(Friedrich Daniel Ernst Schleiermacher, 1768~1834)의 도움을 받아 종전의 대학과는 전혀 다른 새로운 개념의 베를린 대학교를 창설하고 초대 총장으로 피히테를 임명했다. 베를린 대학교가 특별한 것은 기성의 지식을 전수하는 '교육기능'보다 새로운 지식을 창출하는 '학문연구기능'을 대학의 본질적인 사명으로 삼았다는 데 있다. 훔볼트가 보기에 대학의 기능은 '학문연구'를 통하여 고차적인 차원에서 국가와 사회에 이바지하는 것이었기에, 이를 위해서는 완전한 학문의 자유가 보장되어야 했다. 이러한 정신에서 세워진 베를린 대학교는 학문연구, 교육, 사회봉사를 이념으로 삼는 현대 대학의 모범으로서 프로이센의 번영을 이끌어 갈 지성의 요람이 되었다.

훔볼트의 교육개혁사업은 중등교육의 개혁으로 이어졌다. 기존의 문법학교가 대학 진학을 위한 준비교육기관인 김나지움으로 바뀌었다. 이에 따라 종래 성직자들이 담당하던 중등학교 교사직이 독자적인 전문직으로 자리 잡게 되었다. 전인교육을 목적으로 하는 김나지움의 교육과정은 라틴어, 그리스어, 독일어, 수학, 과학 등의 교과목들로 구성되었으며, 형식적인 라틴어 작문 위주로 진행되던 종전의 문법학교 교육방식은 고전 작품과 작가의 사상에 대한 이해를 강조하는 수준 높은 문학교육으로 바뀌게 된다. 종전에는 대학의 인문학부에서 하던 공부를 이제부터는 대학 입학준비기관인 김나지움에서 하게 된 것이다. 이에 따라 김나지움의 교육은 9년 과정으로 정착되었다. 한편, 대학 진학과는 무관한 중간계층의 자녀들을 위한 6년 과정의 단기 중등학교도 신설되었다. 이 학교에서는 고전 언어 대신에 외국어인 프랑스어와 과학을 가르쳤다. 이 학교를 마친 학생들에게는 중등학교 졸업시험을 치르게 했으며, 거기에 합격하면 군복무 특혜와 하급관리로 채용될 수 있는 자격이 주어졌다.

## 4) 영국의 근대 교육

독일과 프랑스가 국가교육을 도입하는 방향으로 교육체제에 근본적인 변경을 가하는 동안에도, 영국은 상급반 학생이 하급반 학생을 가르치는 랭카스터와 벨의 방법(methods of Lancaster and Bell)을 도입하는 것과 같은 사소한 개선방안을 제시하는 정도에 그쳤다. 영국에서도 노동자계층이나 많은 진보주의자는 국가주관으로 교육의 혜택을 더 넓은 범위로 확대할 것을 강력히 요구했다. 그러나 대중교육이 사회불안의 원천이 될 수 있다는 생각에서 대중교육을 적대시하는 상류계층의 보수적 의견이 압도적이어서, 국가교육을 향한 진보의 길은 번번이 가로막혔다. 영국의 경우, 교육 분야에 중요한 영향을 끼친 것은 프랑스혁명이나 독일과 프랑스와 같은 국가교육의 도입이 아니라, 오히려 산업혁명이었다. 산업혁명으로 인한 도시인구와 인구이동의 대폭적인 증가는 지역 단위의 통치와 통제의 붕괴를 가져왔고, 수많은 노동자가 득실거리는 공장 도시들은 무지와 빈곤의 중심지가 되었다. 이런 상황에서 도시의 노동자들은 생활조건을 개선해 줄 국가수준의 정책에 대해 점점 뚜렷한 목소리를 가지게 되었지만, 신흥 중산계층과 같은 반대세력은 그러한 움직임을 저지하려고 했다.

영국에서 대중교육을 부르짖은 사람들 중 가장 두드러진 인물은 로버트 오웬(Robert Owen, 1771~1858)이다. 오웬은 『새로운 사회관: 인격 형성에 관한 에세이』라는 책에서, 선한 사람과 악한 사람의 차이는 전적으로 교육의 차이로 귀착되기 때문에 정부의 주도하에 영국 전역에 걸쳐 균등한 교육체제가 설립되어야 한다고 주장한다. 오웬의 보다 혁신적인 방안은 『새로운 도덕세계』라는 책에서 제시된다. 이 책에서 그는 출생에서부터 20세에 이르는 아동의 교육을 네 단계로 구분하여, 신체적·지적·도덕적으로 새로운 인류를 기르는 방안으로 제시하고 있다. 영국에서 오웬의 교육개혁이 낳은 직접적인 성과는 오직 유아학교가 널리 받아들여지게 된 것에 그쳤지만, 그의 교육적 발상은 마르크스주의와 폴리테크닉 교육이론으로 이어지게 된다(Boyd & King, 1996: 552-555).

하지만 국가에 의한 국가교육체제의 도입에 반대하는 입장도 또한 강경했다. 대표적인 사람은 허버트 스펜서(Herbert Spencer, 1820~1903)다. 그는 국가의 권한과 기능을 최소한으로까지 제한하고자 했고, 그것을 넘어서는 것에 대해서는 형식을 가리지 않고 반대했다. 그가 보기에 교육은 본질상 개인의 관심사이며, 교육을 통제하고 지도하려는 국가의 시도는 불가피하게 해로운 영향을 끼친다는 것이다. 스펜서는 그러한 견해를 국가교육에 관한 4개의 에세이로 구성된 『교육론』(1861)에 담아내고 있다(Boyd & King, 1996: 555 이하).

[그림 7-5] 스펜서

스펜서는 완전한 삶을 위한 준비야말로 교육의 목적이라고 본다. 개인의 이해(利害)와 사회의 이해는 대립적일 수밖에 없으므로, 개인적인 이해가 최우선적인 고려사항이 되어야 한다는 것이다. 그러한 전제에서 출발하여 스펜서는 개인의 건강과 복지에 관계되는 학문을 지식의 가치위계에서 최상위에 놓고, 교육의 사회적 측면과 관계되는 문학과 예술을 최하위에 놓는다. 그러한 입장은 곧 학교교육의 인문주의적 전통에 반대하고, 과학적 지식을 가장 가치 있는 지식으로 판단하는 것으로 구체화된다. 전통적 지식에 대한 스펜서의 불신은 지식교육의 원리를 논의하는 장면에서 보다 구체적인 형태로 나타난다. 지식교육의 원리와 관련해서 스펜서는 자신의 유일한 스승이었던 페스탈로치의 직관(直觀) 또는 감각경험의 원리를 부연하고 강조한다. 스펜서는 예컨대 지식교육이 단순한 것에서 복잡한 것으로 나아가야 한다고 말한다. 이것은 표면적으로 교육의 형식적 원리를 제시하고 있지만, 이면에 감춰진 주장은 교육이 전적으로 개인적인 과정이라는 것이다.

오웬과 스펜서는 각각 국가주관의 교육과 개인주의적 교육을 대변하지만, 모든 면에서 서로 대비되는 것은 아니다. 특히 교육에서 과학이 차지하는 위치와 관련해서는 같은 입장이다. 스펜서는 개인주의의 입장에 서서 인문교육보다는 과학교육이 우위에 서야 한다고 주장한다. 반면에 오웬을 비롯한 프랑스혁명의 주역들은 국가건설을 위해 과학교육의 필요성을 주장한다. 이것은 결국 과학교육이 국가주의적 교육과 개인주의적 교육이라는 상반된 이념에 공통적으로 기여할 수 있다는 것을 잘 보여 준다. 하지만 영국에서 인문학과 과학, 나아가 개인주의적 교육과 국가주의적 교육 사이의 화해는 매우 느리게 진행되었고, 여전히 현재형이라고 할 수 있다.

서양의 주요 국가들의 경우를 살펴보았듯이, 오늘날 우리가 누리고 발전시키며 계승하는 공교육의 탄생과 제도화는 매우 짧은 역사를 가지고 있다. 가장 멀리 보더라도 1642년까지 거슬러 올라가고, 1763년이 되어서야 제도와 법률로 구체적인 형태를 가지게 된다. 그 후에 오랜 진통과 시행착오 끝에 평등교육, 의무교육, 교육의 공적 책임 그리고 교육내용의 보편성 등의 가치를 갖는 공교육이 민족국가 내에서 제도화와 법제화에 이르게 된다. 그렇지만 각 국가마다 국가주관교육의 한계설정과 주요교육내용을 선택 그리고 개인의 교육적 자유 및 권리와 관련해서 지속적인 논의와 대립 및 절충이 시도되고 있다. 그러한 흐름 속에서 오늘날 우리도 여전히 공교육을 다듬고 새롭게 빚어내는 노력을 통해 공교육의 가치와 가능성을 구체화하려고 애쓰고 있다. 그러한 노력이 집중되는 지점은 국가 혹은 기업 혹은 사회의 교육적 간섭을 최대한 배제하면서 공공재로서 교육의 가치와 공간을 확보하려는 것이다.

## 2. 근대의 교육사상가

### 1) 로크(John Locke, 1632~1704)

[그림 7-6] 로크

로크는 1693년 친구의 아들을 위한 교육적 조언을 담은 편지글『교육론』을 출간한다. 이 책에서 로크는 ① 신체를 강인하게 단련하는 방법, ② 자기통제를 원칙으로 하는 덕의 훈련방식 그리고 ③ 젊은 신사를 양성하기 위한 지식교육의 내용에 대해 차례로 논의한다. 로크는 기존 학교교육의 문제를 지적하면서 논의를 시작한다. 기존의 학교는 그리스어와 라틴어와 같은 고전 교육에 치중한 나머지 정작 그리스인과 로마인을 용감한 사람으로 만든 덕을 경시하고 있다고 말한다. 즉, 기존의 학교는 "약간의 그리스어와 라틴어를 위하여 귀한 자녀의 순수성과 덕을 위태롭게 만들고 있다"(Locke, 2014: 100-101).

기존 교육에 맞서, 로크는 '건강한 신체에 건강한 정신(mens sana in corpore sano)이 깃드는 교육'을 제안한다(Locke, 2014: 23). 건전한 인격을 형성하는 일이 교육의 궁극적인 목적이라는 것이다. 여기서 말하는 인격은 크게 두 가지 의미를 내포한다. 첫째, 인격은 이성에 의해 자기를 통제할 수 있는 사람이 갖추게 되는 자질이다.

이런 의미의 인격을 갖추게 되면, 자신의 욕망과 본능적 경향을 억제할 수 있으며, 이성의 지시를 최선의 것으로 믿고 따를 수 있다. 둘째, 인격은 르네상스에서부터 전통으로 내려오는 신사도를 의미한다. 즉, 자발적 복종, 명예 존중, 세련된 예의 등 교양 있는 신사의 자질을 가리킨다. 도덕성과 사회적 유용성이라는 인격의 두 가지 의미를 함께 고려하게 될 때, 로크가 주목하는 인격교육은 바로 신체적 · 도덕적 · 지적으로 균형이 잡힌 교양 있는 신사를 양성하는 교육을 의미한다.

로크는 건전한 인격과 양식(common sense)을 갖춘 교육적 인간형을 가리켜 '신사(gentleman)'라고 부른다. 그렇기 때문에, 로크의 교육론은 한마디로 신사를 양성하는 교육이론으로 특징지어진다. 로크가 주목하는 신사교육론은 크게 체육(體育)과 덕육(德育) 그리고 지육(知育)으로 이루어진다. 신사교육은 먼저 체육을 통해 활기와 기상을 갖춘 아이로 만든 다음에, '덕(virtue), 지혜(wisdom)와 품위(breeding) 그리고 학식(learning)'을 순차적으로 길러 주는 교육이어야 한다(Locke, 2014: 223).

체육은 신사교육론에서 가장 기초적이며 근원적인 교육유형으로 '신체의 성장에 수반되면서 또한 신체의 성장을 촉진하는 단련'으로 이루어진다. 체육이 가장 기초적인 교육으로 강조되는 이유는 '경험이야말로 인간정신을 빚어내는 핵심적인 교육적 계기인데, 제대로 된 경험은 신체의 건강을 전제로 하기' 때문이다(Locke, 2014: 34).

이어지는 덕육은 자신의 욕망을 억제하고 이성에 따라 행동할 수 있도록 습관을 붙이는 교육을 의미한다. 로크는 습관이라는 교육방법을 높이 평가하면서, 아이들의 마음속에 훌륭한 원칙을 심어 주고, 그 원칙이 몸에 배어 버릇이 되도록 하는 가장 훌륭하고 가장 확실한 방법이라고 말한다. 덕육은, 건강한 정신 및 사교적인 삶과 관련했을 때 지육보다 오히려 중요한 교육이다. 왜냐하면 '어려서부터 자신의 의지를 타인(사회)의 이성에 복종시키는 습관을 기르지 못한 자는 성장한 후에 자기 스스로의 이성에도 복종할 수 없기 때문'이다(Locke, 2014: 60). 그러한 덕육은 가정에서 길러져야 한다. 왜냐하면 학교의 친구들 사이에서는 '뻔뻔스러움과 속임수 혹은 폭력'이라는 악습에 노출될 가능성이 높기 때문이다(같은 책, 101). 또한 덕육은 말로 하는 훈계보다는 특히 성인의 삶을 모방함으로써 효과적으로 형성될 수 있기 때문이다.

체육과 덕육이라는 사적이고 가정적인 교육이 이루어진 다음에야 지혜와 품위라는 사회적 자질을 길러 주는 지육이 시작된다. 지혜는 삶에서 자신의 일을 올바르게 처리하는 능력을 뜻하며, 품위는 사회적 관계에서 올바르게 처신하는 능력을 의미한다. 따라서 지혜와 품위는 사회적 자질을 의미한다. 지혜는 경험, 성격, 건전한 마음의 종합적 결과로 이루어지며, 이를 개발하기 위해서는 역사와 부기, 수공 등의 공부가 필요하다. 또한 품위는 교양 있는 품성과 예의범절을 말하는데, 이를 위해서는 춤, 권투, 독서, 정원 가꾸기, 조각, 여행 등이 권장된다. 여기서 볼 수 있듯이, 로크가 염두에 두는 지육은 순수한 지적 연마를 지향하기보다는 사회적 실천에 활용되는 유용성과 연관된다. 말하자면, 지육은 사회적 실천의 기반이자 자질인 덕을 쌓고 사고를 깊게 하는 수단이다. 이처럼 로크는, 지식 자체를 위한 교육보다는 사회적 실천을 위한 지식교육을 해야 한다는 전제조건하에서 지력의 훈련과 연마를 강조한다.

로크는 학식보다는 덕과 지혜 그리고 품위를 강조한다는 점에서 사회적인 실천능력을 강조하는 몽테뉴를 따르고 있다. 몽테뉴를 따르는 이유는 당시의 학교교육이 덕성과 사회적 실천능력을 기르기보다는 고전 언어와 문학에 대한 현학적 지식만을 가르치고 있다는 문제의식 때문이다. 로크는 또한 교육을 통한 신사양성을 강조함으로써 기사교육의 전통을 계승하고 있다. 그가 말하는 신사도와 전통적인 기사도는 상당 부분 중첩된다. 신사는, 첫째, 신을 믿고 진실을 말하고 사랑과 친절로써 타인을 대하는 사람(덕성이 있는 자)이고, 둘째, 세상사를 잘 처리하고 예견할 수 있는 능력을 갖춘 사람(실천적 지혜를 갖춘 자)이며, 셋째, 다른 사람의 기분을 나쁘게 하지 않는 성품을 갖춘 사람(예절과 품위를 갖춘 자)이고, 넷째, 많은 지식과 경험을 갖추고 있는 사람(지적인 사람)이다. 그러한 사람을 길러 내는 교육의 과정은 건강한 신체를 통해 건강한 정신을 함양하는 것이며, 그러한 교육의 원칙은 자연적인 소질을 개발하고 연습·연마하는 것이다. 따라서 교육적으로 '기대할 수 있는 최선의 것은 실천을 통하여 습관화가 되도록 하는 것'이다(Locke, 2014: 34).

## 2) 루소(Jean-Jacques Rousseau, 1712~1778)

루소는 1750년 디종 아카데미(L'Academie de Dijon)의 현상논문모집에서 그의 『학문예술론』이 당선되면서 학자의 길로 들어서게 된다. 그 뒤 『인간불평등기원론』

(1755)에 이어, 연애감정과 자연미를 묘사한 소설『신 엘로이즈(Julie ou La Nouvelle Heloise)』(1761)와 주권재민이라는 근대 정치사상을 고취한『사회계약론(Du contrat social)』(1762) 그리고 교육소설『에밀(Emile)』(1762)을 순차적으로 내놓는다. 그러던 중 루소는『에밀』에 들어 있는 이신론(理神論)적 주장 때문에 교회의 공격을 받고 1766년 영국으로 도피하였다가 1770년 파리로 돌아와,『참회록』『대화』『고독한 산책자의 몽상』이라는 고백 3부작을 남긴다.

[그림 7-7] 루소

　루소의 철학을 관통하는 통찰은 '자연은 인간을 선하고 행복하게 만들었으나, 사회가 인간을 타락시키고 불행하게 만든다'는 것이다. 루소의 관찰에 따르면, 사회적인 인간은 가면을 쓰고 살고 있으며, 욕구와 능력의 불일치인 사치라는 중병을 앓고 있다. 그러한 인간의 악은 모두 사회적으로 발생한 것이다. 그것을 강조하기 위해서, 루소는 "인간의 자연적인 상태는 선하다."라고 말한다. 따라서 루소의 철학은 '인간의 모든 악은 사회와 문명이 빚어낸 반자연적인 상태'라는 통찰을 출발점으로 삼아, 한편으로 '자연의 목소리를 회복하는 방안'(『에밀』)을 찾고, 다른 한편으로 '사회적 불평등을 도덕적 평등으로 전환시켜 줄 방안'(『사회계약론』)을 찾으려는 철학이다.

　루소는『학문예술론』에서 학문과 예술을 추구한 결과는 '사치'와 '인간소외'(스스로 낯설어짐)라고 말한다. 그러한 인간군상은 자연적인 결과가 아니라, 바로 사회화의 결과다. 즉, 사회적인 통념과 편견이 빚어낸 기형적인 인간상을 자신의 본모습으로 믿도록 잘못 교육받았기 때문이다. 아주 어릴 때부터 착수하는 광란적인 교육 때문에 "우리의 아이들은 자신에게 적합한 언어를 말하지 못하면서도, 결코 쓰이지도 않는 남의 언어를 말한다"(Rousseau, 2007: 78). 하지만 루소의『학문예술론』은 인간을 타락시키는 원인으로 학문과 예술을 고발하는 것에서 그치지 않고, 또한 구원의 길도 함께 말한다. 만일 우리의 학문과 예술 및 교육이 '자연의 목소리'에 귀를 기울이게 된다면, 우리의 '덕(la vertu)과 학문(la science) 그리고 정치적 권력(l'autorite)은 서로 협력하여 인간의 행복에 기여하게 될' 것이다(같은 책, 96).

　이어서 루소는 교육을 통해 인간이 개선되고 향상될 수 있는 근거가 무엇인지를 탐색한다.『인간불평등기원론』(1755)에서 루소는 바로 사회의 도덕적·정치적 불평등이 인간의 '자유'와 '완성가능성(perfectibilité)'에서 비롯된다고 진단한다. 인간은 동물과는 달리, 자기 자신을 스스로 완성해 낼 수 있는 가능성을 지닌 자유로운 존재다. 그렇기 때문에 인간은 도덕적·정치적으로 개선될 수 있고 타락할 수도 있다. 그러한 인간의 '자유능력'을 보다 적극적으로 이해하게 되면, 그것은 바로 '완성가능성'이다. 즉, 인간은 '자기 스스로를 완성해 나가는 능력인 완성가능성을 지닌 존재'다. 인간은 '외부환경의 도움을 받아 자신의 모든 능력을 점차로 발전시켜 가는 능력을 지닌 존재'다(Rousseau, 2002: 224). 이러한 통찰은 『에밀』의 기본 전제로 이어지게 된다.

하지만 완성가능성이라는 인간의 능력은 이중적이다. 자유로운 인간은 덕으로 나아가는 길을 선택할 수 있지만, 또한 부덕으로 나아가는 길을 선택할 수도 있기 때문이다. 따라서 인간의 완성가능성이 환경의 적절한 도움과 필요한 교육적 조력을 받지 못한다면, 그것은 곧 인간의 타락가능성(détérioribilité)이 될 수 있다. 완성가능성을 지닌 인간은 결국 진보와 퇴보라는 양방향으로 열려 있는 존재다. 그렇기 때문에 완성가능성을 토대로 하여 인간의 모든 소질을 올바른 방향으로 계발시킬 방안을 시급히 모색해야 필요가 있다. 바로 그런 시도로 저술된 책이 1762년에 출간된 교육소설 『에밀』이다.

『에밀』은 '20년간의 명상과 3년간의 작업' 끝에 탄생한 루소의 야심작이다. 그렇게 평가될 수 있는 이유는 『에밀』이 문명비판을 넘어 인간의 근원적인 선을 완성시키는 적극적인 시도를 담고 있기 때문이다. 『에밀』은 총 5부로 구성되어 있으며, 먼저 자연인 에밀의 교육을 발생적인 순서에 따라 차례로 그려 낸 후(제1~4부), 배우자인 소피의 교육과 가족의 형성으로 마무리된다(제5부). 『에밀』에 흐르는 교육원리에 따라 판단하게 된다면, 에밀은 먼저 '자연적 자유'에서 출발하여 '도덕적 자유'를 획득하고(제1~4부), 이어서 도덕적 자유를 바탕으로 '시민적 자유'를 습득하게 된다(제5부).

『에밀』의 핵심개념은 바로 '자연교육(l'éducation naturelle)'이다. 자연교육이란 자연적으로 선한 인간을 덕이 있는 시민으로 형성하는 교육을 의미한다. 『에밀』은 잘 알려진 유명한 구절로 시작한다. "모든 것은 조물주의 손으로부터 나올 때 더할 나위 없이 선하지만, 인간의 손에 들어오면서 타락하기 시작한다."(Rousseau, 2009: 61) 인간의 자연적 선함과 악의 사회적 기원에 대한 천명! 이것이 바로 『에밀』의 착수점이다. 여기서 강조점은 후자에 놓인다. 말하자면, 루소는 모든 악이 사회적인 기원을 갖는다는 것을 강조한다. 모든 악이 사회적 기원을 갖기 때문에, 순수 논리적으로 모든 사회적 영향에 노출되기 이전의 인간은 선할 수밖에 없다.

루소는 인간을 가리켜 '자유로운 존재'라고 말한다. 인간은 미리 규정되거나 미리 결정된 채로 태어나지 않는다. 이 말은 모든 인간이 자신의 존재와 삶을 '자유롭게' 선택하고 빚어내야 한다는 의미다. 이러한 생각은 분명 미란돌라로부터 이어진다. 미란돌라는 인간의 미(未)규정 상태를 가리켜 자유의 근원이라고 말하기 때문이다(Mirandola, 2009). "자연적인 인간은 자유로운 존재다."라는 말은 인간에게는 본능이나 본질, 숙명이나 사회의 구조에 의해 미리 규정되어 있는 각본이 없다는 의미다. 그것은 곧 인간이 스스로를 형성할 가능성과 능력을 지닌 자유로운 존재라는 의미가 된다. 바로 여기에 루소가 발견한 교육의 가능성과 필요성이 숨 쉬고 있다.『에밀』에서 루소는 인간에게는 교육이 가능하고 또한 필요하다는 생각을 체계적으로 분화시키고 명료화시키기 시작한다. 그러면서 루소는 인간의 선을 빚어 나갈 자연교육을 '자연교육과 사물교육 그리고 인간교육의 합'으로 파악한다.

> 우리의 능력과 기관의 내부적인 발육은 자연의 교육(l'éducation de la nature)이다. 이러한 발육을 어떻게 사용할 것인가를 우리에게 가르쳐 주는 것은 인간의 교육(l'éducation des hommes)이다. 우리들을 자극하는 갖가지 사물에 관한 우리 자신의 경험에 따라 얻는 것은 사물의 교육(l'éducation des choses)이다. 그러므로 우리는 세 가지 종류의 스승한테서 배움을 얻는다(Rousseau, 2009: 63).

인간은 세 종류의 스승으로부터 배움을 얻는다. 인간은, 첫째, 자연적인 성숙을 통해, 둘째, 세계 및 인간에 대한 경험을 통해 그리고 셋째, 좁은 의미의 교육인 교수-학습을 통해 배우게 된다. 인간의 스승이 셋이라면, 세 스승의 가르침이 서로 조화를 이루어야만 비로소 성공적인 교육이 이루어질 수 있다. 그럴 때 욕구와 능력의 균형이 잡힌 인간, 건강하고 강한 인간, 선한 인간, 즉 자연인(l'homme naturell)이 기대될 수 있다. 이처럼 인간에게 요구되는 세 스승의 가르침이 조화를 이루기 위해서는, 인간이 수행하는 가변적인 교수-학습은 불변적인 자연이 수행하는 교육에 합치해야 한다. 그래서 루소는 세 종류의 스승이 조화를 이루는 교육이란 근본적으로 '자연을 돕고 따르는 교육(l'éducation d'aider et de suivre la nature)', 즉 '자연교육
(l'éducation naturelle)'일 수밖에 없다고 주장한다.

자연교육을 통해 루소는 사회와 문화에 의해 왜곡되기 이전의 인간, 즉 본래적인
인간을 형성하고자 한다. 회복하고자 하는 본래적인 인간다움은 '능력과 욕망의 조
화(l'équilibre: 균형)'를 특징으로 한다. 능력과 욕망이 조화로운 영혼은 자족적이고
자기만족적이다. 마음의 평정을 유지할 뿐만 아니라, 또한 세계의 평온한 질서를 빚
어내고 누린다. 이것이 자연이 허락하는 인간조건이고, 인간의 근원적인 선성이며,
자연교육의 목표다. 자연교육은 결국 인간성과 인간적인 삶의 회복을 도모하는 교
육이다.

루소의 자연교육은 모든 교육적 조력을 거부한다는 오해를 사기도 한다. 하지만
그렇지 않다. 자연교육은 교육적 조력을 거부하는 방임교육이 아니라, 다만 '소극적
교육(l'éducation négative)'이고자 할 뿐이다. 다시 말하면, 자연교육은 학습자의 자
기완성의 능력을 저해하는 교육적 조력을 단호하게 거부하는 대신에, '자연의 진행
을 따르는' 교육적 조력을 적극적으로 모색하게 된다.

루소는 말한다. "초기의 교육은 완전히 소극적(négative)이어야 한다. 그것은 미덕
이나 진리를 가르치는 것이 아니라, 마음을 악덕으로부터, 또 정신을 과오로부터 지
켜 주는 일이다."(Rousseau, 2009: 140-141) 여기에 소극적 자연교육의 유명한 정식
이 나타난다. "가르치려고 들지 말고 지켜 주어라! 그대는 자연을 대신하여 교육에
손을 대기에 앞서서 오래도록 자연이 하는 대로 내버려 두라."(같은 책, 170) 가르쳐
주기라는 교육적 조력과 관련해서, 자연교육은 분명 소극적이다. 하지만 악덕과 과
오를 지켜 주기와 관련해서는 적극적이다. 자연교육은 자연적인 발달에 앞질러 진
리와 선과 미를 가르쳐 주려고 들지 않는다는 점에서 소극적이지만, 진리와 미와 선
을 이해하는 상태로 이끌어 주도록 모든 것을 준비하는 데 있어서는 적극적이다.

소극적 자연교육이 무질서나 방임과 구별된다는 것을 명백하게 알려 주는 원칙
은 바로 '잘 규제된 자유(la liberté bien réglée)'(Rousseau, 2009: 160)라는 원칙이다. 교
육에서 자유와 규제는 모두 필요불가결하다. 방임적인 자유만을 허용하게 되면, 경
험의 지속성과 효율성, 나아가 지향성을 확보할 수 없다. 반면에 규제만을 강조하여
학습자의 자발성과 자유를 침해하게 되면, 교육의 취지와 의미가 상실된다. 따라서
잘 규제된 자유가 자연교육의 근본원칙이 되어야 한다. 잘 규제된 자유라는 소극적

2. 근대의 교육사상가    193

교육의 원칙은 학습자의 자유를 무한정 허용할 것이 아니라, 잘 규제된 방식으로 존중해야 한다는 것이다. 문제는 학습자의 자유를 규제하는 주체가 누구인가라는 것이다. 학습자의 자유를 규제하는 주체는 교사도 아니고 학습자 자신도 아니다. 학습자의 자유를 잘 규제해야 하는 주체는 바로 '자연'이다. 루소는 말한다. 어린이의 천부적인 자유를 제한하고 통제하는 힘 또는 원리는 '자연의 질서(l'ordre de la nature 또는 l'ordre naturel)'다. 따라서 바로 "학습자가 자연의 질서에 따라 잘 규제된 자유를 향유하도록 이끌어 주어야 한다."는 것이 자연교육의 원칙이다.

루소는 잘 규제된 자유라는 원칙에 따라 진행되는 자연교육을 세 가지의 세계질서로 입문하는 것으로 구조화한다. 학습자는 먼저 사물과의 관계를 통해 '자연적 질서'를 경험하게 되고(제1~3권), 이어서 인간과의 관계를 통해 '도덕적 질서'를 학습하게 되며(제4권), 마지막으로 사물 및 도덕 교육을 바탕으로 하여 구체적이고 실천가능한 '사회적(정치적) 질서'로 입문하게 된다(제5권). 이러한 단계 구분은 한편으로 발생학적이지만, 다른 한편으로 구조적이다. 즉, 각각의 세계는 발생적으로 전후의 관계로 맺어지지만, 원리상으로 볼 때 각각의 세계경험은 각기 앞선 세계에 대한 경험을 전제로 하거나 그것에 의존하게 된다.

루소의 자연교육은 학습경험을 단계별로 세 가지 질서와의 만남으로 구조화하고 체계화했다는 점에서 특별하다. 그에 못지않게 그러한 세계와의 만남을 구체적인 학습의 내용으로 구성하는 교육원칙도 함께 분명하게 제시한다. 모든 세계질서와의 만남에서 교육적 경험은 '잘 규제된 자유'라는 교육원칙에 따라 선정되고 조직되며 경험되어야 한다. 이로써 루소는 관습과 관행 및 역사적 전통 대신에 자연개념에 바탕을 둔 교육이론을 체계화할 수 있게 된다. 이러한 루소의 자연교육은 인간의 자연이라는 형성가능성에 기반을 둔 인간형성교육 그리고 자유와 규제의 적절한 조화라는 교육원칙에 따라 진행되는 소극적 교육으로 요약된다.

하지만 루소가 교육사에 남긴 영향은 대체로 실물교육과 아동중심교육에 대한 강조로 그치고, 루소가 제기한 문명비판과 새로운 인간교육과 관련된 주제는 오히려 간과되거나 외면되었다고 평가된다. 예컨대, 루소를 충실하게 계승한 것으로 알려진 바제도 혹은 페스탈로치조차도 역사교육과 사회교육을 도외시했으며, 심지어는 교육을 탈사회화 혹은 비정치화했다는 비판을 받는다(Cassirer, 1996). 그와는 별개로 루소가 교육의 으뜸원리로 채택한 학습자의 학습권, 말하자면 인간존엄 사상은 칸트라는 뛰어난 후계자의 작업을 통해서 근대교육의 대전제로 수용·계승되고 발전된다.

### 3) 페스탈로치(Johann Heinrich Pestalozzi, 1746~1827)

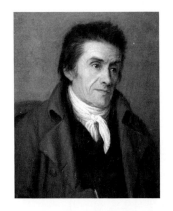

[그림 7-8] 페스탈로치

　　루소의 자연주의 교육사상은, 비판과 배척을 불러일으키기도 했지만, 많은 사람으로부터 열띤 공감을 얻고 찬양을 받았다. 특히 아동중심주의와 개성존중의 원리 그리고 소극적 교육이라는 아이디어는 19세기 교육사상의 발전에 새로운 방향을 제시했다. 루소의 교육이론을 직접적으로 실천에 옮기려는 시도는 바제도(Johann Bernard Basedow, 1723~1790)로 대표되는 독일의 범애주의(Philanthropism) 교육자들에 의해 이루어졌다. '범애주의'라는 이름은 바제도가 1774년 데사우(Dessau)에 세운 학교인 범애학원(Philanthropium)에서 비롯되었다.

바제도는 실제 생활 및 사회현실과 관련된 학습의 필요성을 강조한다. 모든 학습은 실생활에 유용해야 하며, 생활을 위한 준비가 되어야 한다는 것이다. 그리하여 범애학원은 실생활과 관련된 다양한 교과목을 가르쳤고, 실과교육을 언어교육보다 우위에 두었으며, 실습을 위해 작업장·농장·공장·상점을 활용했다. 이처럼 범애주의는 루소의 자연주의 교육사상을 직접 실천에 옮기고, 학생들에게 적합한 교과서와 교구개발에 힘썼으며, 교원교육을 통해 교육개혁의 선구적 역할을 수행함으로써 그 후에 이어지게 될 수많은 실험학교의 모범이 되었다는 점에서 교육사적 의의가 있다.

범애주의자들에 의해서 강조된 자연교육, 작업의 중시, 자기활동, 학생자치, 자연주의적 도덕 등은 페스탈로치에 의해 체계적으로 계승·발전된다. 페스탈로치는 루소의 『에밀』과 칸트 철학의 영향을 받았다. 하지만 교육문제를 이론적으로 탐구한 이론가이기보다는 실천을 통하여 교육사상을 형성해 낸 교육실천가답게 페스탈로치는 1774년에는 노이호프(Neuhof)라는 자신의 농장에 빈민아동을 모아 학교를 열었다. 여기서 아이들은 여름에는 농사를 짓고 겨울에는 옷감을 짜서 생활비를 벌면서, 틈틈이 읽기, 쓰기, 셈하기를 터득하여 직업인으로 자립할 준비를 했다.

농장학교의 경험을 바탕으로 페스탈로치는 『린하르트와 게르트루트(Lienhart und

Gertrud)』(1781~1785)를 저술한다. 이 책은 페스탈로치가 빈민아동학교에서 실천하고자 했던 교육적 생각들을 소설 형식으로 쓴 것으로, 루소의 『에밀』에 견줄 만하다. 소설 속의 주인공인 현명한 어머니 게르트루트는 일곱 남매를 헌신적으로 키우면서, 술과 도박에 빠진 남편 린하르트를 갱생시키고, 나아가 마을 전체를 변화시키게 된다. 게르트루트는 전문적인 교과지식이 없었지만 창문의 유리를 세어 보게 하거나 방의 크기를 발걸음으로 세어 보게 하는 것과 같은 방법으로 산수를 가르치며 주변에 있는 사물들을 세밀하게 관찰하게 함으로써 필요한 지식을 습득하도록 가르친다.

페스탈로치는 직접적인 실천을 통해서 교육을 통한 사회개혁이라는 이상을 구현하려고 했다. 페스탈로치는 1800년 부르크도르프(Burgdorf)의 고성(古城)을 빌려 자신의 학교를 설립한다. 이 학교는 초등학교, 기숙학교 그리고 교사양성을 위한 사범학교를 하나로 합친 복합학교였다. 여기서 그는 유능한 교사들의 도움을 받아 자신이 구상한 교육원리를 마음껏 실천해 볼 기회를 갖게 된다. 그는 그러한 실천의 성과를 『게르트루트의 자녀교육법』(1801)과 『직관 ABC』(1803)라는 저서로 남기게 된다. 근대 교육학의 창시자인 헤르바르트도 이 학교를 방문한 바 있다.

페스탈로치는 '교육의 본질은 바로 인간성을 계발하는 일'이라고 생각했다. 인간성을 계발하는 교육은 인간의 내면에 잠재되어 있는 능력을 이끌어 내고 키워 주는 것으로서, 루소의 교육관과 칸트의 인간관을 계승한 것이다. 왕의 자리에 있든 초가지붕 밑에서 살든 사회적 신분의 귀천에 관계없이, 모든 인간에게는 보편적인 인간성이 있다. 바로 그러한 인간성을 계발하는 것이 교육의 목적이다. 페스탈로치가 말하는 '인간성' 속에는 도덕적·지적·신체적 능력이 모두 포함된다. 따라서 교육은 모든 능력을 계발하는 것이며, 머리, 가슴, 손으로 상징되는 지적 능력, 정의적 능력, 신체적 기능을 유기적이고 조화롭게 발달시키는 것이다. 페스탈로치가 추구한 교육의 목적은 결국 개인의 전인적 완성을 추구하는 것이다.

페스탈로치는 개인의 전인적 완성을 추구하는 교육이 또한 사회개혁을 위한 가장 효과적인 길이라고 생각한다. 교육은 본질적으로 인간성의 계발이지만, 또한 동시에 개인과 사회개혁의 수단으로도 기능한다는 것이다. 페스탈로치가 일생을 빈민아동과 고아 등 혜택 받지 못한 계층의 교육에 헌신한 까닭은 그들의 인간성을 건전하게 발달시키는 것이 곧 사회개혁의 바른 길이라고 믿었기 때문이다. 교육과 사회 환경 간의 관계는 물론, 교육이 사회에 일방적으로 영향을 주는 것으로 그치는 것이 아니라, 상호적이다. 즉, 사회 환경이 인간을 만들지만, 인간은 사회 환경을 만든다.

이렇듯이 인간성은 자연 속에서 계발되는 것이 아니라, 오히려 사회적 맥락 속에서 계발된다. 그래서 페스탈로치는 사회가 발휘하는 교육적 기능에 주목한다. 페스탈로치는 인간의 자연적 성장과 발달을 신뢰한다는 점에서 루소를 따르지만, 아동의 지적·정신적 성장을 자극하기 위해서는 사회에 의존해야 한다고 강조한다는 점에서 루소와 거리를 둔다. 따라서 인간성을 계발하기 위해서는 사회와 문화를 떠나 자연으로 돌아갈 것이 아니라, 바로 마을과 생활세계 안에서 인간성 교육이 이루어지도록 해야 한다.

페스탈로치의 교육원리는 통상적으로 자발성의 원리, 조화의 원리, 방법의 원리, 직관의 원리, 사회의 원리의 다섯 가지 원리로 요약된다. 첫째, 자발성의 원리란 아동 내부에 있는 자연의 힘을 자발적으로 발전시키는 것을 교육의 기본원리로 삼는다는 뜻이다. 둘째, 조화의 원리란 지적 능력, 정의적 능력, 신체적 기능의 조화로운 발달을 추구하는 것을 교육의 기본원리로 삼는다는 뜻이다. 셋째, 방법의 원리란 일정한 과정을 거쳐서 인간성의 발달이 이루어지므로 그 과정에 따라 인간성을 촉진시키는 것이 교육의 기본원리라는 뜻이다. 넷째, 직관의 원리란 아동 자신의 직접적인 경험 또는 체험을 교육의 기본원리로 삼는다는 뜻이다. 다섯째, 사회의 원리는 사회생활과 사회적 관계가 인간을 교육하는 힘을 가지고 있으며, 그 힘을 활용하는 것이 교육의 기본원리라는 뜻이다.

페스탈로치가 교육사에 기여한 특별한 점은 또한 수업에서 교사가 하는 역할, 즉 교수방법에 대한 강조에서 발견된다. 교사가 수행하는 모든 수업은 반드시 인간의 마음이 성장해 가는 일반적 과정을 기초로 삼아야 한다. 인간의 마음은 감각인상에서 인상의 명료화 그리고 명확한 관념으로 이행하기 때문에, 교수의 기술은 직접경험에서 비롯되는 아동의 혼란된 감각인상이 명확한 관념에 이르도록 도와주는 것이 되어야 한다. 그러한 교수활동은 아동의 의식 속에서 감각인상이 서로 분리되며 뚜렷하게 드러나고, 유사하거나 관련된 것들이 한데 묶여 명료해지며, 명료한 인상으로부터 명확한 관념이 떠오를 수 있도록 돕고 이끌어야 한다.

페스탈로치가 강조한 교육방법은 한마디로 아동의 직관에서 출발하는 방법이다. 아동 자신의 지력과 판단에 의해 이해할 수 있는 수업내용만이 아동 자신의 것이 될 수 있다. 그러므로 그러한 내용을 가르치는 수업만이 아동에게 자발적인 활동을 불러일으킬 수 있다. 페스탈로치가 실물교수법을 강조하는 것도 바로 그런 이유 때문이다. 자발적인 활동만이 아동의 내면에 잠재되어 있는 능력을 깨닫게 하고, 학습에 대한 강렬한 흥미를 불러일으킬 수 있다. 수업의 과정이 마음의 성장 순서와 일치할 때 아동은 흥미를 느끼게 되며, 흥미는 아동으로 하여금 인내심을 가지고 학습과제에 집중할 수 있게 한다. 그러므로 학습의 올바른 순서는 가까운 것에서 먼 것으로, 단순한 것에서 복잡한 것으로 점진적으로 진행되어야 한다. 이것을 가리켜 페스탈로치는 '직관의 ABC'라는 개념으로 구체화하게 된다.

페스탈로치의 교수방법에 관한 생각들은 이후 많은 교육자의 이론적 탐구와 논쟁을 자극하게 된다. 수업이 직관에서 시작되어야 한다는 통찰은 탁월하지만, 직관해야 할 경험의 기본 요소에 대한 주장들은 논란의 여지가 있기 때문이다. 예컨대, 페스탈로치는 "논리적으로 더 단순한 것을 먼저 가르쳐야 한다."라고 말한다. 하지만 논리적으로 단순한 것이 과연 어린이의 경험과 학습에서도 가장 먼저 주어지며 가장 단순한 것인지는 검토해 봐야 한다. 심지어는 논리적 순서보다는 심리적 순서가 오히려 어린이의 학습에서 우선되어야 한다고 할 수도 있다. 이 외에도 페스탈로치의 교수이론은 초보적인 학습에서는 유용하겠지만, 논리적 추론이나 고도의 이론체계를 학습할 때에도 유효할지에 대해서는 의문의 여지가 남는다(신차균, 안경식, 유재봉, 2013: 274-283).

## 4) 헤르바르트(Johann Friedrich Herbart, 1776~1841)

헤르바르트는 교육학을 독자적인 학문으로 체계화한 공로로 과학적 교육학의 창시자라고 불리기도 한다. 헤르바르트는 부르크도르프의 페스탈로치 학교를 방문하여 깊은 감명을 받게 된다. 그것이 계기가 되어 그는 페스탈로치의 교육원리를 수용하고 비판하는 것을 자신의 탐구주제로 삼게 된다. 헤르바르트는 자발성을 으뜸가는 교육의 원리로 삼는다는 점에서, 분명 페스탈로치의 영향 아래에 서 있다. 그렇지만 헤르바르트는 자발성이 반드시 외부의 대상에 의해 유발되어야 하는 활동으로

[그림 7-9] 헤르바르트

이해했다는 점에서 페스탈로치와 거리를 두게 된다.

헤르바르트는 대학의 강사가 된 후 페스탈로치의 교육실험과 실천철학에 대해 강의하여 학생들로부터 큰 호응을 얻게 된다. 그 경험을 바탕으로 1802년 『페스탈로치의 최신작, 게르트루트는 어떻게 아이들을 가르치는가에 관하여』와 『직관의 ABC에 관한 페스탈로치의 생각』을 내놓았고, 1804년에는 『교육의 주된 과업으로서 세계의 심미적 제시』를 내놓게 된다. 이러한 책들은 모두 페스탈로치의 위대한 교육사상을 음미하고 그것을 교육이론적으로 일반화하기 위한 것들이다. 1806년 헤르바르트는 자신의 대표작인 『교육목적으로부터 연역된 일반교육학』을 출간하게 된다.

헤르바르트는 페스탈로치의 실천적 교육원리를 이론적으로 재검토함으로써 교육학을 하나의 과학적 이론체계로 정립하고자 했다. 이처럼 교육학을 하나의 학문으로서 체계화하려고 했다는 점은 헤르바르트의 교육사적 공헌이라고 할 수 있다. 헤르바르트는 『교육학 강의개요』 서문에서 "과학으로서 교육학은 실천철학(윤리학)과 심리학에 의존한다. 전자는 교육의 목적을, 후자는 교육의 진로와 방법 및 장애를 가르쳐 준다."라고 밝힌다. 따라서 교육학은 윤리학과 심리학의 연구 성과를 교육실천에 적용하는 일종의 응용학문(과학)이다. 교육학에 대해 윤리학은 교육의 목적을, 심리학은 교육의 방법을 결정하는 기초지식을 제공해 주기 때문이다.

헤르바르트에 따르면, 교육의 원리는 반드시 교육의 '목적'에서 연역되어 나와야 한다. 따라서 교육원리를 이론화하기 위해서는 먼저 교육의 목적이 무엇인지를 생각해야 하고, 이어서 그러한 목적을 달성하기 위한 방법론을 체계화해야 한다. 헤르바르트에 따르면, 교육의 최고목적은 학습자의 도덕성을 함양하는 것이다. 도덕성 함양은 교육의 모든 세부적인 목적을 포괄하는 최고의 목적이다. 인간의 가치는 지식이나 기술에 의하여 평가되는 것이 아니라, 궁극적으로 의지의 선악에 의하여 평가되기 때문이다. 그런데 인간의 가치를 결정하는 의지는 바로 사고체계(Gedankenkreis)에서 발동된다. 즉, 의지는 자신의 경험과 학습의 결과로 생각할 수 있게 된 사고의 범위와 체계로부터 우러나온다. 예컨대, 선의지가 부족하다는 것은 올바른 행동의 원천이 되는 관념을 제대로 획득하지 못했기 때문이다. 다시 말하면, 올바른 도덕적 의지 또는 선의지는 올바른 도덕적 관념에서 우러나올 수 있기 때문이다(Herbart, 2006).

헤르바르트는 교육목적으로서 도덕성 또는 도덕적 의지가 5개의 측면으로 구성된다고 본다. 만일 5개의 구성요소 중에서 하나라도 결여되면, 그것은 완전한 도덕성이 될 수 없다. 도덕성을 구성하는 요소들을 가리켜 헤르바르트는 다섯 가지의 '도덕적 이념(fünf Ideen)'이라고 한다. 첫째, '내면적 자유'라는 이념인데, 도덕적 행위를 결정하는 개인의 의지는 자유로워야 한다는 것이다. 둘째, '완전성' 또는 완벽성이라는 이념으로, 이것은 의지가 행동으로 실천될 수 있도록 강력, 충실, 조화라는 세 조건을 구비해야 한다는 것이다. 셋째, 선한 의지 또는 '호의'라는 이념으로, 다른 사람의 행복을 자신의 의지의 대상으로 삼는 것이다. 넷째, '권리'라는 이념으로, 재산이나 사회제도에서 다른 사람의 의지를 나의 의지와 동등하게 인정하고 존중하는 것이다. 다섯째, 형평 또는 '공정성'이라는 이념으로, 누구나 자신이 행한 선과 악에 따라 응분의 보상 또는 대가를 받아야 한다는 것이다. 이와 같은 다섯 가지의 이념 중 어느 하나라도 결여되면, 도덕성 또는 도덕적 선을 이루기 어렵다.

헤르바르트는 도덕성 함양이라는 교육목적을 달성하는 '방법'으로 관리(Regierung), 훈련(Zucht), 교수(Unterricht)의 세 가지 방법을 꼽는다. 먼저, '관리'란 학생이 아직 자신의 본능적 욕구나 행동을 스스로 조절하지 못할 때 외부적인 권위의 힘으로 규제하는 것을 말한다. 이것은 그 다음 단계인 교수나 훈련을 효과적으로 수행하기 위한 준비로서 반드시 필요하지만, 교육의 본래적인 영역에 속하는 것은 아니다. 관리방법에는 학생에게 과제를 부여하고 거기에 몰두하게 함으로써 질서를 유지하는 적극적인 방법이 있고, 감시, 금지, 명령, 처벌과 같은 외적 강제력으로 아동의 욕구를 억제함으로써 질서를 유지하는 소극적인 방법이 있다.

다음으로, '훈련'이란 교재나 이론의 매개 없이 아동의 정서와 도덕성을 직접적으로 도야하는 방법이다. 관리가 일시적이고 준비적인 것인 데 반해, 훈련은 영속적이고 아동의 내면에 적극적인 영향을 주는 것이다. 그렇기 때문에 훈련은 교육 본래의 영역에 속한다. 그러나 교재를 매개로 하지 않는다는 점에서 교수와는 구별된다.

마지막으로, '교수'는 교육의 목적을 직접적으로 달성하기 위해서 가장 중요한 방법이다. 헤르바르트가 말하는 교수는 '인격형성을 목적으로 해서 학생들에게 정보를 전달하는 것'을 뜻한다. 그러나 헤르바르트는 단순한 정보 전달과 구분하기 위해서 '교육적 교수(erziehender Unterricht)'라는 용어를 사용한다. '교육적 교수'라는 개념 속에는 도덕성과 지식의 관계에 대한 헤르바르트의 생각이 숨어 있다. 앞에서 말했듯이, 의지는 사고체계에서 솟아 나오는 것이므로, 도덕성은 지식에 기초를 둔다. 따라서 올바른 도덕적 의지는 올바른 도덕적 관념에서 나온다. 무엇이 올바른 행동인지 알면서도 적절한 훈련이 결핍될 경우 아는 것을 실천하지 못하는 사람들이 있을 수 있다. 하지만 무엇이 올바른 것인지에 관한 관념이 아예 없는 사람이 도덕적으로 올바른 행동을 한다는 것은 논리적으로 불가능하다. 그러므로 도덕적 인격을 형성하는 일은 학생의 사고체계를 확립하는 것에서 시작되어야 한다.

헤르바르트는 "교수는 사고체계를 형성하며, 교육은 인격을 형성한다."라고 말한다. 그리고 "사고체계에 저장되어 있는 내용은 점차적으로 흥미의 단계를 거쳐 욕망으로 격상되고, 이것은 다시금 행위를 수단으로 하여 의지로 승화된다."라고 말한다. 이것은 곧 도덕적으로 올바른 생각이 도덕적으로 행동하려는 욕구를 낳는 것으로 이어지고, 도덕적으로 올바른 행동을 반복하다 보면 도덕적 의지가 확립된다는 의미다. 따라서 헤르바르트의 생각은 다음과 같이 간략히 요약될 수 있다. "교육의 최고목적은 도덕적 인격, 즉 선의지의 형성이다. 그런데 의지 자체는 사고체계에서 비롯된다. 그렇기 때문에 교육에서 실질적으로 추구해야 할 목표는 곧 사고체계를 형성하는 일이다." 이런 점에서 헤르바르트는 주지주의자라고 평가를 받게 된다.

헤르바르트에 있어서 교육의 실질적 '목표'는 학생으로 하여금 사고체계를 형성하게 하는 것이다. 그러므로 헤르바르트의 교수이론은 '어떻게 하면 학생들에게 새로운 관념을 정신의 법칙에 맞게 전달할 것인가?'라는 문제에 대한 대답이다. 만일 학생의 의식적 주의가 언제나 한 가지 대상이나 주제에만 고정되어 있다면, 그것은 교육적으로 바람직하지 않다. 하나의 관심에만 마음이 쏠려 있다는 것은 마음이 편협하다는 뜻이며, 그 학생의 마음은 결국 그런 방향으로만 발달하게 될 것이기 때문이다. 그래서 헤르바르트는 '다면적 관심(vielseitiges Interesse)'을 강조한다. 교육적으로 아동이 삶의 모든 측면에 관심을 가질 수 있도록 그의 마음을 개발해 주어야 한다. 이것이 가장 이상적이라는 것이다.

학교교육은 '다면적 관심'을 길러 주는 것을 목표로 해야 한다. 따라서 다면적 관심은 전인적 발달의 의미를 구체적으로 규정해 주는 것이라고 할 수 있다. 헤르바르트는 '지적인 관심'과 '윤리적 관심'을 각각 세 영역으로 구분함으로써 학교 교육과정 구성에 대한 구체적인 지침을 제공한다. 헤르바르트는 학교의 교과를 먼저 윤리적 관심을 길러 주기 위한 '역사' 영역과 지적 관심을 길러 주기 위한 '과학' 영역으로 대별한다. 역사 영역은 역사와 문학을 포함하고, 과학 영역은 자연, 지리, 수학을 포함한다. 헤르바르트는 상대적으로 역사 영역이 더 중요하다고 보면서도, 과학 영역의 중요성을 간과하지 않는다. 왜냐하면 도덕성은 윤리적 관심에만 관련되는 것이 아니라, 두 가지 관심 모두를 골고루 길러 줄 때 마음의 성숙과 도덕적 상태에 이를 수 있다고 보기 때문이다. 그래서 헤르바르트는 역사 영역과 과학 영역 이외에 실제적 활동, 예컨대 수공 훈련, 즉 손으로 하는 작업도 교육과정에 포함시킨다. 수공 훈련이 교육과정에 포함된 까닭은 직업준비 때문이 아니라, 그것이 자연적 사실에 대한 이해와 인간의 목적 사이의 연결점을 제공하는 교과이기 때문이다.

헤르바르트가 말하는 '다면적 관심'은 결코 '관심의 분산'을 의미하는 것이 아니다. 관심의 대상은 다양할지라도 다양한 대상에 대한 관심들은 하나의 통일된 전체를 이루고 있어야 하기 때문이다. 앞에서 말한 것처럼 관심은 의식이 대상에 의도적 주의를 기울이는 것이며, 대상에 주의를 기울이는 우리의 의식은 하나의 통일체다. 헤르바르트는 하나의 전체로서 잘 통합된 관심을 '조화로운 다면적 관심'이라고 부른다. 그러면서 그는 교육이 조화로운 다면적 관심을 목표로 해야 한다고 말한다. 이처럼 관심의 통합이 이루어지기 위해서는 우리의 마음속에서 2개의 과정이 일어나야 한다. 하나는 우리의 의식이 하나하나의 개별 관념에 초점을 맞추어 그것을 점차적으로 명확하게 파악하게 되는 과정이다. 다른 하나는 개별적으로 파악된 관념들을 통일된 하나의 덩어리로 통합하는 과정이다. 헤르바르트는 앞의 과정을 가리켜 '전심(專心, 마음을 하나의 대상에 집중함, Vertiefung, concentration)'이라고 부르고, 뒤의 과정을 가리켜 '숙고(마음이 관념의 통합에 이름, Besinnung, reflection)'라고 부른다.

전심이란 마음이 하나의 대상에 집중하는 것을 말한다. 이때 그 대상을 제외한 다른 것들은 의식의 관심에서 사라진다. 전심의 과정을 통해서 의식은 그 대상을 보다 분명하게 파악하게 된다. 그리고 숙고란 전심의 과정을 통해 파악한 대상을 이미 마음속에 들어 있는 다른 관념들과 비교하면서 서로 조정하고 관계를 맺는 과정이다. 헤르바르트에 의하면, 이 두 과정은 마치 호흡처럼 번갈아 가면서 이루어져야 한다. 그래야만 새로운 관념을 받아들이고 그것을 통일된 하나의 관념 덩어리로 통합하는 것이 가능하기 때문이다.

이러한 생각을 바탕으로 헤르바르트는 교수활동이 따라야 할 과정을 4개의 단계, 명료(明瞭, Klarheit, clearness), 연합(聯合, Assoziation, association), 체계(體系, System, system), 방법(方法, Methode)으로 제시한다. 헤르바르트에게 있어 교수는 바로 학생으로 하여금 새로운 관념을 받아들여서 기존의 사고체계에 통합하도록 돕는 일이기 때문이다.

첫 번째 단계인 '명료'에서 교수활동은 공부해야 할 대상을 세부요소들로 쪼개어 학습자가 그것을 다른 것들로부터 분리해 내서 집중적으로 관심을 기울일 수 있게 해야 한다. 두 번째 단계인 '연합'에서 교수활동은 공부해야 할 내용이 어느 정도 파악되었을 때 그것을 이미 알고 있는 것들과 연합하게 해야 한다. 교사는 학생들과의 대화를 통하여 학생의 마음속에 떠오르는 생각들을 학습해야 할 과제와 연합하도록 만들어야 한다. 명료와 연합이라는 두 단계는 부분적인 요소들에 마음을 집중시킨다는 점에서 '전심'의 과정에 해당한다.

세 번째 단계인 '체계'에서 교수활동은 세부적인 사실들을 올바른 관련에 비추어 파악하도록 해야 한다. 하지만 '연합'단계에서와는 달리, 중요한 관련과 중요하지 않은 관련을 구분하고 관련 사실들을 하나의 통일된 전체로서 배열하도록 해야 한다. 마지막 단계인 '방법'에서 교수활동은 '체계' 속에 포함되어 있는 요소들을 하나씩 그 체계 전체에 비추어 점검하도록 해야 한다. 체계와 방법이라는 두 단계는 학습내용을 이미 알고 있는 전체 내용들과의 관련 속에서 파악하게 한다는 점에서, '숙고'의 과정에 해당한다. 헤르바르트는 이러한 네 단계의 교수활동이 학생의 마음속에서 새로 획득된 관념이 기존의 관념 덩어리와 통각을 잘 이룰 수 있도록 촉진할 것이라고 생각했다.

헤르바르트의 네 단계 교수방법은 학생의 심리적 가정을 토대로 고안된 교수방법이다. 그렇기 때문에 그것은 실제 수업활동의 지침으로 활용하기에는 지나치게 관념적이라고 할 수 있다. 그런 어려움 때문에 헤르바르트의 제자인 칠러(T. Ziller)는 첫 번째 단계인 '명료'를 '분석'과 '종합'으로 분리한다. 그리하여 칠러는 분석, 종합, 연합, 체계, 방법이라는 다섯 단계로 나눈다. 칠러의 제자인 라인(W. Rein)은 칠러의 단계를 다시금 준비(perparation), 제시(prensentation), 연합(association), 총괄(condensation) 그리고 응용(application)이라는 다섯 단계로 수정한다. 이와 같은 다양한 시도는 관념적으로 고안된 헤르바르트의 교수방법을 실천적으로 적용 가능하게 다듬으려는 시도라고 할 수 있다. 그러한 시도를 거쳐 학교에서 교과지식을 가르치는 수업원리는 '헤르바르트학파의 5단계 교수법'이라는 고전적인 모형으로 완성된다(신차균, 안경식, 유재봉, 2013: 290-301).

---

**탐구문제**

1. '사실에 관한 지식을 가르치는 적극적인 수업'과 '정치, 도덕, 종교에 관한 의견을 가르치는 넓은 의미의 교육'을 구분하는 콩도르세의 관점을 활용하여, 공교육에 대한 국가의 책임과 한계를 논의해 보시오(필요하다면, 공교육에 대한 국가의 권한과 책임을 제한하는 훔볼트의 논의도 함께 활용).

2. 로크가 말하는 건전한 인격 형성의 두 가지 의미를 서로 구별하고, 그 둘의 통합으로서 인격교육 및 시민교육의 가능성과 과제가 무엇인지 논의해 보시오. 인성교육의 필요성이 강조되는 우리의 현실에서 특히 요청되는 부분이 무엇인지 함께 논의해 보시오.

3. 루소의 '잘 규제된 자유'를 원리로 하는 소극적 자연교육이 어떤 점에서 그리고 왜 방임교육이나 적극적이고 전제적인 교육과 구별되는지를 논의해 보시오.

4. 페스탈로치의 '직관의 ABC'라는 개념이 기초적인 학습에만 유용한 것이 아니라, 또한 고등의 전문지식을 함양하는 데에도 적합한 교수-학습 방법이 될 수 있는지 한번 검토해 보시오.

5. 헤르바르트의 '조화로운 다면적 관심'이라는 개념을 활용하여 오늘날 학교교육에서 이루어지고 있는 다양한 교과 간의 균형과 조화를 어떻게 이룰 수 있는지 논의해 보시오.

# 20세기 이후 현대의 교육

서양의 민족국가들은, 여러 차례의 문화적·종교적·정신적·정치적 혁명을 거친 후, 20세기로 접어들면서 군사력과 경제력을 바탕으로 세계 정치무대에서 자국의 이익을 우선시하는 국가주의 이데올로기를 강화한다. 그런 흐름의 연장선상에서 각 민족국가들은 국가에 대한 애국심과 충성심을 발휘할 수 있는 인재 양성을 교육의 핵심과제로 설정하고, 공교육제도를 강화하며, 의무교육제도를 확대해 나가게 된다.

20세기 초는 전 세계적으로 보통교육을 담당할 학교교육이 비약적으로 확대된 시기라고 할 만하다. 국가 간에 차이는 있지만, 세계 각국이 학교교육의 기회와 기간을 적극적으로 늘려 나갔기 때문이다. 교육의 보편화와 제도화의 흐름이 가속될수록 또한 제도교육의 한계와 병폐에 대한 비판도 점증하게 되었다. 그에 따라 교육기회의 확대를 놓고 통합형 교육제도의 도입과 같은 새로운 교육담론과 정책들도 함께 증대하게 되었다.

이러한 흐름으로는 20세기 초반에 왕성하게 전개되었던 신교육운동이나 아동의 재발견 그리고 진보교육이나 인간해방교육 등을 꼽을 수 있다. 또한 진보적인 흐름에 맞서 전통교육을 새롭게 개편하고 발전적으로 계승하려는 흐름도 마찬가지로 강하게 전개되었다. 20세기 초에 보편교육의 확대와 더불어 시작된 교육의 신구체제 논쟁은, 1960년대 발전교육론과 1970년대 비판이론에 바탕을 둔 인간해방이론 그리고 1980년대 포스트모던 논쟁과 1990년대 신자유주의 논쟁 등을 차례로 거치면서, 다양한 교육담론으로부터 자양분을 얻으면서 오늘날까지 이어지고 있다.

## 1. 학교교육의 보편화와 국가교육의 확대

20세기는 서양 각국이 학교교육에서 비약적인 확대와 발전을 거듭하는 시기다. 그러한 추세는 한편으로 교육의 보편화, 말하자면 교육의 민주화와 대중화를 대변하지만, 다른 한편으로 교육의 국가화와 정치화, 한마디로 교육의 도구화를 강력하게 시사한다. 20세기만큼 학교교육이 인간의 인간화를 위한 필수조건으로 인정된 시기는 없었고, 또한 국가의 통합과 국익의 증대를 위한 유력한 수단이라는 것을 강조한 시기도 없었기 때문이다. 20세기 초 국민의식의 고양과 민족과 국가의 통합을 위한 애국교육이 대대적으로 강조된 이래로, 국민통합과 국가발전을 위한 국가교육의 정비라는 과업은 다양한 교육담론이라는 자양분을 통해 활력을 더해 간다.

두 번에 걸친 세계대전과 1950년대와 1960년대의 이데올로기 전쟁 전후에는 경제재건과 비약적인 경제발전 그리고 냉전이데올로기의 확산이라는 교육 외적인 관심사로 인해, 국가교육에 대한 관심과 노력이 한층 더 강화된다. 특히 신생독립국의 경우 국가에 대한 시민들의 의무를 일깨우고 국민통합을 이루어 내며, 나아가 경제발전과 성장을 이루기 위해서 학교교육제도의 급진적 확장이 급선무였다. 따라서 선진국만이 아니라, 또한 신생독립국에게도 국가주관의 교육은 경제적 도약과 사회적 평등구현 및 사회개혁을 위해 가장 믿을 만한 수단으로 여겨졌다. 이러한 믿음과 추세는, 교육이 중산계층에서 사회적인 성공과 상승의 수단이고 국가에 있어서는 국가 간의 경쟁에 대처하기 위한 인력양성과 국익증대를 위한 최적의 수단이 된다는 점에서, 지금까지도 변함없이 이어지고 있다.

그 결과, 20세기가 진행되면서 다소 서로 다른 이유와 기대에도 불구하고, 국민 모두에게 실시하는 보편적인 초등교육제도가 각 국가별로 확립되었다. 그와 더불어 기존에 신분에 따라 교육기회를 배분해 오던 중등교육제도를 점차적으로 선발

에 의한 중등교육제도로 변형하기 시작했다. 이러한 노력 끝에 신분에 의한 선발이
아니라, 능력과 적성에 따른 선발이라는 새로운 선발제도가 정착되어 나갔다. 그뿐
만 아니라 새롭게 전개되는 산업적 · 경제적 수요로 인해 그리고 교육의 민주화와
대중화라는 시대적 요구로 인해 고등교육의 구조변형과 확장도 함께 이루어졌다.
이러한 흐름들을 종합해 볼 때, 20세기는 교육 기회와 기간 및 범위가 전반적으로
확장되고 보편화되며 제도화되는 시대이며, 또한 동시에 그러한 흐름에 대한 비판
과 저항으로 다양한 교육실험과 대안교육이 모색되는 시기라고 평가할 수 있다.

## 2. 전통교육에 맞선 교육개혁운동의 전개

20세기로 진입하면서 국가주관의 보통교육이 확대되는 것과 동시에, 그에 따른
새로운 문제들, 예컨대 교육기회의 확대와 교육의 효과성과 효율성, 새로운 교육적
수요에 대한 신속한 대응과 같은 문제들도 함께 확대되었다. 그와 함께 국가주관의
교육은, 교육의 정치화와 도구화의 경향을 완전히 탈피할 수는 없다는 점에서, 교육
의 본질과 교육적 가치를 훼손한다는 근본적인 문제제기와 비판에 직면하게 된다.
학교의 보편화와 제도화에 대한 대표적인 비판은 학교가 본래적인 교육기능보다는
군사적 · 이념적 · 경제적인 우위를 지키기 위한 도구나 수단기능으로 전락했다는
것이다.

교육을 수단화하고 도구화하는 경향은 자유민주주의 국가만이 아니라, 사회주
의 국가들에도 해당한다. 사회주의 국가들도 새로운 사회를 건설할 인간육성이라
는 목적을 위한 최적의 수단으로 공교육과 의무교육을 확대시켜 나갔다. 교육의 도
구화가 반인간화라는 극단적인 결과로 이어진다는 것을 예시하는 것은 바로 전체
주의체제의 학교교육이다. 전체주의체제의 교육은 민족우선주의와 전체주의의 이
념을 앞세운 결과, 개인의 자유와 인격적 완성 및 행복으로 나아가기는커녕 오히려
아우슈비츠로 대변되는 반인륜성이라는 비극으로 전락했기 때문이다. 20세기 초
국가교육의 확산 및 정착기로 소급되는 교육의 제도화와 보편화의 흐름에 대한 의
혹과 비판은 지금도 여전히 유효하다. 따라서 국가주관의 공교육에 대한 지지와 비
판은 보편교육의 제도화와 더불어 시작되었고, 제도화의 추세를 동행하는 교육담

론의 두 축인 셈이다.

## 1) 신교육운동

20세기 이후 전개되어 온 국가주관의 학교체제는 교육의 보편화를 구현했지만, 교육의 정치화와 비인간화라는 구조적인 문제를 야기하게 된다. 그것을 극복하기 위해서 교육계 안에서 다양한 시도가 전개된다. 이는 곧 국가교육체제를 보편화하려는 흐름과 더불어 제도화된 교육의 한계와 병폐를 극복하기 위한 적극적인 모색도 함께 시도되고 성장해 왔다는 의미다. 전통교육을 보완 또는 극복하고자 하는 대표적인 시도로는 신교육운동(New Education Movement)을 꼽을 수 있다. 신교육운동은 유럽의 경우 전통적인 학교체제 및 교육내용을 개선하려는 운동으로 전개되었고, 미국에서는 교육방법의 개선과 학교의 민주화를 모색하는 아동해방운동으로 연결된다.

신교육운동은 19세기 중엽 이후 비약적으로 발달한 국민교육제도에 대한 반성과 재정립을 위한 최초의 적극적인 시도로 나타났다. 국민교육제도는 20세기로 전환되는 시점에 이르자 각 민족국가별로 국민통합이라는 국가적인 필요성과 더불어 핵심적 정책의 하나로 자리 잡게 된다. 문제는 국민교육제도가 이념적으로 보통교육의 기회를 확대하는 것을 표방했지만, 실제로는 국민의 일체감을 형성하기 위한 국가주의 교육체제였다는 점이다. 국가주의 교육체제 아래에서는 학습자의 인격적인 성장이나 발달보다 교육의 제도화를 통한 국가적인 관리와 통제가 우선이었다. 따라서 교육의 기회가 확산되고 보편화되는 추세에도 불구하고, 주지주의적인 내용에 치우친 전근대적인 학교의 모습은 그대로 유지되면서, 고정화된 학년제를 중심으로 한 획일적 교육방법을 답습하고 있었다. 이런 점에서 국가주의 교육체제는 학습자의 개성적이고 전인적인 성장과는 거리가 멀었고, 자유롭고 창의적인 민주시민을 기르는 교육보다는 국가와 산업에 봉사하는 인력을 공급하는 역할을 떠맡고 있었다고 평가된다.

이처럼 국가주의 교육제도가 확립되고 확장되고 있음에도 인간성 함양이라는 교육적 지향점에는 여전히 못 미치는 상황이 지속되는 가운데, 루소 이후 강조되어 온 아동 중심의 인간주의 교육을 새롭게 각성하면서, 현실적인 교육의 병폐인 인간

소외 문제를 적극적으로 개선하려는 일군의 교육자들이 나타났다. 이들은 주로 아동으로부터 시작하는 교육 또는 아동중심주의라는 표어를 내걸고, 전통적인 교육을 넘어서는 새로운 학교를 건설하자는 신교육운동을 전개해 나가게 된다. 새로운 교육을 실천하고자 하는 신교육운동은 1890년대부터 1920년대에 설쳐 새로운 학교를 창설하자는 신(新)학교 설치운동의 형태를 띠면서 유럽 전역으로 확산되어 나갔다.

아동의 개성과 자유를 중시하고 자유주의적인 교육을 실천하고자 하는 흐름은, 19세기 말 페스탈로치와 프뢰벨의 영향을 받아 지식교육 위주의 교육을 개선하고자 시도한 핀란드의 슈그네우스(U. Sugnaeus, 1810~1886)를 필두로, 수공(手工)교육운동을 일으켜 새로운 반향을 불러일으킨 스웨덴의 살로몬(O. Salomon, 1849~1907) 그리고 페스탈로치 정신에 입각하여 특히 자기표현과 자기실현의 원리를 강조하는 퀸시(Quincy)운동을 전개한 미국의 파커(F. Parker, 1837~1902) 등에게서 동시다발적으로 발견된다. 이들은 하나같이 아동의 개성과 자유를 존중하고, 아동의 흥미와 자발성에 기초한 학습을 중시한다. 이러한 흐름을 이어받은 20세기의 신교육운동은 마찬가지로 아동중심주의, 전인적 발달, 활동중심주의, 노작(勞作)주의와 생활중심주의 등을 강조하게 된다.

20세기 초 신교육운동은 19세기 말의 아동중심주의를 계승하여 교육에 있어서 일체의 간섭이나 강요를 배제하고 아동의 개성 존중과 교육에 있어서의 자유를 강조하는 운동으로 전개된다. 하지만 이 시기의 신교육운동은 기존의 학교를 개선하기보다는 새로운 실험학교를 설립하여 그들이 지향하는 교육이념을 적극적으로 실천하고자 한 점이 특징적이다. 대표적인 경우는 영국에서 신(新)학교를 설립한 레디(Cecil Redie, 1858~1932)를 들 수 있다. 『신교육』이라는 책을 출판한 드모랑(J. E. Demolin, 1852~1907)도 역시 로슈(Roches)에 신학교를 창설해서 신교육운동을 확산시키게 된다. 반면에 독일의 신(新)학교운동은 전원(田園)학교운동의 형태로 전개되었다. 대표적인 경우는 리이츠(H. Lietz, 1868~1919)인데, 그는 전원학교와 전원고아원까지 설립하여 독일의 신교육운동을 이끌어 나갔다. 독일에서 신교육운동을 더욱 촉진시켰던 사람은 케르셴슈타이너(G. Kerschensteiner, 1854~1932)인데, 그는 노작(勞作)학교를 설립하고 노작을 통한 교육을 전개해 나갔다.

신교육운동의 선구자 격인 레디의 신(新)학교(New School)는 1889년 10월 영국의 맨체스터 북쪽 자연경관이 뛰어난 데비셔어(Derbshire)의 애버츠호움(Abbotsholme) 지역에 설립되었다. 레디는 자신이 받아 온 전통교육에 대한 반성을 토대로 하여 그 것과 구별되는 새로운 교육을 실시하기 위한 방편으로 학교를 설립한다. 전통적인 학교에서는 그리스어, 라틴어 등 고전어 학습에 치중하다 보니 실생활과 결부된 외 국어나 역사, 자연과학과 같은 교과를 학습할 기회가 부족할 수밖에 없었다. 그러한 한계를 보완하는 새로운 교육을 통해 레디는 과학정신을 현실생활에 적응하고 인류 문화의 발전에 기여하는 '고상한 영국인'을 양성하고자 했다. 과학적인 지식과 폭넓 은 교양을 갖춰 지성과 활력이 넘치는 영국신사를 양성하기 위해서, 레디는 ① 신체 적ㆍ수공적인 숙달, ② 예술적 상상력의 발달, ③ 문화적ㆍ지적 성장 그리고 ④ 도덕 적ㆍ종교적 훈련이라는 네 가지를 중심으로 하는 학습내용을 구성한다. 이에 따라 레디의 신학교는 고전어를 축소하는 대신에 현대 외국어와 자연과학을 강화하고, 노작교육을 중시하여 농경과 원예, 사육과 수공작업 등을 강조하게 된다(박준영, 정 낙찬, 팽영일, 2011: 242-243).

레디의 신(新)학교운동은 니일(A. S. Neill, 1883~1973)에 의해 계승된다. 니일이 1921년 창설한 서머힐 학교(Summerhill School)는 5세부터 16세까지의 남녀학생 45명 으로 구성된 기숙학교로 출발했다. 서머힐 학교는 남녀공학의 자유학교, 교직원과 학생의 자치공동사회, 수공과 노작 활동의 중시 등을 교육이념으로 삼았다. 서머힐

[그림 8-1] 서머힐 학교

학교는 학생을 학교에 맞추기보다는 학교를 학생들에게 맞춘다는 정신을 구현해 낼 자유교육을 강조했다. 따라서 학생에 대한 일체의 간섭이나 강요를 거부했다. 니일의 교육적 신념에 따르면, 까다로운 규칙이나 강요는 학생의 자유를 억압할 뿐만 아니라, 학생으로 하여금 자신의 일상생활에 대한 무관심만을 불러일으키기 때문이다. 따라서 "가능하면 최대한의 자유를 보장하라. 만일 규칙이 필요할 때는, 학생들이 자율적으로 정하도록 하라." 이것이 서머힐 학교의 대강령인 셈이다.

프랑스의 사회학자 도모랭(J. E. Domolins, 1852~1907)은 영국의 신학교를 모델로 하여 1899년 프랑스 최초의 신학교인 로슈 학교(Ecole des Roches)를 창설한다. 로슈 학교는 자유롭고 활기 있는 생활을 통해 심신의 건전한 발달을 도모함으로써 '생활을 위해 잘 무장된 생활인'을 육성하고자 했다. 도모랭은 로슈 학교의 목적과 내용에 대해 "학생에게 책에 있는 것만을 가르치는 교육보다는 생활 속에 있는 것, 즉 현실생활 그 자체를 가르치는 교육이 훨씬 더 중요하다."라고 말했다. 이러한 주장은, 프랑스의 중등교육기관인 리세(lycee)와 콜레쥬(college)가 고전 중심의 교수활동에 치중하다 보니 건전한 생활을 위한 교육에는 소홀하고 있다는 비판을 넘어 그러한 문제를 개선하기 위한 신학교의 사명을 명료하게 드러내고 있다(박준영, 정낙찬, 팽영일, 2011: 246).

## 2) 전원학교, 노작학교

독일의 교육개혁운동가들도 영국과 프랑스와 마찬가지로 기존의 학교체제가 지닌 문제점을 부분적으로 개선·보완하기보다는 새로운 교육이념과 목적을 가진 신(新)학교를 건립하여 운영하는 편을 선택한다. 독일의 교육개혁운동은 다른 나라와 마찬가지로 전원(田園)기숙학교운동과 노작(勞作)학교운동으로 전개된다.

전원기숙학교(Landerziehungsheim)는 말 그대로 도심지가 아니라, 전원에 세워진 학교를 의미한다. 전원기숙학교 운동은 주로 리이츠(Hermann Lietz, 1868~1919), 비네켄(Gustav Wyneken, 1875~1964), 게헤프(Paul Geheeb, 1870~1961) 등과 같은 교육개혁가들에 의해 확산되어 나갔다. 리이츠는 레디의 신(新)학교에서 교사로 활동하다가 독일로 돌아가 신학교의 이념을 전파하는 역할을 담당한다. 그는 전통적인 학교에서 시행되는 지식과 언어 중심의 교육에 맞서 공동생활과 전원생활을 통한 교육을 대안으로 내세운다. 그는 농가에서 자라면서 자신이 경험한 전원생활의 즐거움에 대한 회상을 통해, 도시생활의 인위적인 환경이 몰인정하고 화석화된 인간을 빚어내는 데 반해 전원생활은 학생들을 신체적인 건강과 심신의 조화로운 발달을 이끌어 준다고 확신했다. 그래서 그는 전원학교를 통해 향토에 대한 사랑과 미적인 감각을 키우며 행복감을 느낄 수 있는 교육기회를 제공하고자 했다.

리이츠는 1898년 일젠부르크(Ilsenburg)에 전원기숙학교(Landerziehungsheim)라는 신(新)학교를 설립하여, 전통학교의 고전 위주 교육에 맞서 전원생활의 체험을 통해 자연과 향토에 대한 사랑, 근로정신 그리고 단체생활을 통한 연대의식을 기르는 교육을 실천하게 된다. 리이츠가 볼 때, 당시의 학교교육은 신체활동 및 심성과 의지의 도야를 경시할 뿐만 아니라, 활동적인 삶과 창조의 기쁨을 누리게 하기보다는 지식 위주의 교육에 치중하고 있었다. 그에 맞서 리이츠의 전원학교는 감각과 감성이 풍부하고 심신이 조화롭게 발달된 전인(全人, der ganze Mensch)을 육성하기 위해서 농업활동과 목공, 금속가공과 같은 공작활동을 중시했다. 따라서 전원학교의 노작(勞作)활동은 단순히 노동의 가치와 의미를 가르치는 것 이상으로, 협동심과 연대감을 길러 줄 수 있는 교육방책으로 간주되었다. 리이츠의 노력으로 유럽에서는 1914년 50여 개의 전원학교가 설립되어 신교육운동을 추진해 나가게 된다. 전원학교는 도심지에서 멀리 떨어진 조용하고 한적한 전원에 설립되어, 교사와 학생 모두가 함께 공동생활을 하면서 가르치고 배우는 기숙사(Heim) 형식을 취했다. 그 까닭은 전통적인 학교와는 달리, 전원학교가 학생들의 자발적인 활동을 촉진시키기 위해서 학생들에게 편안하고 친숙한 자연환경을 제공하고자 했기 때문이다.

독일에서 전개된 신교육운동은 또한 노작(勞作, Arbeit)학교운동이라는 형태로 전개되었다. 노작학교란 노작, 즉 노동을 중시하는 교육운동을 말한다. 노작학교는 문헌과 서적 중심의 교육을 강조하는 학습학교(Lernschule)에 대한 일종의 비판으로 등장했으며, 제1차 세계대전 이후에는 학교교육운동으로 전개된다. 노작교육은 일찍이 페스탈로치에게서 강조되었지만, 케르셴슈타이너(Georg Kerschensteiner, 1854~1932)에 이르러 개념화되었다. 케르셴슈타이너는 1908년 〈(페스탈로치 정신에 비춰 본) 미래의 학교-노작학교〉라는 제목의 강연에서 '노작교육'이라는 개념을 명료하고 특징적으로 규정했기 때문이다(박준영, 정낙찬, 팽영일, 2011: 244-245).

케르셴슈타이너의 노작학교는 교과서 중심의 학교교육을 비판하면서 학생의 고유한 활동을 자극하기 위한 방안으로 수공(手工, Handarbeit)을 강조한다. 따라서 수공은 그저 직업을 얻기 위한 준비나 수단이 아니라, 정신적인 인격을 도야하는 방법으로 간주된다. 가우디히(Hugo Gaudig, 1860~1923)도 기존의 학습 위주의 학교를 비판하면서, 마찬가지로 노작학교운동의 필요성을 역설한다. 그는 기존 학교가 지적 일방성을 요구한다는 점, 즉 학생들에게 무조건적 수용을 강요하고 지적 비−자립성을 야기한다는 점에서 비판의 대상으로 삼는다. 기존의 학교에 맞서 그는 학교의 모든 교과목, 모든 수업은 반드시 학습자의 자발성에 기초해야 한다고 강조한다. 그러한 교육관에 따라 가우디히는, 수공에 대한 케르셴슈타이너의 가치부여에 동의하면서도, 수공 자체가 아닌 노작교육의 본질에 주목할 것을 요구한다. 손으로 하는 작업은 분명 중요하지만, 보다 근본적인 노작교육의 일부에 지나지 않았다. 왜냐하면 노작교육의 본질은 자유로운 사고에 의한 정신의 노작을 지향하기 때문이다. 즉, 노작교육은 육체적인 수공을 넘어 '정신을 자립적이고 자유롭게 만드는 노작교육'을 의미한다. 이렇듯이 케르셴슈타이너의 노작학교에서는 육체적 수공의 노작에 주목하지만, 가우디히는 '자유로운 정신에 의한 학교노작'을 강조하게 된다. 그럼으로써 노작학교운동은 제1차 세계대전 후 유럽의 여러 나라 교육계에 영향을 주게 되며, 특히 전통적인 교과서 중심의 교육과 교사 중심의 교육이 안고 있던 문제점들을 극복하는 방안으로 활용되었다(정영근, 정혜영, 이원재, 김창환, 2000: 327-328; Reble, 2002: 384-385).

## 3) 아동해방운동과 진보주의 교육

20세기의 신교육운동은 유럽에서 대체적으로 학교교육의 내용과 방법을 혁신적으로 개선하려는 신(新)학교 운동으로 전개되었지만, 또한 동시에 아동의 해방운동으로 전개되기도 했다. 특히 1900년대를 전후하여 미국에서는 교육방법을 개선하려는 아동해방운동이 전개된다. 이러한 운동을 처음으로 전개한 교육사상가는 파커(Francis W. Parker, 1837~1902)와 듀이(John Dewey, 1859~1952)다. 파커는 1875년 메사추세츠주 퀸시(Quincy)의 교육장이 되어 프뢰벨의 교육사상을 학교교육에 적용하려고 했다. 그는 또한 일리노이주 쿠크 카운티 사범학교의 부속학교인 '파커 학교(Parker School)'를 개교하여, 아동중심교육과 생활중심교육을 전개했다. 그래서 파커는 학교교육에 있어서 직관교육, 자율적 훈련, 교과통합 등 초등교육의 혁신에 크게 공헌했다고 평가된다.

파커의 교육개혁운동은 듀이에게 영향을 주어 진보주의(progressivism) 교육운동의 기초가 되었다. 듀이는 1896년 시카고 대학교 안에 부설 초등학교인 '듀이 학교(Dewey School)'를 설립하여 운영했는데, 이 학교는 전통적인 학교들과는 완전히 다른 새로운 철학에 기초해 운영되었다. 즉, 듀이는 성인 중심, 교재 중심의 교육이 아니라, 아동 중심, 생활 중심, 관심 중심의 교육을 통해 기존의 교육개념, 학교관, 교수관, 학습관을 바꾸어 보려고 했다.

듀이의 교육철학은 진보주의 교육이론가들에 의해 계승되었다. 그들은 1919년 진보주의 교육협회(Progressive Education Association)를 결성하여 자신들의 교육적 신념을 학교교육에 적용시키기 시작했다. 진보주의자들은 흥미와 욕구가 모든 학습의 기초가 되어야 하며, 아동의 생활경험이 지식의 토대가 되어야 한다고 말한다. 또한 그들은 교육이 제대로 이루어지기 위해서는 무엇보다도 학교가 민주화되어야 한다고 주장한다. 진보주의자의 주장은 사회적 지지와 공감을 얻어 미국 전역으로 확산되어 나갔다. 권위주의적인 교사 대신에 민주적인 교사가 들어왔으며, 주입식 수업 대신에 탐구 중심의 수업이 진행되었다. 훈육과 체벌 대신에 사랑과 합리적 설득이 학교에 들어옴으로써 학교는 행복하고 매력적인 장소로 변모해 나갔다. 1910년대에서 1920년대 말에 걸쳐 진보주의 교육은 전성기를 맞게 되었으며, 이들의 교육이론은 거의 30여 년 동안 미국의 교육을 크게 바꾸어 놓았으며, 다른 나라의 교육에도 적지 않은 영향을 끼쳤다.

그러나 1920년대 말엽부터 진보주의 교육은 전통적인 교육이론가들로부터 비판을 받기 시작한다. 예컨대, 배글리(William C. Bagley, 1874~1946)나 허친스(Robert M. Hutchins, 1899~1977)와 같은 교육이론가들은 진보주의 교육이 학습자의 흥미와 요구를 지나치게 강조함으로써 기초학력의 저하를 가져오게 했으며, 교육의 주도권을 학생에게 넘기라고 주장하다 보니 교육이 나아갈 방향을 상실해 버리는 결과를 낳았다고 비판했다. 또한 진보주의는 당면한 현실문제 해결을 위한 지식과 방법을 전수하는 데 급급한 나머지 사회적 가치와 문화적 전통을 소홀하게 여기는 풍토를 낳았다고 비판받았다. 게다가 1929년에 시작된 미국의 경제대공황, 제2차 세계대전에 대한 위기감의 고조로 교육계에서 보수적인 입장을 취했던 전통적인 교육이론가들이 진보주의 세력을 더욱 거세게 비판함에 따라 1955년 진보주의 교육협회는 해체되기에 이른다.

## 3. 제2차 세계대전 이후 교육의 흐름

제2차 세계대전은 패전국은 물론이고 전승국의 교육에도 큰 영향을 끼쳤다. 각국은 전후 처리를 위해 그간 전쟁에 투입되었던 인력과 자원을 복구와 산업부흥으로 돌리고, 국가적 수준에서 교육과 문화의 대대적인 증진에 힘을 쏟았다. 미국에서는 「제대군인 복학법」이 실시되었고, 생활적응교육운동과 교육의 대중화 정책이 전개되었다. 영국에서는 1944년에 제정한 「버틀러(Buttler) 법」을 충실하고 신속하게 시행하여 1947년에는 취학 연한을 14세에서 15세로 연장하고, 긴급교원양성계획과 학교시설확충계획을 추진했다. 1951년에 보수당이 정권을 잡은 기간 동안 종합학교제도는 잠시 주춤하였지만, 1964년 노동당 내각의 설립과 더불어 재추진되었다. 영국의 종합학교제도는 교육평등의 이념을 기초로 하는 중등학교제도의 핵심이다 보니, 보수당과 노동당이 핵심적인 쟁점으로 삼게 됨으로써 지속적인 논란의 대상이 된다.

프랑스에서는 교육개혁을 위한 법안이 여러 차례 제안되었지만 의회에서 입법화하는 과정에서 번번이 실패로 돌아가다가, 드골 정부에서 1958년 「제5공화국 헌법」을 선포하고 나서야 의무교육에 대한 포고령이 공포되어 1960년부터 시행되었다. 이 법안은 의무교육의 연한을 2년 더 연장하여 16세까지로 하고 기초과정 5년, 관찰과정 2년, 실무과정 3년으로 구성했다. 중등교육을 장기-단기로 나눠서, 장기는 리세 7년(바카로레아 수여), 단기는 꼴레쥬 5년(보통교육증서 수여)으로 했다. 직업교육은 관찰과정 수료 후 실무과정 3년, 즉 기술교육 꼴레쥬 3년으로 구성되며, 기술관리원을 양성하는 기술 리세는 4년, 중간 기술자 양성의 기술 리세는 5년으로 했다. 아울러 1960년대에는 고등교육에 대한 수요의 급증과 고도 경제성장사회에 필요한 기술혁신에 대한 요구 그리고 대학개혁에 대한 요구 등을 수렴하여 1968년 「고등교육기본법」을 제정·공포하게 된다.

독일은 1945년 패전 후 1949년 독일연방공화국(BDR, 서독)과 독일민주공화국

(DDR, 동독)으로 분단된다. 1949년 9월 독일연방공화국(서독)을 구성하는 11개 주는 각각의 교육적 전통에 따라 교육개혁에 착수하게 된다. 동독에서는 1946년 6월 「독일학교민주화법」이 공포되어, 반파시즘과 반군국주의 교육을 기치로 내걸고 학교제도의 민주화를 진행하게 된다. 독일민주공화국(동독)의 성립 이후에는 사회주의 노선이 명확해짐에 따라 소비에트 교육학이 도입된다. 1952년에는 사회주의 경제건설에 이바지할 수 있는 청소년의 육성을 강조하게 되었고, 1953~1954년에 걸쳐 노동자, 농민의 자녀 취학률을 향상시키기 위한 조치를 취하게 된다.

제2차 세계대전의 종식과 더불어 전체주의 국가는 몰락하였지만, 그 자리에 미국과 소련을 중심축으로 하는 이념적 · 군사적 대립이 극렬해지면서, 세계는 양분되었다. 미국을 주축으로 하는 서유럽 자유민주주의 진영과 소련을 주축으로 하는 사회주의 진영은 각각 나토(NATO)와 바르샤바 조약기구를 결성해 군사적 · 이데올로기적 대립을 극한으로 몰고 갔다. 이러한 냉전체제는 한국전쟁(1950~1953)과 쿠바사태(1962) 그리고 베트남전쟁(1960~1975)과 같은 이념적 극한대결로 이어졌다. 그 기간 동안 각국의 교육은 진영의 논리와 특성에 따라 이질적인 모습으로 발전해 왔다. 자유민주주의 이념을 신봉하는 국가들과 사회주의 이념을 신봉하는 국가들은 각기 다른 교육이념과 교육목적을 설정하고 이를 실현하기 위한 방안을 모색하였기 때문이다.

자유민주주의 이념을 중시하는 서방국가들은 교육민주화와 과학화에 심혈을 기울였다. 자유민주주의 국가들이 추진한 교육정책에는 다음과 같은 경향성들을 공통적으로 확인할 수 있다(신득렬, 이병승, 우영효, 김회용, 2004: 123-127).

첫째, 자유민주주의 국가들은 팽창하는 교육수요를 해소하기 위한 방안의 하나로 초등교육과 중등교육을 연계시키려고 애썼다. 20세기 초반까지만 해도 일반시민의 자제들은 대체로 중등학교에 진학하지 못했지만, 제2차 세계대전 이후 초등교육과 중등교육을 연결하려는 교육정책이 실효를 거둠에 따라 많은 학생이 중등학교에 진학할 수 있게 된다. 이와 더불어 교육기회의 확대와 교육의 양적 민주화가 이루어졌다. 그와 더불어 서구의 여러 나라는 중등학교제도의 민주화에도 심혈을 기울이게 된다. 예컨대, 학생의 적성과 능력에 따라 다양한 학습수준과 단계를 마련하고자 노력한다. 그 결과 학생의 선택권과 재량권이 확대되었으며, 학습내용과 학습방법상으로 큰 진전이 이루어지게 된다. 이러한 노력은 한마디로 교육의 질적 민주화를 위한 노력이라고 할 만하다.

둘째, 제2차 세계대전 이후 서구 민주주의 국가들은 대학의 입학자격을 완화함으로써 고등교육의 기회를 확대하는 데 힘을 기울였다. 이것은 어디까지나 사회의 요청에 의한 것이었다. 대학의 발달사를 살펴보면, 대학은 누구나 진학할 수 있는 곳이 아니었다. 제2차 세계대전 이전까지만 해도 미국을 제외한 유럽의 여러 국가에 있어서 대학 진학률은 매우 낮았고 졸업자의 숫자도 적었다. 그런데 적은 수의 대학 졸업자들로는 고도의 과학기술을 필요로 하는 산업계의 요구에 부응할 수 없었다. 이러한 상황 속에서 서구의 여러 나라는 고등교육을 통한 인재(人才)양성에 관심을 기울였고, 이것은 결국 대학의 입학기회를 확대하는 결과를 가져왔다.

셋째, 제2차 세계대전 이후 서구 민주주의 국가들은 중등교육제도의 정비와 더불어 새로운 교육과정 편성에 관심을 기울였다. 특히 1957년 소련의 인공위성인 스푸트니크가 발사되면서 미국은 중등학교의 교육과정을 전면적으로 개편하기에 이르렀다. 미국의 많은 학자는 우주항공 분야에서 미국이 소련에 뒤진 근본적인 이유가 초·중등학교에서 경험 중심의 교육과정이 지배적이었기 때문이라고 판단했다. 그들은 전후 경제를 부흥시키고 우주항공 분야에서 우위를 점하기 위해서는 중등 교육과정 자체를 전면적으로 개편해야 한다고 생각했다. 특히 브루너(Jerome S. Bruner, 1915~2016)와 같은 학자는 지식을 구조화함으로써 학습을 극대화할 수 있다는 학문 중심 교육과정(discipline-centered curriculum)을 제안했다. 이러한 노력의 결과 그 동안 학교 교육과정의 주변부로 밀려나 있던 기초과학 분야들이 제자리를 찾게 되었으며 다시 경쟁력을 갖추게 되었다. 하지만 그로 인해 학업부담의 과중과 다수의 탈락자 발생과 같은 새로운 문제에 직면하면서 이후 거듭되는 교육과정 개편의 원인이 되기도 했다. 20세기 후반부에 들어서는 소련을 위시한 공산주의 국가들이 붕괴함에 따라 군사적·이념적 대립은 어느 정도 사라졌지만, 개별 국가들이 자국의 이익을 지키려는 새로운 형태의 경제 전쟁이 시작되었다. 이러한 경쟁의 연장선상에서 영재를 선발하여 교육시키고 공학교육 분야에 재정적 지원을 아끼지 않는 것은 무한경쟁의 시대에 살아남으려는 국가 차원의 몸부림이라고 할 수 있다.

20세기 후반 세계 각국의 교육적 노력은 교육제도를 체계화하고 현대화하려는 지배적인 추세로 특징지어진다. 특히 자유민주주의 국가의 경우, 교육체제의 현대화와 고도화라는 기본적인 방향에서는 일치되지만, 서로 대립적인 교육담론의 전개에 따라 전통적 교육가치를 계승하고 발전시키려는 경향과 교육을 변혁하고 혁신하려는 경향이 서로 교차되는 복잡한 양상을 띠게 된다. 20세기 초반에 확립된 국가교육체제는 한편으로 1950년대와 1960년대의 발전교육론에 힘입어 크게 확대되었지만, 1960년대와 1970년대 비판이론과 해방신학의 영향으로 인간해방교육이 강조되면서 변혁과 혁신의 대상으로 간주된다. 1970년대와 1980년대에 걸친 포스트모던 논쟁과 1990년대 신자유주의 논쟁의 파고가 일어남에 따라, 학교교육은 다시 한번 개혁의 방향과 보완 및 완성의 방향의 교차점에 놓이게 된다. 이러한 교차적인 흐름은 한편으로 경쟁력 있고 생산적인 교육체제를 국가수준에서 확립하려는 관심과 다른 한편으로 교육의 도구화와 비인간화를 극복하려는 관심이 서로 교차하면서 빚어내는 교육의 역동성을 잘 드러내 보여 준다고 할 수 있다.

## 4. 현대의 교육사상가

### 1) 듀이(John Dewey, 1859~1952)

[그림 8-2] 듀이

듀이는 20세기 미국을 대표하는 프래그머티즘 철학자이며 진보주의 교육운동의 선구자다. 그가 전개한 교육이론은 전통적인 학교관, 교사관, 학습관을 크게 바꾸어 놓았으며, 교육적 경험에 대한 새로운 이해와 관점을 제시함으로써 교수—학습의 교육방법을 개선하고 학교를 민주화하는 데 크게 기여했다.

듀이의 교육적인 삶에서 주목할 만한 사건은 1896년 시카고 대학 부설 초등학교를 세운 것이다. 듀이가 세운 이 학교는 '실험학교(Laboratory School)' 또는 '듀이 학교(Dewey School)'로 알려져 있다. 듀이는 실험학교에서 얻은 경험과 통찰을 통해 『학교와 사회(The School and Society)』(1899), 『아동과 교육과정(The Child and the Curriculum)』(1902)과 같은 저술을 남겼다. 컬럼비아 대학교로 자리를 옮긴 후 듀이가 발표한 『민주주의와 교육(Democracy and Education)』(1916), 『경험과 교육(Experience and Education)』(1938)과 같은 저작들은 진보주의 교육운동에 큰 영향을 끼쳤다. 듀이는 또한『철학의 개조(Reconstruction in Philosophy)』(1920),『확실성의 탐구(The Quest for Certainty)』(1929),『경험으로서 예술(Art as Experience)』(1934) 등 수많은 저서를 남겼다.

　듀이는 헤겔로부터 문화와 사회가 끊임없이 발전한다는 진보사관을 받아들였고, 다윈을 통해서는 인간이 환경과의 상호작용을 통해 스스로를 갱신해 나간다는 사상을 받아들이게 된다. 그에 따라 듀이는 교육을 '학습자가 환경과의 상호작용을 통해 자신의 경험을 끊임없이 갱신해 가는 과정'으로 이해하게 된다. 그뿐만 아니라 퍼어스와 제임스의 프래그머티즘으로부터 실험적 방법(experimental method)의 중요성과 가치를 배웠다. 듀이는 실험적 방법이 고정된 사상과 가치, 이념과 관습을 개선하는 데는 물론이고, 나아가 민주주의라는 공유된 가치의 다양성과 소통의 가능성을 향상시키는 데도 활용될 수 있다고 믿었다. 그러한 듀이의 교육사상이 체계적으로 전개된 저서는 1916년에 출간한『민주주의와 교육』이다.

　듀이는『민주주의와 교육』의 과제를 크게 둘로 설정한다. 하나가 민주주의의 이념에 비추어 '공교육의 목적과 방법을 새롭게 규정'하는 일이라면, 다른 하나는 민주주의 이전의 사회적 상황에서 전개된 지식이론과 도덕이론을 '비판적으로 검토'하는 일이다(Dewey, 2007: 31). 그러한 과제를 해결하기 위해서 듀이는『민주주의와 교육』을 다음과 같이 전개한다(같은 책, 461-463). 먼저, 사회 상황과 무관하게 교육의 일반적인 의미를 밝히는 '형식적인 고찰'(1~5장)을 제시한 후, 거기서 도출된 일반적인 논의를 '민주적인 성격을 지닌 사회'에 적용하여 교육의 의미를 분석한다. 이를 통해 듀이는 '교육은 경험의 계속적인 재구성 또는 재조직'이라는 아이디어를 도출하게 된다(6~7장). 이어서 교육이념적 성찰에서 얻은 결과를 '교육의 내용과 방법에 적용'하고(8~14장), 나아가 그러한 교육관과 현재의 '현실과 대조'하며(15~17장), 현재의 사회적인 제약에 대한 '비판적인 고찰'(18~23장)을 전개한다. 마지막으로, '교육철학'의 일반적인 성격과 과제를 규명한 뒤 철학적 논의의 핵심영역인 인식론과 윤리학에 대한 개관으로 책을 마무리한다(24~26장).

　『민주주의와 교육』에 따르면, 삶에는 삶 이외의 목적이 없다. 마찬가지로 성장에도 성장 이외의 목적이 없다. 교육도 마찬가지다. 교육은 경험의 성장이라는 삶의 특성을 반영하면서 또한 동시에 삶의 지속성을 지향할 뿐이다. 따라서 "교육에는 경험의 성장이라는 교육목적 그 자체 이상의 다른 목적이 없다. 교육은 그 자체로

목적이다. 그 자체로 목적인 교육은 삶의 성장을 가능하게 하는 계기이자 삶의 성장
을 지향하는 활동으로 존재한다. 따라서 교육의 과정은 바로 '경험의 지속적인 재조
직, 재구성, 변형의 과정'으로 특징지어진다"(Dewey, 2007: 105).

　듀이가 볼 때, 교육의 목적은 인간의 '성장하는 힘을 조직적으로 길러 줌으로써
교육의 지속성을 보증하는 것'이다. 다시 말하면, 교육은 '삶 그 자체로부터 학습하
려는 성향'과 '삶의 과정에서 학습할 수 있도록 삶의 조건을 만들려는 성향'을 길러
주는 활동이다(Dewey, 2007: 106-107). 바로 이 지점에서 성장적인 삶의 특성과 교
육활동을 긴밀히 결합하는 조건으로서 '민주주의라는 삶의 형식'이 등장하게 된다.
왜냐하면 민주주의야말로 관심의 다양성과 소통의 자유를 보장함으로써 결국 성장
의 가능성을 최대한으로 담보하게 되는 삶의 형식이기 때문이다(같은 책, 149). 이렇
듯 교육사상가로서 듀이는 교육개념에 대한 이해와 통찰로부터 최적의 삶의 형식
을 도출하고 요청하게 된다. 듀이가 볼 때, 교육은 '경험을 개조 또는 재조직함으로
써 경험의 의미를 더해 주고 후속하는 경험의 방향을 안내할 능력을 증진시키는 것'
이다(같은 책, 141). 그렇기 때문에 교육은 민주주의라는 삶의 형식을 요청하고, 역
으로 민주주의는 교육을 요청하게 된다.

　듀이의 철학적 성찰을 담고 있는 『민주주의와 교육』은 전통적인 교육에 대한 비
판만이 아니라 새로운 교육에 대한 기획을 제안하는 책으로 읽힐 수도 있다. 나아가
듀이의 실험학교나 그 밖에 다양한 강연과 교육활동도 당시의 교육제도에 대한 비
판적 성찰에 바탕을 두고 새로운 교육에 대한 실험을 모색할 것을 요구하고 있다.
그런 점에서 진보주의 후계자들은 대안을 모색하는 교육실천가 듀이를 추종하고
계승하려고 했다. 진보주의 교육자들은 전통적인 교육방법들이 다양한 교육목적의
유기적 통합을 어렵게 하고, 아동의 자연스러운 성장을 가로막고 있다는 듀이의 비
판에 주목한다. 그런 관점에서 보면 듀이는 아동의 교육적 경험을 확대해 주기 위
해서 아동의 내적 욕구와 흥미 그리고 아동의 자발적인 활동을 존중하는 아동 중심
교육의 주창자로 이해된다. 이런 의미의 듀이를 계승하는 진보주의 교육자들은 듀
이로부터 경험 중심, 흥미 중심, 활동 중심의 교육론을 읽어 냈으며, 교실을 보다 활
력이 넘치는 장소로 만듦으로써 학교의 민주화를 앞당기는 실천과 노력을 경주하
게 된다.

## 2) 슈타이너(Rudolf Steiner, 1861~1925)

루돌프 슈타이너는 괴테의 자연학과 인간관에 기초하여 자기 고유의 사상인 인지학(人智學, Anthroposophie, 슈타이너 고유의 철학적 인간학)을 구상하게 된다. 1913년 슈타이너는 자신의 사상인 인지학을 보급하기 위해서 인지학회를 설립하고, 1919년에는 자신의 인지학적 인간이해에 기초하여 자유 발도르프 학교를 설립하게 된다. 슈타이너가 세운 자유 발도르프 학교는 현재 세계적으로 성장·발달하고 있는 대표적인 대안적 학교모델로 부각되고 있다. 슈타이너는 1924년에는 일반인지학협회를 설립하여, 인지학 입문 코스, 오리트미 기초 강좌, 교육학 강좌 등 다양한 강좌를 개설하게 된다. 슈타이너는 40여 권의 책과 수많은 논문 그리고 6,000여 차례의 강연집을 남겼는데, 1990년까지 슈타이너 전집(Gesamtausgabe)에 포함된 저작은 354권에 이른다(정윤경, 2009: 27-42).

슈타이너의 인지학에 따르면, 인간은 육체와 영혼 그리고 정신을 지닌 존재로 파악된다. 이처럼 슈타이너는 인간을 육체와 영혼 그리고 정신의 통합으로 이해함으로써, 발달심리학이 인간의 외적 양상들의 변화에만 초점을 맞추어 인간의 내적 발달과 변화를 제대로 파악할 수 없다는 한계를 직시하고, 그에 대한 대안으로 인지학적 발달심리학을 제시하게 된다. 인지학적 발달심리학에 의하면, 인간의 발달은 7년을 주기로 하며 불연속적으로 전개되는 단계들로 구분된다. 즉, 인간은 탄생부터 7세까지, 7세부터 14세까지 그리고 14세부터 21세까지 비약적이고 불연속적

[그림 8-3] 슈타이너(좌), 자유 발도르프 학교(우)

인 3단계의 발달을 거치게 된다. 성인이 된 이후에도 21세부터 28세까지, 28세부터 35세까지 그리고 35세부터 45세까지 지속적으로 발달하게 된다(정윤경, 2009: 96).

발도르프 학교의 교육과정은 연령에 따라 크게 둘로 나뉜다. 첫 번째 단계는 담임 교사의 교체 없이 연속적이고 포괄적인 방식으로 운영되는 1~8학년까지의 교육으로 이루어지고, 두 번째 단계는 여러 전문분야의 교사에 의해 다양한 과목이 가르쳐 지는 9~12(또는 13)학년까지의 교육으로 이루어진다. 첫 번째 단계인 아동기의 교육은 머리보다는 가슴과 관련된 교육 또는 감정과 관련된 교육이 주를 이룬다. 왜냐하면 이 시기는 상상력의 단계에 속하기 때문이다. 이 시기의 학생들은 추상적 개념이나 논리적인 형태로 배우는 것이 아니라, 상상력을 통해 세계를 표상하고 인식한다. 그렇기 때문에 1~8학년까지 읽고 쓰고 셈하기를 배울 때, 그림 그리기나 형태 그리기와 같이 생생한 이미지를 통해 경험하고 학습하도록 해야 한다. 반면에 9~13학년까지의 청소년기는 신체, 영혼, 정신이라는 인간의 세 요소가 보다 정교하게 분리하게 되는 시기다. 물론 서로 분리되며 독립적인 발달을 하기는 하지만, 청소년은 근본적으로 여전히 유기적으로 결합해 있는 통일체로 존재한다. 하지만 이때는 정신적인 역량, 즉 사고력이 활발하게 활동하기 시작하기 때문에, 추상적이고 개념적인 사고력을 발달시킬 수 있는 교육내용이 도입되어야 한다(정윤경, 2009: 140-143).

발도르프 학교는 7년 주기의 교육과정 편성에 못지않게, 교육과정을 예술적으로 구성하고 있다는 점에서 특징적이다. 슈타이너는 교육을 하나의 '예술(Kunst)'로 파악한다. 여기서 "교육은 예술이다."라는 말은 미적 교육을 강조한다는 의미라기보다는 교육 그 자체를 하나의 예술로 파악한다는 의미다. 따라서 교육예술에서는 일회적이고 반복될 수 없는 상황 속에서 교육자와 학생이 생동적으로 협력함으로써 매번 새롭게 창조적으로 형성되어 나가는 것이 중요하다. 또한 예술로서 교육이라는 말은 교육이 인간 존재를 일깨울 수 있는 예술의 경지에서 이루어져야 한다는 뜻이다. 그렇기 때문에 먼저 자신을 일깨울 수 있는 교사만이 학생을 일깨울 수 있다. 그러므로 교육자와 학생의 만남은 각각의 개별성과 삶의 특수성에 대한 상호이해를 전제로 하여 이루어지는 상호역동적인 만남이어야 한다(정영근, 정혜영, 이원재, 김창환, 2000: 339).

발도르프 학교의 예술적 교육과정은 또한 독특한 교육과정을 운영하는 것으로 특징지어진다. 대표적인 것은 주기집중수업(Epochenunterricht)이나 8년 담임제, 오이리트미(Eurythmie) 교과운영과 같은 독창적인 수업방식이다. 모든 학년은 3~4주를 기본 단위로 하여 매일 아침 첫 두 시간에 특정한 교과를 집중적으로 지도하는 주기집중수업을 받게 된다. 또한 학문과 예술 및 신체 교육이 조화롭게 통합된 교수계획에 따라 수업이 진행되며, 1학년에서 8학년까지 한 담임교사가 맡는 지도방식을 채택한다. 나아가 담임교사가 담당하는 기본교과와 전문교사가 담당하는 전문교과가 엄격하게 분리되어 있고, 놀이와 노래·연극 등을 다양하게 활용하고 있으며, 외국어에 대한 살아 있는 감각을 익히기 위해서 조기 외국어수업을 실시한다. 그 외에도 수공예 및 목공 수업, 회화, 소묘, 조소, 노래와 악기연주, 오이리트미, 체조, 시낭송 등 매우 다양한 형태의 예술수업을 활용한다. 이 중에서 가장 특이한 것이 오이리트미인데, 이것은 슈타이너에 의해서 창안된 것으로, 몸을 움직이는 놀이수업을 의미하며, 발도르프 학교가 가진 독특한 예술교과다. 12학년까지 가르쳐지는 오이리트미 수업은 음악이나 언어에 따라 신체의 움직임을 예술적으로 형상화하도록 함으로써 특별한 교육적 의미를 지니게 된다(정영근, 정혜영, 이원재, 김창환, 2000: 340-341).

발도르프 학교의 특징을 하나 더 들자면, 그것은 바로 특별한 모습의 건물과 주변경관이다. 발도르프 학교의 건물에는 건축에 대한 슈타이너의 인간학적 통찰이 반영되어 있다. 슈타이너는 "건축물이 인간을 형성하는 기능을 갖는다."라고 생각한다. 그런 사상 때문에 발도르프 학교는 위치해 있는 학교의 특성과 조건에 따라 매우 독특하고 예술적인 형태의 건축물로 이루어져 있다. 건축물뿐만 아니라 주위 환경도 몸과 영혼 그리고 정신을 통합하는 형성적 기능을 발휘한다. 그러한 믿음 때문에 발도르프 학교는 통합적이고 예술적인 학교환경을 제공하기 위해서 특별한 방식의 건물과 주위 환경을 고집하게 된다. 이처럼 발도르프 학교의 건물이 예술적이면서 또한 인간 형성적이어야 하기 때문에, 학교 건물을 짓는 데는 건축가와 교육자 사이의 협력이 절대적으로 필요하다. 또한 발도르프 학교의 건물에는 전형이 없는데, 그 까닭은 모든 발도르프 학교 건물이 각각의 주위 환경과 어우러져야 하고, 각각의 개성과 예술성을 구현해 내야 하기 때문이다(정영근, 정혜영, 이원재, 김창환, 2000: 341).

1919년 슈타이너가 슈투트가르트에 발도르프 학교를 처음 설립한 이후 발도르프 교육은 스스로 여러 측면에서 개혁적인 교육을 실천해 왔다. 그 결과 독일뿐만 아니라 세계 도처의 대안학교와 공립학교에 신선한 자극을 제공해 왔다. 특히 발도르프학교가 시행하고 있는 주기집중수업이나 종합예술교육 그리고 목공을 비롯한 수공수업 등은 발도르프 학교를 넘어 수많은 학교에서도 채택될 정도로 긍정적인 평가를 받는다. 발도르프 학교는 학교교육이 가진 잠재력과 가능성을 최대한으로 실천해 내고 있다는 점에서 수많은 대안교육 및 대안학교에게 모방과 탐구의 대상으로 간주된다. 그럼에도 불구하고 발도르프 학교교육이 전제로 하고 있는 슈타이너의 인지학이나 종교적이고 신비적인 학습활동 등에 대해서는 논란이 계속되고 있다. 하지만 "교육은 총체적인 인간이해에 바탕을 둔 예술적이고 통합적인 실천이다."라는 아이디어에 관한 한, 발도르프 교육은 여전히 동의와 공감을 얻고 있다(정윤경, 2009: 258 이하).

### 3) 몬테소리(Maria Montessori, 1870~1952)

[그림 8-4] 몬테소리

몬테소리는 이탈리아의 교육사상가로 유럽의 신교육운동을 주도했던 인물들 중의 하나다. 몬테소리의 교육적 신념과 실천은 전통교육이 가진 한계를 극복하고자 하는 20세기 초반의 교육개혁운동과 맥을 같이 한다. 몬테소리는 1892년 로마 대학의 의학부에 입학하려 하였지만, 여성이라는 이유로 여러 차례 거절당했다. 이에 대학 총장과 교황 레오 13세에게 청원서를 내는 등 적극적인 시도를 통해 결국 입학허가를 받아내게 되고, 1896년 의학박사 학위를 취득함으로써 이탈리아 최초의 여의사가 된다.

그런데 몬테소리는 투쟁으로 쟁취한 의사로서의 길을 포기하고 1897년 교육자의 길을 걷기 시작한다. 몬테소리는 1896년 로마 대학의 정신병원에서 의사로 근무하며 정신지체아동의 행동을 면밀히 관찰하고 나서, 정신지체는 의학적으로 다루어야 할 문제가 아니라 교육학이 다루어야 할 문제라는 확신을 가지게 되었기 때문이다. 교육자의 길을 걷기로 결심하면서 몬테소리는 아동에 대한 과학적 연구를 본격적으로 시작하게 된다. 몬테소리는 정신지체아동의 교육에 공헌한 이따르(G. Itard, 1774~1838)와 세강(E. Seguin, 1812~1880)의 의학적 치료교육에 관한 연구를 충분히 검토하고 난 뒤, 본격적인 교육활동에 착수하게 된다. 몬테소리는 1907년 로마의 산 로렌조(San Lorenzo)에 '어린이집'을 개원하여 큰 성공을 거두고 나서 국제적으로 유명해진다. 그 덕에 몬테소리는 이탈리아를 비롯해 스위스, 영국, 아르헨티나, 프랑스, 미국 등 유럽의 여러 나라를 순회하며 강연을 하게 된다. 그 결과 몬테소리 교육운동이 전개되었고, 몬테소리 교육방법이 여러 나라에 도입된다. 유럽 각국에서는 '어린이집'이 건립되었으며, 1929년 국제몬테소리협회가 결성되기에 이른다(신득렬, 이병승, 우영효, 김회용, 2004: 130-132).

몬테소리 교육에서는 아동의 활동이 중심이고, 교사의 임무는 '필요불가결한 일'만 하고, '불필요한 일'은 하지 않는 것이다. '필요불가결한 일'이란 가능한 한 아동을 간섭하지 않는 일과 아동의 자주성을 발달시키는 일이다. '불필요한 일'로 꼽히는 것은 간섭하기, 개입하기 그리고 도와주기다. 예컨대, 아동이 무엇인가를 하려고 노력하고 있을 때 교사가 도와주려고 나서는 것은 불필요한 일이다. 아동에게는 활동의 결과보다는 활동에서 기쁨을 얻는 것 자체가 목적이다. 그렇기 때문에 활동의 결과를 도출하기 위해 누군가가 도와주게 되면, 활동의 의욕은 물론이고 활동의 기쁨조차 소멸될 수 있다. 따라서 몬테소리 교육에서는 아동이 활동의 주체로 인정받고 존중받을 수 있도록 교사는 항상 한 걸음 뒤로 물러나 있어야 한다(박준영, 정낙찬, 팽영일, 2011: 252-253).

몬테소리가 교사의 개입을 최소화하려고 하는 이유는 그녀의 아동관에서 발견된다. 몬테소리는 '어린이집'을 운영하면서 아동들을 유심히 관찰한 결과 아동이 '어른의 축소판이나 미숙한 어른이 아니라, 어른과는 전혀 다른 존재, 말하자면 무한한 잠재능력을 가진 존재'라고 확신하게 된다. 즉, 아동은 그저 환경에 의존적인 수동적인 존재가 아니라, 자기 스스로 성장하려는 내적 생명력을 가진 존재다. 따라서 아동에게 적절한 조건과 기회만 부여된다면, 아동의 생명력은 저절로 샘솟을 것이다. 그러한 생각으로 인해 몬테소리는 "아동을 존중하는 것이 교육의 출발점이 되어야 하며, 아동의 내적 생명력과 자발적인 능력을 길러 주는 것이 교육의 사명이 되어야 한다."라고 확신하게 된다.

몬테소리는 아동을 돌보고 가르치며 연구하는 동안 모든 아동의 활동과 성장에

들어 있는 공통적인 특징들을 발견하게 된다. 그중의 하나는 아동의 성장과정에서
'민감기' '집중(몰입) 현상' 그리고 '정상화'라는 특징과 순서가 나타난다는 것이다.
민감기는 새로운 환경에 예민해지면서 지적인 흡수력이 강해지는 시기를 말한다.
아동은 발단단계에 따라, 예컨대 질서, 감각 그리고 언어에 대해 순차적으로 민감하
게 반응한다. 이때 교사는 아동이 민감한 반응을 보이는 활동을 지속해 갈 수 있도
록 환경을 조성하여 도와야 한다. 아동의 민감성에 적합한 환경을 마련해 주게 되
면, 아동은 관심 있는 사물과 언어에 대한 강한 집중(몰입) 현상을 나타내 보이게 된
다. 최적의 환경이 제공되면 아동은 자신이 민감하게 느끼는 내적 욕구를 최대한으
로 발휘하게 되며, 자연스럽게 자신의 활동에 집중하면서 지속하게 되기 때문이다.
그런 식으로 집중을 겪고 나면, 비로소 아동은 정상화의 단계로 올라서게 된다. 따
라서 아동의 성장에 필수적이고 결정적인 요건은 바로 최적의 학습 환경을 제공하
는 것이다. 최적의 환경을 제공하기 위한 방안으로 몬테소리는 특별한 교구(敎具)
의 제작과 활용을 제안한다. 이때 교구는 아동의 발달단계에서 나타나는 민감한 반
응에 잘 어울릴 수 있어야 하며, 그러기 위해서는 세부적 발달단계에 맞춰 다양하게
제작되어 제공되어야 한다.

몬테소리의 교육이론은 상당 부분 아동의 교육과 성장조건에 대한 과학적인 관
찰과 실험을 통해 이루어졌다. 그런 점에서 상당한 호소력과 설득력을 지닌다. 하
지만 몬테소리의 교육이론 및 교육방법을 일반화하고자 할 때 나름의 한계를 갖는
다. 왜냐하면 몬테소리의 교육방법은 우선적으로 정신장애가 있는 아동을 가르치
기 위한 목적에서 개발된 것이므로, 그것을 비-장애 아동에게 일반적으로 적용하
고자 할 때 문제가 발생할 수 있기 때문이다. 또한 교육원리적인 측면에서도 문제를
제기할 수 있을 것 같다. 몬테소리는 원칙적으로 아동의 자발성을 강조하면서 또한
동시에 발달단계에 적합한 교구의 제작과 활용을 적극적으로 제안한다. 이때 두 원
칙이 상호 모순적이지 않을까 하는 문제가 발생할 수 있다(신득렬, 이병승, 우영효, 김
회용, 2004: 130-133).

## 4) 니일(Alexander Sutherland Neill, 1883~1973)

니일은 권위주의적인 교육에 반대하면서 자유교육을 전개한 대표적인 교육사상

가이며 교육실천가다. 니일은 서머힐 학교
(Summerhill School)를 설립하여 자신이 교육
적 이상으로 삼는 자유교육을 실천한다. 니
일은 20세기에 들어 전개된 신교육운동 또
는 자유학교운동에 동참한 진보적인 교육사
상가 중에서 가장 급진적이면서도 개혁적인
성향의 교육실천가로 손꼽힌다.

[그림 8-5] 니일

니일은 1921년 칼레(Calais)에서 열린 교
육연맹회의에 참석하면서 자신의 교육적 이상을 펼치기 위한 구체적인 구상을 하
기 시작한다. 그래서 니일은 드레스덴(Dresden) 근교의 헬레라우(Hellerau)에 서머
힐 학교의 전신이라고 할 수 있는 국제학교를 설립하게 된다. 1924년 니일은 국제
학교에 재학 중인 외국인 학생들을 데리고 영국으로 돌아와 도어셋(Dorset)의 라임
레지스(Lyme Regis)에 서머힐 학교를 설립하게 된다. 서머힐 학교는 그 후 1927년
현재의 위치인 라이스톤(Leiston)의 서포크(Suffolk)로 옮겨진다.

니일은 서머힐 학교를 운영하면서 자신이 직접 겪은 경험과 관찰을 토대로 여러
권의 책을 펴낸다. 교육수기 4권, 소설 2권, 동화 2권, 자서전 1권 그리고 그의 초기
저서 4권의 내용을 요약하면서 재구성한 『서머힐』까지 모두 19권에 이른다. 니일의
교육사상에서 가장 핵심을 차지하는 것은 그의 아동관이다. 니일은 아동의 성선(性
善)과 생래적 발전가능성을 굳게 믿었다. 그러한 아동관은 니일이 관념적으로 성찰
한 결과가 아니라, 그가 오랫동안 서머힐 학교를 운영하면서 얻어 낸 관찰과 실험의
결과였다. 니일은 자유학교에서 간섭과 통제를 없앴을 때, 아동의 착한 본성이 훨씬
더 잘 드러난다는 사실을 경험적으로 확신할 수 있었다.

니일의 교육적 기본신념 중의 하나는 아동에게 최대한의 자유가 주어질 때 교육
목적을 실현할 수 있다는 것이다. 자유교육을 통해 니일은 행복, 균형, 진실성, 독창
성과 같은 교육목적을 실현하고자 했다. 그러한 교육목적을 실현하기 위해서 니일
은 어린이를 학교에 맞추려고 시도하는 대신에 서머힐 학교 자체를 거꾸로 아이들
에게 맞추는 방식으로, 즉 완전한 자유의 원칙에 입각하여 운영하고자 했다. 일례
로, 서머힐 학교는 학습과 관련하여 학생들에게 최대한의 자유를 허용한다. 또한 학
습하고자 하는 교과목의 선택, 학습 동기 및 목표의 선택에서 학생들이 자율적으로

결정하도록 했고, 수업출석에 대해서도 자유를 허용한다. 나아가 학습시간을 특정 교과수업시간으로 국한시키지 않고, 학생들이 학습하고자 하는 것을 언제든지 학습할 수 있도록 학습의 기회와 선택의 폭을 최대한 개방했다.

서머힐 학교의 특징들 중의 또 하나는 놀이의 자유를 허용했다는 점이다. 니일은 자유로운 놀이활동이 학습의 중요한 조건이며, 치유적인 효과를 가진다고 확신했다. 그의 관찰에 따르면, 놀이충동이 충족되지 않으면 학습에 대한 자발적인 몰입이 불가능하며, 아이들은 놀이를 통해 억압된 감정을 조절하고 해소해 나간다. 그런 특징과 밀접하게 결부된 또 하나의 특징은 서머힐 학교가 일체의 도덕적 훈육을 배제시켰다는 점이다. 니일은 성인에 의해 일방적으로 행해지는 도덕적 훈육이 학생들의 도덕적 자율성 발달을 오히려 해친다고 확신했다. 왜냐하면 니일은 도덕적 훈육이 어린이의 자연스럽고 긍정적인 본성을 억압하고 왜곡시킴으로써 훈육이 의도하는 도덕성의 발달과는 무관한 결과를 초래하는 것을 확인했기 때문이다. 예컨대, 훈육의 방법으로 사용되는 체벌은 본래 의도하는 도덕적 개선과는 달리 타인에 대한 증오심과 반도덕성을 아동의 내부에 심어 줄 뿐이다. 따라서 도덕적인 훈육과 체벌은 도덕교육적 효과가 없을 뿐만 아니라, 심지어 아동 개개인을 불행하게 만들고, 나아가 사회 전체를 불행하게 만든다.

니일의 교육사상은 근본적이기 때문에 혁명적이었고, 그로 인해 교육계에 큰 반향을 불러일으켰다. 하지만 그것은 또한 급진적인 사상에 가까웠기 때문에 교육학자들 사이에 격렬한 논쟁의 대상이 되었고, 현장의 교사 및 학부모들에게 충격적인 시도로 비춰졌다. 특히 보수적인 영국 교육계에게 니일의 사상과 실천은 물론 신선한 자극도 주었지만, 커다란 도전으로 받아들여졌다. 공교육을 담당하고 있는 많은 교사가 볼 때, 니일의 교육사상은 학교를 혼란과 위험에 빠트릴 수 있다는 의심을 사기에 충분했다. 그럼에도 불구하고 니일의 교육사상과 자유학교 실험은 공교육이 가진 보수성과 권위주의라는 한계를 자각하고 새로운 교육의 방향을 적극적으로 모색하려는 자율학교운동이나 대안학교운동에 아직도 커다란 영향을 끼치고 있다(신득렬, 이병승, 우영효, 김회용, 2004: 133-138).

## 5) 피터스(Richard Stanley Peters, 1919~2011)

피터스는 20세기 후반 영국이 낳은 위대한 교육철학자다. 피터스가 교육학계에 끼친 가장 큰 공헌 중의 하나는 언어분석이라는 방법을 통해서 교육의 주요 개념들의 의미를 명료하게 밝히고, 교육적 논의와 교육담론 속에 들어 있는 논리적 가정들을 들춰냈으며, 나아가 교육에 관한 이론과 주장을 정당화하려고 시도했다는 점일 것이다. 그러한 연구 활동과 성과를 통해 피터

[그림 8-6] 피터스

스는 애매한 성격의 학문이라는 위치에 머물고 있던 교육철학을 엄밀하고도 독립적인 학문분야로 거듭나도록 하는 데 결정적인 역할을 했다. 그런 이유로 피터스는 20세기 후반 새롭게 형성된 영국 교육철학의 아버지로 불린다.

피터스 교육철학의 가장 큰 특징이자 성취는 '교육'개념을 체계적으로 분석했다는 점일 것이다. 피터스는 『윤리학과 교육(Ethics and Education)』 제1장에서 "어떤 활동을 '교육'이라고 부르기 위해서는 세 가지 준거(準據) 혹은 기준을 충족시켜야 한다."라고 주장한다(Peters, 2004: 58-59). 교육활동이 충족시켜야 할 세 가지 준거는 바로 규범적 준거, 인지적 준거 그리고 과정적 준거다. '규범적 준거'는 '바람직함(desirability)'과 관련된 준거다. 그렇다면 교육은 '가치 있는 것을 그것에 헌신할 사람에게 전달하는 것'이라는 의미를 포함하게 된다. '인지적 준거'는 교육적 지식과 관련된 준거다. 그렇다면 교육은 '무기력하지 않은 지식, 이해 그리고 인지적 안목'을 포함하는 활동이 된다. '과정적 준거'는 도덕성과 관련되는 준거다. 그것에 따르면, 교육은 적어도 '학습자의 의도성과 자발성'을 포함하는 활동이라는 것이다.

피터스는 교육개념에 대한 분석에 이어 민주주의 교육의 중요한 원리라고 할 수 있는 자유, 평등, 가치 있는 활동, 이익, 인간존중, 권위, 벌 등의 개념을 분석하고, 그러한 원리의 배후에 들어 있는 논리적 가정들을 밝히고 정당화한다. 여기서 말하는 정당화란 특정한 행위에 대해 합리적인 이유나 근거를 제시하는 활동을 말한다. 예컨대, 교사가 학생의 자유를 제한해야 행위를 할 경우 왜 그러한 행위를 하는지에 대한 합리적인 이유를 제시할 수 있어야 한다. 그러한 활동을 정당화라고 부른다. 피터스가 볼 때, 교단에 서서 가르치는 교사에게 정당화 작업은 대단히 중요한 활동

이다. '왜 교육을 받아야 하는지' '왜 특정한 교과를 배워야 하는지' 그리고 '왜 특정한 방식으로 교육이 이루어져야 하는지'에 대한 정당화 작업이 없이는 교사의 교육적 활동이 정당성을 확보하지 못하게 되고, 교사의 지적 · 도덕적 권위는 실추될 수 있으며, 그 결과 교육활동 자체가 불가능해지기 때문이다.

피터스가 시도한 교육철학의 성취 중에서 또 하나의 의미심장한 성취는 허스트와 함께 고전적 자유교육론을 부분적으로 계승 · 수정 · 보완함으로써 현대적인 자유교육론의 체계를 수립했다는 점이다. 여기서 말하는 자유교육(liberal education)이란 한마디로 '합리적인 마음을 계발하는 것을 목표로 하는 교육'이다. 그런 의미의 자유교육은 서양교육의 전통에서 오래된 것이다. 피터스는 자유교육의 의미가 다양할 수 있음을 전제로 하여 자유교육을 적극적으로 규정하기보다는 소극적으로 규정한다. 말하자면, 자유교육은 '직업교육'이나 '전문교육'이 아니라 '교육의 내재적 가치인 지식이나 이해와 같은 합리성을 추구하는 데 있어서 장애가 없는 교육활동'을 지칭한다. 따라서 피터스의 자유교육 개념은 그가 제시한 교육개념과 구별되지 않는다. 즉, 자유교육이란 '교육의 개념 속에 붙박혀 있는 내재적 가치를 실현하는 활동'이며, 그러한 활동이 '지식과 이해의 추구와 같은 합리적 마음을 계발하는 일과 관련될' 때 교육의 내재적 가치를 확보하게 된다(유재봉, 2002a: 30-31).

피터스의 교육철학적 논의방식에 대해 모두가 만족할 수는 없을 것이다. 그렇지만 피터스가 교육개념에 대한 분석을 통해 도출한 결과는 분명 교육현상이나 교육활동을 이해하는 데 중요하게 쓰이고 있으며, 도덕교육과 사회철학에 관한 치밀하고도 방대한 피터스의 논의는 교육의 윤리학적 측면을 이해하는 데 바탕이 되고 있다. 또한 피터스가 시도한 분석철학적 방법은 교육철학을 독자적인 학문 분야로 끌어올리는 데 결정적인 역할을 했다. 이런 점에서 피터스는 당연하게도 20세기 전반의 듀이와 쌍벽을 이루는 20세기 후반의 탁월한 교육사상가로 손꼽힌다(신득렬, 이병승, 우영효, 김회용, 2004: 142-146).

## 6) 프레이리(Paulo Freire, 1921~1997)

프레이리는 1950년대 농민들에게 직접 글을 가르치면서 일상용어와 일상적인 생각을 활용해서 교육하는 것이 매우 효과적이라는 점을 깨닫게 된다. 그가 가르치는 학생들은 불과 30시간 이내의 교육만 받고서도 글을 읽고 쓸 수 있게 되었다. 이러한 경험과 성공을 바탕으로 프레이리는 1963년 브라질 국립 문맹퇴치 프로그램의 책임자가 되었다. 하지만 1964년 브라질에 군사정권이 들어서면서 프레이리는 칠레로 망명하여 전 세계를 돌아다니며 문맹퇴치교육에 앞장선다. 프레이리는 1979년 브라질로 되돌아와 노동자당(Workers Party)의 결

[그림 8-7] 프레이리

성에 참여하였고, 1988년에는 상파울루의 교육담당관이 되었으나 몇 년 뒤 사임했다. 프레이리는 『페다고지』 『교육과 의식화』 『프레이리의 교사론』 등 20여 권의 책을 남겼다.

　프레이리는 인간해방을 교육의 궁극적인 목표로 삼았고, 그러한 주장을 실천하려고 매진한 20세기의 대표적인 교육사상가다. 프레이리의 『페다고지』(1968)는 '억압받는 자들의 교육학'이라는 부제가 달려 있다. 이 책에서 프레이리는 전통적인 교육이 요구하는 수동성이 억압받는 자들의 상황을 더욱 악화시키는 결과를 낳게 된다고 주장한다. 프레이리는 억압적인 주입식 교육을 가리켜 '은행 저금식' 교육이라고 칭하며(Freire, 2012: 86), 인간해방을 위해서는 '은행 저금식' 교육에서 '문제제기식' 교육으로 전환해야 한다고 말한다(같은 책, 95). 전통적인 교육을 은행 저금에 비유하는 까닭은 전통적인 교육의 교사가 의식화를 방해하는 정보를 전달하고 학생은 제공되는 정보를 축적하기만 하는 수동적인 위치에 머물도록 강요되기 때문이다. 그러한 교육적인 억압에서 탈피하기 위해서는 교사와 학생 간의 대화를 통한 교육, 즉 '의식화와 해방'을 위한 교육으로 전환해야 한다. 이러한 전환의 가능성과 필요성을 입증하기 위해서 프레이리는 문맹퇴치교육 또는 문해교육에 앞장섰고, 그것을 통해 전 세계의 억압받는 민중이 사회적 · 정치적 · 역사적 자각과 의식화에 이를 수 있다는 것을 몸소 보여 주려고 애썼다.

　의식화교육이라는 프레이리의 확고한 신념은 인간에 대한 이해에서 출발한다. 프레이리가 볼 때, 동물과 인간의 결정적인 차이점은 바로 인간이 실천적인 존재라는 점이다. 동물은 무의식과 본능에 이끌리는 생명체이지만, 인간은 '의식'을 근거로 하여 자신과 세계에 대해서 '최선의 반응'을 선택한다. 그렇기 때문에 인간은 'animal providum(미래를 염려하는 동물)'이다. 말하자면, 인간은 의식적인 행위인 노동을 통해 자신의 삶을 전개하는 동물이다. 외적 자연과 내적 자연 간의 변증법적 상호작용을 프레이리는 이렇게 표현한다. "인간은 자연적인 물질을 자신의 삶을 위해 사용할 수 있는 형태로 변형시키는 노동을 통해 외적인 자연에 영향을 끼칠 뿐만 아니라, 자연을 변화시킴으로써 결국 자기 자신의 자연을 변화시키는 존재다."(Freire, 1974: 49)

그런데도 인간은 자연과 자신의 변화가능성에 대한 의식 없이 행동하게 된다. 그런 행위는 그저 '내 생각에는' 혹은 '내가 믿기에는'과 같이 하는 무반성적인 '의견(doxa)'에 이끌리게 된다. 따라서 그런 행위는 쉽게 조작될 수 있고 통제될 수 있다. 반면에 자신의 목표를 의식할 수 있고 자신의 의도에 대해 정당성을 부여할 수 있는 행위는 '이성(logos)'에 이끌리는 행위다. 이러한 발상은 소크라테스까지 거슬러 올라가는 계몽주의적 전통이다. 그에 따르면, 인간은 의식과 성찰을 통해 이성을 발견할 수 있다. 그리고 인간은 자신의 실천에 활용할 수 있는 능력과 가능성인 이성을 가지고 있다. 모든 인간은 본질적으로 이성적일 수 있다는 점에서 평등하다. 그렇기 때문에 인간은 누구나 교육을 통해 이성적인 실천으로 나아갈 수 있다. 이러한 통찰 덕분에, 프레이리는『페다고지』를 쓸 때까지만 해도 자신이 주목했던 '억눌린 자를 위한 교육'에서 점차적으로 '항구적인 해방을 위한 인간교육'으로 무게중심을 옮기게 된다. 이런 점에서 프레이리의 교육철학은 또한 계몽주의적 전통에 뿌리를 두고 있다고 평가된다.

프레이리는 남미의 열악한 교육적 상황을 직시하면서 구체적인 문맹퇴치 프로그램을 제안하고 실천한다. 프레이리는 단순히 기존의 교육을 은행 저금식 교육이라고 비판하는 것으로 그치는 것이 아니라, 또한 그가 대안으로 내세운 의식화교육과 문제제기식 교육을 구체적으로 수행해 낸 교육실천가로도 평가된다. 프레이리는 혁명적이고 급진적인 주장과 실천으로 서구교육계에 엄청난 충격을 주었지만, 제3세계 그리고 빈민교육과 문맹퇴치교육 등에는 확실한 이론적 토대와 실험적 모범을 제공해 준 교육의 선각자인 셈이다.

혁명적인 발상에도 불구하고 프레이리는 계몽주의적 전통과 인간관을 계승하며 발전시키고 있다. 프레이리는 특히 인간이 '교육받을 수 있는 유일한 존재'라고 하는 칸트의 사상에 입각하여 인간해방을 위한 의식화교육을 전면에 내세운다. 인간은 교육을 통해 비판적인 의식을 개발해야 할 의무와 권리를 가진 존재이며, 비판적인 의식을 바탕으로 타인과 역사 및 세계에 대한 도덕적인 의무를 인식하고 실천으로 옮겨야 할 의무와 권리를 가진 존재다. 이렇듯이 프레이리에게는 비판적 의식의 형성과 보편적인 윤리에 따른 실천이 서로 결합되어 있다. 인간다운 실존은 결국 비판적인 의식의 형성, 말하자면 의식화교육에 의존하게 된다. 이처럼 인간의 인간다움이 비판적인 의식과 참된 결정능력에 뿌리를 내리고 있는 한, 인간의 인간화는 의식화로서의 교육, 다시 말하면 해방을 위한 교육을 항구적으로 필요로 하게 된다.

 **탐구문제**

1. 20세기 초의 신교육운동은 많은 경우 새로운 (대안)학교를 설립하는 형태로 전개된다. 그러한 시도가 대안적 '교육'운동을 전개하려는 것이었는지, 아니면 대안적 '학교'운동을 전개하려는 것인지 논의해 보시오.

2. 발도르프 학교는 개성적인 학교 건물로 유명한데, 그 배경에는 "건축물이 인간을 형성하는 기능을 갖는다."라는 슈타이너의 신념이 자리하고 있다. 슈타이너의 신념을 따를 때, 오늘날 우리의 학교시설에서 어떤 변화가 요청되는지 논의해 보시오.

3. 자유교육이 직업교육 또는 전문교육과 대립되기보다는 오히려 교육의 원형으로 이해되어야 한다는 피터스의 입장을 따를 때, 오늘날의 교양교육 또는 인문교육의 의미와 가치를 논의해 보시오.

4. 프레이리가 주장하는 해방교육으로서 문해교육은 문맹이 거의 극복된 현재에는 더 이상 유효하지 않은지, 아니면 디지털 문해교육이나 정치적 문해교육처럼 새로운 주제와 형식으로 지속되어야 하는지 논의해 보시오.

5. 교육의 역사는 교육적 이상의 제도화와 체계화라는 흐름과 그러한 흐름에 대한 비판과 대안 모색이라는 흐름이 씨줄과 날줄로 엮어지면서 전개되어 왔다고 할 수 있다. 그런 관점에서 오늘날 우리에게는 어떤 제도화의 노력과 탈(脫)제도화의 노력이 첨예하게 대립되며 전개되고 있는지 한번 숙고해 보시오.

# 교육철학

# 교육철학의 성격

　우리는 빈번히 '교육철학'이라는 용어를 사용하고, 교육과 관련하여 교육철학의 중요성을 역설하기도 한다. 그러나 정작 우리가 사용하는 교육철학이 무엇을 의미하느냐에 대해서는 그다지 분명하지 않으며, 그 용어를 사용하는 사람에 따라 각기 다양한 의미로 쓰이기도 한다. 그러면 교육철학은 무엇인가? 교육철학이 무엇인지를 밝히는 방법은 크게 두 가지로 생각해 볼 수 있다. 하나는 교육과학과 교육철학이 어떻게 다른지를 비교하는 방식이고, 다른 하나는 교육철학의 일상적 용법, 즉 교육철학자들이 교육철학을 어떻게 이해하거나 규정해 왔는지를 밝히는 방식이다 (유재봉, 2004; 이돈희, 1983, 1998a). 전자가 교육철학이 다른 학문과 어떻게 다른지를 보여 줌으로써 교육철학이 무엇인가를 제시해 주는 것이라면, 후자는 교육철학 내에서 교육철학을 어떻게 규정하는지를 보여 주는 것이다. 교육철학이 무엇인지를 교육과학과의 대비를 통해 밝히는 것은 교육철학이 무엇인지를 전혀 모르는 사람에게는 도움이 될지 모르지만, 교육철학에 어느 정도 입문되어 있으면서 교육철학의 성격이 어떠해야 하는지를 고민하는 사람에게는 그다지 도움이 되지 않는다. 그리하여 이 장에서는 교육과학과 대비하여 교육철학이 무엇인지를 염두에 두고 있지만, 주로 교육철학계에서 교육철학을 어떻게 규정하고 있는지에 대해 철학적 교육철학, 규범적 교육철학, 교육사상 탐구로서의 교육철학, 분석적 교육철학, 실천적 교육철학으로 나누어 제시한다.

## 1. 철학적 교육철학

교육철학은 독립된 학문으로 정립되기 전에는 주로 철학의 이론이나 지식을 차용했다. 교육철학에서 철학을 차용하는 방식은 크게 두 가지다. 하나는 철학적 이론을 연장하는 것이고, 다른 하나는 철학적 지식을 응용하는 것이다. 양자는 모두 교육문제를 철학의 이론이나 지식을 차용하여 해결하려고 하였다는 점에서 '철학적 교육철학'이라고 부를 수 있다. 철학적 교육철학은 철학적 이론이나 지식이 교육이론이나 교육학적 지식의 토대가 될 수 있다는 전제하에 성립된다. 철학적 교육철학은 1950년대 후반 분석적 교육철학이 발달하기 이전에는 교육철학의 주된 형태였으며, 적어도 교육철학 정립 초기에는 유용했다.

## 1) 철학적 이론의 연장

'철학적 이론의 연장'으로서의 교육철학은 다양한 철학적 '이즘(ism)', 예컨대 관념론, 실재론, 토미즘, 경험주의, 실존주의, 합리주의, 프래그머티즘 등의 철학적 이론이나 전제로부터 교육철학적 주장이나 함의를 이끌어 내는 방식이다. 철학적 이론의 연장으로서의 교육철학은 철학적 이론의 체계가 확대되면 그 속에 교육적 내용이 담겨질 수 있다는 것을 가정하고 있다. 교육철학을 철학적 이론의 연장이라고 생각하는 학자들은 역사적으로 존재해 온 철학자의 철학체계나 학설 속에서 교육 원리와 이론을 찾는다. 그들은 가령, 관념주의 혹은 관념론(idealism), 실재주의 혹은 실재론(realism), 실용주의 혹은 프래그머티즘(pragmatism), 실존주의(existentialism) 등의 철학이론을 설명한 후, 그것이 교육에 어떻게 적용하고 응용될 수 있는지를 탐색하는 방식을 취한다.

철학이 인간이나 인간의 삶에 관심을 가지고 탐구하는 한, 교육에 관하여 명시적으로 혹은 암시적으로 모종의 시사를 주는 것은 당연하다. 아닌 게 아니라, 철학자들은 다양한 방식으로 교육문제에 관심을 가져 왔다. 철학과 교육의 관련성을 강조하는 교육철학자들은 철학에서 전통적으로 다루어 온 이론의 기초 위에서 교육문제들을 해석하려고 시도했다. 철학이론의 연장으로서의 교육철학은 오랫동안 확립되어 온 철학이론의 도움을 받을 수 있다는 점에서 적어도 교육철학을 정립해 가는 초기에는 유용했다.

그러나 교육철학은 단순히 철학적 이론이나 철학적 주장의 연장으로 보기 어려운 측면이 있다. 첫째, 철학자의 사상이나 이론체계의 경우 철학자가 명백하게 교육이론이나 원리를 제시하지 않으면, 그 철학자의 사상이나 이론체계에서 일관성 있는 교육원리를 추출하는 것은 어렵다. 철학자의 사상 혹은 이론체계는 우선 그것을 어느 하나로 분류하기 어렵다. 예컨대, 플라톤은 형이상학적으로는 이데아(Idea)가 '관념 혹은 정신'의 형태로 존재한다고 보는 점에서 관념론자(idealist)이지만, 인식론적인 관점에서 볼 때 우리가 인식하든 않든 간에 이데아가 '존재'한다고 보는 점에서 실재론자(realist)다. 그러므로 플라톤의 철학에서 단일의 교육원리를 이끌어 내는 것은 쉽지 않다. 둘째, 교육의 관심사와 철학의 관심사는 동일하지 않다는 문제가 있다. 그러므로 교육이론을 철학이론에 비추어 해석할 때 견강부회(牽强附會) 혹은 아전인수(我田引水) 격의 해석이 될 수 있는 위험성이 있다.

## 2) 철학적 지식의 응용

'철학적 지식의 응용'으로서의 교육철학은 철학적 지식을 교육의 이론과 실제에 응용하는 것이다. 즉, 전통적으로 철학의 주된 분야로 알려진 형이상학(metaphysics), 인식론(epistemology), 가치론(axiology), 논리학(logic) 등에서 발견된 철학적 지식을 교육의 이론적 전개나 실천적 원리에 응용하는 것이다. 예컨대, 형이상학에서 교육목적을, 인식론에서 지식교육을, 가치론에서 도덕교육이나 미학교육을, 논리학에서 교육 논리를 응용한다.

형이상학은 우주의 궁극적이고 본질적인 실재(reality)를 포괄적으로 파악하려는 철학적 노력이다. 형이상학에서 실재를 정신으로 보느냐 물질로 보느냐에 따라서 인생의 의미와 목적이 달라지고, 교육의 목적과 방향을 설정하는 데에도 영향을 미친다. 인식론은 진리나 지식의 조건과 성격을 탐구한다. 교육은 지식의 획득과 진리의 추구를 적어도 최소한의 조건으로 하고 있고, 인식론은 교육을 통하여 전달될 지식의 성격을 밝혀 주며, 지식의 탐구에서 유의해야 할 중요한 조건들을 제시하고 있다는 점에서 교육과 불가분의 관계에 있다. 가치론은 주로 선과 악, 정의와 불의, 미와 추 그리고 목적과 수단에 관해 탐구한다. 교육은 성격상 가치의 전달을 핵심으로 하는 가치 전제적 인간 활동이므로, 가치의 본질과 가치판단의 기준을 밝히는 가치론과 긴밀하게 관련될 수밖에 없다. 모순 없는 사고의 규칙을 연구하는 논리학도 교육에 관한 주장이나 교육의 가치를 정당화하는 데 유용하다.

그러나 교육철학을 철학적 지식의 응용으로 보는 견해에는 몇 가지 위험성이 도사리고 있다. 형이상학이 추구하는 실재는 교육목적을 결정하는 데 도움이 될 수 있지만, 교육의 목적이 언제나 인생의 목적 혹은 세계관에 비추어 주장되고 진술되는 것은 아니다. 그러므로 교육을 위하여 형이상학적 지식을 참조하는 것은 극히 제한된 특수 상황에 한정되며, 형이상학적 지식이 교육의 과정에 언제나 의미 있게 적용되는 것은 아니다. 지식의 본질과 근거를 탐구하는 인식론은 지식을 전달하고 획득하는 교육에 유용하지만, 인식론의 관심사와 교육의 관심사가 언제나 동일한 것은 아니다. 인식론의 주 관심사가 지식이 '얼마나 확실한가'에 있다면, 교육의 관심사는 가르치고 배우는 지식이 '얼마나 가치 있는가'에 있다. 윤리학과 미학으로 대표되는 가치론은 교육이 추구해야 할 윤리적 가치와 심미적 가치에 방향과 원리를 제공해 준다는 점에서 의미가 있지만, 철학적 가치론의 관심사와 교육적 가치론의 관심사는 다를 수 있다. 철학적 가치론이 보편적 수준에서 가치의 본질과 가치판단의 기준을 탐색한다면, 교육에서의 가치는 사회적 · 문화적 맥락과 더불어 검토된다. 논리학도 교육이론 체계와 교육가치를 설득력 있게 주장하는 유용한 방법론적 도구일지는 몰라도 교육현상을 설명할 수 있는 실질적 원리를 제공하는 것은 아니다.

철학의 이론이나 철학 지식을 교육에 적용하는 '철학적 교육철학'은 교육철학이 정립되는 초기의 지배적 관점이었으나, 적어도 다음의 두 가지 문제점을 안고 있다. 하나는, 교육의 관점에서 보는 것으로서, 철학적 이론이나 주장이 교육이론을 형성하고 교육문제를 해결하는 데 실지로 얼마나 도움을 줄 수 있는지에 대해서는 의문의 여지가 있다. 이것은 무엇보다 교육의 관심사와 철학의 관심사가 동일하지 않기 때문이다. 또한 '철학적 교육철학'에서는 철학의 각 이즘(ism)에 따라 교육의 성격이

판이하여 교육을 총체적으로 이해하거나 당면한 교육문제를 해결하는 데에 어려움이 따른다.

다른 하나는 교육철학의 정체성의 관점에서 보는 것으로서, 비록 철학의 차용이 교육철학의 성격이 확고하게 정립되기 이전에는 불가피한 측면이 있겠지만, 교육철학을 철학적 이론이나 철학적 지식의 응용으로 보는 입장은 교육철학을 철학의 시녀로 전락시킬 수 있다는 점이다. 철학적 교육철학에서 교육철학적 주장의 타당성과 위상은 전적으로 철학에 달려 있기 때문이다. 브로디(Broudy, 1955)의 말을 빌려 표현하자면, 교육철학자는 '(교육)철학이 얼마나 교육적일 수 있는가'의 문제보다는 '교육철학이 얼마나 철학적일 수 있는가'의 문제에 관심을 가질 수밖에 없다. 철학적 교육철학은 철학의 다양한 이론과 지식을 포괄할 수 있지만, 철학의 양자(step-child) 위치에서 벗어나지 못한다는 한계를 가진다.

## 2. 규범적 교육철학

규범적 교육철학은 교육의 현상을 있는 그대로 기술하기보다는 교육에서 추구해야 할 가치를 적극적으로 주장하는 데 관심이 있다. 규범적 교육철학은 교육이 어떤 이념을 지향해야 하는지, 교육에서 추구해야 할 가치와 목적이 무엇인지를 등을 탐색하고 제시한다. 철학적 교육철학과 규범적 교육철학은 교육철학이 치밀한 이론을 갖추기 전의 형태라는 점에서 다르지 않다. 그러나 철학적 교육철학과 달리, 규범적 교육철학은 교육이 추구해야 할 가치나 목적을 철학 이론이나 지식에 의존하지 않는다. 규범적 교육철학의 대표적인 것으로는 교육의 전체적 방향이나 가치를 제시하는 교육이념이나 교육목적 탐구를 들 수 있다.

교육이념은 교육현실을 지배하고 있는 의식인 '교육 이데올로기'의 의미로 사용되기도 하지만, 일반적으로 교육이 지향하거나 실현하고자 하는 궁극적 지향점 혹은 기준을 의미한다. 교육이념이 교육을 통해 실현하고 추구하고자 하는 최종적인 목적이라는 점에서 교육이념은 근본적으로 교육목적과 다르지 않다. 좀 더 정확하게 말하면, 교육이념은 '궁극적 교육목적'이다. 그러나 현실적으로 교육이념은 교육의 나아가야 할 방향과 전반적인 과정을 규제하기보다는 슬로건으로만 존재하는 경우가 허다하다. 예컨대, '홍익인간'이라는 우리나라의 교육이념은 지나치게 추상적이거나 형식적이어서 우리 교육이 나아가야 할 방향이나 교육의 과정 전반을 실질적으로 규정하고 있지 못한다.

교육목적은 교육이념에 비해 교육의 전체 방향이나 교육에서 추구해야 할 가치를 보다 구체적으로 규정하고 제시한다. 따라서 교육철학자들은 추상적이고 불명료한 교육이념보다 교육목적에 관심을 기울이는 경향이 있다. 교육이 추구해야 할 목적 혹은 가치는 흔히 '내재적 목적(intrinsic aim)'과 '외재적 목적(extrinsic aim)'으로 나뉜다. 내재적 목적은 '본질적 목적'이라고도 하며, 교육의 내재적 목적은 교육과 '개념적' 혹은 '논리적'으로 관련되어 있는 목적이다. 교육의 외재적 목적은 '수단적 목적'이라고도 하며, 교육과 '사실적' 혹은 '경험적'으로 관련되어 있는 목적이다. 예컨대, 교육의 목적을 '마음의 계발'이나 '인성함양'에 두는 것이 교육의 내재적 목적이라면, 교육의 목적을 개인의 '출세'나 '국가발전'에 두는 것은 교육의 외재적 목적이다. 마음의 계발이나 인성함양은 교육과 개념적으로 관련되어 있는 데 비해, 출세와 국가발전은 교육과 개념적으로 관련되어 있지는 않지만 교육을 받으면 사실상 출세와 국가발전에 도움이 된다.

교육목적은 또한 교육과학자들이 하는 일과 대비되는 개념으로 사용하기도 한다. 교육과학자들이 관찰자의 입장에서 교육의 현상을 객관적으로 기술하고 설명하는 일을 한다면, 교육철학자들은 교육행위자의 입장에서 교육의 가치를 주장하고 정당화하는 일을 한다. 교육목적론은 교육철학의 탐구 대상이고 교육방법은 교육과학의 탐구 대상이라는 생각은 근대적 의미의 교육학을 체계화한 요한 프리드리히 헤르바르트(Johann Friedrich Herbart, 1776~1841)로부터 시작되었다. 헤르바르트에 따르면, 교육학은 두 가지 기초 학문인 윤리학과 심리학으로 구성된다. 철학인 윤리학은 어떻게 사는 것이 잘 사는 것인가를 탐색하는 일을 하며, 교육학은 윤리학이 탐색한 삶의 목적에서 교육이 어떤 목적을 추구해야 할 것인가를 도출해 낼 수 있다. 그리고 과학인 심리학은 주어진 목적 또는 목표를 어떻게 효과적으로 달성할 수 있는가를 탐색하는 일을 하며, 심리학에서 도출된 연구의 결과는 교육목적을 달성하기 위한 효율적인 방법이 무엇인가에 대해 잘 대답해 줄 수 있는 것으로 간주된다. 헤르바르트 이후 교육학계에서는 교육을 왜 하는가, 왜 그러한 교육을 해야 하는가에 관한 교육목적을 탐색하는 것은 교육철학자들의 일이고, 그러한 교육의 목표는 달성 가능한가, 가능하다면 어떻게 가능한가를 탐색하는 것과 같은 교육방법론을 탐색하는 것은 교육과학자의 일이라는 생각이 당연한 것처럼 받아들여졌다.

규범적 교육철학은 '교육을 왜 해야 하는가?' '교육에서 무엇을 추구해야 하는가?'라는 교육의 근본적인 문제인 교육목적을 추구하는 일을 한다. 규범적 교육철학은 철학에 종속적인 교육철학에서 벗어날 수 있게 해 준다는 점에서 의미가 있으며, 교육철학이 교육현상의 기술보다는 교육이 지향해야 할 목적을 탐색하는 일이라는 상식적인 생각을 만족시킨다. 그리고 이러한 교육목적은 교육이 지향해야 할 방향과 가치를 제시해 준다는 점 그리고 교육에서 가르쳐야 할 내용이나 교육방법을 규정해 준다는 점에서 의미가 있다.

그러나 규범적 교육철학은 다음과 같은 몇 가지 비판이 제기될 수 있다. 첫째, 학문 간의 경계가 불분명해진 오늘날 교육철학과 교육과학을 개념적으로 명료하게 구분할 수 있는가 그리고 그러한 구분이 이전만큼 의미를 가질 수 있는지 하는 반론이 제기될 수 있다. 둘째, 교육철학과 교육과학의 구분을 받아들인다고 하더라도 교육목적론 탐구는 교육철학의 전유물이고, 교육방법의 탐구는 교육과학자의 전유물인가라는 의문이 제기될 수 있다. 교육목적을 탐구할 때 교육목적의 논리적 가능성뿐만 아니라 사실적 중요성이나 가능성도 고려해야 하는데, 이에 대해서는 오히려 교육과학자들이 더 잘 대답해 줄 수 있다. 교육방법을 탐색할 때는 방법의 가능성이나 효율성뿐만 아니라 방법의 타당성도 검토해야 하며, 이러한 방법의 타당성 문제에 대해서는 교육철학자들이 개입될 여지가 있다. 셋째, 교육은 인간 삶의 과정의 일부이므로 교육의 목적이 삶의 목적과 관련되어 있다는 것은 분명하다. 그러나 삶의 목적이 무엇이며 무엇이어야 하느냐에 대해서도 다양한 입장이 존재하기 때문에, 무엇이 삶의 목적이어야 하는가에 대한 합의는 어렵다. 설혹 합의가 가능하다고 하더라도 삶의 목적에서 교육의 목적이 곧바로 도출될 수 있는가 하는 의문은 여전히 존재한다.

## 3. 교육사상 탐구로서의 교육철학

현재 동서양 할 것 없이 가장 일반적인 의미로 사용되고 있는 교육철학은 위대한 교육사상가의 '교육사상' 또는 특정 시대를 지배한 교육정신이나 '교육사조'를 탐색하는 것으로 보는 것이다. 우리는 흔히 교육의 과정에 관한 이해와 소견을 '교육관'이라고 부른다. 교육관은 교육철학자뿐만 아니라, 교육에 관련되어 있는 사람이라면 누구나 그것이 소박하든 전문적이든 가질 수 있다. 부모는 부모 나름대로 자녀에 대한 교육관을 가지고 있으며, 학교 교사나 교육부 장관도 자신만의 교육관을 가지고 있다. 그러므로 부모가 자녀를 양육할 때, 교사가 학생을 가르칠 때, 교육부 장관이 교육정책을 결정할 때 그들 자신의 소견을 임의로 자주 바꾼다면 우리는 "그 부모, 그 교사 또는 그 장관은 교육철학이 없다."라고 말한다.

교육관이 매우 포괄적이고 체계적일 때 우리는 그것을 '교육사상'이라고 한다. 교육사상은 탁월한 교육사상가의 이론체계를 통하여 표현되기도 하고, 때로는 교육실천가의 업적에서 발견되기도 한다. 플라톤이나 주자의 교육사상이 전자의 경우라면, 예수나 테레사 수녀의 교육사상은 후자의 경우다. 이 경우 우리는 플라톤의 교육사상, 주자의 교육사상, 예수의 교육사상, 테레사의 교육사상 대신에 각각 플라톤의 교육철학, 주자의 교육철학, 예수의 교육철학, 테레사의 교육철학이라고 부를 수 있다.

교육사상은 또한 특정 위대한 교육사상가 개인에 대한 연구에서 벗어나 시대의 교육사상적 조류 내지 시대정신을 연구하는 것을 포함한다. 20세기는 교육사상의 '다원주의(pluralism)'라고 불릴 정도로, 다양한 교육사상이 등장했다. 20세기 전반의 대표적인 교육사조로는 미국을 중심으로 일어난 진보주의(progressivism), 본질주의(essentialism), 항존주의(perennialism), 재건주의(reconstructionism) 등을 들 수 있으며, 20세기 후반의 사조로는 실존주의(existentialism), 분석철학(analytic philosophy), 비판이론(critical theory), 포스트모더니즘(post-modernism) 등이 있다(신차균, 안경식, 유재봉, 2013: 447-479).

진보주의는 20세기 초 전통교육의 문제에 대한 반응으로 일어난 교육사조다. '진보주의'는 어린이를 성인의 부속물 및 축소판으로 보는 아동관에 대한 반발과 위로부터 혹은 외부로부터 부과되는 전통교육에서 벗어나려는 교육사조로, 아동의 흥미와 자율성 등을 강조하는 아동중심교육을 지향했다. "우리는 교과를 가르치는 것이 아니라 아동을 가르친다(We teach children, not subjects)."라는 슬로건에 드러나 있듯이, 진보주의는 교육의 관심을 교과의 지식보다 아동 자체로 돌린 점에서 기여한 바 있으나, 오랫동안 누적되어 온 문화인류유산과 그 정수인 교과의 중요성을 간과한 측면이 있다.

'본질주의'와 '항존주의' 교육은 '진보주의' 교육을 문제시하고 그 반발로 대두된 교육이론이다. 진보주의 교육과는 달리, 본질주의와 항존주의 교육은 오랫동안 누적되어 온 문화유산과 그것을 고스란히 추상한 교과의 지식을 중시한다는 점에서 다르지 않다. 그러나 왜 문화유산과 교과의 지식을 가르쳐야 하는지에 대한 이유는 서로 상이하다. 문화유산과 교과를 가르쳐야 하는 이유에 대해 본질주의 교육에서는 그것이 교육의 가장 '기본적이고 본질적인 요소'이기 때문이라고 보는 데 반해, 항존주의 교육에서는 그것이 영원히 변치 않는 진리이거나 고전(The Great Books)처럼 오랫동안 그 가치가 입증되어 온 것이기 때문이라고 본다. 본질주의 교육과 항존주의 교육은 전통적으로 중시해 온 문화유산, 이성 혹은 합리성의 계발, 다양한 교과의 지식을 왜 가르쳐야 하는지를 잘 드러내어 주었으나, 아동의 개인차나 자율성 그리고 현재의 실제적 문제를 경시하는 경향이 있었다.

재건주의 교육은 진보주의에 영향을 받았으나, 거기에 머물지 않고 진보주의, 본질주의, 항존주의의 단점들을 비판하면서 장점들은 수용하고자 했다. 재건주의는 진보주의가 학문과 교과 지식의 중요성을 간과한 것을 비판하면서 동시에 진보주의가 강조한 학습에서 아동의 흥미와 자유로운 활동의 중요성을 수용했다. 재건주의는 진보주의와 달리 개인의 변화보다는 사회와 문화의 개조에 관심을 더 기울였으며, 또한 본질주의나 항존주의와 달리 미래 사회와 민주주의 사회의 건설을 강조했다. 그러나 재건주의는 미래 사회를 어떤 가치관에 입각해서 내세울 것인가에 대한 논의를 결여하고 있다.

20세기 후반의 교육사조들은 대체로 '근대주의(modernism)'에 대한 반성이나 대안을 찾으려는 시도에서 비롯되었다. 근대주의는 르네상스에서 시작하여 계몽주의 시대에 꽃을 피워 20세기 전반까지 지배해 온 이성, 합리성, 과학성, 논리성을 강조하는 일련의 철학사조다. 실존주의(existentialism)는 교육이 본질이나 실재를 추구한 나머지, 인간의 실존 자체를 간과한 점을 문제 삼는다. 실존주의는 사르트르의 두 명제 "실존은 본질에 우선한다."와 "실존은 주체성이다."에 잘 표현되어 있다. "실존이 본질에 앞선다."라는 말은 인간의 존재가 있어야 비로소 본질이 의미를 가질 수 있다는 점을 드러내 준다. "실존은 주체성이다."라는 말은 인간이 자기 존재에 대한 물음과 자각을 가지고 스스로 선택 · 결단 · 행동하는 자유를 가지고 있으며, 또한 그 결과에 대해 책임을 지는 주체임을 보여 준다. 이 두 명제는 결국 "주체성이 진리다."라는 인식론적 명제로 이어진다. '주체성이 진리'라는 말은 본질이 나와 무관하게 진리로 주어져 있는 것이 아니라, 그것이 참으로 진리로 존재하기 위해서는 '지금—여기(now and here)'에 있는 주체인 '나 자신에게' 의미 있어야 한다는 말이다. 실존주의는 교육에서 인간의 실존과 주체성이 중요하다는 점 그리고 교육에서의 인격적인 만남이 중요하다는 점과 그것을 통해 인간이 비약적으로 변화할 수 있다는 가능성을 보여 주는 반면, 점진적이고 체계적인 교육내용을 구성하는 것과 교육방법을 간과하는 경향이 있다.

분석철학은 실존주의와 더불어 20세기에 철학의 새로운 조류를 형성했다. 실존주의가 인간의 실존에 초점을 두고 삶의 전모(全貌)를 탐구한다면, 분석철학은 사고의 명료성에 초점을 두고 언어의 의미를 분석하는 일과 같은 '탐구방법'을 강조한다. 전통철학이 엄밀한 개념분석과 치밀한 이론적 논의보다는 사변적이고 현학적인 주장이 주를 이루고 있는 상황에서, 분석철학은 개념들을 명료화하고, 논리적 관계를 분명히 드러내며, 가치와 주장을 정당화하는 일을 강조했다. 분석철학은 교육에서 불분명하게 사용되고 있는 교육의 용어나 개념을 명료화하고, 교육이론들을 정교화하는 데 기여했다. 그러나 분석철학은 그 자체가 지니고 있는 성격 때문에 교육적 가치의 주장이나 교육적 처방에 소극적이고, 교육의 실천 문제를 소홀히 하는 경향이 있다.

비판이론(critical theory)은 자본주의 사회의 문화와 이데올로기를 연구하여 인간의 사고와 삶이 사회적으로 제약되는 현상을 파헤치고 인간이 해방되는 새로운 사회의 가능성을 모색한 프랑크푸르트학파(Frankfurter Schule)의 사회철학을 가리키는 용어다. 비판이론은 인간의 모든 문제를 과학적 방법으로만 해결하려고 하면서 삶의 실천적 문제들을 학문의 관심에서 제외시키고 인간에게 가장 중요한 가치의 문제를 도외시하는, 과학주의(科學主義)와 실증주의(實證主義)를 비판한다. 비판이론은 인간 삶의 현실을 억압하고 있는 것에 대한 실천적 · 해방적 관심에서 비롯된 것으로서, 교육의 병리현상인 교육의 불평등과 부정의(不正義)를 드러내고, 그러한 불평등과 부정의가 왜, 어떻게 발생했는지 교육의 과정과 구조들을 들여다봄으로써 밝혀내며, 그러한 부정의한 현상의 치유방법을 모색한다(Gibson, 1986). 이러

3. 교육사상 탐구로서의 교육철학

한 비판이론은 인간과 사회에 대한 실증적 접근방법을 비판하고, 이데올로기에 대한 비판을 통해 이성이 도구화되는 것을 예리하게 지적하였으나, 비판의식을 지나치게 강조한 나머지 사회제도와 교육의 순기능을 간과했다.

포스트모더니즘(post-modernism)은 '근대주의(modernism)'에 대해 비판하거나 해체하려는 입장이다. 근대주의와는 달리 포스터모더니즘은 이성 혹은 합리성보다는 개인의 감정과 정서를 중시하는 반이성주의 혹은 반합리주의 입장을 취하고, 정초주의(foundationalism) 대신에 반정초주의(anti-foundationalism)를, 진리의 절대성·객관성·보편성을 추구하는 거대담론(grand narrative) 대신에 사회적·시간적 맥락에 따라 다르게 나타나는 다양한 형태의 작은 담론(little narratives)을 중시한다. 포스트모더니즘은 오랫동안 당연한 것으로 받아들여져 왔던 합리성과 지식 추구를 중심으로 하는 주지주의 교육의 문제점을 잘 드러내 주기는 하지만, 그러한 문제점을 대치할 만한 대안적 이론을 제시하고 있지 못하고 있고, 교육에서 추구해야 할 가치나 방향을 제시하는 데에는 한계가 있다.

교육철학을 '교육사상가' 혹은 '교육사상사'의 탐구로 간주하는 입장은 고대의 플라톤(Platon), 아리스토텔레스(Aristoteles)에서 현대의 듀이(J. Dewey)와 피터스(R. S. Peters)에 이르기까지 위대한 사상가의 교육 아이디어를 소개하고 현재의 교육문제와 관련시켜 논의하는 방식이다. 교육사상가 탐구로서의 교육철학의 관심사에는 코메니우스, 루소, 페스탈로치, 프뢰벨, 듀이 등과 같이 교육문제에 주된 관심을 가진 교육사상가뿐만 아니라 플라톤, 로크, 칸트와 같은 철학자들의 교육에 대한 아이디어를 탐색하거나 교육의 관점에서 그들의 사상을 해석하는 것이 포함된다. 그리고 여기에는 체계적인 저술이나 이론체계를 가진 교육사상가뿐만 아니라 교육실천가들의 교육에 관한 논의가 포함되기도 한다. 위대한 교육사상들은 교육의 목적뿐만 아니라 그에 부합하는 교육과정과 교육방법에 관한 체계적인 생각을 제시하고 있으며, 그러한 교육사상가가 제시한 교육체계를 탐색하는 일은 교육철학일 수밖에 없다.

철학적 교육철학과는 달리, 교육사상 탐구로서의 교육철학은 교육이론이나 교육 아이디어를 철학이론이나 철학지식에서 빌려오기보다는 위대한 교육사상가의 교육 아이디어에서 직접 찾고자 한다. 그러므로 고대부터 현대에 이르기까지 교육사상을 체계적으로 탐색하는 일은 학문적으로 대단히 가치 있는 일일뿐만 아니라 교육이 전개되어 온 과정에 대한 통찰을 제공해 줌으로써 교육적 논의의 출발점이 된다. 위대한 사상가의 저술 자체는 교육철학의 주요 아이디어를 담고 있는 보고(寶庫)이므로, 위대한 교육사상가의 저술을 분석하고 그들의 교육사상을 체계화하는 일은 교육철학의 주요한 개념이나 원리 탐구를 가능하게 해 줄 뿐만 아니라 교육에 관한 풍성한 논의로 이끈다.

그러나 교육사상 탐구로서의 교육철학은 교육현실을 이해하고 처방하는 데 있어 두 가지 점에서 한계가 있다. 하나는 교육사상을 탐구하는 것은 일의 성격상 이론적이고 사변적인 성격을 띠고 있기 때문에 지금의 교육현실이나 교육실천과 괴리될 수밖에 없다는 것이다. 다른 하나는 위대한 교육사상가들의 교육 아이디어는 그 시대와 사회가 지니고 있던 교육문제를 해결하고자 하는 의식에서 비롯된 것이므로 오늘날 우리나라의 사회적 맥락에 그대로 적용하는 데는 한계가 있다는 것이다. 그러므로 아무리 위대한 교육사상가라고 하더라도 그들의 교육사상이나 교육 아이디어는 당시 사회의 교육문제에는 의미 있게 적용될 수 있을지 모르지만, 현행 교육에 그대로 적용하기에는 한계가 있다고 보아야 한다. 그럼에도 불구하고 그들의 교육 아이디어를 현행 교육문제에 그대로 적용하고자 할 때, 그것은 우리의 현실과 유리되거나 주관적인 편견에 빠지는 것이 될 우려가 있다.

## 4. 분석적 교육철학

분석적 교육철학은 간단히 '교육 개념의 철학적 분석'이라고 정의할 수 있으며, 분석철학의 방법을 사용하여 교육의 개념이나 주장을 명백히 하는 것이다. 분석철학은 흔히 '20세기 철학의 혁명'이라 불린다. 그 이유는 기존의 전통철학이 '무엇에'에 해당하는 '지식이나 이론체계'에 관심을 가지는 데 비해, 분석철학은 '어떻게'에 해당하는 방법이나 탐구행위 그 자체에 관심을 가지기 때문이다. 분석철학은 또한 과학자처럼 현상에 직접 관심을 가지기보다는 과학자들이 사용하는 언어나 개념을 분석한다는 점에서 '이차적 혹은 반성적 성격'을 띤다.

분석철학은 언어 혹은 개념 분석을 강조한다는 점에서 공통적이지만, 언어 혹은 개념 분석방식과 활동 지역에 따라 크게 케임브리지학파, 비엔나학파, 옥스퍼드학파로 나뉜다. 러셀(B. Russel)과 무어(G. E. Moore)를 중심으로 하는 케임브리지 학파는 절대적 관념론(absolute idealism)을 비판하며 언어를 최소 의미 단위인 원자적 명제로 분석하는 논리원자론(logical atomism)의 입장을 취한다. 카르납(R. Carnap)과 에이어(A. J. Ayer)를 중심으로 하는 비엔나학파는 논리적 문장이나 경험적 문장처럼 철학에서 사용하는 언어는 참과 거짓의 구분이 가능한 '검증원리(verification principle)'[1]에 충실해야 한다는 논리실증주의(logical positivism)의 입장을 취한다. 라일(G. Ryle), 오스틴(J. L. Austin), 스트로슨(P. F. Strawson)으로 대표되는 옥스퍼드학파는 우리가 일상적으로 사용하고 있는 언어의 용도 분석을 강조하는 일상언어학파의 입장을 취한다.

분석철학에서 가장 큰 영향력을 끼친 학자는 비트겐슈타인(L. Wittgenstein)이며, 분석철학의 역사는 비트겐슈타인 철학과 그 맥을 같이한다고 해도 과언이 아니다. 비트겐슈타인의 철학은 『논리철학 수고(Tractatus Logico-Philosophicus)』로 대표되는 전기철학과 『철학탐구(Philosophical Investigations)』로 대표되는 후기철학으로 대별된다. 비트겐슈타인의 전기철학이 언어는 세계를 지시하거나 묘사한다는 '그림 이론(picture theory)'에 근거한 이상언어 분석에 관심을 가지고 있다면, 후기철학은 언어의 의미는 별도로 존재하는 것이라기보다는 우리가 일상적으로 사용하고 있는 언어의 용법이라는 '용도의미론(use theory)'으로 표현되는 일상언어의 분석에 관심을 가지고 있다. 오늘날 우리가 '분석철학'이라고 할 때는 주로 비트겐슈타인의 후기철학, 즉 우리가 일상적으로 사용하는 말의 용도를 분석함으로써 언어의 의미를 명백히 하는 탐구방법을 일컫는다. 놀랍게도, 비트겐슈타인의 후기철학 아이디어는 자신이 공부했던 케임브리지 대학교에서보다도 오히려 옥스퍼드 대학교에서 활기를 띠었다(유재봉, 2002b: 481-482).

분석적 교육철학은 철학적 이론이나 지식을 교육에 응용하거나 위대한 교육사상

---

1) 우리가 사용하는 문장은 논리적/분석적 문장, 경험적/사실적 문장, 형이상학적 문장 혹은 가치진술 문장으로 나눌 수 있다. 예를 들어, 논리적 문장은 '처녀는 결혼하지 않은 성인 여자다.', 경험적 문장은 '오늘 기온은 20도다.', 형이상학적 문장은 '신은 삼위일체다.', 가치진술 문장은 '저 사람은 선하다.' '저 꽃은 아름답다.' 등이다. 사람마다 진위 여부가 달라질 수 있는 형이상학적 문장이나 가치진술 문장과 달리, 논리적 문장과 경험적 문장은 진위 판별이 분명하다는 점에서 '검증원리'에 충실한 문장이라고 할 수 있다. 논리적 문장의 진위가 주부와 술부의 내용이 일치하면 참이고 그렇지 않으면 거짓이라면, 경험적 문장의 진위는 그것이 관찰되는 내용과 일치하면 참이고 그렇지 않으면 거짓이다.

가의 사상이나 사상사를 탐구하는 것, 혹은 교육목적을 적극적으로 제시하는 것으로 간주되어 온 전통적 교육철학에 대한 반동 내지 대안으로 등장한 것이다. 분석적 교육철학은 교육에 대해 사변적이거나 처방적인 것에 관심을 가지기보다는 개념이나 가치를 명료화하는 데 관심을 가진다. 이러한 분석적 교육철학의 성격이 어떤 것인지는 "철학의 으뜸가는 미덕은 명백히 그릇되다는 반박을 받을 정도로 명확하게 말하는 데 있다."라는 피터스(R. S. Peters)의 말에 단적으로 드러나 있다(Peters, 2004: 94). 그가 말하는 철학적 미덕을 실천하는 방법은 '그것이 무슨 의미냐?' '그것을 어떻게 아느냐?'와 같은 소크라테스식 질문과 '사고와 지식의 형식에 논리적으로 가정되어 있는 것이 무엇인가?'와 같은 칸트식 질문을 결합한 형태다.

철학은 분석적 기능, 평가적 기능, 사변적 기능을 지니고 있다.[2] 분석적 기능이 언어 혹은 개념의 의미와 거기에 함의된 논리적 관계를 명백히 하는 것 또는 각종 가치판단 기준을 밝히는 행위를 가리킨다면, 평가적 기능은 분석적 기능을 통해 밝혀진 기준에 비추어 어떤 실천, 이론, 주장, 원리 등이 만족스러운가를 밝히는 행위다. 사변적 기능은 이론적 혹은 실천적 문제들이 기준에 비추어 만족스럽지 못한 경우, 그것을 해결하기 위하여 새로운 의견, 제언, 가설, 원리 등을 탐색하는 행위다. 분석적 기능이 가치판단 기준을 밝히는 행위라면, 평가적 기능은 가치판단을 하는 행위라고 할 수 있으며, 사변적 기능은 대안을 제시하는 행위다.

분석적 교육철학은 철학의 기능 중 주로 분석적 기능에 초점을 둔다. 분석적 교육철학의 관심사는 교육의 주요 개념을 분석하고 명료화하는 일, 여러 교육적 주장과 논리 사이의 관계를 명백히 하는 일, 교육에 관한 각종 가치판단 기준이나 원리를 밝히거나 가치를 정당화하는 일 등이다. 이러한 활동에는 문장의 애매성(ambiguity)과 모호성(vagueness)을 없애거나 줄이는 일, 동어반복(tautology)과 논리적 모순(contradiction)을 가려내는 일, 함의(implication)와 논리적 가정(presupposition) 등을

---

2) 철학적 기능은 아니지만, 교육과 관련된 주요한 기능으로 통합적 기능을 포함하기도 한다. 통합적 기능은 하나의 현상이나 과정을 전체로서 파악하고 여러 부분과 차원을 통합하여 이해하려는 행위다. 교육 자체는 복잡한 인간 활동의 일부다. 교육에는 추구하려는 목적 내지 목표가 있고, 그러한 것들을 달성하는 데 적합한 교육내용 · 교육방법 등이 있으며, 그러한 활동을 뒷받침하기 위한 교육제도나 행정기관이 있다. 그러므로 교육은 여러 개념, 주장이나 원리를 분석하고 평가하며 대안을 모색하는 일 외에도 그것을 전체로서 파악하고 통합하는 통합적 기능이 요구된다(이돈희, 1983: 45-47).

밝히는 일이 포함된다.

애매성이나 모호성은 언어의 의미가 명료하지 않다는 점에서 비슷한 뜻을 지니고 있으며, 그리하여 양자를 혼용해 쓰기도 한다. 그러나 엄밀히 말하면 두 용어는 언어의 불분명한 대상이 다르다. '애매성'이 언어의 외연(denotation), 즉 언어가 지시하는 대상이 분명하지 않은 것이라면, '모호성'은 언어의 내포(connotation), 즉 언어의 의미 한계가 분명치 않은 것이다. 예컨대, 누군가 '배'라고 말한다면, 그것이 과일 배, 타는 배, 신체의 배 중 어느 것을 의미하는지 알 수 없을 때, 우리는 배라는 말을 애매하다고 한다. 이에 비해 '시내' '중년' 등의 말처럼 정확히 어디서부터 어디까지가 시내인지, 언제부터 언제까지가 중년인지 그 의미 한계가 명확하지 않을 때, 우리는 시내, 중년이라는 말을 모호하다고 한다.

'동어반복'이 사실적으로 혹은 논리적으로 동일한 의미를 가진 말을 되풀이하는 것이라면, '논리적 모순'은 서로 반대되는 말이나 주장을 하는 것이다. '이광수는 이광수다.' '춘원은 이광수다.'라는 말이 동어반복이라면, '이 창은 어떤 방패든지 뚫을 수 있다.'라는 말과 '이 방패는 어떤 창이든지 막을 수 있다.'라고 동시에 주장하는 것은 '논리적 모순'이다.

'함의'와 '논리적 가정'은 두 명제 사이의 논리적 관계를 나타낸다. '함의'가 p를 긍정하면서 q를 부정하면 모순이 되는 관계를 의미한다면, '논리적 가정'은 p를 긍정하든 부정하든 상관없이 q를 부정하면 모순이 되는 관계다. 함의가 q의 의미가 p에 뒤따라오기 때문에 p를 긍정하게 되면 반드시 q를 긍정할 수밖에 없는 관계라면, 논리적 가정은 p를 긍정하든 부정하든 상관없이 그런 주장을 하려면 q를 전제로 받아들여야 하는 관계다. 예컨대, 'X는 이화여자대학교 학생이다.'(p)라고 말하면서 'X는 여자다.'(q)라는 사실을 부정하면 논리적 모순이 된다. 이 경우에 'X는 이화여자대학교 학생이다.'(p)라는 말은 'X는 여자다.'(q)라는 말을 함의하고 있다(p implies q)고 말할 수 있다. 이에 비해 'Y의 아들은 천재다.'(p)라는 주장은 그것을 긍정하든 부정하든 상관없이 이 논의에서 'Y에게 아들이 있다.'(q)는 사실을 부정하면 논리적 모순이 된다. 이 경우에 'Y의 아들은 천재다.'(p)라는 말은 'Y에게 아들이 있다.'(q)는 것을 논리적으로 가정하고 있다(p presupposes q)고 말할 수 있다(Austin, 1962; 이홍우, 2016: 415-418).

분석적 교육철학은 1960년대부터 약 20년 동안 영미 교육철학을 대표하는 학문이었지만, 분석적 교육철학을 새로운 학문 분야로 정립한 학자는 '분석적 교육철학의 아버지'라 불리는 영국의 피터스라고 말할 수 있다. 당시 런던 대학교(Institute of Education, University of London)[3]는 영국의 교육철학과 분석적 교육철학의 본산 역할을 하였으며, 피터스가 그 중심인물이었다. 피터스와 뜻을 같이하는 영국의 유명한 (교육)철학자들뿐만 아니라 영어권 국가를 비롯하여 세계의 대학원생들이 교육철학을 공부하기 위해 모여들면서 소위 '런던학파'(the London line)가 자연스럽게 형성되었다. 런던학파의 교육철학자들은 '교육' '교수' '학습' '위교(indoctrination)' '발달' '창의성' '정서' '자유' '평등' '권위' '벌' 등과 같은 개념들의 준거를 밝히고, 그 교육개념들 사이의 상호 관련성을 논의하였으며, 나아가 교육에서 가치 있는 활동(worthwhile activities)이 어떤 것인지, 교육에서 왜 이론적 활동을 추구해야 하는지 등을 밝히고 정당화하는 일을 했다(유재봉, 2004: 96-99).

분석적 교육철학은 교육의 기본적인 일이면서 핵심적인 일인 교육에 관련된 주요 개념을 분석하고 교육적 주장에 포함된 논리적 관계와 논의를 이론적으로 치밀하게 함으로써 교육(철)학을 정치(精緻)한 학문으로 거듭나게 했다. 그러나 분석적 교육철학은 엄밀한 분석과 논의를 특징으로 하는 방법론에는 강점을 가지고 있지만, 지식의 체계의 형성이나 교육적 가치를 적극적으로 주장하지 못하는 한계를 지니고 있다. 분석적 교육철학은 또한 학문의 메타적 혹은 이차적 성격 때문에 교육현장과 괴리되는 경향이 있으며, 따라서 교육실천의 문제를 다루는 데 소극적이거나 한계가 있다.

분석적 교육철학은 교육의 개념, 교육적 논의, 교육가치의 정당화 등에 '철학적 탐구방법'을 사용한다는 점에서 '교육이론이나 교육내용 형성'에 관심을 가지는 '철학적 교육철학' '규범적 교육철학' '교육사상 탐구로서의 교육철학'과는 다르다. 철학의 이론과 지식에 관심을 가지고 있는 철학적 교육철학과 달리 분석적 교육철학은 철학적 내용이나 지식보다는 철학적 방법론을 차용하여 교육개념을 분석하는 데 관심을 가진다. 교육의 가치를 적극적으로 제시하는 규범적 교육철학과 달리, 분

---

3) 윌리암스(B. Williams)는 런던학파의 교육철학자들을 일컬어 런던 대학교 본부가 있는 거리 이름을 따서 '말렛가 출신의 카키 전투복을 입은 정예부대(kahki regulars from Malet Street)'라고 할 정도로(Peters, 1983: 36) 교육(철)학계에 중대한 영향력을 미쳤다. Institute of Education은 2014년 12월부터 University College London과 병합되어 'UCL Institute of Education(IOE)'으로 불리고 있다.

석적 교육철학은 교육의 주장이나 가치를 철학적 분석을 통해 소극적·간접적으로 드러낸다. 교육사상가의 이론체계를 탐색하고 형성하는 데 관심을 가지는 교육사상 탐구로서의 교육철학과는 달리, 분석적 교육철학은 이론체계의 논리적 지도를 그리거나 비판적으로 검토하는 데 관심이 있다. 요컨대, 분석적 교육철학은 교육의 개념과 교육적 논의를 명료하게 하지만, 교육이 어떠해야 하고 어떤 가치를 추구해야 하는가에 대해서는 적극적으로 제시해 주는 것이 없다.

## 5. 실천적 교육철학

지금까지 설명해 온 철학적 교육철학, 규범적 교육철학, 교육사상 탐구로서의 교육철학, 분석적 교육철학은 학자마다 선호하는 방식은 다를 수 있지만, 크게 두 가지 공통점을 가지고 있다. 하나는 대부분의 교육철학이 네 가지의 교육철학을 교육철학의 일부 혹은 중요한 것으로 인정한다는 점이다. 다른 하나는 네 가지의 교육철학이 모두 이론적 성격을 띠고 있다는 점이다. 철학적 교육철학, 규범적 교육철학, 교육사상 탐구로서의 교육철학, 분석적 교육철학은 사변적이거나 메타적이어서 이론적 성격을 띠고 있으며, 교육현장이나 교육실제와는 다소 유리되어 있다. 교육철학자들은 비유컨대 '미네르바의 올빼미(an owl at Minerva)'와 유사하다. 올빼미가 해질 무렵이 되어야 날갯짓을 시작하듯이, 교육철학자들도 교육현실이나 교육현장의 변화에 대해서는 무관심하거나 지각하는 경향이 있다. 실천적 교육철학은 교육실제에 대한 교육철학자의 무관심 그리고 교육철학이 우리의 일상의 삶과 교육현실의 문제에 적극적으로 대처하지 못하는 것에 대한 내적 반성에서 비롯되었다.

모든 형태의 교육철학이 교육현장의 문제를 해결하기 위한 것이라기보다는 대학에서 학생들에게 가르치기 위한 교육철학, 소위 '강단 교육철학'의 성격을 띠고 있었다. 특히 분석적 교육철학은 메타적·이차적 성격을 띠고 있기 때문에, 그 성격상 교육실제와 유리되는 경향이 있다. 1980년대 이후 고도의 추상적이고 이론적인 분석적 교육철학에 대한 비판이 일어나 인간, 사회, 지식, 도덕적 가치의 본질 등 사회·철학적 문제에 대한 폭넓은 관심과 교육실제에 대해 적극적으로 해명하고 해결하려는 새로운 양상이 나타난다. 이 시기의 영미 교육철학은 교육개념 분석과 교육적 논의의 논리적 가정을 밝히는 등의 순수 이론적 혹은 학문적 관심사에서 점차 인간의 삶과 직접적으로 관련된 다양한 사회적·정치적 문제와 교육정책 등과 같은 교육실제에 대한 관심사로 변화되었다. 이 시기의 교육철학은 당시 사회의 중요한 관심사인 교육현실 문제를 철학적으로 논의하고 그 답변을 제시한다는 점에서 '실천적 교육철학'이라 부를 수 있다.

실천적 교육철학은 교육철학이 사변적이거나 이론적 수준의 논의에서 벗어나야 한다는 점에 대해서는 공통적이지만, 어떤 의미에서 실천적인 것인지에 대해서는 다양한 관점이 있다. 허스트(P. H. Hirst)는 분석철학적 방법으로 '자유교육(liberal education)'이론을 제시하여 세계적인 명성을 얻었다. 자유교육은 합리적 마음을 계발함으로써 합리적인 삶을 영위하도록 하는 것으로, 여기에는 이론적 지식이 실제적 지식이나 합리성 발달의 논리적 토대가 된다는 가정이 들어 있다. 그러나 합리적인 삶이 언제나, 어느 사회에서나, 어느 누구에게나 좋은 삶인 것은 아니며, 그것이 인간 삶의 제반 측면을 포괄하는 것도 아니다. 그리하여 1990년 이후 허스트는 자신의 자유교육론을 대치하는 '사회적 실제에의 입문으로서의 교육(education as initiation into social practices)'을 제시했다(Hirst, 1993, 1998, 1999a, 1999b; 유재봉 2001, 2002a, 2003).

'사회적 실제'에 기반을 둔 교육은 1980년대 이후의 인간 본성, 개인과 사회의 관계, 삶에서의 이성의 위치, 교육의 성격 등에 대한 변화된 관점을 반영하고 있다. 허스트에 따르면, 인간은 한 사회 내에서 자신의 전반적인 욕구를 장기적 관점에서 최대한 만족시키는 존재다. 인간의 물리적·심리적·사회적 욕구나 관심을 합리적으로 충족시키는 것은 명제적 지식이나 이론적 지식을 발달시키는 이론적 이성이 아니라, 자신의 욕구나 필요를 충족시키기 위해 온갖 시행착오를 거듭하면서 얻어 낸 성공적인 경험이다. 성공적인 경험을 획득하기 위해서는 실제 경험의 세계를 포괄할 필요가 있다. 그런데 이러한 과정에서 지금까지는 이론적 이성의 역할과 명제적 지식이 지나치게 강조되어 왔다. 사회적 존재로서 인간은 자신이 소속되어 있는 사회 안에서 자신의 전반적인 욕구를 장기적인 관점에서 최대한으로 충족시키는 방식으로 삶을 영위해 간다. 이러한 과정에서 요구되고 발휘되는 것은 이론적 이성이라기보다는 '실천적 이성'이며, 교육은 이에 요구되는 실제적 지식과 다양한 사회적 실제의 네트워크를 합리적으로 발달시킬 필요가 있다. 허스트가 보기에, 교육이란 사회적으로 발달된 다양한 형태의 '사회적 실제(social practices)'에 학생을 입문시킴으로써 실천적 이성에 입각한 실질적인 좋은 삶을 영위하도록 하는 일이다. 이러한 허스트의 영향으로 영국 교육철학계에서는 교육 측정 혹은 평가 문제, 교사의 성과급 문제, 교육평등과 학교선택 문제, 직업교육 문제, 외국어교육 문제, 국가교육과정 문제, 성교육 문제 등 현행 영국 교육현안과 관련된 이슈들을 철학적으로 분석하고 논의하는 일을 하고 있다.

실천적 교육철학의 또 다른 형태는 카(W. Carr, 2005)의 주장에서 찾아볼 수 있다. 카에 의하면 교육은 실천적 활동이다. 이때의 실천적 활동이라는 것은 특정 목적을 달성하기 위한 수단이라기보다는 그 목적을 직접 구성하는 활동을 뜻한다. 교육실제가 지향하는 목적은 교육활동을 특징짓는 실천적 지식에 들어 있는 전통의 산물이지만, 교육실천가들은 이 전통을 수동적으로 받아들이거나 답습하기보다는 사회상황 속에서 성찰하고 비판하는 일을 한다. 카가 보기에 교육철학은 학문적이거나 이론적 활동이라기보다는 교육실제에 종사하고 있는 교육실천가들이 자신이 하고 있는 활동을 반성하고 성찰하는 일이다.

교육철학이 교육실제의 문제에 관심을 가지고 논의해야 한다는 사실은 분명하지만, 그 문제를 어떻게 논의해야 철학적인가에 대해서는 그다지 분명하지 않다. 실천적 교육철학의 성격이 교육학의 성격에서 비롯된 것인지의 여부와 철학하는 방법상의 차이인지에 대해 허스트와 카 사이에 논쟁이 있었다(Hirst & Carr, 2005). 허스트는 교육이 실제의 문제에 관심을 가져야 한다고 보지만, 그것을 논의하는 방식은 엄격히 철학적이어야 한다고 본다. 이에 비해, 카는 교육철학을 교육의 실천적 성격으로부터 도출되어야 하는 것으로 본다. 허스트에 따르면, 교육철학은 교육실제의 문제를 다루어야 하지만 여전히 교육실제의 개념과 주장에 관한 논리적 지도를 그리는 것과 같은 '이론적 성격'을 띤다. 이에 비해 카는 교육철학은 '교육에 관한 철학'이라기보다는 '교육을 위한 철학'으로서, 교육실천가들이 자신이 종사하고 있는 일을 철학적 반성을 통해 개선시켜 나가는 '실천적 성격'을 띤다고 본다.

실천적 교육철학은 교육의 현실 문제를 철학적으로 검토하고 논의하는 데 관심을 가진다. 교육철학은 오랫동안 교육에 관한 이론적·추상적 논의에만 머무는 경향이 있었고, 교육이 당면한 문제나 교육현장에서 일어나는 문제를 철학적으로 논의하고 답변을 제시하는 일을 간과해 온 경향이 있었다. 실천적 교육철학은 각 사회의 도처에 산적해 있는 교육현안 문제에 관심을 기울이게 하며, 그러한 문제에 대해 어느 정도 대답을 제시할 수 있게 한다. 실천적 교육철학은 현행 교육의 중요한 문제에 어느 정도 답변을 제공하기는 하지만, 교육학의 다른 분과학문과 어떻게 다른지에 대해서는 불분명한 점이 있다. 실천적 교육철학은 또한 철학적 깊이를 유지하는 일과 교육실제의 권고를 만족시키는 일 사이에서 미묘한 균형을 유지해야 하는 어려운 과업을 동시에 안고 있다.

교육철학은 철학적 이론이나 지식의 응용, 교육의 목적 탐색, 교육사상의 탐구, 교육개념의 철학적 분석, 교육실천에 관한 성찰 등 학자마다 다양하게 규정하고 있다. 그러므로 우리는 '교육철학은 ~다.'라고 단정적으로 정의하기 어렵다. 오히려 앞서 언급한 교육철학의 다양한 활동은 비트겐슈타인이 말한 '가족유사성(family resemblance)'을 이루고 있는 학문으로 규정할 수 있다. 다시 말해, 교육철학은 철학적 이론이나 지식을 사용하여 교육이론 체계를 형성하는 일, 교육목적이나 교육가치를 탐색하는 일, 위대한 교육사상가의 아이디어를 탐구하는 일, 교육의 주요 개념을 분석하고 교육의 이론이나 주장의 논리적 가정을 드러내며 교육의 가치를 정당화하는 일, 교육정책이나 교육현장의 문제를 분석하고 검토하고 논의하는 일 등을 하는 학문이다.

## 탐구문제

1. '교육철학은 얼마나 철학적일 수 있는가?'라는 브로우디(Broudy)의 질문에 전제되어 있는 '철학적 교육철학'이 학문으로서의 교육철학에 끼친 공과를 토론해 보시오. 교육철학은 근본적으로 철학인가, 교육학인가? 교육철학에서 철학과 교육학의 위치가 어떠해야 하는가?

2. 우리나라 교육철학 연구는 '강단 철학'에서 벗어나고 있지 못하다는 비판을 받고 있음에도 불구하고 여전히 교육사상사나 교육사상가의 탐구가 대부분을 차지하고 있다. 교육철학 연구의 방향과 관련하여, 교육사상사나 교육사상가 연구의 공헌과 한계에 대해 논의해 보시오.

3. 허스트(Hirst)는 '지식의 형식에의 입문'에서 '사회적 실제에의 입문'으로 교육에 대한 견해를 바꾸었다. 그럼에도 불구하고 그는 카(Carr)와의 논쟁에서 교육철학의 성격이 '이론적인 것'이라고 주장했다. 이에 대한 자신의 입장을 펼쳐 보시오.

4. 철학적 교육철학, 규범적 교육철학, 분석적 교육철학, 실천적 교육철학의 장단점을 비교하고, 학문으로서의 교육철학은 어떠해야 하는지에 대해 토론해 보시오.

# 교육의 개념 분석

교육철학자의 가장 기본적인 관심사 중의 하나는 교육이라는 개념을 철학적으로 분석하는 일이다. 교육의 개념은 학자마다 천차만별이며, 정의하는 방식도 다양하다. 교육은 '자아실현'처럼 개인적인 관점에서 규정되기도 하고, '사회화'처럼 사회적인 관점에서 규정되기도 한다. 교육은 또한 '행동의 변화'처럼 가시적인 관점에서 규정되기도 하며, '마음의 계발'처럼 비가시적인 관점에서 규정되기도 한다. 그리고 교육은 '가르치고 배우는 것'처럼 기술적(descriptive)으로 규정되기도 하며, '인지적 안목의 형성'처럼 규범적(normative)으로 규정되기도 한다.

교육을 정의하는 목적 내지 문제의식도 사람마다 상이하다. 교육학을 처음 접하는 학생은 단순히 지적 호기심 때문에 교육의 정의를 찾아보려고 할 것이다. 교육의 다양한 정의를 접해 본 사람은 '교육'과 '교육이 아닌 것'을 구분하기 위해 교육의 개념을 분석할 것이다. 그리고 교육활동에 종사하는 사람은 교육에 모종의 심각한 문제가 생겼을 때 그 문제를 파생시킨 원인으로 교육의 개념을 탐색하게 된다. 이처럼 교육의 개념은 그 규정방식이나 문제의식이 다양하기 때문에 모든 사람을 만족시키는 교육의 개념을 찾으려는 시도는 사실상 불가능하고 또한 부질없는 일이다. 오히려 교육의 개념을 파악할 때 우리에게는 누가 어떤 관점에서 교육을 정의했고, 어떤 문제의식에서 그렇게 규정했으며, 그러한 정의가 교육 이론과 실제에 주는 의미와 한계는 무엇인가를 파악하는 것이 훨씬 중요하다. 이 장에서는 교육의 개념을 파악하기 위해 교육을 정의하는 방식과 교육의 대표적인 정의를 살펴본다.

## 1. 교육의 정의방식

교육을 정의하는 방식은 학자마다 다양하다. 그중 잘 알려진 것은 셰플러(Scheffler, 1960)의 정의다. 셰플러는 과학에서 사용되는 정의와 과학 이외에서 사용되는 일반적 정의를 구분했다. 그에 따르면, 과학에서 사용되는 정의는 조작적 정의(operational definition)이며, 과학 이외에서 사용되는 정의로는 약정적 정의(stipulative definition), 기술적 정의(descriptive definition), 강령적 정의(programmatic definition)가 해당된다. 셰플러 자신의 관심사는 '일반적 정의'에 해당하는 기술적 정의, 약정적 정의, 강령적 정의이지만, 실제로 교육에서는 조작적 정의도 종종 사용된다. 그러므로 여기서는 교육에 자주 사용되고 있는 네 가지 정의방식을 살펴본다.

### 1) 조작적 정의

조작적 정의는 개념을 과학적으로 정의하는 한 가지 방식으로서 물리학자 브릿지만(Bridgman, 1927)이 처음으로 사용했다. 그에 따르면, 개념은 근본적으로 조작에 불과하다. 과학적 지식은 관찰할 수 있는 반복적 조작에 의해 객관화되며, 의미는 구체적 사태의 조작에 의해 드러나는 것이다. 그리하여 '조작적으로 정의한다'는 것은 관찰할 수 없는 것을 관찰 가능하도록 개념이 관찰되는 사태를 정의의 한 부분으로 포함시키는 것이다. 예컨대, 온도를 '수은주에 나타난 눈금'으로 정의하는 것이다. 조작적 정의는 자연과학뿐만 아니라 사회과학의 개념에도 적용될 수 있다. 예컨대, 행동주의 심리학에서 인간행동 혹은 학습을 '자극에 대한 반응'으로 정의하는 것을 들 수 있다.

교육에서도 조작적 정의는 종종 사용된다. 교육을 '인간을 인간답게 만들기 위한 조성 작용' 등과 같이 추상적이고 고답적인 형태로 정의하면 교육과 교육이 아닌 것, 교육에서 문제 삼아야 할 것과 문제 삼지 말아야 할 것이 그다지 분명하게 드러나지 않는다. 이럴 경우 우리는 교육을 보다 구체적이고 명확하게 진술해 주었으면 하는 바람을 가지게 된다. 그리하여 교육의 개념을 보다 분명히 하기 위해 교육활동의 요소와 그것이 작용하는 실제적인 과정을 관찰할 수 있는 형태로 정의하게 되는 것이다. 교육에서 조작적 정의의 대표적인 예는 교육을 '인간행동의 계획적 변화'(정범모, 1968)라고 규정하는 것이다. 이 정의는 이중적인 의미에서 조작적 정의라고 볼 수 있다. 하나는 인간행동 자체가 조작적으로 정의되어야 한다는 점이다. 그럴 때 그 변화를 확인할 수 있는 실제적인 프로그램을 마련할 수 있기 때문이다. 다른 하나는 계획 또는 실제적 프로그램 자체가 조작이라는 점이다. 그 프로그램이 '인간행동의 변화'를 관찰할 수 있도록 하기 때문이다(이홍우, 1991: 46). 그러므로 이 정의에서 하나의 활동이 교육인가의 여부는 의도하는 인간행동의 변화가 실지로 관찰되는가에 전적으로 달려 있다. 교육에서 조작적 정의는 교육의 개념을 과학적으로 규정하려 할 때, 즉 교육개념의 추상성을 제거하고 교육활동을 행동적 용어로 규정하려 할 때 흔히 사용된다.

## 2) 약정적 정의

약정적 정의는 의사소통을 위해 복잡한 현상을 무엇이라고 부르자고 약속하는 정의다. 예컨대, 대학의 학점을 표기할 때 해당 교과의 성적이 90점에서 94점 사이이면 'A'라고 규정하는 것이다. 우리는 성적표에 나타나 있는 'A'를 보면서 그것을 알파벳의 첫 글자나 단순한 순서를 나타내는 것으로 보지는 않을 것이다. 이것은 일종의 언어에 관한 약속이기 때문이다. 이 점에서 약정적 정의는 언어의 의미를 그대로 드러내는 데 목적이 있는 것이라기보다는 설명이나 논의의 편리성을 위해 사용된다. 그리고 약정적 정의는 복잡하게 설명해야 할 것을 간단하게 한마디로 무엇이라고 약속함으로써 언어를 축약하고 단순화하는 장점이 있다.

교육의 개념을 규정하려고 할 때도 약정적 정의는 흔히 사용된다. 교육학자와 경제학자, 교육학자와 일반 시민이 교육의 문제를 토론한다고 가정할 때, 아마 그들이 상정하고 있는 교육의 개념과 논리는 서로 다를 것이고 그런 상태에서라면 효과적인 토론이 이루어질 수 없을 것이다. 그럴 경우에 교육을 약정적으로 규정하면, 즉

'교육을 ~라고 하자.'라고 약속하면 논의가 훨씬 편리하게 될 것이다. 약정적 정의 는 교육에 종사하는 사람 간의 논의에서도 편리할 수 있다. 예컨대, '스파르타식 교 육은 교육인가?'라는 것에 대해 교육과 훈련을 구분하는 사람과 그렇지 않은 사람 간에는 의사소통에 어려움이 있을 수 있다. 그럴 때 '교육은 훈련과 구분되는 개념 이라고 하자.'라고 약정적으로 규정할 필요가 있다. 이처럼 약정적 정의는 교육현상 을 한마디로 규정하기 어렵거나 복잡할 때 그리고 교육의 개념에 대한 합의의 어려 움 때문에 교육적 논의가 난관에 봉착할 때 언어의 경제성과 논의의 편의를 위해 사 용한다.

## 3) 기술적 정의

기술적 정의는 '서술적 정의' 혹은 '보고적 정의'라고도 한다. 이는 하나의 개념을 이미 알고 있는 다른 말로 설명함으로써 그 개념이 무엇인지를 알려 주는 정의를 말 한다. 기술적 정의는 누가 어떤 맥락에 사용하는가와 상관없이 일반적으로 통용되 는 의미를 규정하는 것이다. 그러므로 기술적 정의의 경우에는 그 정의가 제대로 된 정의인지 아니면 엉터리 정의인지는 그 개념의 일상적인 의미와 일치하는가에 달 려 있다. 또한 기술적 정의에서는 개념을 규정할 때 가능한 한 가치판단을 배제한 채 가치중립적 태도로 '있는 그대로'를 객관적으로 묘사한다. 예컨대, 등산을 '산에 오르는 일', 교육을 '학교에서 하는 일' 등으로 규정하는 것이다. 그러나 이러한 정의 는 개념의 폭을 넓히거나 그 활동을 하는 데 실제적인 지침을 주기에는 미약하다.

교육에서도 기술적 정의를 많이 사용한다. 기술적 정의는 조작적 정의와 마찬가 지로 교육과학자들이 선호하는 정의다. 교육이 어떤 가치를 추구해야 하는지에 관 심을 가지고 있는 교육철학자들과 달리, 교육과학자들은 교육의 현상을 면밀히 관 찰하여 있는 모습 그대로 객관적이면서 정확하게 파악하는 것에 관심을 두기 때문 이다. 교육에서 기술적 정의는 가치 혹은 목적이 배제된 채 정의되기 때문에, 수단 적 가치(instrumental value) 혹은 외재적 가치(extrinsic value)가 개입될 여지가 많이 있다는 한계를 가지고 있다. 그러나 교육에서 기술적 정의는 전문가적인 교육의 개 념을 전혀 모르거나 교육의 개념에 대해 생소한 사람에게 그 개념을 설명하거나 교 육현상을 정확하고 객관적으로 묘사하려고 할 때 의미 있게 사용된다.

## 4) 강령적 정의

강령적 정의는 '규범적 정의'라고도 하는데, 하나의 정의 속에 '어떻게 해야 하는 가, 어떻게 하는 것이 옳은가'와 같은 행동강령 내지 프로그램이 들어 있는 정의를 의미한다. 기술적 정의와 비교해 볼 때, 기술적 정의가 한 단어가 어떤 뜻으로 사용되어 왔는가에 관심이 있다면, 강령적 정의는 어떤 뜻으로 사용되어야 하는가에 관심이 있다. 그리고 기술적 정의가 객관적이고 가치중립적으로 규정하는 데 관심이 있다면, 강령적 정의는 가치판단이나 가치주장을 담고 있다. 그렇다고 해서 강령적 정의가 정의의 형식 면에서 기술적 정의와 언제나 구분되는 것은 아니다. 기술적 정의와 강령적 정의는 모두 '~는 무엇이다.'의 형식을 취할 수 있으나, 그 정의의 목적이나 논의에서 수행하는 역할은 다르다. 예컨대, '전문직'의 정의를 생각해 보자. 기술적 정의에서 전문직의 정의가 '어떤 조건이 충족되어야 전문직이라고 부를 수 있는가?', 즉 어떤 직종이 전문적인지 아닌지를 판별하는 기준으로 사용된다면, 강령적 정의에서 전문직의 정의는 '전문직에 걸맞게 행동해야 한다거나 대우해야 한다.'는 것을 주장하기 위한 목적으로 사용된다. 그러므로 기술적 정의의 타당성에 관한 질문이 그 정의가 일상적 의미를 충실히 반영하고 있는가를 묻는 '언어적' 질문이라면, 강령적 정의의 타당성에 관한 질문은 그 정의 속에 들어 있는 행동강령이 올바른가를 묻는 '도덕적' 질문이다.

교육은 가치지향적인 활동인 만큼 강령적 혹은 규범적 정의가 자주 사용된다. 강령적 정의는 다름 아닌 교육활동 속에 들어 있는 가치나 그 기준을 드러내는 것이기 때문이다. 교육에 관한 강령적 정의의 대표적인 예는 피터스의 주장에서 찾아볼 수 있다. 피터스에 따르면, 교육은 근본적으로 '모종의 가치 있는 것을 도덕적으로 온당한 방식으로 의도적으로 전달하는 행위'다. 교육에서 강령적 정의는 가치의 맥락에서 교육의 의미를 밝힐 필요가 있을 때 그리고 교육의 개념 속에 붙박혀 있는 내재적 가치를 실현하거나 강조할 필요가 있을 때 의미 있게 사용된다.

## 2. 교육의 대표적 정의

교육의 개념을 규정하는 대표적인 것으로는 정범모의 정의('인간행동의 계획적 변화')와 피터스의 정의['모종의 가치 있는 것을 도덕적으로 온당한 방식으로 의도적으로 전달하는 행위', 즉 교육의 개념 속에 있는 세 가지 기준(규범적 · 인지적 · 과정적 기준)을 충족시키는 일]를 들 수 있다. 그들의 정의는 적어도 두 가지 점에서 교육에 관한 대표적인 정의로 볼 수 있다. 하나는 두 정의가 공통적으로 교육인 것과 교육이 아닌 것을 분명히 구분하고, 교육에서 문제 삼아야 할 것과 문제 삼지 말아야 할 것을 명확하게 제시하고 있다는 점이다. 정범모의 교육의 개념이 인간행동 · 변화 · 계획이라는 세 가지 기준을 만족시켜야 한다면, 피터스의 교육의 개념은 규범적 · 인지적 · 과정적 기준을 만족시켜야 한다. 따라서 교육에서 관심을 가져야 할 것도 정범모의 정의에서는 인간행동을 변화시키는 일이라면, 피터스의 정의에서는 인간의 마음을 계발시키는 일이다.

또한 정범모와 피터스는 모두 교육을 총체적으로 정의하고 있다. 정범모에 따르면, 인간행동을 변화시키는 교육과 그렇지 않은 교육이 따로 있는 것이 아니다. 교육이라면 무엇이든 그것은 인간행동을 계획적으로 변화시키는 것이어야 한다. 정범모와 마찬가지로, 피터스가 보기에도 교육의 세 가지 준거를 만족시키는 교육과 그렇지 않은 교육이 따로 존재하는 것이 아니다. 우리가 무엇을 교육이라고 부른다면 그것은 교육의 세 가지 준거를 만족시켜야 하는 것이다. 이 점에서 교육은 라일(G. Ryle)의 구분에 따른다면 '과업어(task word)'가 아닌 '성취어(achievement word)'에 가깝다. 과업어가 탐색하다, 경주하다, 추리하다, 경청하다 등과 같은 과업을 추구해 나가는 활동이나 과정을 일컫는다면, 성취어는 발견하다, 승리하다, 결론짓다, 이해하다 등과 같은 과업을 성공적으로 수행한 결과를 나타낸다(Ryle, 1949: 149-153). 말하자면, 교육은 일차적으로 교육의 준거를 실현해 가는 과정을 일컫는 개념이라기보다는 개념 준거를 충족시키는 것이다.

정범모와 피터스의 정의는 적어도 세 가지 점에서 완전히 다르거나 대조적인 것으로 볼 수 있다. 첫째, 정의방식 면에서 다르다. 정범모가 교육을 관찰자의 관점에서 조작적 · 기술적으로 정의하고 있는 데 비해, 피터스는 행위자의 관점에서 규범적으로 정의하고 있다. 둘째, 정의의 내용 내지 관심사가 다르다. 정범모의 정의가 바깥으로 드러나는 '행동의 변화'에 관심을 가지고 정의하고 있다면, 피터스는 '마음의 획득 혹은 계발'에 관심을 가지고 정의한다. 셋째, 정의 배경 내지 문제의식이 대조적이다. 정범모의 정의가 교육이 응당 가지고 있고 가져야 할 행동 변화의 힘을 무시한 데 대한 반발에서 비롯된 것이라면, 피터스의 정의는 교육의 의미를 개인이나 사회의 유용성 혹은 실제적 효과와 관련하여 파악하려는 듀이식 교육에 대한 반발에서 비롯된 것이다.

이렇듯 정범모와 피터스의 정의는 교육의 대표적인 정의에 해당하지만, 교육의 모습을 완전히 다르게 그리고 있다. 그러므로 여기서는 이 두 교육의 개념을 보다 자세히 살펴보겠다.

## 1) 정범모의 교육의 개념

정범모의 교육의 개념은 그의 책『교육과 교육학』(1968)에 잘 드러나 있다. 이 책은 우리나라 최초로 교육의 개념과 교육학을 체계화한 저서다. 그는 이 책에서 교육의 개념과 교육학의 성격에 대해 상세하게 기술하고 있다. 그는 기본적으로 교육의 개념과 교육학의 성격이 과학적이어야 한다는 생각을 가지고 교육의 개념과 그에 바탕을 둔 교육학의 체계화를 시도했다. 그리하여 1960년대 이후 지금까지 교육에 관심을 가지고 있는 한국인이라면 누구나 정범모의 교육의 정의를 언급한다. 한국 교육의 개념과 교육학 체계의 역사는 어쩌면 정범모의 교육의 개념과 교육학에 대한 계승과 비판의 연속으로 볼 정도로, 그의 교육의 개념과 교육학의 성격에 대한 영향력은 절대적이었다. 그러므로 정범모의 교육의 개념이 무엇인지를 분석하고, 그의 교육관을 몇 가지 점에서 비판적으로 검토해 본다.

정범모는 교육의 개념을 '인간행동의 계획적인 변화'(1968: 18)라고 정의했다. 이 정의에는 세 가지 중핵 개념 내지 개념적 준거, 즉 '인간행동' '변화' '계획적'이 포함되어 있다.

### (1) 인간행동

교육은 근본적으로 인간을 다루는 일이다. 공업의 관심사가 제조품이고 농업의 관심사가 쌀이나 배추와 같은 농작물이듯이, 교육의 관심사는 무엇보다 '인간'이다. 물론 교육은 제조품, 농작물은 물론이고 정치, 경제, 문화 등에 관심을 가지지만, 그러한 것에 직접 관여하기보다는 그러한 기능을 수행하는 인간을 만들고 기르는 일에 관심을 둔다. 말하자면, 교육은 제조품을 생산하는 일 그 자체보다는 그것을 생산할 수 있는 인간을, 농작물을 직접 기르기보다는 그것을 재배할 줄 아는 인간을 그리고 정치발전, 경제발전, 사회발전을 직접 꾀하기보다는 그러한 것을 할 수 있는 인간을 기르는 데 관심을 둔다.

교육이 인간을 기르는 일에 관심을 가진다는 것은 분명하다. 그러나 교육이 인간을 기르는 일이라는 것은 마치 농사가 농작물을 기르는 일이라는 것처럼 다소 막연하다. 농작물에는 쌀도 있고 채소도 있고 과일도 있기 때문이다. 어느 농작물을 재배하느냐에 따라 농사의 성격과 방법은 달라질 수 있다. 마찬가지로 교육이 대상으로 삼는 인간도 그것이 구체적으로 무엇이냐에 따라 교육의 성격과 방법이 달라질 수 있다. 그러므로 교육이 대상으로 삼는 인간의 측면을 보다 구체화할 필요가 있다.

정범모가 교육에서 인간을 기른다고 할 때, 그때의 인간은 '인간의 행동'이다. 여기서 말하는 '행동'은 자극에 대한 신체적인 반응을 의미하는 것, 즉 '행동주의'에서 말하는 행동과는 구분되는 개념으로, 과학적 혹은 심리학적 개념이다. 이 행동은 바깥으로 드러나는 외현적이고 표출적인 행동(overt behavior)뿐만 아니라 지식, 사고, 가치관, 동기체제, 성격 특성, 자아개념 등과 같은 내면적이고 불가시적인 행동(covert behavior)이나 특성을 포함한다. 내면적 행동이나 심리적 특성을 '행동'으로 다루는 이유는 그것을 과학적으로 의미 있게 파악하기 위해서다. 아무리 그럴듯하고 아름다운 인간 특성이라고 하더라도 그것을 과학적으로 의미 있게 규정하고 포착할 수 없다면 학문적으로 의미를 가질 수 없게 된다. 그러므로 교육이 인간을 대상으로 한다고 할 때 그 인간은 '인간행동'으로 구체화되어야 하고, 그 인간행동은 과학적으로 규정될 필요가 있는 것이다.

정범모의 이러한 생각에는 인간에 대한 몇 가지 신조가 가정되어 있다. 즉, 그것은 인간 그 자체가 목적으로서 중요하다는 '인간 존엄성의 신조', 인간은 스스로 자연, 세계, 환경을 움직이고 개조할 수 있다는 '인간 주체성의 신조', 인간은 태어날 때는 미약한 존재로 태어나지만 그에 머물지 않고 신체적 · 심리적 · 문화적으로 엄청난 변화를 가져올 수 있다는 '인간의 잠재 가능성의 신조' 그리고 인간을 과학적으로 이해할 수 있다는 '인간의 과학적 이해 가능성의 신조' 등이다.

## (2) 변화

교육은 인간행동, 즉 '인간의 지식, 사고력, 태도, 가치관, 성격'에 관심을 두는데, 그것을 어떻게 하는 것인가에 대한 대답이 두 번째 요소 혹은 준거인 '변화'다. '변화'의 준거는 교육이 인간행동을 어떻게 해야 하는지에 대해 구체적으로 제시해 준다. 나아가 변화의 준거는 교육학과 다른 학문을 구분하는 핵심적 기준을 제공해 준다. 인간행동을 대상으로 삼는 것은 유독 교육이나 교육학만이 아니다. 정치학, 사회학, 경제학, 심리학 등과 같은 행동과학이나 사회과학이라고 불리는 학문들도 대체로 인간행동에 관심을 가지고 있다. 가령, 정치학은 인간의 정치적 행동에, 사회학은 인간의 사회적 행동에, 경제학은 인간의 경제적 행동에, 심리학은 인간의 심리적 행동에 관심을 가지고 있다. 그러나 교육이나 교육학이 행동과학과 다른 것은 인간행동을 '변화'시키는 데 관심이 있다는 점이다. 행동과학이 인간의 정치적 · 사회적 · 경제적 · 심리적 행동을 관찰하고 기술하고 설명하고 일반화하고 예언하는 데 목적이 있다면, 교육과 교육학은 인간행동을 변화시키는 데 일차적인 관심이 있는 것이다. 물론 교육 이외의 활동이 인간행동을 변화시키는 것과 완전히 무관한 것은 아니다. 교육학 이외의 여타 학문이 인간행동을 '변화'시키는 데 관심을 가지고 있다면, 그 학문은 성격상 교육이라는 활동에 접근해 가는 것으로 볼 수 있다.

교육이 인간행동을 변화시키는 일이라고 할 때 '변화'라는 것은 '육성, 조성, 함양, 계발, 교정, 개선, 성숙, 발달, 증대 등을 포함하는 포괄적인 개념'이다. 다시 말해, 이 변화에는 없던 지식을 갖추게 되고, 미숙한 사고력이 숙달되고, 몰랐던 기술을 알게 되고, 이런 생각 혹은 관점이 저런 생각 혹은 관점으로 바뀌게 되는 것 등과 같이 없던 것이 있게 되거나 있던 것이 없게 되는 것, 약한 것이 강하게 되거나 강한 것이 약하게 되는 것, 이런 것이 저런 것으로 바뀌거나 저런 것이 이런 것으로 바뀌는 모든 것이 포함된다.

교육은 인간행동을 '변화'시키는 활동이다. 여기서 교육이나 교육학은 인간행동의 변화가능성(변화관)과 진보가능성(진보관)을 전제하고 있다. 만일 인간행동이 선천적으로 결정되어 있다면 인간행동의 변화와 진보는 불가능하고, 따라서 교육도 불가능하거나 불필요할 것이다. 교육은 인간 변화가 선천적으로 결정되어 있지 않다는 전제하에 가능하다는 점에서, 인간행동의 변화 가능성은 교육이라는 활동과 교육학이라는 학문의 성립 기반인 동시에 그 존재 이유가 된다. 교육이 참으로 의미를 가지려면 인간행동의 변화를 실제로 일으켜야 하며, 그것을 실지로 가능하게 하는 힘을 '교육력'이라고 한다.

교육을 '인간행동의 변화'로 규정하는 것에는 몇 가지 의문이 제기될 수 있다. 첫째, 좋은 방향으로 변화시키는 좋은 교육(good education)과 나쁜 방향으로 인간행동을 변화시키는 나쁜 교육(bad education)이 있을 수 있다. 이때 '좋은'과 '나쁜'의 문제는 변화 자체의 과학적 문제라기보다는 변화시켜야 할 것의 가치관 문제다. 둘째, 인간행동을 강력하고 효과적으로 변화시키는 교육이 있을 수 있고 그렇지 않은 교육이 있을 수 있다. 강력한 교육은 그것이 목표하는 인간행동을 단시간에 변화시킬 수 있어야 하며, 그 변화가 일반성을 가지고 지속적인 효과를 발휘할 수 있어야 한다. 정범모에 따르면, 게릴라든, 성자든, 창조적 성격이든, 민주적 자질이든 간에, 교육에서 중요한 것은 유효하고 강력하게 변화시키는가의 문제다(정범모, 1968: 23).

### (3) 계획적

교육이 기본적으로 '인간행동을 변화시키는 일'이라는 점이 분명하다고 하더라도, 인간의 행동 변화는 여러 경로를 통해서 일어난다. 그것은 체계적인 계획에 의해서만 일어나는 것이 아니다. 인간행동의 변화는 우연적으로 일어날 수도 있고, 자연적 성숙에 의해서 일어날 수도 있으며, 심지어 약물중독에 의해서 일어날 수도 있다. 이러한 일체의 인간행동의 변화를 '학습(learning)'이라고 할 수는 있어도, 그것을 '교육(education)'이라고 부르기는 어렵다. 만일 일체의 인간행동의 변화가 교육이라면, 도대체 '교육이 아닌 것은 무엇인가?'라는 질문이 정당하게 제기될 수 있기 때문이다. 정범모에 따르면, '교육'과 '교육이 아닌 것', 가령 학습이나 성숙 등을 구분하는 결정적인 기준은 그 변화가 '계획에 의한 것'인가 하는 것이다.

교육을 '인간행동의 계획적인 변화'라고 할 때 '계획적'이라는 말은 적어도 다음의 세 가지 조건을 만족시켜야 한다. 첫째, 기르고자 하거나 변화시키고자 하는 인간행동에 대한 명확한 목표의식(즉, 교육목적/교육목표)이 있어야 한다. 둘째, 어떻게 하면 목표하는 인간행동의 변화를 가져올 수 있는지를 보여 주는 이론(즉, 교육이론)이 있어야 한다. 셋째, 그러한 교육이론에 기반을 둔 구체적인 교육 프로그램(즉, 교육과정)이 있어야 한다. 정범모에 의하면, 이러한 세 가지 기준을 만족시킬 때 비로소 '계획적'이라는 말을 사용할 수 있다. 교육은 모든 인간행동의 변화를 일컫는 말이 아니라 '계획적'으로 변화된 인간행동을 일컫는 말이다. 그러므로 계획적이지 않은 인간행동의 변화는, 그것이 비록 인간행동의 변화라고 하더라도 교육이라 부를 수 없다. 가령, 어린아이가 텔레비전을 보다가 갑자기 테크노댄스를 추게 되었다고 하자. 이 경우 아이 편에서 보면 없던 행동(테크노댄스)이 새롭게 생긴 것이다. 즉, 인간행동이 변화된 것이다. 이 경우 아이가 테크노댄스를 배우게 된 것은 교육인가? 정범모에 따르면 이것은 교육이라 부를 수 없다. 이 아이에게 테크노댄스를 가르치겠다는 명확한 의도, 그것을 어떻게 하면 잘 학습할 수 있는지에 대한 이론 그리고 그 이론을 실행할 수 있는 프로그램이 없다면, 그것은 인간행동의 '계획적' 변화로 볼 수 없기 때문이다. 이 경우 우리는 이 아이가 테크노댄스를 '학습'했다고 말할 수 있을지는 몰라도 '교육'되었다고 말하기는 어렵다.

정범모의 교육의 개념에 있어서 '계획적'이라는 준거는 교육과 교육이 아닌 것을 구분하는 결정적인 준거일 뿐만 아니라 교육이 본래의 임무를 다할 수 있기 위해서 가장 중요한 조건이기도 하다. 인간행동과 변화라는 두 요소는 결국 교육 프로그램으로서의 계획에 의해 종합된다. 말하자면, 인간행동은 이론과 원칙에 기초하여 이런 자료, 상황, 방법을 통하여 변화되도록 하는 교육 프로그램에 의해 제대로 변화될 수 있는 것이다. 이러한 '계획'에는 보이는 세계 뒤에는 질서가 숨어 있다는 '질서 세계관', 그러한 질서는 인간이 알아낼 수 있는 것이라는 '가지론(可知論)' 그리고 그 질서를 알아내고 이용하는 인간의 힘은 지력이고 이성이라는 '합리주의의 신조'가 가정되어 있다.

### (4) 정범모의 교육의 개념 평가

정범모의 교육의 개념에 대한 평가는 크게 세 가지 측면에서 가능하다. 첫째는 개념적 측면이고, 둘째는 그 정의가 교육실제에 가져온 결과적 측면이며, 셋째는 그 정의의 전제에 관한 측면이다.

첫째, 개념 혹은 정의 자체에 대한 평가다. 정범모가 교육을 체계적이고 명확하게 규정하였다는 점에서는 이론의 여지가 없다. 그럼에도 불구하고 거기에는 몇 가지 의문점이 있다. '인간행동의 계획적 변화'라는 교육의 정의를 평가하기 위해, 먼저

'인간행동이 계획적으로 변화되기만 하면 모두 교육인가?'라는 질문을 생각해 보자. 이에 대해 두 가지 사례를 생각해 볼 수 있다.

첫 번째 사례는 '바람직하지 않은' 인간행동의 계획적 변화의 경우다. 가령, 소매치기 두목이 소매치기를 양성하는 것은 교육인가? 소매치기 두목은 한 사람의 유능한 소매치기를 양성하기 위한 명확한 목표를 가질 것이고, 그러한 목표를 효과적으로 달성하기 위해서 그 세계에서 지켜야 할 의리를 비롯해 나름대로 이론적·실제적 노하우를 전수해 줄 것이다. 그리하여 한 사람의 소매치기가 양성되었다면 이것은 분명 인간행동이 계획적으로 변화된 것이다. 그렇지만 우리는 이것을 '교육'이라고 부르는 데 주저할 것이다. 대다수의 사람은 '바람직한' 인간행동의 계획적 변화만을 교육이라고 부르고 싶어 한다.

두 번째 사례는 '가치중립적'이거나 '바람직한' 인간행동의 계획적 변화다. 가령, 광고회사가 자신이 광고하는 회사의 물건을 사도록 만드는 일이나 정신과 의사가 자폐증 환자를 고치는 경우다. 이 경우에 그 회사는 고도의 산업심리학이나 광고이론을 사용하여 사람들이 자사의 제품을 이용하도록 할 것이며, 정신과 의사는 정신분석학이나 상담심리이론을 사용하여 자폐증 환자를 고치려 할 것이다. 그렇게 하여 사람들이 그 회사 제품을 이용하게 되었고 정신과 의사가 그 환자를 고쳤다고 한다면 모두 '바람직하지 않은' 인간행동의 계획적 변화는 아니다. 그렇지만 우리는 그것을 '교육(education)'이라 부르는 대신에 각각 '선전(propaganda)'과 '치료(therapy)'라 부른다. 그리고 이와는 다른 사례이지만 '학생이 원하지 않는데 강제로 행동을 계획적으로 변화시켰을 때도 교육이라 부를 수 있는가?'라는 문제도 제기될 수 있다. 이러한 사례들이 공통적으로 보여 주는 바는 인간행동이 계획적으로 변화되었다고 해서 모두 교육이라 부를 수는 없다는 것이다.

둘째, 정범모의 교육에 관한 정의가 교육 실제에 가져온 결과적 측면에 대한 평가다. 정범모의 정의는 무엇보다도 교육을 체계화시켰고 교사의 역할을 명확히 했다. 교육을 '인간행동의 계획적인 변화'라고 규정하는 한, 교육의 관심사는 변화시키려는 행동에 대한 명확한 목적 내지 목표를 가지는 일, 그러한 목적 내지 목표를 달성하기 위해서 그에 부합하는 내용을 선정하고 조직하는 일, 그렇게 선정되고 조직된 교육내용을 어떻게 가르칠 것인지를 선택하고 실지로 가르치는 일 그리고 애초에 목표한 것이 어느 정도 달성되었는가를 평가하는 일 등에 둘 수밖에 없다. 교사의 일은 다름 아닌 이러한 일련의 체계화된 교육의 과정에 충실하는 일이다. 그러나 이러한 정의는 근본적으로 공학적 개념의 애매성에서 비롯된 것으로, 교육을 잘 받았다는 것이 어떤 것인지 분명하지 않다는 문제를 가지고 있다. 공학적인 관점에서 보면, 교육목적은 이미 주어진 것으로 간주되며, 교육의 관심사는 우리가 바라는 변화를 효과적으로 일으키는 교육방법을 강구하는 데 있다. 예컨대, 정범모의 정의에 따르면, '수학에서 왜 미분이나 적분을 가르쳐야 하는가?'라는 문제는 교육의 일차적 관심의 대상이 아니며, 오히려 주된 관심사는 주어진 미분이나 적분의 문제를 푸는 행동이 성공적으로 일어났는지 여부다. 그러다 보면 교육의 주 관심사는 평가일 수밖에 없으며, 결국 평가가 교육의 목적을 지배하게 되는 결과를 초래한다.

셋째, 앞의 것과 관련되어 있는 것으로서, 정범모의 정의가 가지고 있는 기본 전제에 대한 평가다. 정범모에 따르면, 교육학이 인간의 행동 변화에 관한 법칙을 발견하고 설명하는 이론에 관심이 있다면, 교육은 인간의 행동 변화를 실제로 일으키는 데 관심이 있다. 그런데 인간의 행동을 설명하는 학문이 '행동과학'이라면, 그러한 행동을 변화시키는 것은 '행동공학'이다. 이에 비추어 보면, '인간행동의 계획적 변화'라는 정의는 '교육'의 정의라기보다는 (행동)'과학'의 정의라고 보아야 한다. 아닌 게 아니라 정범모는 교육이 기본적으로 '과학'이어야 한다고 보았다. 그렇다면 정범모의 정의는 교육의 과학화, 체계화라는 미명하에 교육을 가치중립적인 행동공학으로 대체시킨 것이라고 볼 수 있다(이학주, 2003: 11). 그러나 교육은 결코 가치중립적일 수 없으며, 가치를 전제로 하는 개념이다. 물론 가치의 문제는 복잡하며 학문적으로 명확하게 하기 어려운 문제들이 늘 도사리고 있다. 가령, 교육의 목적이 무엇이어야 하는가의 문제는 간단히 대답될 수 있는 것이 아니다. 그리하여 교육학에서 교육목적의 문제는 제쳐 두고 교육의 목표달성 여부를 객관적으로 평가하는 것에만 관심을 가지는 경향이 있다. 그러나 교육의 목적이나 가치의 문제가 다소 복잡한 문제를 안고 있다고 하더라도 그러한 문제를 해결하기 위해 '교육'의 정의를 '과학'의 정의로 대치시키는 것은 교육의 본말을 전도시키는 일이다. 교육을 과학적으로 규정하려고 하다 보면, 결국 교육이 과학에 종속되거나 교육의 바깥으로 내밀리는 결과를 초래할 수 있다.

## 2) 피터스의 교육의 개념

피터스의 교육의 개념은 그의 유명한 책『윤리학과 교육(Ethics and Education)』 (1966)에 잘 드러나 있다. 이 책은 교육의 개념을 체계적으로 분석하고 있으며, 가치 있는 활동, 인간존중, 이익, 자유, 평등, 권위, 벌 등 교육과 관련된 다양한 윤리학의 원리를 논의하고 정당화하고 있는 분석적 교육철학의 대표적인 저서다. 피터스는 이 책으로 인하여 20세기 후반에 새롭게 정립된 '현대 영국 교육철학의 선구자'라고 불리었으며, 20세기 후반의 가장 탁월한 교육사상가 중 한 명이 되었다.

피터스는 교육의 개념을 '마음의 획득 내지 계발'과 관련하여 규정하고 있다. 이것은 교육을 '인간행동의 변화'로 규정하는 것에 대한 대안적인 정의다. 피터스의 교육의 정의는 다양한 방식으로 규정된다. 예컨대, '가치 있는 활동에의 입문' '공적 전통에의 입문' '문화유산에의 입문' '교육의 개념 안에 붙박혀 있는 세 가지 준거를 모두 충족시키는 방향으로, 가치 있는 활동 또는 사고와 행동의 양식으로 사람들을 입문시키는 성년식' '모종의 가치 있는 것이 도덕적으로 온당한 방식으로 의도적으로 전달되고 있거나 전달된 상태' 등이다. 그중 가장 대표적인 정의는 '모종의 가치 있는 것이 도덕적으로 온당한 방식으로 의도적으로 전달되고 있거나 전달된 상태' 혹은 '교육개념 안에 붙박혀 있는 세 가지 준거를 모두 충족시키는 방향으로, 가치 있는 활동 또는 사고와 행동의 양식으로 사람을 입문시키는 성년식'이다. 그러므로 피터스의 교육의 정의를 파악하기 위해서는 그가 말하는 교육의 세 가지 준거, 즉 '규범적 준거(normative criterion)' '인지적 준거(cognitive criterion)' '과정적 준거 (procedural criterion)'를 설명할 필요가 있다.

### (1) 규범적 준거

피터스는 교육의 규범적 준거와 관련하여 다음과 같이 말한다. "교육은 그것에 헌신하려는 사람에게 가치 있는 것을 전달함을 함의한다." 이 준거의 핵심은 교육이 모종의 '가치 있는 것'을 전달하는 것과 관련되어 있다는 점이다. 여기서 주목해야 할 것은 교육이 단순히 가치를 가져야 한다는 점을 말하는 것 이상으로 그 가치가 '내재적 가치(intrinsic value)'이어야 한다는 점이다. 교육이라는 말 속에는 '가치 있다' '바람직하다' '좋다'라는 규범이 들어 있으며, 교육은 아무런 가치를 전달하거나 가르치는 것이 아니라 '교육'의 개념 속에 붙박혀 있는 가치, 즉 '내재적 가치'를 추구하는 일이어야 한다. 그러므로 교육의 규범적 준거를 밝히는 것은 교육이 모종의 가치를 추구하는 활동이고, 그 일은 다름이 아니라 교육의 개념 속에 들어 있는 바람직성, 규범성, 가치성, 좋음이 무엇이며 그것이 어떤 점에서 가치를 가지는가를 분명히 하는 일이다.

교육의 내재적 가치는 교육의 외재적 가치(extrinsic value)와 비교할 때 더욱 분명해진다. 교육의 외재적 가치는 '수단적 가치' 혹은 '도구적 가치'라 불리며, 교육이 다른 목적을 위한 수단으로서 가지는 가치를 말한다. 교육의 외재적 가치는 교육개념과 논리적으로 관련된 가치가 아니라 사실적 · 경험적으로 관련된 가치다. 예컨대, 교육을 '국가발전'과 관련하여 규정하는 경우를 생각해 보자. 이때 교육은 국가발전의 '수단' 혹은 '필요'로서 가치를 가진다. 그리고 '교육'의 개념과 '국가발전'의 개념 간에는 논리적인 관련이 없다. 말하자면, 교육개념을 아무리 분석해 보아도 '국가발전'이라는 말이 들어 있지 않다. 그렇다고 교육과 국가발전이 전혀 무관한 것은 아니다. 어느 편인가 하면, 교육과 국가발전은 사실적 · 경험적으로 관련되어 있다. 교육을 잘하게 되면 경험적으로 볼 때 국가발전에 도움이 된다. 그럼에도 불구하고, 교육개념 속에 붙박혀 있는 규범적인 측면을 빼고 교육을 다른 목적을 위한 수단으로 생각하는 교육의 외재적 가치 혹은 목적의 주장은 교육의 본질을 왜곡할 수 있다.

교육의 외재적 가치의 추구, 즉 다른 목적을 위한 수단이나 필요 때문에 교육을 한다고 할 때 교육은 적어도 세 가지 문제에 직면하게 된다. 그것은 정당화의 문제, 대안의 문제, 도덕의 문제다.

첫째, 정당화의 문제다. 외재적 가치에는 언제나 '필요(need)'라는 말이 따라다니는데, 이 경우에 '무엇을 위한 필요인가?(need for what?)'라는 질문이 자연스럽게 제기된다. '필요'라는 것은 그 자체로 가치를 가지는 것이라기보다는 '무엇'의 가치에 달려 있다. 그러므로 우리가 무엇을 '정당화한다'고 할 때에는 정당화하고자 하는 '무엇'이 어떤 점에서 가치 있는가를 별도로 밝힐 필요가 있는 것이다. 그러나 교육의 외재적 가치를 주장하는 사람은, 디어든(R. F. Dearden, 1972)이 말했듯이, '필요'라는 과학적으로 결정된 사실에 호소함으로써 가치문제의 논의를 회피한다. 따라서 정당화의 문제는 해결되지 않은 채 고스란히 그대로 남아 있다.

둘째, 대안의 문제다. 교육을 외재적 가치와 관련하여 규정할 때는 정당화 문제가 해결되었다고 하더라도 대안적인 질문을 하는 것이 가능하다. 다시 말해, 설혹 '필요'에 의해 실현하고자 하는 상태가 가치 있다는 것이 명백해졌다 하더라도, '그 필요를 충족시키는 수단이 꼭 교육이어야 하는가?'라는 질문은 여전히 성립된다. 예컨대, 국가발전이 가치 있는 일이라고 하더라도, 왜 하필이면 기업에 투자하는 방식이 아닌 교육을 통해 국가발전을 이루고자 하느냐는 질문이 자연스럽게 제기된다. 그러나 교육의 내재적 가치의 경우에 그러한 질문은 마치 우승의 목적이 무엇이냐를 묻는 것처럼 어색하다.

셋째, 도덕의 문제다. 교육을 외재적 가치와 관련하여 규정하려는 시도는 정당화와 대안의 문제가 해결되었다고 하더라도 도덕의 문제가 남아 있다. 다시 앞의 예에서, 국가발전이 가치 있는 일이고(정당화), 그것이 교육을 통해서 밖에 할 수 없다고 하더라도(대안), '국가발전을 위해서 피교육자를 조형해도 좋은가?'라는 도덕적 문제가 남게 된다. 윌슨(P. S. Wilson)이 말했듯이, 피교육자는 개인 및 사회적 필요를 충족할 때까지 인간으로서의 대우를 연기해서는 안 되고, 그 필요를 충족하는 '동안에도' 여전히 인간으로서의 대우를 받아야 한다.

## (2) 인지적 준거

인지적 준거는 규범적 준거, 즉 내재적 가치가 '내용' 면에서 구체화된 것으로 피터스의 교육의 개념의 핵심을 이루는 것이다. 그는 교육의 인지적 준거와 관련하여, "교육은 지식과 이해 그리고 모종의 인지적 안목을 포함해야 하고 이러한 것들은 무기력한 것이어서는 안 된다."라고 말한다. 여기서 내재적 가치의 구체적인 내용은 다름 아닌 '지식, 이해, 인지적 안목'이다. 그러면 지식, 이해, 인지적 안목이 형성되었다는 것은 무엇을 의미하는가? 이 준거가 제시하는 바는 다음과 같다.

첫째, 우리가 배우는 지식, 정보, 사실 등은 서로 유리된 채 별개의 것으로 존재해 있는 것이 아니며, 따라서 그것들을 잡다한 사실 수집 이상으로 끌어올릴 수 있어야 한다. 둘째, 사물 전체를 볼 수 있고 이해할 수 있는 통합된 안목을 이루어야 한다. 셋째, 자신이 하고 있는 일을 제한된 일이 아닌 삶의 정연한 패턴 속에서 전체적으로 조망할 수 있어야 한다. 넷째, 모종의 사태를 볼 수 있는 지적 안목과 자신이 하는 일을 전체적으로 조망할 수 있다면 당연히 그에 따라 나오는 헌신을 포함하고 있어야 한다. 지식의 폭과 깊이 그리고 그에 따르는 헌신을 포함할 때 우리는 비로소 무기력하지 않은 지식을 소유할 수 있는 것이다. 요컨대, 피터스에 따르면 교육받은 사람은 모종의 정신 상태를 성취한 사람이다. 그 정신 상태란 바로 교육내용을 통달하고 그것을 소중히 여기는 상태이며, 그 내용을 모종의 통합된 안목을 가지고 볼 수 있는 상태이다(Peters, 1966b: 45).

인지적 준거에 따르면, 교육은 '훈련(training)'과 구분된다. 훈련이 제한된 기술이나 사고방식을 길러 주는 것이라면, 교육은 보다 넓은 신념체계를 다룬다. 훈련은 상황을 다르게 파악하기보다 제한된 상황에서 다분히 표준화된 반응을 일으키는 것에 관심을 두는 데 비해, 교육은 포괄적인 인지적 안목을 가지고 자신과 세계의 관계를 다르게 보고 해석하도록 하는 데 관심을 둔다. 예컨대, '성훈련'이 성교에 관한 여러 가지 기술을 가르쳐 주는 것이라면, '성교육'은 인체의 기능, 인간관계 및 사회제도에 관한 일련의 복합적 신념을 형성하도록 가르치는 것이다. 흔히 슬로건으로 사용되고 있는 "전인교육을 해야 한다."라는 주장도 이러한 맥락에서 이해할 수 있다. 전인교육은 소극적으로는 교육에 있어서 지나치게 전문화된 훈련을 경계하는 의미로 볼 수 있으며, 적극적으로는 자신이 하고 있는 일을 '넓은 안목'으로 파악해야 한다는 의미로 이해될 수 있다.

## (3) 과정적 준거

과정적 준거는 규범적 준거가 방법 면에서 상세화된 것, 즉 내재적 가치를 실현하는 방법상의 원리를 밝힌 것이다. 피터스는 교육의 과정적 준거와 관련하여, "교육은 최소한의 학습자 의식과 자발성을 전제하고 있다는 점에서 그러한 것이 결여된 몇 가지 전달과정은 교육에서 제외된다."라고 했다. 교육의 과정적 준거에 따르면, 교육은 도덕적으로 온당한 방식으로 전달되어야 한다. '도덕적으로 온당한 방식으로 전달한다'는 것은 적어도 학습자에게 최소한의 의식과 자발성이 있는 형태로 가르쳐야 한다는 것을 의미한다. 그러므로 학습자의 최소한의 의식과 자발성이 없는 형태로 가르쳐지는 '조건화(conditioning)'나 '세뇌(brain-washing)' 등은 과정적 기준에서 볼 때 '교육'이라 부를 수 없다.

학습자가 의식과 자발성을 갖도록 하기 위해서는 교육에서 전달되는 자료나 내용이 학습자에게 흥미와 의미가 있어야 한다. 그러나 이 말은 조심스럽게 해석될 필요가 있다. 흥미 혹은 관심(interest)은 '심리적인 의미(psychological sense)'로 해석될 수도 있고, '규범적인 의미(normative sense)'로 해석될 수도 있다. 전자가 아동이 하고 싶어 하는 것으로서 아동에게 직접 물어 봄으로써 잘 알 수 있다면, 후자는 아동의 이익과 관련되는 것으로서 무엇이 아동에게 이익이 되는가를 생각해 봄으로써 알 수 있다. 진보주의나 아동 중심 교육사상가들은 흥미를 심리적인 의미로 이해하는 경향이 있다. 만일 우리가 흥미를 심리적 의미로 받아들인다면, 흥미나 관심이 없는 교과를 아동에게 가르치는 것은 사실상 불가능하다. 오히려 아동의 흥미나 자발성은 교육받은 결과 드러나야 할 성질의 것이지 그 반대가 아니다. 그러므로 교육받은 결과 나타나야 할 흥미나 관심을 교육의 출발점이 되어야 한다고 주장하는 것은 잘못이다. 아동의 흥미를 존중한다는 것은 아동으로 하여금 내재적으로 가치 있는 것을 접하게 함으로써 그 가치를 볼 수 있도록 이끌되, 그 과정에서 현재의 흥미를 존중해야 한다는 의미로 이해되어야 한다. 교육의 과정적 준거가 제시하는 바는 학습자에게 최소한의 이해가 있는 방식으로 가르칠 때 비로소 내재적 가치가 실현될 수 있음을 시사한다.

요컨대, 피터스의 교육은 교육의 개념 속에 붙박혀 있는 가치인 '내재적 가치'를 추구해야 한다는 것으로 압축된다. 그 내재적 가치의 구체적인 내용은 지식과 이해와 인지적 안목이며, 그러한 내재적 가치는 아무렇게나 가르친다고 해서 획득되는 것이 아니고 도덕적으로 온당한 방식으로 가르칠 때 가능하다는 주장이 되는 셈이다.

### (4) 피터스의 교육의 개념 평가

피터스는 교육의 개념을 분석철학적 · 규범적 관점과 성년식의 관점에서 '모종의 가치 있는 것이 도덕적으로 온당한 방식으로 의도적으로 전달되고 있거나 전달된 상태'로 규정했다. 이러한 피터스의 교육의 개념에 대한 평가는 크게 세 가지 측면으로 나누어 살펴볼 수 있다. 그것은 교육의 개념 자체에 대한 평가, 그의 교육의 개념이 교육에 주는 영향에 대한 평가 그리고 그것에 가정되어 있는 교육관에 대한 평가다.

첫째, 피터스의 교육의 개념 자체에 대한 평가다. 이와 관련해서는 교육의 세 가지 준거의 타당성, 교육의 개념과 교육받은 사람의 관계, 교육의 내재적 가치 등을 고려해 볼 수 있다. 교육의 개념 준거와 관련하여 피터스는 규범적 준거, 인지적 준거, 과정적 준거를 제시하고 있지만, 세 준거가 동일한 비중을 가진 것은 아니다. 과정적 준거는 별도의 독립된 준거라기보다는 인지적 준거에 포함되어 있는 것으로 보아야 한다. 말하자면, 도덕적으로 온당한 방식으로 가르쳐야 한다는 과정적 원리는 과학이나 역사 등과 같은 가치 있는 활동에 입문시키거나 인지적 안목을 형성하는 일에 논리적으로 가정되어 있는 준거다(Peters, 1973: 24-27). 그러므로 피터스의 교육의 개념은 결국 '규범적' 준거와 '인지적' 준거로 환원될 수 있다. 즉, 교육은 내재적으로 가치 있는 활동에의 입문이며, 그러한 활동은 지식과 이해와 인지적 안목을 추구하는 일이다.

피터스는 교육의 개념과 교육받은 사람의 관계와 관련하여 '교육'의 개념을 분석하면서 사실상 '교육받은 인간'의 특성을 분석하고 있다. 그러나 '교육'의 개념과 '교육받은 인간'의 개념이 동일한 것은 아니다. 교육의 개념이 성취어와 과업어의 측면을 모두 포함하고 있는 데 비해, 교육받은 인간은 성취어의 측면만 가지고 있다. 교육은 모종의 준거를 만족시키려는 활동이지만 그것이 언제나 성공하는 것은 아니다. 그 준거를 만족시키기 위해 노력해 가는 과정 또한 교육활동으로 보아야 한다. 그러므로 교육은 '교육받은 인간'과 동일시하기보다는 아동의 양육과정을 일컫는 포괄적인 의미로 이해되어야 한다(유재봉, 2002b: 484, 503; Peters, 1973: 24-27).

피터스는 또한 교육의 개념을 사실상 '학교교육(schooling)'과 동일시할 정도로 협소하게 규정하고 있다. 여기에서 말하는 '학교교육'은 두 가지 의미로 이해될 수 있다. 하나는 강한 의미로서 교육은 학교 안에서 일어날 수밖에 없으며, 학교 안에서 일어나는 모든 것이 교육이라는 것이다. 다른 하나는 약한 의미로서 교육은 언제 어디서든 일어날 수 있지만, 그것의 전형적인 사태는 학교의 교과수업에서 찾아볼 수 있다는 것이다. 여기서 피터스의 교육의 개념에 대한 비판이 전자를 지칭한다면 그러한 비판은 타당하다. 교육은 유독 학교에서만 일어나는 것이 아니며, 학교에서 일어나는 것을 모두 교육이라고도 볼 수 없기 때문이다. 그러나 그러한 비판이 후자에 대한 비판이라면 그 비판은 다소 약화될 수밖에 없다. 여전히 교육의 전형적인 모습은 학교교육에서 잘 드러나기 때문이다.

교육의 내재적 가치 추구와 관련하여 피터스는 교육이 교육의 개념 속에 붙박혀 있는 내재적 가치를 추구하는 일이라고 규정하고, 교육의 내재적 가치는 지식·이해·인지적 안목이라고 주장했다. 그러나 이러한 주장은 다음과 같은 세 가지 점에서 문제가 있다. 첫째는 교육의 내재적 가치와 외재적 가치의 구분이 분명한 것인가 그리고 교육에서 추구해야 할 것은 오로지 내재적 가치인가 하는 점이다. 둘째는 교육의 내재적 가치가 유독 '지식, 이해, 인지적 안목'에 한정되는가에 대한 의문이다. 셋째는 교육의 내재적 가치의 강조가 교육이 이루어지고 있는 구체적인 맥락을 간과할 수 있다는 비판이다. 교육의 내재적 가치가 무엇인가의 문제는 피터스가 생각하듯 객관적이거나 명백한 것이 아니다. 이러한 비판을 의식하여 피터스는 내재적 가치, 즉 '지식 자체의 목적을 위한 추구'라는 말의 적합성에 의문을 제기하고, '내재적 가치'와 '외재적 가치'를 엄밀히 구분하는 것의 한계를 인정하게 된다. 교육받은 사람은 내재적 가치인 이론적 지식을 추구하는 사람이기는 하지만 실제적인 것을 추구한다고 하여 교육받은 사람이 될 수 없는 것은 아닌 것이다. 왜냐하면 실제적인 것을 추구한다고 해서 순전히 외재적 혹은 수단적 가치만을 추구하는 것은 아니기 때문이다(유재봉, 2002b: 504; Peters, 1977: 13). 그리고 교육의 내재적 가치 자체도 보편적이거나 항구적인 가치가 아니며, 그것은 특정 사회의 조건이나 가치를 반영할 수밖에 없는 성질의 것이다(Peters, 1979: 33).

둘째, 피터스의 교육의 개념이 교육에 미친 영향에 대한 평가다. 피터스의 교육의 개념은 적어도 표면상 주지주의 교육의 모습을 띨 수밖에 없다. 주지주의 교육은 교육의 모든 측면을 포괄하기 어렵다는 점, 실제 삶과 유리된다는 점 그리고 엘리트 교육을 대변한다는 점에서 비판을 받아 왔다. 피터스의 교육의 개념은 결국 인지적 준거, 즉 지식과 이해와 인지적 안목의 형성으로 귀결된다. 그는 교육의 개념을 지나치게 이론적 혹은 학문적 지식의 추구와 관련시켜 생각함으로써 인간의 정서, 태도, 행위, 욕구, 기술 등의 측면을 간과했다. 물론 피터스 자신은 지식과 정서가 분리될 수 없으며, 정서에는 인지적 측면이 있다는 점을 강조했다. 그러나 그는 정서가 '사정(appraisal)'이라는 인지적 측면을 떠나서는 의미가 없다고 봄으로써 정서조차도 인지와 관련하여 이해하려고 했다. 정서는 인지와 결코 무관한 것이 아니다. 그렇다고 정서를 인지와 동일시하는 것도 문제다. 예컨대, 음악, 미술, 도덕과 같은 정서와 관련된 교과를 주지교과처럼 가르쳐도 각 교과가 추구하고자 하는 소기의 목적을 과연 달성할 수 있는가 하는 의문이 제기될 수 있다.

이론적 합리성을 계발하기 위해 이론적 지식을 강조하는 피터스의 교육은 실제 삶에서 유리되는 결과를 초래한다. 교육 상황에서 이론적 교과를 가르치다 보면, 교육은 실질적인 삶으로부터 이중 혹은 삼중으로 추상적일 수밖에 없다. 왜냐하면 교과 자체가 실제 삶의 추상이고, 교과는 대부분 명제적 지식으로 이루어져 있으며, 그러한 명제적인 지식을 가르칠 때 대부분은 실제와의 관련 속에서 가르치기보다는 이론 자체를 추구하기 때문이다. 그리하여 이론적 교과를 추구하면 할수록 실제 삶과의 관련성이 드러나기보다는 오히려 더 멀어지게 되고, 우리가 종사하고 있는 사회 안에서 실질적인 좋은 삶을 추구하는 데 무기력할 수밖에 없다(유재봉, 2002a: 42).

네오마르크스주의자나 평등주의자들은 피터스가 지향하는 지식과 이해 중심 교육은 현학적인 엘리트에게 적합한 교육일지 모르나, 먹고 사는 일에 급급한 대중과는 다소 거리감이 있다고 비판한다. 그들에 따르면, 교육이 고도의 지식이나 지성을 추구하면 할수록 그만큼 엘리트에게 유리한 반면, 대중의 관심과는 멀어진다. 이런 교육이 지배하는 사회에서는 엘리트 계층과 대중 계층 간의 간극이 커질 수밖에 없으며, 엘리트 계층의 지배권이 합법적으로 영속화된다는 것이다.

셋째, 피터스의 교육개념 자체에 가정되어 있는 교육에 대한 관점, 즉 분석철학적·규범적 관점과 성년식의 관점에는 몇 가지 문제점이 있다. 먼저, 피터스는 분석철학적 방법을 사용하여 불분명한 채로 남아 있던 교육의 주요 개념들을 명확히 하기는 하였지만, 그러한 방법은 가치의 문제를 적극적으로 제시하기에는 여전히 한계를 지니고 있다고 보아야 한다. 비록 피터스 자신은 교육개념을 분석할 때 교육의 규범적인 측면을 드러내려고 시도하고는 있지만, 되도록이면 가치중립적인 태도를 가지고 언어의 의미를 명료히 하려는 분석철학 자체가 가지고 있는 성격 때문에, 교육의 가치문제나 교육실천의 문제를 다루거나 적극적으로 제시하지 못한다. 이러한 문제는 피터스가 원칙상 연결될 수 없는 두 가지 관점, 즉 '가치 중립적' 분석철학과 '가치지향적' 규범적 관점을 '교육'과 관련하여 교묘하게 연결해 놓은 데서 비롯된 것이다. 그리하여 그의 교육의 개념 분석은 분석철학적 관점에서는 개념의 엄밀성 측면에서 만족스럽지 못하며, 규범적인 관점에서는 교육의 가치를 적극적으로 주장하지 못하는, 비유하자면 '어색한 동거'를 하고 있는 셈이다.

이 점은 교육의 (내재적) 가치를 정당화하는 과정에서도 드러난다. 그는 교육의 내재적 가치, 즉 교육에서 지식과 이해를 추구하는 일이 어째서 가치 있는지에 관한 문제를 '선험적 논의(transcendental argument)'방식으로 정당화하려고 했다. 선험적 논의는 어떤 주장 속에 들어 있는 논리적 가정을 드러냄으로써 정당화하는 방식이다. 가령, 교육에서 지식과 이해를 추구하는 것이 어째서 가치 있는지를 심각하게 질문하는 사람은 그 질문 속에 이미 그것이 가치 있다는 것을 받아들이고 있다는 것이다. 그러나 가치 있는 활동을 정당화하는 것은 교육받은 사람에게 있어서는 가능할지 모르지만 모든 사람에게 적용되는 것으로 보기는 어렵다. 그뿐 아니라 어떤 주장 속에 들어 있는 논리적 과정을 드러냄으로써 정당화하는 선험적 논의방식은 교육에서의 지식 추구의 정당성을 직접적 혹은 적극적으로 드러내지 못한다는 한계를 가진다.

성년식으로서의 교육은 인간의 삶을 지식의 형식으로 환원할 수 있다는 것과 교육은 그러한 지식의 형식에 입문시킴으로써 충분하다는 것을 가정하고 있다. 그러나 지식 혹은 지식의 형식은 인간 삶의 일부를 보여 줄 수는 있어도 삶의 형식 전체를 포괄하기는 어렵다. 인간의 실제 삶은 언제나 지식의 형식으로 포장되지 않을 뿐더러, 삶을 지식의 형식으로 담아내기 위해 추상의 과정을 거치는 동안에도 실제로 많은 부분이 빠져나가기 때문이다. 따라서 지식의 형식이 삶의 총체를 여실히 드러낸다고 보기도 어렵고, 지식의 형식을 통하여 실제 삶 전체를 충분히 파악하기도 어렵다. 그리하여 교육은 지식의 형식을 가르치는 것만으로 충분하다고 말하기 어려운 것이다.

### 🔖 탐구문제

1. 기술적 정의와 규범적 정의를 비교하고, 교육의 맥락에서 보다 의미 있는 정의는 무엇이며, 왜 그러한지를 토론해 보시오.

2. 교육의 개념과 교육목적의 관계에 대해 설명하고, 교육은 내재적 목적 추구로서 충분한지에 대해 논의해 보시오.

3. 교육에 대한 정범모와 피터스의 정의를 비교하고, 어느 학자의 정의가 우리나라 교육의 문제를 잘 드러내고 처방하는지에 대해 토론해 보시오.

4. 정범모와 피터스의 교육의 정의는 여러 측면에서 대비되는 정의임에도 불구하고, 교사와 교육내용을 강조한다는 점에서 전통교육의 틀을 유지하고 있다. 우리의 학교교육은 이것으로 충분한지, 아니면 그와 완전히 상이한 "우리는 아동을 가르치지 교과를 가르치지 않는다(We teach children, not subjects)."라는 슬로건으로 대표되는 진보주의 혹은 낭만주의 교육이 요청되는지에 대해 논의하시오.

# 교육인식론과 교육윤리학

교육철학은 교육학에 대해 반성적 혹은 메타적 성격을 띠고 있는 학문이기 때문에 원칙상 모든 교육학의 영역이 교육철학의 영역이 될 수 있다. 가령, 교육과정철학, 교육심리철학, 교육사회철학, 교육행정철학, 교육상담철학 등이다. 그러나 여기서 교육학의 모든 영역을 철학적으로 검토하는 것은 사실상 불가능하다.

모든 교육학에 공통적으로 관련되어 있는 것은 아마 '지식'과 '윤리 혹은 도덕'이라고 말할 수 있을 것이다. 지식과 윤리라는 두 개념은 이미 교육의 개념 속에 붙박혀 있다. 따라서 '교육되었다'는 것은 지식이 획득되었거나 성장했다는 것을 의미하거나 가치 있는 방향, 즉 도덕적인 방향으로 변화되었다는 것을 의미한다. 그러므로 이하에서는 교육철학의 주요 영역으로 지식교육과 관련된 교육인식론과 도덕교육과 관련된 교육윤리학으로 나누어, 그와 관련된 주요 이슈를 논의하고자 한다.

## 1. 교육인식론

인식론(epistemology)은 '불변하는 지식'을 뜻하는 그리스어의 '에피스테메 (episteme)'와 '학문 혹은 이론체계'를 뜻하는 '로고스(logos)'의 합성어다. 에피스테 메는 '의견이나 견해'를 뜻하는 독사(doxa)에 대비되는 개념으로서, 불변하는 확고 한 진리 혹은 지식을 의미한다. 그 점에서 보면 인식론은 문자 그대로의 '진리 혹은 지식에 관한 학문', 즉 '지식론(theory of knowledge)'이다. 그러나 일상에서 '지식'이 라는 말은 불변하는 지식(혹은 진리)만을 뜻하는 것이 아니라 변할 수 있는 지식을 의미하기도 한다. 또한 지식은 '단편적 정보'를 의미하기도 하고, '이론체계'를 의미 하기도 한다. 그리고 지식은 동사 혹은 동명사, 즉 '과정이나 상태로서의 지식 혹은 앎(knowing)'을 의미하기도 하고, 명사, 즉 '결과로서의 지식(knowledge) 혹은 지식 체계'를 의미하기도 한다.

교육에서의 지식 문제에 관한 논의는 오랫동안 철학적 인식론의 이론이나 지식 을 차용해 왔다. 그러므로 지식교육의 문제를 논의하기 위해서는 철학적 인식론에 관한 전반적인 이해가 요구된다. 나아가 철학적 인식론의 결과를 교육에 적용하는 수준에서 벗어나, 오히려 인식론적 문제가 교육의 사태에 비추어 해명되어야 한다 는 교육인식론이 요청된다. 그러므로 이하에서는 인식론과 교육의 관계에 대해서 살펴보고, 철학적 인식론의 이론들에 대해 고찰한 후, 교육인식론의 성립가능성을 논의한다.

### 1) 철학적 인식론과 교육

교육은 근본적으로 지식을 추구하고 획득하는 활동이다. 인식론은 바로 교육의 핵심적 활동인 지식의 본질, 원천, 획득방법을 밝히는 일을 한다. 이 점에서 인식론 과 교육은 불가분의 관계에 있다. 인식론은 일차적으로 교육을 통하여 전달하고 획 득되는 지식에 대하여 인식 대상, 원천, 논리적 구조와 방법적 원리 등을 포함하는 지식의 본질을 밝혀 주며, 지식교육에서 충족시켜야 할 기본 조건을 제시해 준다. 그러나 교육에서 다루어지는 문제가 모두 인식론적 논의로 종결되는 것은 아니며,

인식론의 관심사와 교육의 관심사가 동일한 것도 아니다. 인식론은 지식의 '확실성 (certainty)' 여부에 일차적 관심이 있으나, 교육은 전달 혹은 획득하고자 하는 지식이 가치 있는 것인가에 일차적 관심이 있다.

교육과 인식론의 관계를 보는 관점은 두 가지가 있을 수 있다. 하나는 전통적인 방법으로서 인식론의 연구 결과를 교육에 적용하는 관계, 즉 인식론에서의 지식의 성격에 관한 결과를 교육에서 지식을 어떻게 가르쳐야 하는가의 문제에 적용하는 방식이다. 이 방식에 따르면, 인식론과 교육은 원칙상 별개의 것이며, 교육은 인식론에 대하여 의존적인 위치에 있다. 다시 말해, 지식의 성격을 연구하는 것은 전적으로 (철학적) 인식론의 일이고, 지식을 전달하는 것은 교육의 일이라는 것이다. 이러한 입장을 '철학적 인식론'이라고 부를 수 있다. 다른 하나는 교육이 이루어지는 구체적인 사태가 먼저 있고, 거기서 인식론적 문제가 도출된다는 입장이다. 이 입장에 따르면, 교육과 인식론은 인식론의 연구 결과를 교육에 적용하는 관계가 아니라, 거꾸로 인식론이 지식의 문제를 올바로 정립하기 위하여 교육에 의존해야 하는 관계다. 이러한 입장에서 인식론은 더 이상 교육과 유리되지 않는다. 이를 '교육적 인식론'이라고 부를 수 있다. 지금까지 교육과 인식의 관계는 철학적 인식론의 입장이 지배적이었다고 볼 수 있다. 그러므로 먼저 철학적 인식론의 입장을 살펴본 다음, 교육적 인식론의 가능성을 살펴본다.

철학적 인식론의 이론을 분류하는 방식과 논의하는 내용은 학자마다 다양할 수 있다. 이하에서는 지식의 조건, 지식의 유형, 진리 이론에 대해 살펴본다.

### (1) 지식의 조건

지식의 조건이라는 말은 주로 명제적 지식에 적용되는 말이다. 물론 방법적 지식에도 적용되지 않는 것은 아니나, 방법적 지식의 조건은 명제적 지식의 경우처럼 분명한 것이 아니다. 방법적 지식은 다소 가변적이고 앎을 성립시키는 조건이 상황에 따라 다양할 수 있기 때문이다. 그 예로 수영의 경우를 생각해 보자. "누군가가 수영할 줄 안다."라고 말할 때, 그 사람이 어떤 상태에 있는지를 정확히 알기 어렵다. 그가 3m를 헤엄쳐 갈 수 있는 것을 의미하는지, 마음만 먹으면 얼마든지 갈 수 있는 상태를 의미하는지가 분명하지 않다. 그리고 수영할 줄 아는 것이 언제나 언어로 표현되는 것은 아니며, 그러한 능력을 가졌다고 해도 일시적으로 수영을 하지 못하는 경우도 있다. 그럼에도 불구하고 방법적 지식의 조건은 그 과제를 수행하는 데 지켜야 할 규칙 혹은 원리를 알거나 숙달하는 것이 요구된다.

명제적 지식은 앎을 성립시키는 조건이 비교적 분명하다. '~라는 것을 안다.'라는 주장을 성립시키는 조건으로 철학자들은 대체로 세 가지(혹은 네 가지)를 든다. 그것은 신념조건, 진리조건, 증거조건(그리고 방법조건)이다.

첫째, 신념조건(belief condition)이다. "X는 P를 안다."라는 것은 "X는 P를 믿는다."라는 것을 전제하고 있다. 가령, "나는 지구가 둥글다는 것을 안다."라는 말이 성립하기 위해서는 "나는 지구가 둥글다는 것을 믿는다."라는 것을 전제하고 있어야 한다. 그러므로 누군가가 "나는 지구가 둥글다는 것을 안다. 그러나 그것을 믿지 않는다."라고 말한다면, 그것은 모순이 된다.

둘째, 진리조건(truth condition)이다. "X는 P를 믿는다."라는 것이 "X는 P를 안다."라는 것을 보장하지는 않는다. 진리는 신념과 같은 것이 아니다. 만약 P(명제)가 참이 아니라면, "나는 P를 믿는다."라는 말은 성립되지만 "나는 P를 안다."라는 말은 성립되지 않는다. 그러므로 "X는 P를 안다."라는 말에는 "P가 진리다."라는 조건이 덧붙여져야 한다. 다시 말해, "X는 P를 안다."라는 말이 성립되기 위해서는 "X는 P를 믿고 있을 뿐만 아니라 X가 믿고 있는 바인 P가 참이어야 한다". 예컨대, "나는 지구가 둥글다는 것을 안다."라는 말을 하기 위해서는 내가 "지구가 둥글다."라는 명제를 '믿고' 있을 뿐만 아니라 내가 믿고 있는 바, 즉 지구가 둥글다는 명제가 '진리'여야 한다.

셋째, 증거조건(evidence condition)이다. "X는 P를 안다."라는 말을 하기 위해서는 신념조건, 진리조건에 덧붙여 "X는 P가 진리라는 증거를 제시할 수 있어야 한다". 그러므로 "X는 P를 안다."라는 말이 성립하기 위해서는 "X가 P라는 것을 믿고 있고, 그 믿는 바가 참이어야 하며, 그것이 참이라는 것을 뒷받침할 수 있는 증거가 있어야 한다".

넷째, 방법조건(method condition)이다. 방법조건은 타당한 증거를 얻는 방식과 관련된 것이기 때문에 증거조건에 포함될 수도 있다. 아닌 게 아니라, 대부분의 철학자는 방법조건을 명제적 지식의 조건으로 별도로 다루기보다는 증거조건에 포함하여 다룬다. 여기서는 명제적 지식의 상세한 조건을 다루기 때문에 방법조건을 편의상 구분하였을 뿐이다. "X는 P를 안다."라는 말을 하기 위해서는 신념조건, 진리조건, 증거조건에 덧붙여 "X는 P가 진리라는 증거를 얻는 방법을 알고 있어야 한다". 그러므로 "X는 P를 안다."라는 것은 "X가 P라는 것을 믿고 있고 그 믿는 바가 참이며, 그것이 참이라는 것을 뒷받침할 증거가 있고 그 증거가 올바르게 제시되어야 한다."라는 것을 뜻한다. 누군가가 "나는 지구가 둥글다는 사실을 믿고 있고 그 믿는 바가 참이며 그것이 참이라는 증거를 가지고 있다."라고 주장하더라도, 그 증거가 틀린 방식으로 제시된다면 그는 온전한 의미에서 "지구가 둥글다."라는 명제를 안다고 하기는 어렵다.

엄밀한 의미에서 '명제를 안다'는 말을 사용하기 위해서는 앞서 언급한 조건, 즉 신념조건, 진리조건, 증거(방법)조건을 만족시켜야 한다. 그러나 무엇을 안다는 것은 기본적으로 'P를 믿고 있고, 그 믿고 있는 P가 참'이라면 가능하다. 증거(방법)조건은 신념조건과 진리조건의 부가적 조건인 것이다. 그리하여 셰플러(I. Scheffler)는 명제적 지식을 증거(방법)조건을 포함하는가의 여부에 따라 '강한 의미의 앎(knowing in the strong sense)'과 '약한 의미의 앎(knowing in the weak sense)'으로 나누었다. 전자는 증거(방법)조건을 포함하는 앎을, 후자는 그것을 포함하지 않는 앎을 지칭한다(Scheffler, 1965: 8-9).

### (2) 지식의 유형

분석철학자들에 따르면 지식에는 두 가지 형태가 있다. 즉, 명제적 지식(knowing that, propositional knowledge)과 방법적 지식(knowing how, procedural knowledge)이다. 명제적 지식은 "빛이 직진한다는 것을 안다."처럼 '~라는 것을 안다(know that).'의 형태로 표현된다. 방법적 지식은 "수영할 줄 안다."처럼 '~할 줄 안다(know how).'라는 형태로 표현된다. 명제적 지식이 일종의 신념, 즉 무엇이 진리라는 사실을 아는 것이라면, 방법적 지식은 일종의 능력, 즉 무엇을 하는 기술이나 방법을 아는 것을 의미한다(신차균, 1977; Ryle, 1949: 25-61).

명제적 지식은 명제 혹은 문장의 종류에 따라 대체로 세 가지(혹은 네 가지), 즉 논리적 지식, 사실적 지식, 규범적 지식(혹은 형이상학적 지식)으로 분류될 수 있다.

첫째, 논리적 지식이다. 논리적 지식은 '개념적 지식'이라고도 하며, 문장을 구성하는 요소들의 의미상의 관계를 나타내는 지식이다. 예컨대, "처녀는 결혼하지 않은 성인 여자다."와 같이 '처녀'라는 주부를 개념적으로 분석하면, 거기에는 "결혼하지 않은 성인 여자다."라는 술부의 내용이 들어 있다. 그러므로 논리적 지식은 개념과 개념 간의 논리적 관계에 의해 그 진위가 판명된다.

둘째, 사실적 지식이다. 사실적 지식은 '경험적 지식'이라고도 하며, 문장의 진위 여부가 경험적 증거나 관찰에 의해 드러난다. 예컨대, "지구는 둥글다."의 경우, '지구'의 개념을 아무리 분석해 봐도 '둥글다'는 개념이 들어 있지 않다. 그러한 지식은 경험적 증거들, 가령 배가 항구로 들어올 때 배의 돛대 부분부터 보이는 점, 월식 때 비친 지구의 그림자가 둥글게 보이는 점, 인공위성에서 찍은 지구의 모양이 둥글다는 점, 위도에 따라 해 뜨는 시각이 다르거나 북극성의 고도가 달라진다는 점 등에 의해 진위가 드러난다.

셋째, 규범적 지식 혹은 형이상학적 지식이다. 논리적 지식이나 사실적 지식과 달리, 규범적 지식이나 형이상학적 지식은 그것의 진위 여부가 명확하게 드러나지 않는다. 그리하여 논리실증주의자들은 규범적 지식과 형이상학적 지식이 '검증원리(verification principle)'에 어긋난다고 하여 배척했다. 규범적 지식은 가치판단을 포함하고 있는 지식으로서 가치의 판단 기준은 사회마다 시대마다 사람마다 다를 수 있다. 예컨대, "민주주의는 모든 사회가 추구해야 할 이상적인 사회제도다."라는 문장의 경우 그것의 진위 여부는 논란의 대상이 된다. 민주주의는 오늘날 많은 사회가 추구하는 정치제도이지만, 플라톤이나 사회주의자들에게 그것은 타락한 정치제도이거나 기득권을 유지하기 위한 제도일 뿐이다. 형이상학적 지식은 논리적 추론이나 경험적 증거를 초월하는 부분이기 때문에 객관적으로 진위 판단을 하기가 어렵다. "신은 인간을 자신의 형상대로 창조했다."라는 진술은 진위에 관한 인간의 판단 능력을 벗어나는 진술이다.

교육, 특히 학교교육에서는 전통적으로 명제적 지식이 방법적 지식보다 강조되어 왔다. 명제적 지식을 강조하는 사람들은 다음 몇 가지 점에서 명제적 지식이 방법적 지식보다 중요하다고 본다. 첫째, 방법적 지식과 달리 명제적 지식은 앞서 축적된 지식이 없이는 불가능하다는 점이다. 둘째, 방법적 지식은 명제적 지식으로 환원되거나 방법적 지식을 가르치다 보면 자연스럽게 명제적 지식을 가르치게 된다는 점이다. 셋째, 인식론적으로 자신의 안목과 관계없는 단순 기능을 가르치는 것은 학교교육에 부적합하다는 점이다. 이러한 논리로 지금까지 명제적 지식의 전달이 학교교육의 주 관심사가 되어 왔다.

## (3) 진리이론

진리의 의미에 관한 이론은 어떤 주장 혹은 명제가 진리가 되거나 의미를 가지기 위해서는 어떤 조건을 만족시켜야 하는가에 관한 것이다. 그에 관한 이론으로는 크게 세 가지, 즉 '대응설 혹은 일치설(correspondence theory)' '정합설(coherence theory)' '실용설(pragmatic theory)'로 구분된다.

첫째, 대응설은 어떤 신념 혹은 판단이 실재와 일치하면 그 신념은 진리라는 주장이다. 대응설은 주로 경험주의자들이 견지하고 있는 진리관이다. 신념이나 판단의 진리 여부가 관찰이나 감각 자료처럼 실제 세계에 있는 사실과의 관계에 달려 있기 때문에 대응설은 상식적인 생각을 만족시켜 주는 것으로 보인다. 그러나 모든 명제가 반드시 그 대상이 있는 것은 아니다. 가령, 미래시제, 가정법, 복합명제 등은 대상이 있는 것이 아니다. 그리고 감각적 판단이 확실하다는 보장도 없다.

둘째, 정합설은 어떤 신념 혹은 판단이 하나의 체제 속에서 다른 신념 혹은 판단과 일관성을 유지하고 조화를 이루고 있으면 진리라는 주장이다. 정합설에 따르면 한 신념이나 판단의 진리는 감각경험보다는 논리적 추론이나 사유에 의해 입증 혹은 검증된다고 본다. 이 진리관은 경험론자들보다는 합리론자들에 의해 지지된다. 일반적으로 학문은 여러 명제체계로 이루어져 있으며, 어떤 하나의 신념(지식)이 진리로서 충분한 의미를 가지기 위해서는 다른 신념과의 관계에서도 그것의 확실성이 보장된다는 사실을 보여 준다는 점에서 정합설은 의미가 있다. 그러나 정합설은 하나의 독립된 명제로는 확실성을 보장하기 어렵다는 문제를 안고 있으며, 거짓명제 사이에도 일관성을 유지할 수 있다는 한계를 가진다.

셋째, 실용설은 어떤 신념이나 판단이 가져다주는 결과가 소기의 목적하는 바를 만족시킨다면 그것이 진리라는 주장이다. 실용설에 따르면 진리는 신념의 기능 혹은 역할에 따라서 결정된다. 인간은 결코 절대적 진리를 획득할 수 없기 때문에 신념의 기능으로 만족할 수 있을 뿐이다. 이러한 진리관은 실용주의자들이 지지한다. 그들은 대부분의 인간의 성취 혹은 업적을 이론적 진리에 의한 것이라기보다는 실천적인 성공의 결과로 본다. 그러나 좋은 결과를 가져다준다고 해서 모두 진리인 것은 아니며, 나쁜 결과를 가져다준다고 해서 모두 거짓인 것은 아니다. 가령, 위약효과(placebo effect)의 경우, 좋은 결과를 가져다주기는 하지만 그렇다고 그 약이 진짜인 것은 아니다. 실용주의 진리설은 한 신념이나 판단이 어떤 사람에게는 좋은 결과를, 다른 사람에게는 좋지 않은 결과를 가져다줄 때 어느 것이 진리인지를 판단하기 어렵다는 문제를 안고 있다.

철학적 인식론은 지식의 확실성에 대해 근본적인 문제를 제기하고 그것을 철학적 사유의 대상으로 삼는다. 그러나 이러한 인식론적 문제를 교육, 특히 지식교육과 관련지어 생각할 때 우리는 심각한 어려움에 빠진다. 교육은 진리의 기준에 관한 철학적 합의가 이루어질 때까지 기다려야 하는 것이 아니라는 점이다. 철학적 논의는 어디까지나 이론적 논의이고, 교육은 현실적으로 진행될 수밖에 없다. 다만, 우리는 지식의 확실성에 대하여 합의할 수 있는 수준까지 지식을 가르치고 그 근거를 제시해야 한다.

## 2) 교육적 인식론

교육적 인식론은 전통적으로 철학적 인식론을 교육에 적용하는 학문으로 간주되어 왔다. 전통적 교육인식론에서 철학적 인식론은 지식 혹은 진리의 본질·원천·성격 등을 연구하는 학문이고, 교육은 인식론에서 밝혀진 그러한 지식을 전달하고 획득하는 데 관심을 가진다. 그러므로 교육인식론은 주로 인식론의 연구 결과를 교육에 적용하는 관계, 즉 인식론에서의 지식의 본질이나 성격에 관한 결과를 교육에서 지식을 어떻게 가르쳐야 하는가에 대한 대답에 적용하는 식으로 파악해 왔다. 다시 말해, 지식의 성격을 연구하는 것은 전적으로 (철학적) 인식론의 일이고, 지식을 전달하는 것은 교육의 일이라는 것이다. 그러나 교육인식론을 오직 이런 방식으로만 파악해야 하는가?

교육인식론을 새롭게 해석하는 데 단초를 제공한 사람은 셰플러다. 그는 『지식의 조건(Conditions of Knowledge)』(1965)에서 지식에 관한 질문을 다음과 같이 다섯 가지로 제시했다.

① 인식론적 질문: 지식이란 무엇인가?
② 평가적 질문: 어떤 지식이 가장 믿을 만한 것인가?
③ 발생론적 질문: 지식은 어떻게 발생하는가?
④ 방법론적 질문: 지식은 어떤 방법으로 탐구되어야 하는가?

⑤ 교육학적 질문: 지식은 어떻게 가르쳐야 하는가?

셰플러는 지식에 관한 여러 질문을 '인식론적 질문'과 '교육학적 질문'으로 구분할 수 있음을 밝혔다는 점에서 교육적 인식론을 위한 단초를 제공했다. 그러나 그는 여전히 교육인식론을 인식론의 연구결과를 교육에 적용하는 관계로 파악한다. 그리하여 셰플러는 지식의 여러 조건을 밝히고 그것이 교육학, 즉 '교수'와 '학습'과 관련되어 있음을 철학적으로 분석한다. 다시 말해, 교수는 맹목적인 믿음이라기보다는 지식과 이해를 통한 믿음으로서 학습을 목적으로 하는 활동이다. 그리고 지식과 이해는 그 성립을 위하여 세 가지 조건, 즉 진리조건, 신념조건 및 증거조건을 충족시켜야 한다. 교육내용과 교육방법상의 원리를 인식론에 두어야 한다는 셰플러의 논리는 인식론과 교육이 사실상 분리되어 있는 것으로 파악한다는 점에서 난점이 있다. 즉, 인식론의 결과를 교육에 적용한다는 점에서 그는 여전히 전통적인 교육인식론의 틀에서 벗어나지 못하고 있다.

새로운 교육인식론, 즉 '교육적 인식론'은 인식론의 결과를 교육에 적용하는 것으로 보는 것이 아니라, 오히려 교육이 이루어지는 구체적인 사태가 먼저 있고 거기서 인식론적 문제가 도출된다고 본다. 즉, 지식을 가르치는 데 관련된 실제적 지침을 마련하기 위해 교육이 인식론의 연구 결과에 의존하는 것이 아니라, 거꾸로 인식론이 그 문제를 올바로 정립하기 위해 교육에 의존하는 것이다. 이 경우 교육의 사태는 인식론의 이론적 문제가 구체화되는 것이며, 인식론은 더 이상 교육과 유리되어 있는 것이 아니다.

교육이 이루어지는 구체적인 사태에서 인식론적 질문이 도출될 수 있다는 생각은 함린(D. W. Hamlyn)의 논의에서 뚜렷이 드러난다(Hamlyn, 1978). 그는 개인이 지식을 어떻게 획득해 나가는가에 비추어 지식의 성격을 분석하고 있다. 그에 따르면, 개인의 지식 획득과정은 "잠재적 가능성과 능력을 가지고 태어난 개인이 객관적이면서 동시에 타인과 공유하는 지식을 발달시켜 나가는 과정이다". 이러한 지식의 획득과정 속에는 인식론의 핵심적인 질문인 "지식이 무엇인가?"라는 질문에 대한 대답이 논리적으로 가정되어 있다. 그러므로 지식의 획득과정을 밝히고 이해하는 일은 다름 아닌 지식의 성격을 밝히는 일이며, 이 점에서 지식의 획득과정에 대한 이해가 지식의 성격을 밝히는 데 관건이 된다.

지식의 획득과정에 관심을 가진 사람이 함린 이전에 없었던 것은 아니다. 경험론자나 합리론자처럼 개인이 지식 획득의 주체라고 보는 인식론자들도 지식의 획득과정에 관심을 가졌다고 보아야 한다. 다만 그들은 지식이 각 개인의 감각경험 또는 본유관념을 통해 획득된다고 보았다. 그들에 따르면, 감각경험이나 본유관념이 세계에 대한 객관적이고 확실한 이해 도달을 가능하게 한다. 그러나 함린이 보기에, 전통적 인식론은 개인이 지식을 획득하는 주체라는 점은 파악했으나 지식을 획득하는 사태의 논리적 가정은 파악하지 못했다. 즉, 지식의 성격이 지식을 획득하는 사태에 논리적 가정으로 붙박혀 있는 데도 불구하고, 전통적 인식론은 지식을 획득하는 주체인 개인에 의존하여 지식의 성격을 확립하고자 했다. 이 점은 피아제(J. Piaget)도 예외가 아니다. 경험론자나 합리론자들과 마찬가지로, 피아제의 인식론에서의 문제는 개인이 모여 지식의 공동체를 형성한다는 사실을 받아들였다는 점이다. 이는 전통적 인식론과 피아제의 인식론이 공통적으로 가지는 문제점이다. 지식의 원천을 개인으로 보는 것은 지식의 공적 성격을 제대로 드러내지 못한다는 한계를 가진다.

이에 비해 함린은 지식의 공적 성격을 잘 드러낸다. 그에 따르면, 지식의 '소유'와 '원천'은 구분되어야 한다. 지식은 궁극적으로 개인이 소유하는 것이기는 하지만 그 원천은 사회로부터 나온 것일 수밖에 없고, 그러할 때 지식의 공적 성격이 확보될 수 있다. 함린이 보기에는 지식의 획득과정에 들어 있는 논리적 가정, 즉 지식의 공적 성격이 바로 지식의 성격을 드러낸다. 지식이 공적 성격을 가진다는 것은 지식이 그것을 획득하는 개인의 입장과는 무관하게 사회의 공적 소유물임을 의미한다. 개인이 지식을 획득하는 사태는 '개인이 홀로 환경과 대면하고 있는 사태'가 아니라 한 개인이 '지식과 이해의 공동체 속에서 살면서 지적 영향을 받은 결과로 세계를 이해하는 사태', 즉 공적 지식을 내면화하는 사태다. 그것이 곧 교육의 사태다. 함린에 따르면, '인식론 → 교육'이 아니라 '교육 → 인식론'의 관계, 즉 인식론적 질문의 성격은 그것이 제기되는 교육의 사태 속에서 규명해야 한다는 것이다.

'교육적 인식론'에 따르면, 교육의 사태는 단순히 철학적 인식론에서 규정되는 지식의 성격을 실제적 지침으로 번역하는 장이 아니라, 지식의 성격 문제가 의미 있게 제기되고 논의되는 맥락을 제공한다. 그리고 전통적 인식론에서는 지식의 획득과정에 관한 문제가 지식의 성격에서 논리적으로 따라 나오는 파생적 지위를 차지하

는 데 비하여, 함린의 대안적 인식론에서는 그 문제가 독자적인 교육학적 관심사가
된다. 이것은 인식론과 교육의 관계에서 교육을 독자적인 지위로 놓는다는 것과 동
일한 의미다(유한구, 1989).

## 2. 교육윤리학

　앞에서도 언급했듯이, '지식'과 '윤리 혹은 도덕'은 교육의 중핵을 이루고 있으며,
교육의 개념 속에는 붙박혀 있다. 따라서 '교육되었다'는 것은 지식이 획득되었거나
성장했다는 것을 의미하고, 또한 가치 있거나 도덕적인 방향으로 변화되었다는 것
을 의미한다. 우리 삶의 모든 문제가 윤리나 도덕을 떠나서 이야기하기 어렵지만,
특히 교육은 가치나 윤리 문제 자체를 핵심으로 하는 활동이다. 교육의 개념에서 시
작하여 교육내용, 교육방법 등은 물론이고, 교육제도와 그 안에서 이루어지는 모든
활동에 이르기까지 교육활동에는 윤리적인 문제가 개입되지 않은 것이 없다. 이 점
에서 교육을 '도덕적 기업' 혹은 '가치기업'이라고 부르는 것은 당연하다. 그러므로
이하에서는 윤리학의 개념과 교육의 관계를 살펴보고 윤리학 이론을 간단히 개관
하며, 학교에서의 도덕교육의 성격 및 민주주의 사회의 교육에서의 도덕적인 주제
들을 논의한다.

### 1) 윤리와 교육

　교육이 모종의 가치를 의도적으로 실현하는 일인 이상, 교육은 윤리 혹은 도덕적
인 문제에서 자유로울 수 없다. 윤리 혹은 도덕 문제는 교육의 개념 규정에서 비롯
하여 교육목적, 교육내용, 교육방법 등을 결정하고 그것들을 실현하는 과정, 나아가
학교의 제도나 조직의 운영과정에서도 나타난다. 피터스의『윤리학과 교육(Ethics
and Education)』에 따르면, 교육은 크게 네 가지 측면에서 윤리학과 관련되어 있다.
① 교육의 개념 자체가 가지고 있는 윤리적 성격, ② 교육에서 가르칠 교육내용을
선정하는 데 개입되는 윤리학적 문제, ③ 교육을 하는 과정 혹은 절차상에 나타나
는 윤리적 문제 그리고 ④ 사회제도에 개입되는 윤리적 문제다(유재봉, 2002b: 496-

500). 이것을 좀 더 구체적으로 살펴보면 다음과 같다.

첫째, 교육의 개념 속에 들어 있는 윤리적 성격이다. 앞서 언급했듯이, 교육의 개념의 규범적 준거가 지시하는 바에 따르면 교육의 개념 속에는 '좋다' '바람직하다' '가치 있다' '마땅하다' 등의 가치가 내재되어 있다. 교육은 가치 있는 활동에 학생을 입문시키는 일과 관련되어 있으며, 그 가치 있는 활동이 바로 교육의 개념 속에 붙박혀 있는 가치인 '내재적 가치(intrinsic value)'다. 그러므로 교육은 결국 내재적 가치를 추구하고 실현하는 일로 환원된다. 교육에서 추구해야 할 가치가 오로지 내재적 가치뿐인가의 문제에 대해서는 의문의 여지가 있지만, 교육의 개념 자체에는 이미 가치 혹은 규범이 포함되어 있다는 점 그리고 교육에 관한 논의는 '교육에서 추구해야 할 가치가 무엇인가?'라는 윤리학적인 질문을 포함하고 있다는 점은 분명하다.

둘째, 교육내용의 선정과정에 개입하는 윤리학적 문제다. 피터스는 교육의 규범적 기준을 내용 면에서 구체화한 '인지적 기준'의 윤리학적 논의에 관심을 기울였다. 그것이 구체적으로 드러나 있는 부분이 『윤리학과 교육』제5장에 있는 '가치 있는 활동'에 관한 논의다. 여기서 피터스는 어떤 활동이 '가치 있는 활동'이며, 그러한 활동이 어떻게 정당화될 수 있는가를 보여 주려고 했다. 결국 피터스는 지식이나 이해를 추구하는 '이론적인 활동(theoretical activities)'이야말로 모든 학생에게 가르칠 만한 가치 있는 교육내용이라고 보고 그러한 이론적 활동의 가치를 정당화하려고 한 셈이다. 그리고 이론적 활동이 가치 있다는 것은 '선험적 논의(transcendental argument)'방식에 의해 정당화될 수 있다고 보았다. 선험적 논의에 의한 정당화는 어떤 주장에 들어 있는 '논리적 가정(presupposition)'을 드러냄으로써 정당화하는 방식이다. 예컨대, 왜 빙고나 당구 대신에 수학이나 과학을 가르쳐야 하는가를 진지하게 질문하는 사람은 이미 수학이나 과학이 가치 있는 활동이라는 것을 논리적으로 가정하고 있고, 이론적 활동의 정당화는 그러한 논의의 논리적 가정을 드러냄으로써 가능하다는 것이다. 교육에서 가치 있는 내용 혹은 활동이 유독 이론적 교과 또는 이론적 활동인가의 문제와 그것이 선험적 논의에 의해 정당화될 수 있는가의 문제는 의문의 여지가 있지만, 어떤 내용이 가치 있고 나아가 어떤 내용을 가르칠 것인가를 선정하는 데에는 윤리적인 문제와 판단이 개입된다는 점이 분명하다.

셋째, 교육의 전달과정에서 나타나는 윤리적 문제다. 교육이 모종의 가치 있는 것을 의도적으로 전달하는 행위라고 볼 때 가치 있는 내용을 전달하는 방식에도 윤리적인 문제가 개입된다. 교육은 가치 있는 내용을 전달해야 한다는 것은 물론이고, 그것을 전달하는 과정 역시 도덕적으로 온당한 방식이어야 한다. 도덕적으로 온당한 방식으로 가르친다는 것은 학습자를 존중하는 방식으로 가르치는 것을 의미한다. 만일 누군가가 학습자의 의식이나 자발성과 무관하게 교육내용을 맹목적으로 주입하거나 조건화한다면 거기에는 도덕적인 문제가 야기된다. 다시 말해, 누군가가 학습자에게 교육내용을 맹목적으로 주입시키거나 교화 · 조건화 · 세뇌와 같은 방식을 사용한다면, 그것은 윤리적 문제가 된다. 교육의 전달방식도 윤리 혹은 도덕 문제로부터 자유로울 수 없는 것이다.

넷째, 사회이념이나 제도의 측면에서 나타나는 윤리적 문제다. 피터스는 『윤리학과 교육』의 제2부에서 사회이념이나 사회제도의 측면과 관련된 윤리학적 원리들을 다루고 있다. 피터스는 영국사회가 지향해야 할 이념과 제도가 민주주의라고 보았다. 그리하여 그는 민주주의 교육원리들을 드러내고 그러한 원리들을 정당화한다. 여기에는 평등, 자유, 인간존중, 우애, 권위, 벌 등이 포함된다. 예컨대, 자유원리는 선험적 정당화 방식, 즉 자유가 좋다는 것은 당연히 받아들여야 할 논리적 가정으로서 실제적 이유의 사태에 비추어 정당화된다. 다시 말해, '어떻게 행동해야 하는가' '왜 그렇게 해야 하는가'를 심각하게 묻는 사람은 틀림없이 자기가 옳다고 생각하는 행동을 자유롭게 할 수 있어야 한다는 주장을 이미 받아들이고 있다는 것이다. 한 사회가 지향하는 이념과 제도가 선험적으로 정당화될 수 있는가의 문제는 논란의 여지가 있지만, 그러한 이념과 제도를 둘러싸고 끊임없이 윤리적인 문제가 발생한다는 점은 분명하다. 이렇듯 교육에는 어떠한 방식으로든지 윤리 혹은 도덕의 문제가 개입되어 있다.

그러면 교육과 윤리학의 관계를 어떻게 보아야 하는가? 교육윤리학도 교육인식론과 마찬가지로 두 가지 방식의 접근이 가능하다. 하나는 윤리학의 내용이나 원리를 교육의 이론과 실제에 적용하는 방식(윤리학 → 교육)이다. 이러한 방식에 따르면, 교육과 윤리학은 별개의 것이며, 교육은 윤리학의 응용 학문적 성격을 지닌다. 다른 하나는 교육의 모든 과정에 나타나는 윤리나 가치의 의미를 드러내는 방식(교육 → 윤리학)이다. 말하자면, 이것은 교육의 이론과 실제에서 일어나는 윤리적인 문제를 검토하는 일이다. 이러한 관점에 따르면, 교육과 윤리학은 별개의 것이 아니며, 윤리학의 내용은 별도로 존재하는 것이라기보다 교육의 활동에 비추어 그 의미가 구체적으로 드러난다. 적어도 학교교육에 관한 한, 이제까지 윤리교육은 전자의 입장, 즉 윤리학의 내용이나 원리를 교육 이론이나 실제에 적용시키는 것이 지배적인 형편이었다.

　　교육윤리학은 두 가지 차원으로 구분하여 생각할 수 있다. 하나는 인간행위의 차원(education as a human act)이고, 다른 하나는 사회제도의 차원(education as a social institution)이다. 전자는 교육받은 사람으로서의 도덕적 기준을 문제 삼는다. 여기에서는 교육받은 사람이 응당 가져야 할 성품, 능력, 성향, 태도, 지식, 기술 등을 가지고 있는가에 관심을 가진다. 후자는 교육제도 자체가 충족시켜야 할 내용을 문제 삼는다. 여기에서는 한 사회의 교육제도에서 평등, 자유, 권위, 벌 등이 도덕적으로 적합한가에 관심을 가진다. 교육윤리학은 이 두 차원의 문제를 포괄하고 있으므로, 교육에서 윤리학적 문제를 균형 있게 다루기 위해서는 두 가지 차원의 논의를 포함해야 한다. 다음에서는 교육에서의 윤리문제를 두 가지 차원으로 나누어 '3) 도덕적 인간과 도덕교육의 성격'에서는 인간행위 차원에서의 도덕교육의 문제를, '4) 민주주의 사회에서의 주요 도덕원리'에서는 제도적 차원에서의 도덕교육 문제를 논의한다.

## 2) 윤리학의 이론

　　윤리학의 이론은 보는 관점에 따라서 다양하게 분류할 수 있다. 시기를 기준으로 하면, 윤리학은 '고전 윤리학'과 '현대 윤리학'으로 나누어 볼 수 있다. 고전 윤리학은 전통 윤리학의 입장으로서 형이상학적 실재에 바탕을 두고 있다. 말하자면, 이것은 실재에 관한 형이상학적 이론이 선(good)에 관한 윤리학적 문제해결의 근간이라고 보는 입장이다. 고전 윤리학의 또 다른 특징은 당위와 규범 제시에 관심을 가지고 그것을 적극적으로 제시한다는 것이며, 이 점에서 고전 윤리학은 흔히 '규범적 윤리학(normative or substantial ethics)'이라고 불린다. 현대 윤리학은 20세기 중반 이후 분석철학의 영향을 받은 윤리학으로서 규범적 윤리학에서 사용되고 있는 언어에 관심을 가지고 분석한다. 그리하여 현대 윤리학은 '메타 윤리학(meta-ethics)'이라고도 불린다.

윤리학 이론은 또한 규범과 행위의 선후관계에 따라서 목적윤리학과 의무윤리학으로 나눌 수 있다. 목적윤리학(teleological ethics)은 행위의 옳고 그름을 그 행위의 목적과 그러한 목적 달성 여부에 비추어 이해하려는 입장이다. 아리스토텔레스에 따르면, 존재하는 모든 것은 모종의 (궁극적) 목적을 가지고 가치의 위계구조를 가진다. 그러한 목적 혹은 가치에서 중요한 위치를 차지하는 것이 선(good) 개념이다. 그러므로 인간은 그 궁극적 목적이나 선에 비추어 행위한다. 이에 비해 의무윤리학(deontological ethics)은 시대와 장소를 초월하여 옳고 그른 행위를 구분하는 표준이 되는 '도덕적 법칙' 혹은 '도덕률'에 관심을 가진다. 칸트에 따르면, 도덕 혹은 윤리는 모종의 목적을 달성하기 위한 수단으로서 가치를 가지는 것이 아니라 의무로 주어지는 도덕 법칙, 즉 정언명령(categorical imperative)으로서 가치를 가진다. 이러한 의무윤리학에서는 선(good)보다 '정의(justice)'가 중요한 위치를 차지한다.

여기서는 윤리학을 가치판단의 기준에 따라 자연주의 윤리학, 직관주의 윤리학, 정서주의 윤리학으로 구분하고 각각의 주요 주장을 검토한다(Peters, 1966b: Ch. 3).

### (1) 자연주의 윤리학

자연주의는 '어떻게 해야 하는가?'라는 질문에 대해 '무엇이 어떻게 되어 있는가?'에 비추어 대답하는 방식이다. 즉, '인간의 본성이 어떠한가?'라는 사실에 비추어 '인간이 어떻게 해야 하는가?'의 가치를 연역하는 것이다. 여기에는 자연적 사실에 비추어 인생의 목적이나 가치, 도덕적 법칙을 추론해 낼 수 있다는 믿음이 전제되어 있다. 자연주의는 가치의 근거를 인간의 심리학적·사회학적 사실에서 구한다. 그리하여 자연주의자들은 인간만이 가진 특성이 무엇인가를 찾고 그것에 가치를 부여한다. 자연주의자들이 생각하는 인간만이 가진 특성 혹은 가치는 대체로 합리성, 쾌락 혹은 행복 등을 들 수 있다. 아리스토텔레스는 합리성이 인간만의 특성이라고 보았다. 그리하여 그는 교육에서 인간만이 가지고 있는 특성인 이성을 최고도로 발휘하는 삶, 즉 이론적 혹은 관조적 삶을 강조했다. 그러나 동물과 구분되는 인간의 본성은 다양할 수 있기 때문에, 인간의 본성을 유독 이성적 능력에서 찾는 것은 다소 임의적이다. 따라서 이성만이 인간 본성의 가치를 보증하는가 하는 의문이 제기된다.

행복 혹은 쾌락도 가장 흔히 거론되는 인간의 본성이다. 이런 관점에서 볼 때, 고통을 피하고 쾌락이나 행복을 획득하는 것이 인간의 본성이고, 가치의 문제는 최대 다수의 최대 행복을 가져오는가에 달려 있다. 여기에서 교육은 학생을 행복하게 만들거나 다른 사람의 행복에 기여할 수 있도록 만드는 것이다. 자연주의는 쾌락은 선이고, 고통은 악이라는 것을 전제하고 있다. '쾌락을 원한다.'라는 심리학적 사실에서 '쾌락은 선이다.'라는 가치를 주장하는 셈이다. 그러나 자연적 본성 혹은 사실에서 도덕적 가치 혹은 당위를 이끌어 내는 것은 '자연주의적 오류(naturalistic fallacy)'를 범하는 것이 된다. 만일 이 주장이 성립되려면 '누구나 원하는 것은 선'이라는 것이 전제되어야 한다. 인간의 행복 혹은 쾌락이 가치를 가진다는 것은 분명하지만, 그것이 유일한 가치인가에 대해서는 논쟁의 여지가 있다.

자연주의 윤리학은 도덕 판단의 객관성을 강조한다. 그리하여 자연주의 윤리학은 도덕 판단의 이유를 인간의 욕망이나 본성에 관한 사실에서 찾는다. 물론 인간 본성에 관한 이론이 없다면 교육에 관한 이론도 존재할 수 없다. 그러나 인간 본성에 관한 이론 자체만으로는 교육자들이 무엇을 해야 하는가를 적절하게 말하기 어렵다. 그것은 두 가지 이유 때문인데, 하나는 인간 본성에 관한 이론은 인간의 총체적인 측면을 드러내기보다는 일부 측면을 드러내고 있기 때문이다. 다른 하나는 설령 인간의 본성 전부를 만족스럽게 드러낸다고 하더라도, 그것이 어떻게 교육을 해야 하고 받아야 하는가를 제시하고 있지는 못하기 때문이다. 자연주의의 결함은 인간의 본성과 도덕적 논의 사이의 관련을 지나치게 직접적으로 맺는 데 있다. 말하자면, 자연주의 윤리학은 '~이다.'와 '~해야 한다.' 사이에 다리를 놓지 못한다는 난점이 있다. 이것은 무어(G. E. Moore, 1903)가 말한, 사실과 당위를 혼동하는 '자연주의적 오류'다. 그러므로 인간의 본성을 말하는 것만으로는 교육의 가치를 정당화하기에 충분한 것이 되지 못한다.

### (2) 직관주의 윤리학

직관주의는 도덕 원리를 사실에서 간접적으로 추론해 내는 것이 아니라 모종의 선천적 능력을 통해 직접적으로 파악하는 것을 의미한다. 직관주의를 주장하는 학자들은 선악과 시비 등의 가치가 객관적으로 실재하고, 정상인은 그것을 판별할 수 있는 선천적 능력을 가지고 있다고 믿는다. 칸트는 마치 자연을 지배하는 법칙이 존재하듯이 인간행위를 지배하는 법칙이 존재한다고 본다. 그것은 정언명령(categorical imperative), 즉 무조건적 · 보편적 명령(unconditional, universal imperative)으로 존재한다. 직관은 두 가지 의미를 포함하고 있다. 그것은 즉각적인 앎(immediate awareness)을 의미하기도 하고, 관찰이나 추리가 없이(without observation or reasoning) 아는 것을 의미하기도 한다. 직관주의에서 궁극적 가치는 객관적이다. 그러나 그것은 논증이나 증명에 의해서 알기보다는 누구나 직관적으로 알 수 있는 자명한 특질이다.

　직관주의 윤리학의 가장 큰 강점은 '윤리학의 자율성'을 보장하는 데 있다. '이것은 좋다.' 혹은 '이것을 해야 한다.'라는 말은 관찰 가능한 성질이나 관계를 나타내는 말이 아니라는 점과 도덕적 판단은 사실적 법칙에서 추론해 낸 것이 아니라는 점은 분명하다. 무어(Moore, 1903)에 따르면, 선(good)은 직관에 의해 파악되는 '더 이상 분석할 수 없는 단순한 비자연적 속성(simple non-natural unanalyzable property)'이다. 직관주의자는 도덕 판단을 임의적인 것이 아니라 수학에서의 판단과 마찬가지로 객관적인 것으로 본다. 그러나 '직관적으로 알게 되는 가치가 과연 객관적이고 보편적인 가치가 될 수 있는가?'라는 의문이 제기될 수 있다. 결국 직관주의의 최대 난제는 이러한 가치를 어떻게 정당화할 수 있는가 하는 것이다.

### (3) 정서주의 윤리학

　도덕 판단의 임의성에 대한 비판을 거부하고 그것의 객관성을 주장하는 직관주의와 달리, 정서주의는 도덕 판단의 임의성을 공공연하게 받아들인다. 정서주의자는 도덕 판단에 관해서는 하등 합리적 근거가 주어질 수 없다고 본다. 그들에게 도덕 판단은 정서의 표현, 즉 취향 내지 명령의 표현과 동일한 것이다. 정서주의에 따르면 도덕적 판단을 일종의 이론적 질문에 대한 답이라고 보는 견해는 그릇된 것이다. 에이어(A. J. Ayer, 1936)나 스티븐슨(C. L. Stevenson, 1944)에 따르면, '좋다'라는 말은 단순히 자신의 감정을 표현하는 것에 불과하다. '이것이 좋다.'는 말은 '이것을 승인한다.'는 의미라는 것이다. 도덕적 논의가 가지고 있는 이러한 권장적 내지 감정표현적 성격 때문에 도덕적 논의는 이론적 논의로 환원될 수 없는 것이다. 그러므로 정서주의 윤리학의 가장 큰 공헌은 도덕적 자율성의 보장, 즉 도덕적 논의를 감정과 결부시킴으로써 그것이 가지고 있는 행동통제 기능을 강조한 데 있다.

정서주의 윤리학은 몇 가지 점에서 비판을 받을 수 있다. 첫째, 도덕적인 발언이 정의적 의미만 있고 기술적 의미가 없다는 것은 지나치게 편협한 생각이라는 점이다. 둘째, 도덕적 판단의 의미를 설명하는 용어로서 정서나 감정이라는 의미를 엄밀하게 분석하고 있지 않다는 점이다. 정서나 감정은 지적 측면과 무관한 것이 아니라 어떤 사태를 파악하는 방식에 따른 감정표현이라는 점을 유의할 필요가 있다.

## 3) 도덕적 인간과 도덕교육의 성격

윤리교육 혹은 도덕교육을 통해 길러 내고자 하는 인간상은 어떤 것이며, 그러한 교육에 상정되어 있는 도덕교육의 성격은 어떠한가의 문제를 생각해 보자. 물론 도덕적 인간이나 도덕교육의 성격은 완전히 구획되는 것이라기보다 사실상 혼재해 있다. 도덕적 인간과 도덕교육의 성격을 밝히기 위해서는 '도'와 '덕'을 구분하는 것이 좋은 출발점이 된다.

도덕(道德)이라는 말은 도와 덕의 합성어로서, 서로 다른 의미의 개념과 성격을 포함하고 있다. 그러므로 도덕교육은 도덕교육의 '도'의 측면을 강조하느냐 '덕'의 측면을 강조하느냐에 따라 그 성격이 완전히 달라진다. 도가 개인의 이해나 선호를 초월하는 기준과 개념 혹은 형이상학적 실재에 관심을 가진다면, 덕은 개인의 내면에서 함양되는 품성 혹은 인격적 감화력에 관심을 가진다. 도가 행동을 기술하고 규제하는 원리의 이해에 관심을 가진다면, 덕은 관례의 습관적 실천에 관심을 가진다. 도가 교과를 통한 도덕교육을 강조한다면, 덕은 삶과 관련된 도덕교육을 강조한다. 그리고 도가 교육에서 행동의 도덕적 의미를 이해하는 데 초점을 둔다면, 덕은 관례와 전통에 의해 확립된 도덕적 규범을 내면화하고 실천하는 데 관심을 둔다.

이러한 도덕의 도의 측면과 덕의 측면 중 어느 쪽을 강조하느냐에 따라서 도덕교육을 통해서 기르고자 하는 인간과 도덕교육의 성격이 달라질 수밖에 없다. 다음의 두 인용문은 상반되는 도덕적 인간 혹은 도덕교육의 성격을 드러낸다.

> 비록 조그만 땅덩이에 가진 것도 별로 없는 나라이지만, 그래도 우리는 우리나라를 '세계
> 에서 가장 아름다운 나라'라고 믿고 있으며, 그렇게 가르쳐야 한다. '우리는 추한 나라, 나쁜
> 나라인지도 모른다.'는 의심으로써 아동을 가르칠 수는 없다. 우리의 '사회 현실'이 아무리 혼
> 탁한 것이 사실이라고 해도, 우리는 우리나라를 가리켜 '좋은 나라' '살기 좋은 나라'라고 가
> 르쳐야 한다. 우리 정부나 대통령이, 아니 우리 사회의 모든 어른이 왜소하고, 평범하고, 열등
> 하기까지 한 존재일지 몰라도 우리는 우리의 국가와 민족과 국민을 가리켜 '위대한 국가, 훌
> 륭한 민족, 자랑스러운 국민'이라고 가르쳐야 한다. …… 이 자신감은 물론 우리와 역사와 전
> 통을 있도록 했던 훌륭한 사람들, 위인과 열사와 의인들, 아름답고 고상한 인격들, '향기나는'
> 인물들 속에서 나오는 것이다(김안중, 1988: 23).

> 도덕교육은 도덕적 영웅을 기르는 교육이 아니다. 이것은 사람들이 도덕교육의 필요성을
> 부르짖을 때가 언제인가를 보아도 잘 알 수 있다. …… 사람들이 도덕교육에 더 눈을 돌리고
> 도덕교육의 부실을 개탄하고, 도덕교육의 중요성을 강조해서 언급하는 경우는 대개 우리 사
> 회의 일부의 사람들이 가장 기본적인 규범을 지키지 않을 때다. …… 도덕교육의 성격을 다
> 른 사람의 이익 존중이라는 측면에만 초점을 맞추어서 이해하거나 도덕교육을 가장 성공적
> 으로 받은 모습을 도덕적 영웅으로 묘사하는 것은 도덕교육에 대한 잘못된 관점이다(최병태,
> 1996: 17-18).

여기서 전자는 도덕교육이 소위 '도덕적 영웅'이나 '성인(聖人)'을 기르는 데 초점
을 두어야 한다고 보는 데 비해, 후자는 그런 도덕교육은 그릇된 것이고 사회의 일
상적인 규범이나 규칙을 지키며 사는 인간을 기르는 데 초점을 두어야 한다고 본다.
도덕적 영웅이나 성인을 기르기 위해서는 '위대한 것에 대한 습관적인 상상력'이
필요하며, 위대성에 대한 인식과 그것의 내면화가 도덕의 기본이 된다(Whitehead,
1929: 19). 이와는 달리, 도덕규범을 지키는 사람이 되기 위해서는 일상생활의 규칙
이나 규범을 내면화시키는 일이 필요하며, 아리스토텔레스가 말한 도덕적 행위의
내적 기준을 형성시키고 그에 적합한 행위를 하도록 하는 일에 관심을 기울이는 일
이 요구된다.

도덕교육의 성격도 크게 두 가지로 나뉜다. 하나는 '관례적(혹은 습관적) 도덕'이

고, 다른 하나는 '이성적(혹은 반성적) 도덕'이다. 관례적 혹은 습관적 도덕은 관례나 규칙을 받아들여서 그것을 일상에서 실천한다는 것을 의미한다. 그러므로 관례적 도덕에서는 일상생활에서 일어나고 있는 도덕현상에 관심을 가지며 도덕적 행동을 하게 하는 데 초점을 둔다. 이러한 의미의 도덕은 그 관심이 도덕적 행동에 있는 만큼, 윤리학도 도덕적 행동을 이끄는 지침으로서 의미를 가진다. 여기에는 두 가지 생각이 가정되어 있다. 하나는 도덕사태에는 그것을 지배하는 단일한 혹은 몇 가지 규범이 있다는 것이고, 다른 하나는 행위자는 모종의 사태를 도덕적 안목으로 볼 수 있거나 그 규범의 행동적 의미가 누구에게나 명백하다는 것이다. 이러한 도덕교육에서는 도덕적 실천이 중요하며, 교과보다는 생활을 통한 도덕교육이 중요시된다.

이성적 혹은 반성적 도덕은 인간의 일상적 삶 가운데서 당면하게 되는 관례나 행위규칙에 들어 있는 의미를 숙고하고 성찰하는 것을 의미한다. 그러므로 이성적 혹은 반성적 도덕은 도덕적 행동을 개념화하는 데 초점을 둔다. 여기서 도덕적 지식 혹은 관점은 이미 획득된 것이라기보다는 획득되어야 할 성질의 것이며, 지·행의 괴리라는 것은 사실은 도덕적 관점의 결여에서 비롯된 것이다. 모종의 사태를 도덕적 관점에서 보는 것은 도덕적 행위와 결코 무관한 것이 아니며, 윤리학은 현실의 도덕적 측면을 파악하는 데 필요한 개념들을 체계화하는 일이다. 윤리학의 개념을 배우지 않고는 현실의 도덕적 측면을 파악하는 것, 즉 사태를 도덕적 관점으로 보는 것이 불가능하다. 따라서 교과를 통한 도덕교육이 강조된다(이홍우, 1982: 110-125).

두 가지 도덕교육 간에 종종 발생하는 패러독스(paradox)는 관례적 도덕과 이성적 도덕을 모두 강조할 때 양자가 서로 갈등하기 때문에 제기되는 것이다. 관례적 도덕이 자신의 의식적 판단 없이 남들이 하는 대로 따라 행하는 것이라면, 이성적 도덕은 의식적인 판단의 과정을 거쳐 자율적으로 행하는 것이다. 양자는 서로 반대 방향으로 달아나는 두 마리 토끼와 같다. 피터스는 이것을 '이성과 습관의 패러독스'라고 불렀다.

피터스의 '이성과 습관의 패러독스'는 두 가지로 해석할 수 있다. 하나는 도덕적 삶의 패러독스로서, 이성적 도덕생활과 습관적 도덕생활이 갈등을 일으키기 때문에 제기되는 패러독스다. 다른 하나는 도덕교육의 패러독스로서, 두 가지 도덕생활을 동시에 배우는 것이 불가능한 것처럼 보이기 때문에 생기는 패러독스다. 도덕적 삶의 패러독스와 도덕교육의 패러독스는 습관 속에 이성이 포함되어 있기 때문에,

교육의 과정에서 그것을 보여 줌으로써 해소될 수 있다(조영태, 2000).

피터스는 습관과 이성을 공히 강조하면서, 동시에 양자가 반대 방향이 아니라 같은 방향으로 달리고 있다는 것을 보여 줌으로써 해소하고 있다. 말하자면, 피터스는 습관의 개념을 분석하여 그것이 이성에 대립되는 것이 아니라는 점, 즉 '습관 속에 이미 이성이 들어 있음'을 보여 줌으로써 해소하고 있다. 습관은 결코 장님의 눈과 같지 않고, 습관적 행동은 결코 맹목적이지 않다. 굳이 습관을 맹목적이라고 불러야 한다면, 오크쇼트(Oakeshott, 1962: 64)의 표현대로 그것은 '박쥐의 맹목(blind as a bat)'에 해당한다. 동굴 안의 박쥐는 맹목적으로 보더라도 눈을 부릅뜨고 보려고 안간힘을 쓰는 인간보다 사물을 더 잘 볼 수 있다. 박쥐와 마찬가지로 관습은 항상 '상황의 뉘앙스에 민감하게 반응하여' 자신을 적응시킨다. 오크쇼트가 보기에, 관습은 언어로 진술된 규칙이 아니라 규칙 그 자체, 즉 사람의 마음속에 내면화되어 있는 규칙이며 그 관습 자체가 곧 이성이다. 이 점에서 습관적 행동도 이성과 마음을 발휘하는 행동으로 볼 수 있다.

피터스의 기본 입장은 '이성의 궁전(the palace of reason)'에 들어가기 위해서는 '습관과 전통(habit and tradition)'의 뜰을 거쳐야 한다."라는 것으로 압축된다. 피터스가 보기에 도덕은 '무엇을 하여야 하는가?'의 문제에 관심을 가진 실제적 논의에 해당하지만 결국에는 이성에 바탕을 둔 것이어야 한다. 그리하여 그는 "합리적인 근거를 바탕으로 도덕규범을 채택하고, 채택된 도덕규범을 지성적으로 적용하는 일을 해야 한다고 본다."(Peters, 1974: 268)라고 밝혔다. 피터스의 도덕에서 이성의 위치는 궁전과 같은 것이다. 그러나 그 이성이라는 궁전은 반드시 '습관(혹은 전통)'이라는 뜰을 거쳐야만 들어갈 수 있다. 습관 없이는 이성의 구사도 불가능한 것이다. 아리스토텔레스가 말했듯이, 건전한 도덕적 습관의 형성은 합리적 도덕성의 필요조건이다(Aristoteles, 1925: ch. 2).

## 4) 민주주의 사회에서의 주요 도덕원리

우리나라가 민주주의 사회를 표방하고 지향하고 있는 한, 교육도 민주주의 사회의 원리와 그 사회가 요구하는 도덕적 기준을 만족시켜야 한다. 교육이 민주주의 사회의 원리를 만족시켜야 한다는 것은 교육의 목적이 민주주의적 가치를 추구하는

인간을 육성하는 데 관심을 두어야 하며, 교육의 과정에서도 민주주의적 원리가 적
용되어야 한다는 것을 의미한다. 민주주의 사회가 요구하는 도덕적 기준을 만족시
키기 위해서는 민주주의 사회의 핵심을 이루고 있는 자유와 평등의 원리를 이해할
필요가 있다.

### (1) 자유와 교육

#### ① 자유의 개념

자유라는 개념은 애매성과 모호성을 동시에 가지고 있다. 먼저, '자유'의 개념은
외연(denotation)이 불분명하다는 점에서 애매하다. 자유라는 말은 '독립성' '자율'
'외적인 장애가 없는 상태', 심지어 '구속을 받아들이는 것'을 의미하기 때문에 그중
어느 것을 지칭하는지 분명히 알기 어렵다. 자유의 개념은 또한 내포(connotation)를
한정하기 어렵다는 점에서 모호하다. 말하자면, '자유로운 상태'와 '자유롭지 않은
상태'는 완전히 구획되는 것이라기보다는 '정도'의 차에 의해 구분되는 것이다. 이
점을 염두에 두고 자유의 개념을 살펴보자.

자유는 소극적 자유(negative liberty)와 적극적 자유(positive liberty)로 구분된다
(Berlin, 1969). 소극적 자유는 '무엇인가를 하고자 하는 데 외부의 장애나 구속이 없
는 상태'를 의미하며, '~로부터의 자유' '~에서의 자유'의 형식을 취한다. 이러한 소
극적 자유는 자유의 가장 기본적인 형태이기는 하지만, 하고 싶은 것이나 구속 혹은
장애가 다양하기 때문에 자유의 개념과 그에 관한 해석도 다양할 수밖에 없다. 그러
므로 자유에 관한 논의를 위해서는 사람들이 원하는 것이 무엇이며, 그것을 누가 혹
은 무엇이 방해하는가를 밝혀 낼 필요가 있다. 인간의 자유를 구속하거나 제재하는
요인은 크게 두 가지로 구분할 수 있다. 그것은 자연에 의한 장애와 인간 내부에 의
한 구속이다.

적극적 자유는 외부의 장애나 구속 여부보다는 행위자가 소유한 지식, 능력, 의지
등이 자유의 조건이 되는 경우를 의미하며, 흔히 '~에의 자유' '~을 위한 자유'의 형
식을 취한다. 우리가 자유를 누린다는 것은 단지 자신이 하고 싶은 것을 하는 데 외
적인 구속이나 제재가 없다는 것뿐만 아니라 그것을 성취할 능력과 의지가 있다는
것을 의미하기도 한다. 소극적 자유의 조건을 만족시킨다고 하여 인간이 언제나 자

유로운 것은 아니다. 인간은 외적인 장애나 구속이 없다고 해서 언제나 자유를 누리는 것은 아니기 때문이다. 그럼에도 불구하고 적극적 자유는 소극적 자유를 전제하지 않고서는 불가능하다. 이 점에서 소극적 자유는 자유개념의 기본 전제에 해당한다고 말할 수 있다.

그러나 소극적 자유와 적극적 자유의 조건이 동일한 것은 아니다. 소극적 자유가 행위자가 처해 있는 상황으로 설명된다면, 적극적 자유는 행위자가 가지고 있는 의지 · 능력 · 소망 · 가능성 등으로 설명된다. 소극적 자유가 행위의 외적 장애 혹은 방해 요소의 존재 여부에 관심이 있는 데 비해, 적극적 자유는 누가 혹은 무엇을 통제하고 있는가에 관심이 있다. 그러므로 소극적 자유는 외적 구속이나 제재가 없는 상태를, 적극적 자유는 어떤 형태의 내적 통제를 암시하고 있다. 그러므로 적극적 자유를 실현하기 위해서는 자신의 내부에서 발생하는 여러 가지 욕구를 스스로 조절하고 통제할 필요가 있다. 이 점에서 적극적 자유는 자기 행위를 스스로 통제하는 '자율'개념과 유사하다. 자율적인 사람은 자신이 원하는 것을 스스로 결정하여 행위하는 사람이기 때문이다.

통제는 구속이나 제재가 없는 상태를 의미하는 소극적 자유와는 대립되지만, 자기 행위를 스스로 통제하는 적극적 자유와는 양립 가능하다. 그러므로 어떤 행위자가 자유로운지 아닌지를 그에게 통제가 있는가의 여부로 판단하는 것은 자유를 지나치게 단순하게 해석한 것이다. 오히려 그것은 그 통제가 행위자의 내적 원리인가, 외적 원리인가로 결정되어야 한다. 적극적 의미의 자유로운 사람은 스스로 입법한 통제의 원리를 따르는 사람이다. 요컨대, 자율은 자유를 전제로 해서 성립되며, 자유는 자율로 나타날 때 의미 있게 된다. 그 점에서 교육에서 추구하는 인간은 자율적인 인간이다.

② 교육에서의 자유

자유는 자신이 하고 싶은 것을 하는 데 구속이나 장애가 없는 상태를 의미한다. 여기에는 자유의 두 가지 중요한 요소가 포함되어 있다. 하나는 하고 싶어 하는 것 혹은 하기로 결정한 것이 있어야 하며, 다른 하나는 무엇을 하는 데 구속이나 장애가 없어야 한다는 것이다. 교육사태에 자유의 원리를 적용하는 것은 간단한 문제가 아니다. 그러면 교육에서 제기되는 자유의 문제를 아동의 측면과 교사의 측면에서 살펴보자(Peters, 1966b: ch. 4).

먼저, 아동의 자유다. 교육의 사태에서 아동의 자유를 적용하는 것은 쉬운 일이 아닌데, 그것은 대체로 세 가지 이유 때문이다. 첫째, 교육의 사태라는 것이 대체로 아동이 하고 싶어 하는 것에 구속이나 제재가 가해지는 사태이기 때문이다. 아동은 대부분의 경우 강제로 학교에 다니게 된다. 학교에 다니고 싶어서 다니는 아동이 없는 것은 아니지만, 대부분의 아동은 법적 요구와 부모의 압력 때문에 학교에 다니고 공부한다. 그러므로 교육의 사태는 아동의 자유로운 선택에 의한 행위라고 보기 어려우며, 이 점에서 적극적 의미의 아동의 자유를 그대로 적용하기 어렵다. 둘째, 학습이 이루어지는 교육 사태에는 법적 규제나 질서가 반드시 확립되어 있어야 하기 때문이다. 학교에서 많은 아동은 교실과 같은 좁은 공간에서 함께 공부해야 하기 때문에 여기에는 충분한 질서가 확립되어야 한다. 최소한의 질서가 없는 교실은 소음과 혼란의 아수라장이 되어 대다수 아동이 희생될 것이기 때문이다. 셋째, 교육의 사태는 본질적으로 계획되고 통제된 환경이기 때문이다. 물론 교육의 사태에는 아동 스스로 무엇인가를 자유롭게 선택하고 자신의 흥미에 따라 공부하는 자발성과 자율성이 강조되는 측면이 있다. 그러나 대부분의 경우, 교육은 아동이 하고 싶어 하는 것보다는 가치 있는 내용을 배우는 데 초점이 맞춰진다. 말하자면, 교사와 교육행정가는 아동이 하고 싶어 하는 것을 모두 하게 하는 것이 아니라 그중에서 바람직하다고 판단되는 것들을 하도록 교육적 환경을 계획적으로 조성한다.

교육사태는 바람직하고 가치 있는 것을 증진하고 전달하려는 목적으로 고안된 것이기 때문에 이러한 목적이 잘 실현될 수 있도록 질서를 확립할 필요가 있다. 그러나 이러한 목적을 달성하는 과정에서 자유의 원리를 포기해서는 안 된다. 교육의 사태에서 아동의 자유가 제한될 때에는 반드시 그것이 바람직하고 가치 있는 것을 증진시킨다는 특별한 설명이 필요하다.

다음으로, 교사의 자유에 관한 문제다. 교사의 자유 문제는 주로 가르치고 싶은 것을 가르칠 권리와 논쟁점에 관해 자신의 관점을 제시할 수 있는 권리로 요약될 수 있다. 이 권리는 기본적으로 사람들이 자기의 의견을 자유롭게 말할 수 있도록 허용될 때 그것이 진리에 가까워진다는 점에서 정당화된다. 어떤 의견이든 그것의 옳고 그름은 여러 가지 다른 의견의 도전을 받음으로써 더 분명해진다. 또한 교사는 자신이 가르치는 내용 면에서 권위자이고 그것을 가르치는 방법 면에서 전문가라는 점에서 그 자율성이 어느 정도 보장되어야 한다. 교사의 자율성은 교육활동이 가능하기 위한 기본 조건일 뿐만 아니라 학생의 자율성을 기르는 데도 매우 중요한 조건이기 때문이다.

그러나 학교의 상황에서 교사가 개인의 관점을 제시하는 문제는 신중할 필요가 있다. 그것은 다음과 같은 두 가지 이유 때문이다. 첫째는 교사가 교육적인 역할을 수행하기 때문이며, 둘째는 교사가 미숙한 아동을 다룬다는 데에 대한 특별한 책임을 갖기 때문이다. 대학 교수에게는 이런 문제가 별로 중요하지 않다. 대학 교수는 진리탐구에 헌신하려는 확고한 태도를 가지고 있고, 어느 정도 성장한 청년을 대상으로 진리탐구에 입문시키는 일을 하기 때문이다. 그러나 초·중등학교 교사는 상황이 다르다. 그들도 역시 자신이 가르치는 학문에 헌신하려는 태도를 가져야 하지만, 그들은 지식의 최첨단에서 그것을 발전시켜 나가는 것보다는 지식을 전달하는 일에 더 큰 관심을 갖는다. 아동은 아직 교사가 말한 것을 평가하고 비판할 수 있는 능력을 갖추고 있지 않다. 그러므로 교사는 자신의 견해를 학생에게 집어넣어 주기보다는 학생이 자신의 견해를 형성할 수 있도록 도와주어야 한다. 교사의 임무는 학생에게 교사가 생각한 내용을 전달하는 것이 아니라 생각하는 방법을 가르치는 것이다. 교사는 자신의 개인적인 의견을 학생에게 제시하고 자신의 입장을 따르도록 학생을 전향시킬 것이 아니라 오히려 그 입장이 기초로 하고 있는 근거와 이유를 학생들이 알도록 해야 한다. 그렇게 할 때 위교(indoctrination)를 피할 수 있으며, 학생의 자율성을 기를 수 있다.

교육의 역사에서 보면, 인간은 자유교육(liberal education)의 이상, 즉 가치 있는 지식을 전달하여 아동의 마음을 발달시킴으로써 합리성을 추구하는 자유인으로 기르고자 하는 이상을 추구했다. 그러기 위해 수업 장면에서는 아동의 자유를 구속하는 측면이 있었다. 그러나 이것은 아동의 소극적인 자유를 침해함으로써 그들의 적극적 자유를 강화한다는 근거에서 정당화될 수 있었다. 반면에 진보적인 아동중심 교육은 아동의 흥미와 필요를 충족시켜 주기 위해 그들의 자발성과 자기 활동을 중시했다. 그리고 거기에서는 아동의 성장가능성을 인정하고 자유를 허용함으로써 자율성을 신장시키려 했다. 그러나 자율성은 정당한 이유에 의해 지지되는 행위 규칙의 내면화 없이는 불가능하다. 아동은 정당한 이유에 의해 지지되는 행위의 규칙을 내면화하여 그것을 따르는 것이 거의 불가능하므로, 아동의 자율성을 적극적으로 주장하거나 극단적으로 주장하는 것은 한계가 있다. 정당한 이유를 아는 것은 행위의 규칙을 배우고 선택에 필요한 기본 경험들을 가지고 있을 때 비로소 가능한데, 아동이 그것을 제대로 알고 있다고 볼 수 없기 때문이다.

## (2) 평등과 교육

### ① 평등의 개념

평등(equality)의 이념은 자유의 이념과 더불어 민주주의의 근간을 이루고 있다. 평등의 이념은 프랑스 혁명 이후 민주주의를 표방하고 있는 사회의 대표적인 정치적 원리가 되었다. "모든 인간은 평등하다."라는 평등의 원리는 소박하게 말해서 인종, 성별, 종교, 정당, 계층, 경제적 조건 등에 의해 차별되지 않는다는 것이다. 그러나 "모든 인간은 평등하다."라는 평등의 개념은 실제로는 대단히 복잡한 의미를 갖는다. '평등하다'는 말은 기술적 의미(descriptive sense)로 사용되기도 하고, 규범적 의미(normative sense)로 사용되기도 한다. 평등의 개념은 또한 '동일성 모형(the sameness model)'으로 이해되기도 하고, '공정성 모형(the fairness model)'으로 이해되기도 한다. 그러므로 평등의 개념을 이해하기 위해서는 평등의 두 가지 용법을 이해할 필요가 있다(이돈희, 1983: 7장).

먼저, 평등의 개념은 기술적 의미와 규범적 의미를 모두 가지고 있다. 평등의 기술적 의미는 "모든 인간은 인종이나 성별 등에 관계없이 평등하다."라는 사실을 지적하는 말이다. 평등하게 태어난 인간이 누군가에게서 인종이나 성별 때문에 차별 대우를 받는다면 그것은 불평등한 것이다.

평등의 규범적 의미는 "모든 인간은 평등하게 취급되어야 한다."라는 당위를 지적하는 말이다. "모든 인간은 평등하다."라는 말은 문법적으로는 기술적인 진술처럼 보이지만, 의미상으로는 "모든 인간은 평등하게 취급되어야 한다."라는 규범적 의미를 갖고 있는 진술이다. 그러므로 "모든 인간은 평등하다."라는 말은 대체로 모든 인간이 동일하다는 의미보다는 모든 인간은 동일한 대우를 받고 동등한 가치를 지닌 존재로 이해되어야 한다는 의미다. 요컨대, '평등'이라는 말은 "모든 인간이 평등하다."라는 사실과 더불어 "모든 인간을 평등하게 취급해야 한다."라는 당위를 내포하고 있는 것으로 보아야 한다.

평등의 개념은 동일성 모형으로 이해되기도 하고 공정성 모형으로 이해되기도 한다. 동일성 모형으로서의 평등은 '같으면 같은 방식으로, 다르면 다른 방식으로 대우한다.'는 것이다. 그러므로 평등의 개념을 동일성 모형으로 이해할 때 누군가가 같지 않은 점을 고려하면서 같이 대우하거나, 같은 점을 고려하면서 같지 않게 대우하는 것은 평등의 원칙에 어긋난다. 동일성 모형은 평등의 기본 원칙을 잘 보여 주고 있으나 형식적인 평등의 개념을 보여 줄 뿐 실질적인 평등의 준거를 적극적으로 제시하고 있지는 못하다. 모든 인간은 동질성과 이질성을 동시에 가지고 있다. 그 경우 동질성과 이질성 중 어떤 것을 우선적으로 고려해야 하는가의 문제는 종종 갈등을 일으킨다. 예컨대, 고교평준화의 문제를 생각해 보자. A는 동일한 대한민국의 고등학생인 이상 모든 고등학생은 동일한 교육을 받아야 한다고 주장하면서 그것이 평등의 원칙에 부합한다고 본다. 반면에 B는 고등학생마다 학력 수준이 각기 다르기 때문에 그 능력에 따른 상이한 교육을 받아야 한다고 주장하면서, 그것이 평등의 원칙에 부합하는 것으로 본다. 동일한 평등에 대해 A가 대한민국 고등학생이라는 동질성에 초점을 두고 있다면, B는 고등학생 간의 학력 수준의 이질성에 초점을 두고 있다. 이 경우 동일하게 평등을 외치지만 A와 B는 상반된 주장을 하는데, 동일성 모형은 이러한 문제를 해결하기 어렵다.

동일성 모형이 인간의 동질성(같음)과 이질성(다름)에 관심이 있다면, 공정성의 모형은 규칙이나 법이 바르고 동일하게 적용되는가의 여부에 관심을 둔다. 그러므로 공정성 모형에서는 같거나 다른 사실 자체가 일차적으로 중요한 것이 아니다. 더 근본적인 것은 규칙이나 법을 일관성을 가지고 공정하게 적용하고 있는가의 문제다. 다시 고교평준화 정책의 예를 생각해 보자. 공정성의 모형에서는 고교평준화가 평등교육의 원칙을 만족시키는가, 아니면 비평준화가 평등의 교육정책을 만족시키는가는 일차적인 관심사가 아니다. 평준화 정책이 실시되고 있는 동안에는 모든 학교가 그 정책에 충실하게 따르는 것이 평등교육의 원리를 만족시키는 것이 된다. 공정성의 모형은 규칙이나 법을 모든 사람에게 공정하게 적용하는 것에 관심이 있기 때문에, 논쟁의 여지가 있는 법이나 규칙 자체를 문제 삼기에는 한계가 있으며, 규칙이나 법이 시대나 사회에 따라 달라질 수 있기 때문에 공정성에 대한 가치판단이 달라질 수 있다.

인간이 평등하다는 말은 생각보다 복잡하다. 인간은 누구나 동일한 가치와 존엄성을 가진 존재라는 점에서 동일하며, 다른 한편으로는 인종·성·종교·능력·국적·신분 등에 차이가 있다는 점에서 동일하지 않다. 이 경우 어떻게 하는 것이 인간을 평등하게 대우하는 것인가? "인간을 평등하게 대우해야 한다."라는 말은 모든 인간이 항상 동일하게 취급되어야 한다는 뜻이라기보다는 공정하게 대우해야 한다는 뜻이다. 이런 원리는 사실 '평등의 원리'가 아닌 '정의의 원리'에 가깝다. 아리스토텔레스의 "평등하지 않은 것을 평등하게 취급하는 것은 평등한 것을 평등하지 않게 취급하는 것 못지않게 부정의를 초래한다."라는 지적은 바로 정의의 원리를 제시한 것이다. 그러므로 모든 사람을 평등하게 대우해야 한다는 말은 모든 사람을 공정하게 대우해야 한다는 말로 이해할 필요가 있다.

### ② 교육에서의 평등

교육에서 평등정책은 각 사회나 시대가 가지고 있는 상황적 조건에 따라 달라질 수 있다. 예컨대, 미국은 동일 지역 아동이 타 지역 학교에 가기 싫어하기 때문에 '평등한 사람은 평등하게' 취급되어야 한다는 원칙을 충실히 지키고 있다. 이에 비해 영국은 '평등하지 않은 사람은 평등하지 않게'라는 원칙을 고수해 왔다. 교육에서의 평등 문제는 이념적으로는 교육의 개념 및 교육의 목적과 관련되어 있으며, 실질적으로는 교육기회, 교육내용 및 교육방법과 관련되어 있다. 교육에서의 평등 문제는 주로 교육 분배의 공정성 문제로 나타난다. 교육 분배는 물건을 분배하는 것과는 두 가지 점에서 확연히 다르다. 하나는 분배방식을 어떻게 하느냐에 따라 교육에 심각하게 영향을 미칠 수 있다는 점이며, 다른 하나는 교육이 내재적 가치를 가지고 있다는 점이다.

교육평등에서 가장 기본적 개념은 '교육의 기회균등'이다. 민주주의 사회에서 교육의 기회균등 이념은 가장 기본적인 정신에 속한다. 적어도 국가가 계획하고 통제하는 '공교육 제도하에서는 교육의 기회가 균등하게 배분되어야 한다.'라는 원칙이 교육의 다른 이념들보다 우선한다. 그러나 교육의 기회균등은 그 의미가 그리 분명치 않으며, 제도적으로 그것을 보장하는 조건을 갖추기는 더욱 어렵다. 교육기회의 균등에 관한 형식적 조치와 실제 간에는 차이가 존재하기 때문이다. 그러므로 교육기회 균등과 관련된 주요 관심사는 실질적인 불평등을 줄이기 위해 형식적 조치를 어느 정도 강구해야 하는가의 문제로 압축된다.

교육기회의 균등은 흔히 '복지'의 원칙으로 이해되기도 하고 '경쟁'의 원칙으로 이해되기도 한다(이돈희, 1983: 320). '복지'의 원칙으로 이해될 경우, 교육의 기회를 균등하게 배분하는 일은 개인의 독특한 요구나 경제적 능력에 관계없이 모든 국민에게 필요하고 의미 있는 교육 프로그램을 구성하여 일정한 수준의 혜택을 받게 하는 것이다. 그러나 이러한 교육 프로그램에 적응하기 어려운 집단은 소외되므로 실지로 평등교육의 원칙을 만족시키지 못하는 셈이 된다. 이 경우 불평등의 책임은 이러한 프로그램을 계획하고 운영하는 국가의 탓으로 돌려지게 된다. 반면에 '경쟁'의 원칙으로 이해될 경우, 교육의 기회를 균등하게 배분하는 일은 공개적인 경쟁에 의해 교육의 혜택을 받을 기회를 얻게 하는 일이 된다. 그러나 경쟁에 의한 교육 혜택은 주로 지적·경제적 능력을 소유한 사람들에게 주어지므로 실지로는 평등의 원칙을 만족시키지 못하게 된다. 이 경우 불평등의 책임은 수혜자의 경쟁능력이 부족한 탓으로 돌려지게 된다. 대체로 말해서, 의무교육의 수준 또는 비교적 낮은 수준의 국가적 교육사업에는 복지의 원칙이 우선하며, 고급 인력을 양성하기 위한 교육사업에는 경쟁의 원칙이 우선한다고 말할 수 있다.

평등교육의 문제는 교육의 기회에만 한정되는 것이 아니라 교육의 목적, 내용, 방법, 환경 등 교육 전반에 걸쳐 있다. 교육의 목적이 특정 계층이나 집단의 가치관에만 근거한다면 그것은 평등교육의 원칙에 어긋난다. 교육의 목적을 결정할 때는 다양한 계층의 교육관과 가치관에 개방될 필요가 있다. 교육의 내용을 선정할 때도 특정한 계층이나 집단의 문화에 편중하게 되면 평등교육의 원칙에 어긋난다. 평등교육을 위해서는 교육내용이 도시 중산층의 문화에 편중될 것이 아니라 지역사회의 문화를 적절히 반영해야 하며 남녀 성차별을 하지 않아야 한다. 교육방법의 측면에서 특정 집단의 학생들이 선호하는 방법만 사용하거나 우수한 교사를 특정 집단에만 배치하면 평등교육의 원칙에 어긋난다. 그리고 교육환경의 측면에서 볼 때 특정 학교에만 인적 자원과 물적 자원이 편중되게 지원하면 평등교육의 원칙에 어긋난다.

평등교육의 이념은 민주주의 사회의 제도적 교육에서 가장 중요한 이념으로서 교육의 전반적인 과정에 적용된다. 그러나 평등의 원리는 합당한 차이가 있으면 차별대우를 해야 한다는 형식적 요건만을 제시하기 때문에 교육정책을 수립하는 윤리적 토대로서 필요한 것이기는 하지만 충분하지는 않다. 그리고 평등의 원리는 다른 원리, 예컨대 자유의 원리와 갈등을 일으킬 수 있다.

### 🔵 탐구문제

1. 철학적 인식론이 지식교육에 미친 공헌과 한계를 말해 보고, 교육인식론의 가능성과 그것을 위한 과제에 대해 토론해 보시오.

2. 전통적으로 학교교육은 방법적 지식보다는 명제적 지식을 강조해 왔다. 오늘날에도 학교교육은 여전히 명제적 지식을 추구해야 하는지, 아니면 방법적 지식을 강조해야 하는지에 대해 논의해 보시오.

3. 매킨타이어(A. MacIntyre)의 『덕의 추구(After Virtue)』 이후, 현대 윤리학은 의무 윤리학에서 덕 윤리학으로 바뀌는 경향이 있다. 이와 관련하여 학교에서의 도덕교육도 이성적 도덕에서 관례적 도덕으로 변화되는 것이 바람직한지에 대해 토론해 보시오.

4. 자유민주주의 국가에서 자유와 평등은 양대 이념이라고 할 수 있다. 자유와 평등 중 어느 이념을 우선하느냐에 따라 교육정책의 방향이 달라진다. 자유와 평등을 둘러싼 교육정책 대립의 예를 제시하고, 그에 대한 해결 방안을 모색해 보시오.

# 교육철학의 주요 주제

교육철학은 교육학 전반에 대해 성찰하고 비판적으로 검토하는 메타 학문적 성격을 띠고 있다. 따라서 교육철학의 연구주제는 원칙상 교육학의 전 영역을 포괄하고 있고, 그만큼 다양하다고 볼 수 있다. 교육학이 근본적으로 진선미성(眞善美聖)의 가치를 추구하는 것이라면, 교육철학도 그것에 대해 근본적인 질문을 던지거나 검토하는 일이 요청된다. 교육에서 진선미성의 추구는 총체적인 마음을 길러 줌으로써 전인 혹은 총체적인 인간을 기르는 데 필수적이다. 그러므로 진선미성의 추구는 이론적 논의 수준에서뿐만 아니라 교육실천의 맥락에서 논의될 필요가 있다. 이 장에서는 진선미성(眞善美聖)의 가치추구와 각각 관련되어 있는 자유교육, 인성교육, 예술교육, 종교교육을 현행 교육정책이나 (학교)교육과 관련하여 논의한다.

## 1. 자유교육

인간은 언제나 자유를 추구해 왔으며, 교육은 자유로운 인간을 기르는 것을 이상으로 했다. 교육학의 주 관심사 중의 하나는 자유로운 인간이 무엇이고, 어떻게 하면 자유로운 인간을 길러 내는 것인가에 있다. 자유교육(liberal education)은 바로 자유로운 인간을 추구하는 교육이다. 인간은 자유롭게 되는 요체를 인간의 영혼 혹은 마음이 무지나 편견으로부터 자유롭게 되는 것이라고 보고, 마음과 지성의 자유를 추구해 왔다. 자유교육의 이상은 고대 그리스의 아리스토텔레스에서 시작하여 중세와 근대를 거치면서 면면히 이어져 오다가, 현대에 들어 피터스(R. S. Peter)와 허스트(P. H. Hirst)에 의해 정교한 교육이론으로 정립되었다. 오헤어(O'Hear, 1981: 4)가 지적했듯이, 피터스와 허스트에 의해 정립된 자유교육론은 서양의 나라들과 서양교육의 영향을 받은 나라들에 '교육에 관한 표준적인 견해(a standard view of education)'로 받아들여져 왔다. 이하에서는 피터스와 허스트의 자유교육론의 주장과 논리를 살펴보고, 자유교육의 의미와 비판점을 논의한다.

## 1) 피터스와 허스트의 자유교육론

피터스와 허스트의 자유교육론을 논의하기 전에, 자유교육의 출발점을 제공한 아리스토텔레스의 자유교육에 대해 간략히 살펴보자. 물론 자유교육의 기원을 아리스토텔레스(Aristoteles)에서 찾아야 하는지에 대해서 논쟁이 없는 것은 아니다. 아리스토텔레스를 자유교육의 기원으로 보는 것에 대해 비판적인 견해를 가진 학자들은 철학자 전통과 웅변가 전통, 철학적인 소크라테스 또는 플라톤의 전통과 교육학적인 이소크라테스(Isocrates) 전통을 구분해야 한다고 보며, 이 구분에 따르면 자유교육은 이소크라테스에서 비롯된 것이라고 주장한다(Marrou, 1956; Kimball, 1986; Muir, 1998). 그럼에도 불구하고, 자유교육을 프로그램이 아닌 원리 혹은 정신의 관점에서 볼 때, 그 기원은 '그 자체의 목적을 추구하는 활동'을 자유인의 조건인 '여가(schole, leisure)'의 개념에 비추어 논의한 아리스토텔레스에서 찾는 것이 일반적이다.

### (1) 아리스토텔레스의 자유교육

아리스토텔레스에 의하면, 인간의 모든 삶은 일과 여가로 그리고 인간의 모든 활동은 유용한 것과 고상한 것으로 나뉜다. 이 중 교육에서 추구해야 할 것은 여가와 고상한 것이다. 따라서 우리는 일을 하더라도 여가를 위해서 하여야 하며, 유용한 것도 고상한 것을 위해서 하여야 한다(Politics, 1333a). 여가는 모든 인간 생활의 근본이 되는 것으로서, 자족적이고, 그 자체의 목적을 추구하는 이론적 활동과 관계있으며, 그 자체로 쾌락, 행복, 즐거움의 요소를 갖추고 있다. 인간의 행복, 이론적 활동, 여가는 긴밀하게 관련되어 있다. 보다 구체적으로 말하면, 인간은 인간만이 가지고 있는 고유한 덕(arete)을 최고도로 발휘할 때 행복할 수 있으며, 그 덕이 바로 이성이다. 아리스토텔레스에 의하면, 최고의 덕인 이성을 따르는 활동은 다름 아닌 '이론적 혹은 관조적 활동(theoria)'이다. 이론적 활동 혹은 관조적 활동은 그 자체가 여가이며, 인간은 이러한 활동을 통해서 사물 전체를 관조하여 진정한 의미의 자유를 누릴 수 있다. 이러한 상태는 신의 경지에서 가능한 것이다. 요컨대, (자유)교육의 최고의 목적은 '여가(leisure)를 올바르게 누리도록 준비시키는 것, 다시 말해, 일상의 실제적 문제를 다소 해결하고 난 뒤에 영혼이 신의 모습을 보고 거기서 최상의 행복을 맛볼 수 있도록 보장'하는 것이다(Boyd & King, 1975: 65).

아리스토텔레스가 보기에, 여가는 그 자체로 가치를 가지는 활동이며, 자유인을 위한 교육이면서 자유인에게 적합한 교육이다. 교과도 여가정신의 유무에 따라 자유교과(liberal subjects)와 비자유교과(illiberal subjects)로 구분된다. 자유교과는 실제적 필요와 무관하게 그 자체로서 가치 있는 활동인 '자유인의 활동(artes liberales)'에서 온 것으로서, 필요를 충족시키기 위해서 행해지는 일체의 활동인 '노예의 활동(artes serviles)'과 구분되는 것이다. 그러므로 '자유교과'는 진리와 실재 그 자체에 관한 것이기 때문에, 여가를 가지고 있을 때에만 진정한 의미의 탐구가 가능하다.

아리스토텔레스를 비롯한 고대 그리스의 자유교육은 인간의 마음, 지식 그리고 실재에 관한 몇 가지 철학적 형이상학에 바탕을 두고 있다. 마음은 지식을 추구하는 활동과 관련되어 있으며, 그러한 마음의 활동을 통해서 사물의 본질과 궁극적인 실재를 이해하고 파악하는 것이 가능하다. 그러므로 지식의 추구는 마음의 성취라는 점에서 좋은 삶을 이루는 필요 불가결한 요소다. 고대 그리스의 자유교육은 불확실한 신념(doxa)보다는 궁극적인 실재 혹은 지식(episteme)에 토대를 두고 있으며, 마음 그 자체가 지닌 가치 때문에 인간 마음의 성취에 관심을 가진다(Hirst, 1965: 113-115).

## (2) 피터스와 허스트의 자유교육

피터스와 허스트는 고대 그리스의 자유교육이 의존했던 형이상학적 가정을 배제한 채 자유교육을 정립하려고 했다. 피터스와 허스트의 자유교육론을 탐색하기 전에, 한 가지 짚고 넘어가야 할 점은 피터스의 자유교육론과 허스트의 자유교육론을 동일시 할 수 있는가의 문제다. 엄밀히 말하자면, 피터스와 허스트의 자유교육론은 적어도 자유교육의 출발점, 자유교육의 규정방식, 교육과 자유교육과의 관련성 면에서 차이가 있다. 피터스의 자유교육은 교육의 개념을 분석함으로써 시작하는 데 비해, 허스트의 자유교육의 출발점은 자유교육의 '약정적(stipulative)' 규정이다. 자유교육을 규정하는 방식 면에서 피터스는, 자유교육은 '직업교육이 아니며'라는 식으로 기술하는 것에서 알 수 있듯이, 자유교육의 의미를 '소극적인' 방식으로 규정하는 데 비해, 허스트는 '지식 그 자체'를 핵심으로 하는 자유교육의 의미를 '적극적인' 방식으로 규정하고 있다. 그리고 교육과 자유교육의 관련성 면에서 피터스의 경우 자유교육을 교육의 개념적 조건이 실현된 상태로 봄으로써 교육과 자유교육이 그다지 다르지 않은 데 비해, 허스트의 경우 지식에 의해 규정되는 자유교육은 교육의 중핵이기는 하나 교육 전체를 포괄하는 것으로 보기 어렵다(유재봉, 2002a: 1장). 그럼에도 불구하고, 대부분의 학자는 그들의 자유교육론을 거의 동일한 관점인 것으로 받아들이고 있다(Dearden, 1986). 두 사람의 자유교육 아이디어를 동일시하는 경향은 그들이 함께 쓴 『교육의 논리(The Logic of Education)』(1970)에 의해 강화되었다.

피터스에 따르면, 자유교육은 특별한 종류의 교육을 하자는 주장이라기보다는 올바른 의미의 교육을 실현하는 데 장애가 없어야 한다는 일종의 탄원이다(Peters, 1966b: 43). 그의 논리는 대체로 다음과 같다. 교육의 가장 근본적인 질문은 교육의 개념 그 자체의 문제, 즉 '교육이란 무엇인가?'다. 이 질문은 '이상적 형태 혹은 본래적 의미의 교육이 무엇인가?'라는 질문을 함의하고 있다. 이 점에서 '교육이란 무엇인가?'라는 질문과 '이상적 형태 혹은 본래적 의미의 교육이 무엇인가?'라는 질문은 그다지 다른 질문이 아니다. '교육이란 무엇인가?'라는 질문은 또한 본래적 의미의 개념과 이상적인 형태의 교육이 존재한다는 것을 논리적으로 가정하고 있으며, 이 질문에 대한 대답이 바로 '자유교육'이라는 것이다. 즉, 자유교육은 다름 아닌 교육의 이상적 혹은 본래적 의미 그 자체다. 이 점에서 피터스가 자유교육을 규정하기 위해 교육의 개념을 분석하는 것은 자연스러운 일이다. 피터스에 있어서 자유교육은 교육의 세 가지 준거, 즉 규범적 준거, 인지적 준거, 과정적 준거를 만족시키는 일과 다르지 않으며, 그것을 충족시키는 데 장애가 되는 것 또는 제약 요소를 제거해야 한다는 주장이다. 그 제약 요소는 규범적 준거의 장애요소인 취업을 하는 것과 같은 '외재적 목적(extrinsic ends)', 인지적 준거의 장애요소인 지나치게 제한된 기술과 사고방식을 기르는 데 목적을 두는 '훈련(training)' 그리고 과정적 준거의 제약요소인 독단적인 전달방식으로 사람들의 신념을 편협하게 가두어 놓으려는 교화, 조건화, 세뇌 등이다(Peters, 1966b: 43-45).

요컨대, 피터스의 자유교육의 논리는 대략적으로 다음과 같이 표현될 수 있다. 교육에서 모든 가치 있는 활동은 교육의 개념 속에 붙박혀 있는 내재적 가치를 실현하는 활동이다. 내재적 가치는 지식과 이해와 같은 합리적 마음을 계발하는 것과 관련된 활동이며, 따라서 교육에서 (내재적으로) 가치 있는 활동은 지식과 이해와 같은 합리성을 추구하는 활동으로 환원된다. 요컨대, 자유교육은 이러한 합리성을 추구하는 데 있어서 장애가 없어야 한다는 것이거나 그러한 교육의 내재적 목적을 실현해야 한다는 일종의 구호로 이해할 수 있다.

허스트의 자유교육론도 결과적으로 지식과 이해와 같은 합리성의 추구를 강조한다는 점에서 피터스의 자유교육론과 다르지 않다. 그러나 허스트는 고대 그리스의 자유교육이 가정하고 있는 형이상학적 실재 없이 마음과 지식의 논리적 관련으로 자유교육을 규정한다. 마음의 개념과 지식의 개념 간에 논리적 관련이 있다면, 지식의 획득은 가장 근본적인 면에서 마음의 발달이라고 할 수 있다(Hirst, 1965: 123). 만일 자유교육의 목적이 마음의 발달이라면, 자유교육의 내용은 불가피하게 지식의 형식으로 이루어지고, 지식의 형식을 가르침으로써 합리적 마음을 발달시키는 자유교육은 교육의 필수적이고, 핵심적인 부분이다.

'지식의 형식'은 인간의 경험 전체를 이해하는 방식, 즉 경험이 구조화되고, 분명해지며, 확장되는 독특한 이해방식이다. 따라서 지식을 획득하는 것은 경험이 다소 독특한 방식으로 구조화되고, 조직되고, 의미를 가지게 되는 것으로서, 한마디로 우리의 경험을 알게 되는 것을 의미한다(Hirst, 1965: 124). 지식의 형식을 구분하는 준거는, ① 각 지식의 형식이 가지는 독특하고 중심적인 개념, ② 그 결과 가지게 되는 지식의 독특한 논리적 구조, ③ 어떤 방식으로든 간에 경험에 비추어 검증 가능한 표현과 진술이다. 이러한 준거에 따르면, 학문 또는 지식의 형식은 수학, 물리학, 인문학, 역사, 종교, 문학과 순수예술 그리고 철학으로 구분된다(Hirst, 1965; 1974). 자유교육은 이러한 지식의 형식에 학생을 입문시키는 일이다. 피터스에서와 달리, 허스트에서 자유교육은 교육 전체를 의미하거나 포괄하는 것이 아니다. 자유교육은 전체 교육의 핵심 중의 핵심이지만, 전문적인 교육, 체육, 인격교육 등은 여기에서 제외되기 때문이다(Hirst, 1974).

이상에서 살펴본 피터스와 허스트의 자유교육론은 다음과 같이 요약될 수 있다. (자유)교육은 내재적으로 가치 있는 활동의 추구와 관련되어 있고, 내재적으로 가치 있는 활동은 교육의 개념 속에 붙박혀 있는 가치인 합리적 마음을 계발하는 일과 관련되며, 따라서 지식과 이해추구가 중심이 되는 교육이다. 합리적 마음의 계발은 다양한 지식의 형식에 입문함으로써 가능하다. 이러한 피터스와 허스트의 자유교육론은, 그들의 의도가 무엇이었건 간에 지식과 이해를 강조하는 주지주의 교육을 이끌었다. 이 점에서 그들의 자유교육론은 교육에 관한 합리주의적 접근으로 간주될 수 있다.

피터스와 허스트는 또한 자유교육의 가치를 정당화하는 방식을 공유하고 있다. 그들은 왜 교육에서 지식과 합리성을 추구해야 하는가의 문제와 관련하여 소위 '선험적 논의(transcendental argument)'를 사용한다. 선험적 논의는 '논리적 가정에 의한 논의(argument by presupposition)'다. 그것은 어떤 질문 그 자체에 들어 있는 논리적 가정을 드러냄으로써 정당화하는 방식이며(Peters, 1966b: 114), 다음에 나오는 그들의 말에 잘 드러나 있다.

> '왜 저것보다는 이것을 해야 하느냐?'라는 질문을 심각하게 한다는 것은, 아무리 초보적인 수준이라 할지라도, 그 질문에 들어 있는 실재 세계의 다양한 측면에 대한 심각한 관심에 의해 규정되는 그런 탐구에 헌신하고 있다는 것을 의미한다(Peters, 1966b: 164).
>
> 어떤 활동 형식의 정당화를 요청한다는 것은 사실상 그 사람이 이미 합리적 지식을 추구하는 데 헌신하고 있는 경우에만 의미를 갖는다. 그러므로 합리적 지식 추구 그 자체를 정당화하라는 요청은 그가 정당화하려는 것에 어떤 형태이든 간에 헌신하고 있음을 논리적으로 가정하고 있다(Hirst, 1965: 126).

이 인용문에서 보듯이, 교육에서 지식과 이해를 추구하는 것이 어째서 가치 있는지를 심각하게 질문하는 사람은 이미 교육에서 지식과 이해를 추구하는 것이 가치 있다는 사실을 논리적으로 가정하고 있으며, 지식과 이해의 가치는 이러한 논리적 가정을 드러냄으로써 정당화된다.

## 2) 자유교육론에 대한 평가

### (1) 자유교육의 의미

자유교육은 오랫동안 학교교육의 이상과 표준으로서의 역할을 해 왔기 때문에 명시적이든 암시적이든 교육에 지대한 영향을 끼쳐왔음을 부인하기 어렵다. 여기서는 자유교육의 의미를 그 성격에 비추어 제시하고자 한다(유재봉, 2000: 150; 유재봉 2002a: 38-39).

첫째, 자유교육의 교육적 의미는 우리가 교육행위를 한다고 할 때, 무엇보다도 교육의 본질적 목적에 충실해야 할 것을 주장한 점이다. 어느 시대 할 것 없이, 교육은 본질적인 목적을 추구하기보다는 비본질적인 목적에 의해 왜곡되어 왔다고 볼 수 있다. 이러한 상황에서, 교육이 수단적인 가치가 아닌 '내재적 가치'를 추구해야 한다는 주장은 우리로 하여금 부단히 교육의 본질적 의미를 검토하도록 하며, 그러한 본질에 충실하도록 주의를 환기시켜 준다는 점에서 의미가 있다.

둘째, 자유교육은 왜 지식의 형식을 가르쳐야 하는가의 문제에 대한 한 가지의 대답방식을 제공해 주며, 또한 우리가 지식교육을 한다고 할 때, 어떻게 가르쳐야 하는가에 대해 말해 준다. 이 점에서 지식 혹은 교과교육을 주장하는 사람들에게 피터스와 허스트의 주장은 좋은 본보기다. 그들에 따르면, 지식의 형식을 가르치는 이유는 지식의 형식이 교육의 내재적 가치일 뿐만 아니라 삶의 기반이거나 삶의 기반을 이해하는 유일한 방편이기 때문이다. 그들에 의하면, 교육의 내재적 가치를 아는 것은 합리적인 삶을 영위하는 표준을 제공해 주는 '지식의 형식'에의 입문을 통해서 가능하며, 지식의 형식은 인간이 삶의 다양한 측면을 탐구하는 기반을 제공해 준다. 그러므로 지식의 형식은 교육의 가치가 의존해야 할 논리적 기반이며, 문명된 삶을 사는 사람들이 마땅히 받아들여야 하는 논리적 가정인 것이다. 만일 지식을 추구하는 것이 교육의 내재적 가치를 가지는 것이고, 삶의 유일한 기반이라는 피터스와 허스트의 주장이 타당하다면, 지식교육은 각 지식의 형식에 충실하게 가르쳐야 한다. 지식의 형식에 충실하게 가르친다는 것은 교육자가 지식이나 정보를 맹목적으로 주입하거나 전달하기보다는 지식이나 정보를 통해 피교육자가 사물을 통합할 수 있는 안목을 형성하며, 인간 삶의 다양한 국면을 사정하고 거기에 빛을 던져 주는 방식으로 가르치는 것을 의미한다.

## (2) 자유교육에 대한 비판

피터스와 허스트의 자유교육론은 많은 학자에 의해 여러 가지 측면에서 비판을 받아 왔다. 그 비판의 내용 중에는 그들의 자유교육론이 '보수적이다'(Enslin, 1985), '엘리트주의다', '협소하다'(Crittenden, 1993), '이론적이다' 등이 있다. 여기서는 피터스와 허스트의 자유교육에 대한 비판을 세 가지 점에서 제시한다.

첫째, 자유교육이 추구하는 좋은 삶에 대한 비판이다. 이 비판은 합리성 혹은 지식을 추구하는 교육이 실지로 좋은 삶을 영위하게 하는가에 대한 의문과 관련이 있다(유재봉, 2003: 198). 피터스와 허스트에 따르면, 자유교육에서 추구하는 좋은 삶은 다름 아닌 '합리적 삶'이며, 합리적 삶을 영위하기 위해서는 '합리적 마음'을 발달시켜야 한다. 그러나 합리적인 삶을 유일하게 좋은 삶이라고 볼 수 있는 근거가 있는가? 자유교육론자들은 합리적인 삶을 사는 것이 누구에게나 좋은 삶이라는 것을 가정하고 있다. 그러나 합리적인 삶은 한 가지 형태의 좋은 삶일지는 몰라도, 유일하게 좋은 삶이라고 보기는 어렵다. 합리성이 인간의 삶 전체를 포괄하는 것도 아니며, 삶의 다른 부분보다 좋다는 보장이 없기 때문이다. 허스트 자신의 고백에 의하면, 자신의 종전 입장의 중대한 오류는 이론적 지식을 좋은 삶과 합리성을 결정하는 논리적 토대로 본 데 있었다. 이론적 지식은 좋은 삶을 영위하는 데 요구되는 비판적 성찰의 능력을 발달시키기는 하나 그 자체가 좋은 삶을 실지로 영위하는 데 필수 조건인 것은 아니다(Hirst, 1993: 196-197).

허스트는 자유교육이 가정하고 있는 좋은 삶의 한계 때문에 교육을 '지식의 형식에의 입문(initiation into forms of knowledge)'에서 '사회적 실제에의 입문(initiation into social practices)'으로 보는 것으로 전환했다. 여기서 '사회적 실제'는 총체적인 삶을 구성하면서 사회적으로 구성된 활동 양식을 일컫는 말이다.

> 　내가 말하는 사회적 실제라는 것은 사회적으로 발달된 일관성 있는 활동양식을 의미한다. 사회적 실제에 종사하는 것은 지식, 신념, 판단, 성공의 준거, 원리, 기술, 성향, 감정 등의 요소를 포함하며, 그러한 요소들은 우리의 특정 혹은 모든 능력과 그러한 능력의 성취를 포괄하고 있다. 어떤 사회적 실제에서건 간에 이러한 요소들은 언제나 서로 복잡하게 얽혀 있어서, 다른 요소들과의 관련 속에서만 각 사회적 실제의 독특한 성격을 드러내며, 이들 요소 전체가 그 사회적 실제의 본질을 구성하게 된다. 이러한 사회적 실제는 주로 신체적인 것으로부터 학문적 혹은 이론적인 것 그리고 상대적으로 단순한 기술에서부터 복잡한 전문적인 활동에 이르기까지 광범위하다(Hirst, 1996: 170, 1999a: 127).

　앞의 인용문에 드러나 있듯이, 사회적 실제는 지식, 신념, 판단, 성공의 준거, 원리, 기술, 성향, 감정 등의 인지적(cognitive)·정의적(affective)·행동적(conative) 측면을 포괄하면서 서로 긴밀하게 관련되어 있는 총체적 삶을 이루는 요소들의 복합체다. 교육을 '사회적 실제에의 입문'으로 보는 그의 핵심 주장은 다음과 같다. 좋은 삶은 이론적 이성이 아닌 실천적 이성에 의해 결정되는 삶, 즉 자신의 필요나 관심 전체를 장기적인 관점에서 충족시키기 위한 다양한 실제와 관련하여 발달된 비판적으로 반성된 삶이고, 교육의 목적은 그러한 좋은 삶을 발달시킬 수 있는 다양한 실제로 입문하는 일이며, 실천적 이성은 인간의 필요나 관심에 대한 비판적으로 반성하는 과정에서 발달될 수밖에 없다(Hirst, 1999b: 132).

　둘째, 자유교육의 정당화 방식, 즉 '선험적 논의'에 의한 정당화에 대한 비판이다. 앞에서 언급했듯이, 선험적 논의에 의한 정당화는 어떤 질문 그 자체에 들어 있는 논리적 가정을 드러냄으로써 정당화하는 방식이다. 합리성 혹은 지식의 추구가 가치 있다는 것은 '왜 다른 것보다 합리성과 지식을 추구해야하는가?'라는 질문 속에 이미 논리적으로 가정되어 있다는 것이다.

　선험적 정당화 방식은 두 가지 점에서 만족스럽지 못하다. 우선, 선험적 논의의 형식은 어떤 것의 가치를 직접적·적극적으로 드러내기보다는 소극적·간접적으로 드러내는 정당화 방식이라는 점이다. 어떤 사람이 '어째서 저것보다는 이것을 추구해야 하는가?'를 심각하게 질문하는 것은 그가 모종의 것을 알고 싶다는 것을 표현한 것에 불과하다. 이 질문은 내가 하고 있는 지식의 추구가 가치 있는지 그리고 우리가 합리성 혹은 지식을 추구하지 말아야 할 이유가 있는지에 대해 대답을 줄 수 있을지 몰라도, 왜 그것을 해야 하는가에 대한 적극적인 정당화는 제공하지 못한다. 설령 선험적 논의에 의해 정당화될 수 있다고 가정하더라도, 그것이 교육에서 지식 추구의 정당성을 보장하는 것은 아니다. '지식 그 자체가 가치 있다.'는 것과 '지식이 교육적으로 가치 있다.' 또는 '교육의 맥락에서 지식을 가르쳐야 한다.'는 것은 별개의 것이기 때문이다.

다음으로, 지식 추구의 정당화가 합리적 마음의 발달에 의해 뒷받침된다는 것은 동의어 반복이거나 순환론에 불과하다. 허스트도 인정했듯이, 순환론은 명백히 합리적 정당화와 지식의 추구 간의 내적 관련의 결과이다(Hirst, 1965: 127). 이러한 논의는 기껏해야 '이론적 추구의 정당화는 어떤 것을 하는 것이 이유를 추구하는 한에서만 가능하다.'라는 논리다(Hirst, 1986: 23). 그 이유는 지식이 그 자체의 목적에 의해서만 추구되어야 하는가에 관한 대답을 제시하지 않기 때문이다. 이 점에서 선험적 논의는 '합리적 게임'을 합리화하기(glorifying the 'rational game') 위한 수단에 불과하다고 말할 수 있다(ibid.). 그러므로 합리성 그 자체가 좋은 것이냐는 또 다른 정당화를 요청한다.

셋째, 자유교육이 시대와 사회적 요구를 반영하지 못한다는 비판이다. 자유교육의 논리에 따르면 직업준비와 같은 개인이나 사회의 실제적 요구는 '외재적 가치' 혹은 '수단적 가치'라는 이름으로 도외시되거나 소홀히 다루어져 왔다. 직업준비는 정말로 가치 있는 것이 아니기 때문에 학교교육에서 무시되어도 좋은가? 직업교육이 가치 있는 활동인지의 여부와 관련하여 쿠퍼(D. E. Cooper)의 '나쁜 적(a bad enemy)' 논의가 유용할 것이다. 쿠퍼에 의하면, 1960년대의 '진보주의', 1970년대의 '지식 사회학' 등은 교육철학자들로 하여금 상대와 논쟁하면서 합리성을 정당화하는 주장을 분명히 하고 논리를 정교화시켰다는 점에서 '좋은 적(a good enemy)'이라 할 수 있다. 이에 비해, 직업주의나 직업준비는 나쁜 적이라는 것이다. 물론 무의미한 직업 기술을 훈련시키거나 교육을 오로지 취업을 위한 수단으로 보는 것은 철학적으로 말해서 나쁜 적이다. 왜냐하면 그것은 아이디어를 자극하는 것과는 무관하고, 심지어 교육이 추구하려는 것을 혼동하게 만들기 때문이다(Cooper, 1986: 5).

그러나 직업교육이나 직업준비를 넓은 의미로 본다면, 교육은 직업과 무관할 수 없다. 프링(R. Pring, 1993)에 따르면, 자유교육은 직업교육 혹은 직업준비와 양립할 수 없거나 반대되는 것이 아니다. 오히려 자유교육과 직업교육을 양분하는 것은 이론과 실제, 생각하는 것과 행동하는 것 등을 나누는 이원론처럼 잘못된 것이다. 피터스도 후기 사상에서는 지식 그 자체의 목적을 위한 교육과 직업적 목적을 위한 교육을 명확하게 구분 짓는 그의 초기 견해에 대해 잘못을 인정한다(Peters, 1977). 프링이 보기에, 자유교육에서 '자유'라는 말은 합리성의 추구뿐만 아니라 인간의 전반적인 능력, 예컨대 생각, 감정, 행위, 기술 등을 포함하는 보다 광범위한 뜻을 가진 것으로 해석되어야 한다. 이 점에서 직업교육과 같은 새로운 상황과 도전에 비추어 최근 부각되고 있는 역량의 개념은 논쟁의 여지가 있지만, 사회적 요구를 반영한 자유교육으로 해석될 수 있다. 직업교육이 학교교육의 핵심이 되어야 한다는 주장은 설득력이 없지만, 직업준비가 사실상 학교교육의 한 부분을 차지하고 있다는 점은 분명하다. 교육은 개인 혹은 사회의 요구와 무관하지 않는 한, 어떠한 방식으로든지 직업준비의 요구를 반영할 수밖에 없을 것이다.

## 2. 인성교육

오늘날 우리나라 교육계의 가장 큰 화두 중의 하나는 '인성교육'이다. 교육은 올바른 인간을 기르는 일이니 만큼, 학교가 인성교육을 강조하는 것은 새삼스러운 일이 아니며, 실지로 지금까지 교육부와 학교는 인성교육을 표방하거나 강조해 왔다. 예컨대, 1995년「5.31 교육개혁방안」의 '실천위주의 인성교육 강화'라는 교육개혁의 과제를 필두로, 2007년 제7차 교육과정과 2009 개정 교육과정에서 인성교육을 강화하였으며, 2010년에는「창의·인성 교육을 위한 기본 방안」을 통해 왜곡된 입시위주의 지식교육에서 벗어나 인성을 겸비한 창의적인 인재양성을 강조하여 왔다.

그럼에도 불구하고 학생들의 인성이 나아지기는커녕 오히려 학교폭력이 수적으로 증가하고 그 방식도 점점 더 교묘해지고 포악해져 감에 따라, 정부는 2012년 2월 6일「학교폭력근절 종합대책」을 발표하였으며, 그 근본대책 중의 하나로 '교육전반에 걸친 인성교육 실천'을 제시했다. 그와 관련하여 교육부는 또한 2009 개정 교육과정을 일부 개정하여 학교급별 발달단계에 따른 인성교육 목표 제시 및 학교생활 전 영역에 걸친 인성교육의 실천, 프로젝트형 인성교육을 통한 인성 핵심역량 강화,

학생들의 정서 안정, 사회성 함양을 위한 예술 · 체육 · 독서 등의 활동 확대, 학생생활 규칙 준수를 통한 실천적 인성교육을 강화했다. 특히 2014년 4월 16일 단원고등학교 학생들을 포함한 300여 명이 희생된 세월호 참사에서 그 사고 원인을 밝히는 과정 및 인명 구조과정에서 드러난 비리와 반인륜적 모습을 목도하게 되면서, 우리는 우리 사회 전체가 인성적인 측면에서 심각한 문제를 가지고 있음을 인식하게 되었다. 이러한 인성교육의 총체적 부실 문제를 해결하기 위해, 세계에서 유래가 드문「인성교육진흥법」을 2015년 1월 20일에 제정하여 7월 21일부터 시행하고 있다.

이렇듯, 인성교육이 전면에 부각되기 시작한 것은 인성교육 그 자체의 중요성보다는 학교폭력이나 세월호 사건 등 우리 사회 전반에 나타나는 여러 가지 심각한 병리현상을 가라앉히기 위한 긴급 대응책적인 성격이 강하다. 여기서는 인성의 개념을 탐색하고, 현행 인성교육의 문제점을 교육정책과 관련하여 비판적으로 검토하며, 학교 수준에서 바람직한 인성교육의 방향이 무엇인지를 제시하고자 한다(유재봉, 2014, 2016).

## 1) 인성의 개념

인성교육을 한다고 할 때, 가장 먼저 부딪히면서 가장 중요한 문제는 '인성'을 무엇으로 보아야 하는가의 문제다. 인성은 사람에 따라 '인간 본성 혹은 인간성(human nature or humanity)' '성격 혹은 개성(personality)' '인격(character)' '도덕성(morality)' 등 다양한 의미로 사용되고 있다. 인성 개념을 접근하는 방식도 심리학적 관점, 철학적 관점, 도덕적 관점이나 종교적 관점 등 다양하다. 여기서는 인성 개념을 인간의 본성과 인성 개념을 규정하는 방식을 통해 분석한다(유재봉, 2014: 88-91).

먼저, 인성의 개념을 이해하는 가장 좋은 방법은 인성을 '인간 본성 혹은 인간성(human nature or humanity)'에 비추어 파악하는 것이다. 인성(人性)은 문자적으로 물성(物性)에 대비되는 개념이다. 즉, 인성은 사물 혹은 동(식)물과 구분되는 성품 내지 성향을 의미한다. 인성과 물성을 구분하여 말하는 것은, 동물이나 식물과는 달리 인간이 존엄하고 귀중한 존재라는 것을 가정하고 있다. '인간답다' 혹은 '사람답다'는 말은 여러 가지 측면에서 사물이나 동(식)물보다 뛰어난 인간만이 가지고 있는 자질이나 특성이 있다는 것을 의미한다. 그렇기 때문에 우리는 인간다움을 상실하거나 사람답지 못한 행위를 할 때 흔히 인간을 동물에 빗대어 말하곤 한다. 예컨대, "A는 짐승만도 못하다." 혹은 "B는 벌레만도 못하다."라는 말을 하곤 한다.

　인성을 물성과 구분되는 것으로 보더라도, 인간만이 가지고 있는 고유한 성품이나 특성이 무엇인지에 대해서는 다양한 견해가 있을 수 있다. 우리나라에서는 인성과 물성이 구분되는지의 여부 그 자체가 논쟁의 대상이었다. 조선 후기의 성리학자들의 호락논쟁(湖洛論爭), 즉 '인성물성동이론(人性物性同異論)'이 그 대표적인 예다. 호락논쟁은 두 가지 문제에서 비롯되었다. 하나는 본연지성(本然之性)과 기질지성(氣質之性)의 관계에 관한 문제이고, 다른 하나는 인성과 물성의 동이(同異)에 관한 문제다. 낙론(洛論)을 대표하는 이간은 인성과 물성이 본연지성 측면에서 볼 때 근본적으로 동일하다고 주장한 반면, 호론(湖論)을 대표하는 한원진은 기질지성에 주목하여 인성과 물성이 상이하다고 보았다. 초목이나 금수와 달리, 인간은 인간으로서 마땅히 갖추어야 할 성품 혹은 덕인 사단(四端) 혹은 오상(五常)을 가지고 있다. 그것은 인간만이 가지고 있는 인간다움의 특성인 인의예지(仁義禮智) 혹은 인의예지신(仁義禮智信)이다.

　서양에서는 물성과 인성이 구분된다고 보았으며, 사물 혹은 동물과 구분되는 인성을 잘 보여 주고 있는 것이 인간의 '아레테(ἀρετη: excellence or virtue)'다. 아레테는 사물이건 인간이건 간에 그것이 가지고 있는 고유한 본성이 잘 발휘된 상태를 일컫는 개념이다. 예컨대, 도끼의 아레테는 도끼의 고유한 본성인 나무를 잘 쪼개는 데 있다. 마찬가지로, 인간의 아레테도 인간만이 가지고 있는 고유한 본성을 최대로 발휘하는 것이다. 아리스토텔레스에 따르면, 인간의 아레테는 다름 아닌 '지성'과 '도덕성'(혹은 '성품')이며, 그것을 각각 '지성적 덕(intellectual virtue)'과 '도덕적 혹은 성품적 덕(moral virtue)'이라고 불렀다(Aristoteles, 1925). 아리스토텔레스 이후로 서양에서는 인간의 아레테, 즉 인성을 '지성'과 '도덕성'으로 보는 경향이 있었고, 교육의 관심사도 지성과 도덕성을 함양하는 데 두어 왔다.

　그러나 이성과 합리성을 추구하는 모더니즘의 영향으로 오랫동안 교육의 관심사는 도덕보다는 지식을 추구하는 것에 두어 왔다. 그런데 여기서 한 가지 역설적인 점은 합리주의 혹은 주지주의 교육에서 보듯이, '합리성'이라는 인간의 아레테를 드러내고자 한 것이 오히려 인성교육의 제약요소가 되었다는 사실이다. 아닌 게 아니라, 오늘날 인성교육이 등장하게 된 배경은 합리성 혹은 이성을 추구하는 지식교육이 오히려 도덕성과 같은 인성의 다른 측면의 함양을 방해하거나 적어도 실패한 데 기인한 것이다. 현행 우리나라 교육이 '(단편적) 지식을 가르치는 데는 성공했을지 모르지만, 올바른 인성을 가진 인간을 기르는 데는 실패했다.'라는 위기의식은 인성을 함양하기 위해 지성보다는 도덕성을 강조하는 방향으로 나아가게 했다. 도덕성에 바탕을 둔 인성은 인간이 지녀야 할 덕목을 내면화시켜 바람직한 인격을 형성하는 것을 의미한다.

아리스토텔레스의 덕은 인간의 고유한 본성을 최대한 발휘한 상태라는 점에서 그리고 사덕 혹은 오상은 군자 혹은 인간으로서 마땅히 갖추어야 할 품성이라는 점에서 양자는 모두 '교육받은 인간의 특성' 혹은 '교육받은 상태'를 기술하는 것으로 볼 수 있다. 그러므로 인성은 단순히 지성과 무관한 도덕적인 특성으로 좁게 이해되어서는 안 된다. 나아가 인성은 지성 혹은 도덕성, 인의예지신이라는 서로 다른 덕목들 하나하나를 모아 놓은 것이라기보다는 '인간다운 특성 혹은 성품의 총체'로 해석될 필요가 있다.

다음으로, 생각해 보아야 할 점은 인성을 규정하는 방식을 분석하는 방식이다. 심리학자들은 가치판단을 배제한 채 각 인간이 가지고 있는 독특성을 드러내기 위해 인성을 기술적으로 규정하는 경향이 있다. 기술적 의미의 인성은 흔히 '성격 혹은 개성(personality)'이라는 말과 상호 교차적으로 사용되며, 심리학자들은 오히려 성격이나 개성이라는 용어를 선호하는 편이다. 예컨대, MBTI성격 검사에서 ISTJ, ISFP, ENFP, ENTJ 등 열여섯 가지 성격유형은 그것이 좋고 나쁜 것을 드러내는 것이라기보다는 각 개인이 가지고 있는 성격의 상이함을 (중립적으로) 기술하는 것이며, 그러한 성격은 대체로 한 개인이 노력을 통해 성취한 것이라기보다는 타고나거나 주어진 것이다.

심리학자들과는 달리, 철학자들은 인성을 '기술적 의미(a descriptive sense)'보다는 '규범적 의미(a normative sense)'로 사용하는 경향이 있다. 전자가 '중립적'(non-committal) 용법에 해당한다면, 후자는 '비중립적'(committal) 용법에 해당한다 (Peters, 1962). 기술적 의미와 중립적 용법의 인성이 비난이나 칭찬 없이 단순히 특정 인간의 성향을 가치중립적으로 기술할 때 사용하는 것이라면, 규범적 의미와 비중립적 용법의 인성은 인간이 마땅히 갖추어야 할 성품 혹은 특성으로서, 인성 소유자의 성취 혹은 업적으로서의 의미를 부각시킨다. 인성을 규범적 의미로 사용할 때,

우리는 한 개인의 인성에 대해 칭찬 혹은 비난과 같은 가치판단을 포함하게 된다. 인성을 규범적인 의미로 사용할 때, 이 인성은 자연적으로 타고나거나 우연히 주어진 것이라기보다는 한 개인이 교육을 통해 성취해 온 인간다운 삶의 업적으로 간주된다. 철학자들은 인성을 인간으로서 마땅히 갖추어야 할 특성이라는 입장을 견지하며, 인성은 인간이 각고의 노력을 통해 이룬 성취업적이라는 것이 철학자들 사이의 공통적 견해다. 그러나 그러한 인성의 개념을 '인격'이나 '도덕성' 등의 좁은 의미로 파악해야 하는지, 아니면 교육을 통해 길러지는 '인간 마음의 총체'라는 넓은 의미로 파악해야 하는지에 대해서는 상이한 입장이 존재한다.

좁은 의미의 인성은 흔히 '인격(character)'과 동일시된다. "A는 고매한 인격을 가진 분이다."라는 말에서 보듯이, 인격은 한 개인이 각고의 노력을 통해 인간으로서 바람직한 품성과 도덕성을 갖춘 상태라고 볼 수 있다. 이러한 의미의 인성은 "B는 법 없이도 살 수 있는 사람이다." 혹은 "C는 인성에 문제가 있다." 등에서 보듯이 가치판단을 포함하고 있다(이돈희, 1988: 41-42). 아닌 게 아니라, 인성의 개념을 좁게 규정하는 사람들은 흔히 인성을 인격이나 도덕성으로 환원하거나 인성교육을 도덕교육 혹은 인격교육과 동일시하는 경향이 있다(정창우, 2010). 그러나 인성교육과 도덕·인격교육은 동일한 것이 아니며, 설혹 도덕교육이 인성교육의 핵심이라고 하더라도 그것이 인성교육을 포괄할 수 있는 것은 아니다.

넓은 의미의 인성은 인간의 도덕적인 측면 그 이상으로 인간이면 마땅히 지녀야 할 인간다운 특성이나 성품을 통칭하는 개념이다. 말하자면, 인성은 교육을 통해서 인간이 성취한 업적의 총체이며, 그것의 가치를 내면화한 '교육받은 인간'의 특징을 지칭하는 용어라고 볼 수 있다. 이 점에서 인성이라는 별도의 개념이 있어 그것이 교육을 통해 실현되는 것이라기보다는 인성은 교육받은 결과 인간이면 응당 갖추어야 할 (인간다운) 성품 혹은 특성으로 보아야 한다. 교육을 통해 인간이 성취해야 할 정신세계는 도덕적인 것뿐만 아니라 지적, 상상적, 정서적인 것 등을 포함하고 있으며, 인성은 그러한 세계에 들어 있는 다양한 유산이 내면화되어 나타난 인간다운 성향 혹은 성품이다. 그러므로 인성은 인간의 정신세계에 입문함으로써 성취하게 되는 다양한 인간다운 특성, 가령 지적·상상적·도덕적·정서적·심미적·의지적·행위적 측면 등을 포함하고 있는 복합적 성향이면서 동시에 인간이 반드시 갖추어야 할 바람직한 인간 특성으로 넓게 이해되어야 한다.

## 2) 인성교육 정책의 문제점

우리나라 인성교육 정책은 무엇이 문제인가? 우리나라 인성교육의 문제점을 인성교육의 접근방식과 방향의 측면, 인성교육의 내용과 방법의 측면에서 살펴본다.

첫째, 인성교육의 접근방식 및 방향과 관련하여, 우리나라 인성교육의 문제는 그 접근방식이 '표층적'이고 '대증적'이어서 올바르고 일관성 있는 방향을 제시하는 데 한계가 있다는 점이다. 2011년에 발생한 학교폭력과 그로 인한 피해학생의 자살사건으로 인해 나온 2012년 2월 6일「학교폭력근절 종합대책」과 2014년 10월의 세월호 참사로 인해 2015년 1월 20일에 나온「인성교육진흥법」은 급박한 사회의 요구에 부응하기 위해 나온 것이다. 그러다 보니 가시적인 결과가 금방 드러나는 '실천 중심의 인성교육'을 강화했다. 그 주요 내용은 학교생활 전 영역에 걸친 인성교육 실천, 프로젝트형 인성교육을 위한 국어·도덕·사회 교과의 공감능력, 소통능력 등 인성 핵심역량을 개발하기 위해 '지식' 중심에서 '실천·사례' 중심으로 개편하는 일, 학생들의 정서 안정, 자존감 향상, 사회성 함양을 위한 체육·음악·미술·공연·독서 활동을 확대·지원하는 일, 학생생활 규칙 준수를 통한 실천적 인성교육 추진 등이다(유재봉, 2012: 97). 2015년의「인성교육진흥법」은 복잡한 인성교육의 개념, 핵심가치와 덕목, 핵심역량 등을 정형화하여 법으로 강제하고 있으며, 매년마다 인성교육을 평가하도록 하고 있다.

그러나 '실천 중심의 인성교육'은 인성을 함양하는 일을 지나치게 단순하게 혹은 표층적으로 파악하고 있어서 그 처방이 대증요법에 그치고 있다. 실천 중심의 인성교육에서는 인성을 단순히 인성적 행동이 바깥으로 드러나는 것으로 파악하여 실천·사례 중심의 인성 프로그램이나 프로젝트 수업 등을 강조한다. 그러나 학교교육을 지식 중심에서 실천·사례 중심으로 바꾸거나, 학생들에게 몇 가지의 인성교육 프로그램을 이수하게 하고, 예술과 체육 활동이나 체험활동을 늘린다고 해서 인성이 저절로 함양되는 것은 아니다. 설혹 그러한 활동을 통해 학생들의 인성적 행동이 나타났다고 하더라도, 그것이 곧 인성교육이 성공적으로 이루어졌다는 것을 의미하는 것은 아니다. 왜냐하면 학생들에게 나타나는 인성적 행동은 인성의 외양(外樣)일 가능성이 높으며, 내적 성향을 기르지 않는 한 그러한 행동은 일시적일 수밖에 없기 때문이다. 이 점에서 실천 중심의 인성교육은 왕따, 학교폭력, 자살 등의 표면적인 증상을 일시적으로 완화하는, 일종의 '대증요법(對症療法)'이라고 할 수 있다. 이 방법은 학교와 우리 사회에 나타나는 인성의 실종과 같은 심각한 병폐를 일시적으로 완화시킬 수는 있으나, 진정한 의미의 인성함양을 가능하게 하는 적극적이고 근본적인 해결책이 되기는 어렵다.

둘째, 인성교육의 내용과 방법 및 관련하여, 우리나라의 인성교육의 문제는 인성교육을 인성요소의 교육이나 인성교육 방법으로 환원하는 경향이 있다는 점이다. 이러한 경향에는 인성교육 요소를 가르치면 인성이 길러질 수 있다는 생각 그리고 특정 인성요소를 함양하는 데 유용한 특정 교육방법이 있다는 생각을 논리적으로 가정하고 있다(유재봉, 2014: 93). 그러나 이러한 가정은 재검토될 필요가 있다. 인성의 교육요소는 인성이 함양되었는지 혹은 인성적 행동이 무엇인지를 확인하는 데 도움이 될 수 있으며, 그래서 많은 학자가 인성의 구성요소를 구체화하려고 시도했다. 문용린 등(2010: 11, 17-19)은 인성교육 요소로 인간관계 덕목 여섯 가지(정직, 약속, 용서, 책임, 배려, 소유)와 인성판단력 네 가지(도덕적 민감성, 도덕적 판단력, 의사결정능력, 행동실천력)를 제시하였고, 양정실 등(2013)은 존중, 배려, 책임, 참여와 협동, 공감과 수용, 대화와 소통능력, 문제와 갈등해결능력, 정의를 제시하였으며, 현주 등(2014)은 자기존중, 성실, 배려·소통, (사회적) 책임, 예의, 자기조절, 정직·용기, 지혜, 정의, 시민성을 제시했다. 그리고 2015년부터 시행된 「인성교육진흥법」에서는 인성교육의 핵심가치·덕목으로 여덟 가지, 즉 '예, 효, 정직, 책임, 존중, 배려, 소통, 협동'을 제시하고 있으며, 핵심역량으로 세 가지, 즉 핵심가치·덕목을 실천하고 실행하는 데 관련된 '지식, 의사소통능력, 갈등해결능력'을 제시하고 있다.

인성교육 요소와 관련하여 다음 두 가지 점을 지적할 필요가 있다. 하나는 인성교육의 덕목 혹은 요소가 무엇인지 그리고 그것이 몇 가지인지에 대해서는 사람마다 견해가 상이하다는 점이다. 이것은 인성이 포괄적이고 복합적이어서 몇 가지 요소로 환원될 수 없다는 것을 의미한다. 인성의 구성요소가 상이하게 되면 인성의 개념과 교육받은 상태로서의 인성도 다를 수 있으며, 인성이 함양되었는지의 여부에 대해서도 이견이 존재할 수 있다. 앞에서 언급한 학자들이 제시한 인성교육 요소만 보더라도, 거기에는 중첩된 요소도 있지만 상이한 요소들이 존재한다. 그럼에도 불구하고 「인성교육진흥법」에서는 예, 효, 정직, 책임, 존중, 배려, 소통, 협동의 여덟 가지의 덕목을 법률로서 규정함으로써 다른 해석의 가능성을 차단하고 있는 것이다.

다른 하나인 '인성이 가르쳐질 수 있는지'의 문제는 논외로 하더라도, 인성교육의 요소를 가르친다고 해서 곧 인성이 길러지는 것은 아니라는 점이다. 인성은 몇 가지의 인성교육 요소로 환원될 수 없으며, 인성교육 요소를 아무리 많이 포괄한다고 하더라도 인성 전체가 온전히 드러나는 것은 아니다. 그리고 인성교육 프로그램은 인성요소를 기르는 데 도움이 될 수 있지만, 인성교육 프로그램을 이수한다고 해서 저절로 인성이 함양되는 것은 아니다. 인성함양 프로그램을 개발하여 가르치는 기관은 나름대로의 이론과 노하우를 가지고 있을 것이며, 실지로 어떤 사람에게는 다소 효과가 있을 것이다. 그러나 인성교육을 인성교육 프로그램과 동일시하는 경향은 인성의 복잡한 양상을 단순화할 위험이 있다. 이러한 방식으로 인성훈련을 받은 사람은 인성의 '외양(appearance)'을 마치 '실재(reality)'인 것처럼 착각할 수 있다.

인성을 함양하기 위해 인성교육 요소에 관심을 가지는 사람은 당연히 효과적인 교육방법을 탐색하기 마련이다. 그들은 인성교육 요소와 정확히 일대일 대응하는 교육방법은 없지만, 특정 인성 요소를 기르는 데 효과적인 교육방법이 존재한다고 본다. 그 효과적인 방법은 교과보다는 사례나 체험 중심의 교육, 교과 지식의 강의보다는 프로젝트수업, 협동학습, 역할놀이, 체험활동 등이다. 그러나 인성교육 방법과 관련하여 두 가지 점을 지적할 필요가 있다. 하나는 인성요소를 함양하는 데 유용한 특정 교육방법이 있다고 봄으로써 특정 방법으로 교육하는 것이 마치 인성함양을 한 것처럼 오해할 수 있다는 점이며, 다른 하나는 인성을 습관과 행동의 단계에 머물게 한다는 점이다. 인성요소는 다양하며, 인성요소마다 교육방식도 다를 수 있기 때문이다. 그러므로 실천 위주의 인성교육, 특히 프로젝트 수업이나 체험활동으로 모든 인성요소가 함양되거나 균형 잡힌 인성교육이 될 것으로 보는 것은 소박한 생각이다.

## 3) 인성교육의 방향

인성이 동물과 구분되는 인간다움을 드러내는 가치 있는 특성의 총체라고 한다면, 이러한 특성은 저절로 형성되거나 타고날 때부터 주어진 것이라기보다는 체계적이고 정교한 '교육'을 통해서 비로소 성취될 수 있는 것이다. 이 점에 비추어 보면, 학교는 인성교육의 핵심기관이 될 수밖에 없다. 그러나 우리나라 학교의 현실은 인성교육의 요람이 되기보다는 심각한 학교폭력이 빈번하게 발생하는 등 인성교육의 측면에서 총체적 부실을 드러내었다. 이러한 문제에 기민하게 대처하기 위해 발표한 정부의 일련의 인성교육 정책들은 여러 외적 병리현상을 일시적으로 완화시키는 '대증요법'에 머문 측면이 있었다. 예컨대, 인성교육의 요소나 덕목으로 구체화하여 그것을 가르치면 인성이 함양되는 것으로 본다거나, 즉각적이고 가시적인 인성함양의 결과를 확인할 수 있도록 체험 혹은 실천 중심의 인성교육 방법을 강조하는 것 등이 그것이다. 그러나 대증요법이 인성과 관련된 학교의 병리현상을 즉각적 또는 일시적으로 완화시킬 수 있을지는 모르지만, 인성교육의 문제를 근본적으로 해결하는 것이 될 수는 없다. 인성을 함양하는 것은 오랜 시간과 고통의 과정을 수반하는 것이기 때문에 여기에는 보다 근원적인 접근이 요구된다. 그것은 인성교육 실패의 근본 원인을 분석하고, 그에 부합하는 방안을 탐색하는 것이다(유재봉, 2016).

먼저, 인성교육 실패의 근본 원인을 생각해 보면, 그 원인은 상호 관련되어 있는 세 가지 점을 지적할 수 있다. 인성교육 실패의 첫 번째 원인은 학교교육이 사실상 인성과 유리되어 있다는 점에서 찾을 수 있다. 교육은 궁극적으로 인간다운 인간을 길러 내는 데 초점을 두어야 한다. 학교에서 교과를 공부하는 이유도 각 교과에 스며 있는 다양한 관점을 내면화함으로써 인간다운 특성을 드러내는 데에 있다. 그러나 학교가 교과 혹은 지식을 제대로 교육하지 않음으로써 학생들은 다양한 교과에 스며 있는 인간다움을 형성하는 지적·상상적·도덕적·정서적·심미적·의지적·행위적 측면을 소유하는 것에 실패했다. 그 결과 교육받은 인간이면 응당 갖추어야 할 인성이 함양되지 않았다.

인성교육 실패의 두 번째 원인은 교과의 성격과 가치에 대한 인식이 부족한 데서 찾을 수 있다. 흔히 교과를 단순히 교과서나 교과서에 들어 있는 지식이나 정보로 생각하는 경향이 있다. 그러나 지식이나 정보는 교과의 '실재(reality)'보다는 교과의 '외양(appearance)'에 불과하다. '교과의 실재'는 문명된 인간이 추구해야 할 다양한 삶의 형식이며, 고유한 가치다. 그 실재는 교과의 외양, 즉 교과의 지식과 정보를 통해서 접근할 수밖에 없지만, 그렇다고 외양을 가르치기만 하면 교과의 진정한 의미가 저절로 드러나는 것은 아니다. 따라서 여러 교과 속에 들어 있는 다양한 인간의 가치를 획득하는 데에는 어려움이 따른다.

인성교육 실패의 세 번째 원인은 교사와 학생이 교과의 성격과 가치를 알고 있다고 하더라도 현실적 이유 때문에 학교교육이 내재적 목적보다는 '외재적 목적'을 추구한다는 점이다. 학교에서 교사와 학생은 '시험에서의 좋은 성적과 원하는 대학의 진학'이라는 공통의 목적과 이해를 충족시키는 데 효과적인 소위 '입시위주의 지식교육'을 해 왔다. 입시위주의 지식교육이라는 것은 교사가 교과의 핵심 아이디어와 무관하게 시험에 나올 만한 내용을 가르치고, 학생은 그 내용을 반복적으로 암기하거나 문제풀이를 하는 방식이다. 학생들은 입학시험을 위해서 각 교과의 핵심 아이디어나 사고 그 자체를 탐구하기보다는 그와 유리된 지식과 정보더미를 얼마나 많이 그리고 빨리 획득하고 기억하느냐에 초점을 두게 된다. 이러한 방식으로는 교과의 본래적 의미를 올바르게 이해하는 것도, 나아가 교과의 가치를 내면화함으로써 인간다운 인간을 길러 내는 일도 거의 불가능하다. 그럼에도 불구하고 학교는 대학 진학을 위한 효과적인 수단으로 '입시위주의 지식교육'이라는 타락한 형태의 지식교육을 실시함으로써 학생들로 하여금 인간다운 특성을 기르도록 하기는커녕, 지식교육마저도 '무기력'하게 만든다.

요컨대, 우리나라 학교교육은 인간을 기르는 일 그 자체보다는 교과에 관한 지식을 전달하는 데에 주력하였고, 지식교육마저 다양한 교과를 균형 있게 공부함으로써 각 교과의 가치를 내면화하기보다는 입시에 나올 만한 내용을 전달하고 암기하는 데 초점을 둠으로써 '이중적'으로 인성함양과 괴리되었다.

그러면 학교에서는 인성교육을 어떻게 해야 하는가? 그것은 우리나라 학교 인성교육의 실패 원인의 분석에서 따라 나오는 것으로서, 하나는 학교교육의 전형인 교과교육 혹은 지식교육을 제대로 회복하는 방식이고, 다른 하나는 학교교육을 인간의 삶과 보다 긴밀히 관련시키는 프락시스로서의 교육이다.

인성교육 회복을 위한 첫 번째 방안은 교과교육 혹은 지식교육의 회복이다. 학교가 우선적으로 해야 할 일은 새로운 인성교과를 만들거나 특정 교과를 강조하는 것이 아니라 기존에 존재해 왔으나 왜곡된 형태로 이루어지고 있는 교과교육 혹은 지식교육을 정상화하는 것이다. 학교는 근본적으로 교과를 가르치는 곳이며, 교과는 주로 이론적 지식 혹은 명제적 지식으로 구성되어 있다. 학교가 하는 전형적인 일은 다양한 교과의 공부를 통해 학생을 인간의 '정신세계' 혹은 '지적유산의 세계'에 입문시키고, 학생이 그 세계에 스며 있는 여러 인간다운 특성을 내면화하도록 돕는 것이다. 이 일을 위해 학교가 존재한다. 이 점에서 다양한 교과에 스며 있는 가치를 내면화하도록 가르침으로써 학생이 인간다운 인성을 함양하는 일은 학교교육의 본질에 해당하는 것이다. 그러므로 학교가 대부분의 시간을 들여 하고 있는 교과공부를 떠나 별도의 인성교육을 한다는 것은 거의 불가능하고, 설사 그것이 가능하다고 하더라도 실질적 효과를 거두기 어렵다.

왜곡된 교과교육 혹은 지식교육을 정상의 상태로 되돌려 놓는 것은 결코 쉬운 일이 아니다. 그러기 위해서는 먼저 학교에서 교사와 학생의 교과에 대한 심층적 이해가 선행되어야 하며, 그것은 다음의 몇 가지 사항을 포함한다. 첫째, 교과는 문명된 인간이면 누구나 가져야 할 인간의 삶과 인류 문화유산의 정수 혹은 정신세계를 추상해 놓은 것이라는 점을 이해하는 것이다. 둘째, 다양한 교과를 공부하게 되면 여러 교과에 들어 있는 다양한 가치를 내면화하게 되어 문자 그대로의 '원만(圓滿)한 인간'이 된다는 점을 인식하는 것이다. 셋째, 교사는 그러한 교과를 제대로 가르침으로써 전인격적이고 균형적인 인간을 기르는 데 관심을 기울여야 한다는 점 등이다.

인성교육 회복을 위한 두 번째 방안은 교육을 프락시스(praxis)로 이해하는 것이다. 여기서 프락시스는 '이론'과 대비되는 개념이라기보다는 인간의 삶의 활동으로서, 학교교육을 인간다운 삶과 보다 직접적으로 관련시키는 방식이다. 세계를 관조하는 이론적 활동(theoria)이나 물건을 만들고 생산하는 제작활동(poieis)과 달리, 프락시스는 정치나 도덕에서처럼 인간이 실질적인 좋은 삶을 추구하기 위해 종사하는 실천적 활동이다. 맥킨타이어(A. MacIntyre)에 따르면, 프락시스는 다음의 몇 가지 특성을 지니고 있다. 그것은, 첫째, 사회적으로 확립된 협동적 행위로 모종의 일관되고 복잡한 형식을 갖추고 있다는 점, 둘째, 내적인 가치 혹은 선의 성취에 관심을 가진다는 점, 셋째, 탁월성의 기준을 가지고 있다는 점, 넷째, 규칙을 따르는 활동이라는 점, 다섯째, 지속적인 실천가의 논의 전통 그 자체에 의해 진보되어야 한다는 점이다(유재봉, 2000b: 67; MacIntyre, 1981: 187).

프락시스를 교육적인 관점에서 현대적으로 잘 해석한 교육철학자는 허스트(P. H. Hirst)이며, 그는 '사회적 실제에의 입문으로서의 교육(education as initiation into social practices)'을 주장한다. 그는 지식의 형식을 가르치는 교육만으로 인간의 삶 전체를 풍성하게 하거나 온전한 인간발달을 가져올 수 없다고 보고, 인간의 총체적 삶을 발달시키기 위해 학생을 사회적 실제에 입문시킬 필요가 있다고 주장한다. 사회적 실제는 인간의 공동체에서 좋은 삶을 영위하기 위해서 사회적으로 발달시켜 온 일관성 있는 활동양식으로서, 지식, 태도, 신념, 감정, 판단, 덕, 기술, 성향 등의 인지적(cognitive)·정서적(affective)·행동적(conative) 측면이 서로 긴밀하게 관련되어 있는 요소들의 복합체다(Hirst, 1993: 197, 1999a: 127). 모든 인간은 자신의 좋은 삶을 영위하는 데 요구되는 사회적 실제에 입문함으로써 그 사회에 요구되는 인간다운 특성을 획득하게 된다.

좋은 삶을 가능하게 하는 사회적 실제를 분별하고 인간다운 특성을 갖추는 데 요청되는 것이 '실천적 이성(phronesis)'이다. 실천적 이성은 인간행위를 합리적으로 접근하는 방법에 초점을 두기도 하고, 구체적인 상황 속에서 적절한 행동을 인식하고 결정하는 데 초점을 두기도 하며, 좋은 삶이나 도덕적 인격과의 관련성에 초점을 두기도 한다(Noel, 1999). 이론적 지식이나 명제적 지식을 추구하는 데 관여하는 이론적 이성과 달리, '실천적 이성'은 정치활동이나 도덕활동 등과 같은 인간 삶의 구체적 맥락에서 좋은 삶을 추구하고 올바르게 행위하는 데 요구되는 이성이다. 실천적 이성은 윤리적으로 선한 삶이 어떤 것인가를 부단히 숙고하고, 그러한 삶과 행위를 선택하는 데 관심을 가진다는 점에서 지적인 덕에 속하면서도 동시에 인간의 욕구나 성품적인 덕과 관련되어 있다(EN, VI, 1144b 21-32; II 1106b14).

요컨대, 교육을 프락시스로 보는 것은 학생이 속한 사회에서 실지로 요구되는 인간다운 특성을 자연스럽게 습득하게 하여야 한다는 것을 뜻한다. 프락시스로서의 교육은 또한 좋은 삶을 선택하고 올바르게 행위하는 데 요구되는 실천적 이성을 강조함으로써 단지 습관이나 체험 중심의 인성이 가지는 임의성이나 맹목성의 문제를 해소할 수 있다.


## 3. 예술교육

예술교육은 심미적 가치의 추구와 관련되어 있다. 심미적 가치는 흔히 음악, 미술, 무용, 문학 등의 특정 교과나 그 활동과 관련된 가치로 간주해 온 경향이 있다. 플라톤은 이런 예술교과를 '무시케(mousike)'로 통칭했으며, 인간의 영혼에 관심을 가지게 하고 또한 영혼을 살찌우는 중요한 교과로 보았다. 물론 우리는 예술이라는 교과를 공부함으로써 쉽게 심미적 가치를 인식하게 되고, 예술 작품이나 예술 행위에서 직접적으로 느껴지는 아름다움에 감탄하게 된다. 이러한 심미적 가치는 인간의 삶을 풍요롭게 하며 윤택하게 한다. 이 점 때문에 최근 들어 예술은 개인의 웰빙(well-being)을 위해 중요한 교과로 부각되고 있으며, 특히 화이트(J. P. White)는 세속 사회에서 예술을 다른 주지교과보다 중요한 교과로 인식하고 있다(White, 2011).

우리나라의 2015년 개정교육과정에서도 '심미적 감성역량'을 함양하기 위한 목적으로 미적 경험을 중요시하고 있다. 그러나 우리나라 학교교육의 일차적인 관심사는 사실상 미의 가치를 추구하는 데 있지 않다. 예술교과는 다른 교과에 비해 소홀히 취급되고 있으며, 교육에서도 예술교과의 성격에 충실하게 심미적 경험을 하게 하거나 심미적 안목을 기르게 하는 데에 관심이 있기보다는 실기나 기예 중심의 교육이나 피상적으로 정보를 전달하는 수준에 머무르고 있다. 이러한 문제를 극복하기 위해 쉴러(J. C. Friedrich von Schiller)의 예술교육론과 듀이(J. Dewey)의 예술교육론을 살펴보고자 한다.

## 1) 쉴러의 예술교육

쉴러는(1975) 『미학 편지(On the Aesthetic Education of Man)』에서 총 27개의 편지로 이루어진 짤막한 편지 형식의 글을 통해 미적 관점으로 볼 때, 인간의 교육이 어떻게 이해되어야 하는가를 깊이 있게 다루고 있다. 쉴러는 난해한 '미(beauty)'라는 개념을 최대한 문학가적 입장에서 설명하고 있다. 그에 의하면, 인간은 감각과 형식 사이의 간극을 메우는 '놀이충동(또는 유희충동)'을 통해서 총체적 인간의 상태, 자유로운 상태에 도달할 수 있다. 쉴러는 '감각에서 이데아에로의 도달'이라는 플라톤과 동일한 핵심 질문을 가지고 있으면서도, 물리적 세계에서 미적 세계 또는 도덕적 세계로의 이행을 '놀이충동(또는 유희충동)'이라는 개념을 통해 역동적으로 드러내고 있다(홍지희, 유재봉, 2017).

쉴러는 미학의 이론체계를 설명하기 위하여 자연과 자유, 미개인(또는 야만인)과 총체적 인간, 상황과 인격, 무규정성과 규정성, 내용과 형식, 개인과 국가, 자연법칙과 이성법칙, 절대적 현실화와 절대적 형식화 등 여러 대비되는 개념을 제시한다.

이 중 쉴러의 이론을 가장 분명하게 드러내 주는 핵심 개념은 인격(Person)과 상황(Zustand, condition), 감각충동(sinnliche Trieb, sensual drive)과 형식충동(Formtrieb, formal drive) 그리고 놀이충동(Spieltrieb, play drive)이다.

쉴러에 의하면, 인간은 불변하는 '인격'과 끊임없이 변하는 '상황'을 동시에 지닌 모순적 존재다. 이 두 가지 모순된 본성은 감각충동과 형식충동에 의해서 추동(推動)을 받는다. 감각충동이 '인간의 일상적인 삶 또는 감각적 본성'에서 나온 것이라면, 형식충동은 '인간의 절대적 삶 또는 이성적 본능'에서 나오는 것으로서 인간으로 하여금 초시간적인 항구성과 영원성을 지향하게 한다. 그런데 감각이 의식보다 먼저 오기 때문에 감각충동이 형식충동보다 먼저 활동하게 된다(Schiller, 2015: 156). 쉴러는 인격과 상황, 감각충동과 형식충동이 상호 대립적일 수밖에 없으며, 이러한 대립이 새로운 충동, 즉 놀이충동으로 이끈다고 했다. 감각충동의 대상이 모든 물질적인 존재와 감각을 포함하는 넓은 의미의 '삶(Leben)'이라면, 형식충동의 대상은 사물의 형식적 특성인 문자적인 의미에서의 '형태(Gestalt)'다. 그리고 놀이충동의 대상은 인간의 물리적 상태와 정신적 상태가 조화, 균형, 견제를 이룬 아름다운 상태인 '살아 있는 형태(lebende Gestalt)'라고 할 수 있다. 그러므로 놀이충동의 대상인 살아 있는 형태는 우리가 아름다움이라고 부르는 현상의 모든 미적인 특성을 통칭하는 개념이며, 놀이충동은 그것을 추구하는 인간의 주관적이며 능동적인 능력이다. 인간은 놀이충동을 통해 비로소 아름다움을 향유하게 된다(Schiller, 2015: 129). 쉴러는 놀이충동이라는 개념을 통해 살아 있는 형태인 인간의 미적 상태를 역동적으로 설명함으로써, 어떻게 인간이 감각적 상태로부터 이상적 상태로 나아갈 수 있는지를 설명한다.

모든 교육에는 이미 예술의 의미가 내재되어 있기 때문에 근본적으로 일체의 교육은 아름다움을 추구하는 예술교육, 즉 미적 교육으로 이해되어야 한다. 미적 교육은 어떻게 감각적인 인간을 자유로운 인간에 도달할 수 있도록 하는가? 쉴러에 따르면, 인간은 '물리적 상태' '미적 상태' 그리고 '도덕적 상태'라는 세 단계를 거쳐 총체적 인간으로 나아갈 수 있다. 그러므로 교육의 가장 중요한 과제는 인간을 물리적 삶의 단계에서 아름다움의 영역이 미칠 수 있는 미적 상태로 나아가게 하는 것이다. 왜냐하면 인간은 자연에 전적으로 의지하는 물리적 상태에서 곧바로 도덕적 상태로 직접 나아갈 수 없고, 그 안에 도덕적 진리를 추구하는 자유를 가지고 있는 미적 상태를 거쳐야만 도덕적 상태에 도달할 수 있기 때문이다(Schiller, 2015: 172-173). 완전한 자유의 상태인 도덕적 상태에 도달하기 위해 인간이 할 수 있는 일은 오직 감각충동과 형식충동이 결합한 살아 있는 형태로서의 미적 상태를 실현하며, 감각과 사유가 결합하여 조화, 견제, 중도를 이루려고 끊임없이 자신을 반성하는 일이다. 쉴러가 보기에 아름다움은 자유와 일치하려는 역동적인 행위이며, 미적 상태를 지향하는 순간 이미 도덕적 자유의 길에 들어선 것이다(Schiller, 2015: 91). 그러므로 쉴러의 미적 교육에서의 관심사는 인간을 물리적 상태에서 미적 상태로의 이행하게 하는 것이다.

요컨대, 쉴러의 예술교육론은 예술교육을 정태적인 것이나 무기력한 것으로 설명하는 것이나, 지식교육과 예술교육, 예술교육과 도덕교육을 별개로 보는 것에서 벗어나게 한다. 예술교육은 놀이충동에 의해 '살아 있는 형태'의 역동적인 아름다움을 실현한다. 이 점에 비추어 보면, 모든 교과는 자유로운 총체적 인간 형성이라는 목적을 중심으로 유기적으로 통합되어야 하며, 교과의 내용은 학생들로 하여금 아름다움이라는 목적을 놀이충동에 의해 역동적으로 추구하도록 해야 한다.

## 2) 듀이의 예술교육

듀이(Dewey)에 의하면 예술교육은 주지주의 예술과 감각경험에 치우치는 예술의 한계를 극복하기 위한 것으로, 그는 예술을 경험의 관점에서 이해하고자 했다. 경험은 단순히 외부의 사물을 지각하는 차원을 넘어서 능동적인 사유에 의해서 인도되는 행위다. 그에 따르면, 예술은 감각적·정서적인 것과 인지적인 것이 통합된 하나의 경험으로서 인간의 삶에 의미 있는 방식으로 감각, 욕구, 충동과 행위들 사이에 조화와 통합을 이룬다. 그러면 이러한 미적 경험(aesthetic experience)이 어떻게 이루어지는지 살펴보자(이송하, 유재봉, 2020).

우리는 흔히 감각, 감정이나 정서, 사고가 구분되거나 분리되는 것으로 생각한다. 그러나 듀이에 따르면, 감각경험은 단순히 외부의 대상이 있음을 아는 것(the sensory), 대상의 특징적 모습에 즉각적으로 주의를 기울이고(the sensational), 반응하고 받아들이는 것(the sensitive), 대상에서 주어지는 지적 요소를 파악하며 받아들이고(the sensible), 감정과 정서적인 것을 포착하는 것(the sentimental) 그리고 대상에 대해 미적이나 도덕적으로 좋거나 나쁜 것으로 받아들이는 것(the sensuous)을 포괄하는 복합적인 것이다(Dewey, 2016: 55-56). 이 점에서 예술교육은 감각기관이 세계와 소통하도록 하는 유일한 수단이면서 모든 것을 느끼고 사고하는 토대가 된다.

감각기관에 의해 직접적이고 즉각적으로 파악할 수 있는 인간의 사고능력이 질성적 사고(qualitative thought)다. 듀이에 따르면, 미적 경험에 있어서 가장 근본적인 것이 질성(quality)이고, 질성에는 '감각적' 질성과 '편재적' 질성이 있다. 감각적 질성은 시각, 촉각, 청각, 미각, 후각 등의 감각기관을 통해 지각하는 색깔, 촉감, 소리, 맛 등이다(이돈희, 2020: 50). 감각기관으로 받아들이는 '감각'에는 직접적으로 경험하는 사물이나 대상에 대한 육체적인 자극에서부터 정서적인 감정에 이르기까지 다양한 감각적 요소가 복합적으로 들어 있다. 감각은 직접적인 경험을 하면서 질성을 포착하며, 경이로움, 아름다움, 불쾌감 등을 느낀다(Dewey, 2016: 55-58). 그러므로 예술에 있어서 가장 기본적인 것이 감각적 질성이라고 할 수 있다. 이 점은 '미학(aesthetics)'이라는 용어를 처음 사용한 독일의 바움가르텐(Baumgarten)도 다르지 않다. 그는 지성적 인식과 감각적 인식을 구별하면서 미적 경험을 감각적인 것으로 보았으며, 미적 인식을 감각적 인식과 동일시하여 'aesthetica'라는 이름을 붙였다(Tatarkiewicz, 2011: 376-377).

우리는 질성을 감각적으로 느끼기도 하고 상징수단으로 받아들이기도 한다. 질성을 상징으로 받아들이기 위해서는 모든 환경이나 상황에 편재되어 있는 질성을 포착할 수 있어야 한다. 이러한 상황을 지배하는 질성을 '편재적 질성(pervasive quality)'이라고 한다. 편재적 질성은 상황의 개념과 더불어 성립하는 것으로서, 각각의 구성요소들이 하나의 상황에서 총체적인 통일성을 가지는 제3의 질성(tertiary quality)이다(이돈희, 2020: 52-53). 예컨대, 우리는 차가운 것을 만졌을 때 차가움뿐만 아니라 섬뜩 놀라면서 무서운 감정이 들 때가 있다. 여기서 차가운 촉감을 느끼는 것이 감각적 질성이라면, 전체적인 상황 속에서 무서움을 느끼게 하는 것은 편재적 질성이다. 예술가의 경우 편재적 질성의 에너지를 지력에 의해 균형감 있게 어떻게 통합하느냐에 따라 새로운 예술작품이 나오게 된다. 예컨대, 뭉크(Edvard Munch, 1863~1944)의 〈절규〉라는 미술 작품은 해질녘에 친구들과 길을 걷던 중에 붉게 물든 하늘을 보고 죽을 것만 같은 피로감을 느끼며 자연의 커다란 비명소리를 듣고 그린 것이다. 예술가들마다 성장배경과 처한 상황이 다르기 때문에, 똑같은 광경을 보더라도 그들이 느끼는 질성은 다르다. 뭉크는 해질녘의 붉은 노을에서 두려움이라는 질성을 포착하여 물결치는 형태와 어두운 붉은 계열의 물감으로 그림을 구성한 것이다.

편재적 질성은 즉각적인 감각작용에 의해 그 사물이나 대상에 대한 관계성을 인식하는 것이지만, 그것이 반성적 사고(reflective thought)의 산물은 아니다. 이러한 상황에서 어떻게 사고하고 행동해야 될지에 대해서는 지력에 의한 반성적 사고의 과정이 필요하다. 편재적 질성은 반성적 사고를 거치기 이전의 것으로, 반성적 사고를 거쳐 하나로 통합된 완결된 경험의 맥락과 배경을 제고해 준다. 하나의 미적 경험이 되기 위해서는 감각기관에 의해 포착한 질성, 즉 직접적이고 감각적이며 즉각적인 경험이나 그러한 상황에 편재되어 있는 질성만으로 충분하지 않다. 이러한 일차적인 경험은 반성적 사고에 의해 정교하게 가다듬으면서 반성적인 차원의 이차적 경험이 되는 것이다. 반성을 거친 이차적 경험은 그대로 머무는 것이 아니라 다시 질성적 사고를 거치면서 완결된다. 이 질성적 사고는 반성적 사고를 거친 것이라는 점에서 감각적 질성이나 편재적 질성보다 고차적인 것이라고 할 수 있으며, 이 과정을 거쳐야 비로소 완결된 '하나의 경험(an experience)'이 된다. 말하자면, 완결된 하나의 경험은 '질성적 사고 → 반성적 사고 → 질성적 사고'를 거치게 된다. 완결된 경험의 단계는 지금까지의 경험의 전 과정을 질성적 사고에 의해 그 의미를 포착하고 통합하는 단계다(Dewey, 1929: 3-4). 완결된 하나의 경험은 경험 내의 모든 구성요소가 통합되어 내적 일관성을 이루고 있다는 점에서 하나의 전체이며, 그 자체가 독특성과 자족성을 가진다(이돈희, 1993: 55).

여기서 한 가지 주목해야 할 것은 완결된 경험이 일차적으로 반성적 성격을 띤 것이라기보다는 질성적 성격을 띠고 있다는 점이다. 반성적 사고는 '하나의 경험'에서 필수적인 요소이기는 하지만 그 자체로는 하나의 경험을 시작할 수도 없으며, 완결된 상태를 제공해 주지도 못한다. 반성적 사고는 일차적 경험의 단계에서 완결된 경험으로 나아가기 위한 매개체일 뿐이다(박철홍, 1995: 99-100). 질성적 사고는 모든 경험의 요소를 하나로 통합시킨다. 그런데 하나의 경험이 완결되었다는 것은 고정 불변한 것이거나 경험이 완전히 종결되었다는 것을 의미하는 것이 아니다. 완결된 하나의 경험은 또 다른 하나의 경험을 위한 출발점이 되어 완결된 경험을 지향하고, 이러한 과정이 끊임없이 계속된다. 그리하여 경험은 이런 방식으로 계속적으로 성장해 가며, 이것이 교육의 과정인 것이다.

예술은 미적 경험이 '완결된 최상의 상태'에 이르게 하는 데 중요하다. 미적 경험은 완결성(completeness), 고유성(uniqueness), 통일감(unifying emotion)이라는 특성을 지닌다. 미적 경험의 완결성은 불확실한 세계를 구체화시킴으로써 삶의 의미를 보다 강렬한 경험으로 만든다. 미적 경험은 일상적 경험에서 다른 경험과 구분되는 창의적이고 독특한 것을 산출한다. 미적 경험은 또한 미세한 감정의 변화를 몸짓, 언어, 소리 등의 표현매체로 만들어 내며, 그 감정은 질적인 통일성을 부여한다. 이러한 미적 경험이 지니는 완결성, 고유성, 통일감은 모든 경험이 지니고 있는 일반적인 특징인 동시에 모든 경험이 나아가야 할 지향점이기도 하다. 특히 '심미적 질성(aesthetic quality)'은 하나의 경험의 전형적인 특징인 동시에 완결된 경험을 가능하게 한다. 심미적 질성은 예술작품을 창작하거나 감상할 때처럼, 목하 경험하고 있는 상황 전체의 의미를 즉각적으로 포착하고 향유하게 함으로써 하나의 경험에 통일성을 부여하며, 다른 경험과 구분되는 독특한 특성을 가지게 한다. 이 점에서 듀이가 심미적 질성을 교육적 경험의 전형으로 보고 있는 것은 당연하다(유재봉, 2003; Dewey, 2016: Ch. 3).

## 3) 우리나라 예술교육의 과제

우리나라의 예술교육은 심미적 가치와 직접 관련된 예술교과를 오히려 경시하며, 그마저도 예술교과의 성격에 충실하게 가르침으로써 심미적 안목을 기르기보다는 실기에 그치거나 피상적으로 정보를 전달하는 수준에 머무르고 있다. 학교교육에서 심미적 가치의 추구는 사실상 도외시되고 있는 실정이며, 예술교과의 교육방식도 심미적 가치를 실현하고 있지 못하는 실정이다. 이러한 우리나라의 예술교육의 문제에 대해 쉴러와 듀이의 예술교육론이 주는 함의는 다음과 같다.

첫째, 학교 예술교과 교육의 본질을 회복함으로써 학생들이 심미적 경험을 하도록 하는 일이 시급하다. 예술교과에는 음악, 미술, 무용(체육), 문학 등이 속한다. 이러한 교과는 학생들로 하여금 미적 경험을 통해 심미적인 안목을 형성하도록 함으로써 학생들이 풍성한 삶을 영위하도록 하는 데 목적이 있다. 우리나라의 예술교육은 이론 중심의 교육이나 실기 중심의 교육에 치우쳐 있다. 이론 중심의 교육이 음악, 미술, 체육, 문학 등의 교과의 지식을 일러 주는 것이라면, 실기 중심의 교육은 노래 부르기, 그림 그리기, 무용기능 익히기, 글쓰기 등을 하는 것이다. 그러한 것이 심미적인 안목을 기르는 일과 관련되어 있음에도 불구하고, 학교에서는 심미적 안목과 무관하게 그러한 것들을 가르치고 있다. 예술교육의 일련의 과정에서는 일상적 경험을 미적 경험으로 변화시키는데, 여기에는 사고하는 습관과 상상력이 요구된다. 상상력 없이 진정한 창작행위를 할 수 없으며 미적 경험도 형성할 수 없기 때문이다.

예술교육은 예술교과의 성격에 충실하게 하는 것이다. 쉴러에 따르면, 그것은 놀이충동을 통해 감각충동과 형식충동의 대립을 극복함으로써 물리적 상태와 정신적 상태가 조화와 균형을 이루는 살아 있는 형태(lebende Gestalt)로 이끄는 것이다. 그것을 듀이식으로 말하면, 상황 속에서 감각적 질성과 편재적 질성을 통해 포착한 미적 감각을 반성적 사고를 거쳐 완결된 하나의 경험으로 이끌며, 계속적으로 미적 경험을 재구성해 나가는 것이다. 예술교과는 하나의 경험의 전형적인 특징이기도 하면서 완결된 경험을 가능하게 하는 심미적 질성을 기르는 일과 관련되는 교과이기 때문에, 예술교육을 위해서는 무엇보다 예술교과의 성격에 충실하게 가르칠 필요가 있다.

둘째, 미적 경험의 성장은 예술교과와 직접적으로 관련된다는 것이 분명하지만, 또한 그것이 모든 교과나 삶을 통해서도 이루어져야 한다는 점을 인식할 필요가 있다. 우리는 그림이나 조각 작품을 보거나, 혹은 유명한 오케스트라의 연주를 듣고 아름다움을 느낀다. 이것이 우리가 일반적으로 갖게 되는 미적 경험이다. 우리는 예술 영역에서뿐만 아니라 학문에서 탁월성을 갖추고 있거나, 혹은 삶이나 인격 면에서 고매한 경지에 이른 사람을 볼 때도 감탄을 자아내고 아름다움을 느낀다. 이 경우 우리는 동일하게 '아름답다'는 표현을 사용하지만, 후자의 아름다움은 예술작품이나 예술행위와는 간접적으로만 관련된 아름다움이다. 학교에서의 예술교육은 예술교과를 통해 심미안을 길러 주고 심미적 경험을 하게 하는 것이 일차적인 과제이지만, 더 나아가 학교는 학생들에게 어떠한 영역에서든지 간에 심미적인 눈으로 세계를 보고 경험할 수 있게 해 주어야 한다. 교육은 궁극적으로 총체적 인간을 길러 내는 것이기 때문이다.

## 4. 종교교육

우리나라 학교교육에서 가장 소홀히 다루어진 영역이 있다면, 아마 그것은 종교 교육일 것이다. 종교교육은 인간의 삶 전체에 의미를 부여하여 그러한 삶에 헌신하 도록 한다. 교육의 종교적 차원은 모든 차원의 지식과 경험을 서로 유기적으로 관련 맺을 뿐만 아니라 하나의 전체로 통합하며, 그렇게 통합된 상태가 다름 아닌 '신적 경지'다. 종교적 차원은 한편으로는 예술적 차원보다 온전한 의미의 삶 전체에 대한 통합된 태도를 가지게 하며, 다른 한편으로는 윤리적 차원보다 온전한 의미의 이상 적 목적 추구에 헌신하게 한다(박철홍, 2004: 9). 이 점에 비추어 보면, 교육의 종교적 차원은 교육이 추구해야 할 가장 완전하고 이상적 형태라고 할 수 있다.

그러나 우리나라 학교교육에서 종교적 차원은 '교육의 가치중립성'이라는 미명하 에 제외되거나 도외시되어 왔다. 학교에서 추구해야 할 주된 교육적 가치로 성(聖) 이 제외된 채 진선미(眞善美)가 거론된다. 이러한 생각은 진선미의 가치로 충분하 며, 성(聖)의 가치는 부차적이거나 불필요한 가치라는 점을 암암리에 가정하고 있 다. 그러나 듀이에 의하면, 종교는 삶 전체의 맥락에서 경험에 의미를 부여하고 통 일성을 이루어 삶의 이상을 추구하게 한다. 이 점에서 전인교육 혹은 총체적 교육의 실패는 교육의 종교적 차원을 정당하게 다루지 않은 것에서 따라 나오는 당연한 귀 결이다. 이하에서는 교육과 종교의 분리와 종교교육의 정당성을 탐색한 후, 학교에 서 종교교육을 어떻게 할 것인지를 논의한다.

### 1) 교육과 종교의 분리

종교는 내재성(immanence)과 초월성(transcendence)을 동시에 지니고 있다. 종교 의 내재성이란 눈에 보이는 자연세계에 붙박혀 있거나 편재해 있는 특성을 일컫는 다. 인간은 지적으로나 도덕적으로 불완전함에도 불구하고, 희미한 형태로나마 신 의 지성과 도덕성을 반영하고 있다. 종교의 내재성은 인간으로 하여금 신이 가지고 있는 진선미성(眞善美聖)과 같은 지고의 이상적 가치를 추구하도록 한다. 종교의 초 월성이란 종교에는 무시간적 · 무공간적 차원이 있다는 것을 뜻한다. 이 차원에서는 한 측면 혹은 한 부분으로 인식되던 것이 하나의 전체로 통합되어 드러난다. 종교가 지니고 있는 초월성은 인간으로 하여금 눈에 보이는 현상이나 물질을 추구하는 것을 넘어서, 그 이면에 있는 궁극적 실재를 추구하도록 함으로써 삶 전체를 통합하여 이해하는 것이 가능하게 한다. 그럼에도 불구하고 교육의 영역에서 종교가 배제되면서 불행히도 총체적 인간성은 상실되기 시작했다.

교육에서 종교적 차원이 상실되기 시작한 것이 언제부터인지에 대해 학자마다 의견이 다를 수 있다. 어쩌면 인간이 타락한 순간부터 이미 교육과 종교가 분리되기 시작했다고 볼 수 있다. 교육과 종교가 확연하게 분리되기 시작한 것은 르네상스 이후, 소위 '오컴의 면도날(Ockham's razor)'로 대표되는 종교와 학문, 신앙과 이해의 결별에서부터다. 근대 이후 인간은 '중세의 무지몽매성'에서 탈피한다는 기치 아래 기독교 가치를 거부하고, 종교와 신앙으로부터 학문과 이성을 분리하기 시작했다. 특히 진위가 분명하고 검증 가능한 객관적 지식, 명제적 지식, 관망자적 지식(spectator knowledge) 그리고 실증주의적 특성을 지닌 모더니즘의 지식관은 종교를 학문의 영역에서 점점 배제했다.

종교와 학문의 분리는 실증주의와 분석철학을 거치면서 심화되었다. 논리실증주의(logical positivism)는 '검증원리(verification principle)'를 중시하였으며, 이 원리에 어긋나는 종교로 대표되는 형이상학을 '난센스'로 간주했다. 그 결과 형이상학은 학문의 영역 바깥으로 내몰리게 되었으며, 종교는 사적인 것으로 치부되어 급기야 공적인 교육에서 사라지게 되었다. 비트겐슈타인에 의하면, 신이나 종교는 우리의 인식의 범위를 초월해 있는 것으로 '말할 수 없는 것'이며, 따라서 '침묵해야 할 것'에 지나지 않는다(Wittgenstein, 1922: §7). 이러한 과정을 거치면서 교육에서 종교가 분리되거나 심지어 서로 간에 대립되기도 했다. 교육과 종교의 결별과 대립은 교육에서 종교적 차원을 간과하고, 학교에서 종교교과를 인위적으로 배제하는 결과를 초래했다.

교육과 종교를 분리하는 대표적인 국가로 미국, 프랑스, 한국을 들 수 있다. 우리나라도 「교육기본법」에서 공교육에서의 종교교육을 제한하고 있다. 「교육기본법」 제6조 2항에는 "국가와 지방자치단체가 설립한 학교에서는 특정한 종교를 위한 종교교육을 하여서는 아니 된다."라고 하여 국공립학교에서의 종교교육을 원칙적으로 금하고 있다. 물론 이 「교육기본법」은 '특정 종교를 위한' 종교교육이라고 단서를 달고 있기 때문에, 엄밀히 말하면 국공립학교에서 종교교육이 전혀 불가능한 것은 아니다. '종교에 관한 교육(education about religion)', 즉 신앙의 요소를 제거한 채 종교에 관한 사실을 가르치거나 비교종교학적으로 접근하는 교육은 가능하다. 그러나 특정 종교교리를 가르치는 좁은 의미의 종교교육(religious instruction)이나 특정 종교의 정신을 가르치는 종교교육(religious education)은 제한된다. 교육현장 수준에서 볼 때, 종교교육에 관한 이러한 「교육기본법」의 규정은 종교교육을 상당히 위축시키고 있다고 보아야 한다.

## 2) 종교교육의 정당성

그러면 교육에서 종교적 측면을 배제해도 좋은가? 교육에서 종교는 정당화될 수 없는가? 학교에서 종교를 가르쳐야 할 근거는 무엇인지에 대해 살펴본다(유재봉, 2011; 유재봉, 2013).

그 첫 번째 근거는 인간은 누구나 육체와 영혼으로 이루어져 있다는 점에 있다. 인간의 마음 근저에는 종교성이 있다. 이 점에서 인간은 영적 존재(spiritual being)이며, '종교적 인간(homo religious)'일 수밖에 없다. 종교성을 얼마나 분명하게 의식하는지는 사람들마다 차이가 있지만, 어떠한 학문이나 어떠한 행위를 하는 데에는 반드시 종교적 사고가 개입되고, 종교적 가치가 부여된다. 이렇게 보면, 종교교육은 인간의 삶이 존재하는 곳이면 언제 어디서나 존재해 왔다고 말할 수 있다. 아닌 게 아니라, 우리나라 교육은 무속사상, 불교, 유교, 기독교 등 다양한 종교의 영향을 부단히 받아 왔으며, 또한 그러한 종교적 가치가 반영되어 있다. 인간이 가지고 있는 영성 혹은 종교성은 부인하거나 막는다고 하여 존재하지 않거나 없어지는 것이 아니다. 인간이 영적 존재라는 점에 비추어 보면, '교육은 가치중립적이어야 한다.'라는 슬로건은 불가능한 주장에 불과한 것인지도 모른다. 종교교과는 인간의 종교성 혹은 영성을 고스란히 추상한 것이기 때문에, 종교교과를 그 성격에 충실하게 가르친다면 아마 영성 혹은 종교성이 가장 잘 함양될 수 있을 것이다. 그러나 종교교육을 위해서 반드시 종교에 대해 가르쳐야 하는 것은 아니며, 이것이 또한 종교를 가르치기만 하면 종교교육이 저절로 이루어진다거나 종교교육의 폐해가 전혀 없다는 것을 주장하는 것은 아니다. 그럼에도 불구하고 교육에서의 종교교육, 즉 종교성을 함양함으로써 인간의 삶을 고양시키는 일은 억제하거나 배제해야 할 것이 아니라, 장려하여야 할 성질의 것이다.

학교에서 종교를 가르쳐야 할 두 번째 근거는 종교적 혹은 영성적 측면은 총체적 세계의 한 '양상'이거나 '지식의 형식'이라는 데에 있다. 도여베르트(H. Dooyeweerd)에 의하면, 총체적 세계는 독특한 법칙에 의해 지배받는 '양상들'로 이루어져 있다. 즉, 총체적 세계는 수학적·공간적·운동적·물리적·생물학적·감각적·분석적·역사적·언어적·사회적·경제적·미적·법적·윤리적·신앙적 양상 등 15개의 양상으로 이루어져 있다(최용준, 2005: 44). 각 양상들은 그에 상응하는 학문과 관련되며, 양상은 성격상 하나 혹은 몇 가지의 양상으로 환원되지 않는 독특성을 가지고 있다. 이러한 각각의 양상들은 서로 정합성을 이루면서 총체적 세계를 이루고, 나아가 총체적인 의미를 형성한다. 그러므로 총체적인 세계를 이해하기 위해서 학생들은 각각의 양상들에 입문되어야 한다. '신앙적(pistic/credal) 양상'도 총체적 세계를 구성하고 있는 독특한 양상이기 때문에, 총체적 세계를 이해하기 위해서 학생들은 반드시 이것을 배울 필요가 있다.

이와 비슷하게, 허스트도 총체적 세계는 수학, 자연과학, 인문학, 종교, 문학 및 순수예술, 철학, 도덕 등 여러 가지 '지식의 형식(forms of knowledge)'으로 이루어져 있다고 본다(Hirst, 1965: 123). 지식의 형식은 인간의 삶이나 경험을 이해하는 복잡한 형식으로서, 각각의 지식의 형식은 다른 지식의 형식들과 구분되는 독특한 언어, 논리, 검증방식을 가지고 있다. 세계의 각 양상과 마찬가지로, 각 지식의 형식은 다른 지식의 형식들로 환원되지 않는다. 그리고 지식의 형식은 마음과 논리적인 관련을 가지고 있기 때문에, 지식의 형식을 추구하는 것은 곧 마음을 계발하는 것이다. 종교가 지식의 형식이라는 허스트의 말이 타당하다면, 총체적 세계를 이해하고 총체적 마음을 형성하기 위해 '종교'라는 지식의 형식을 가르치는 것은 교육의 필수적인 일이 되어야 한다.

학교에서 종교교육이 이루어져야 할 세 번째 근거는 종교가 최고·최상의 마음을 형성하고 모든 마음을 통합시킨다는 데에 있다. 도여베르트에 의하면, 종교적 뿌리인 마음은 모든 양상을 초월하는 집중점이다. 절대자를 향한 인간의 마음에서 자신의 모든 삶의 방향이 결정된다(최용준, 2005: 52). 교육은 근본적으로 총체적인 마음을 형성하는 일이다. 종교는 총체적 마음의 일부를 구성할 뿐만 아니라 마음속에서 작용하고 있는 종교적 경험의 양태를 통해 모든 경험을 서로 관련을 맺게 하고 하나의 전체로 통합시킨다(박철홍, 2004: 12). "신학은 총체적 지식의 일부이면서 동시에 조건이다."(Newman, 1852: 52-53; 유재봉, 정철민, 2010: 124-126)라는 뉴먼의 말을 빌려 표현하자면, 종교는 그 자체가 총체적 마음의 일부이면서 동시에 다른 영역의 지식이 총체적 마음을 형성하도록 만드는 것이라고 말할 수 있다. 그러므로 총체적 마음을 형성하고 마음을 통합시키기 위해서는 종교 혹은 영성을 가르치는 것이 불가피하다.

요컨대, 학교에서 전인을 형성하기 위해서는 종교를 가르칠 필요가 있다. 종교는 총체적 마음을 형성하는 데 핵심적 역할을 하기 때문이다. 인간은 누구나 종교적 마음을 가지고 있으며, 총체적 마음을 형성하기 위해서는 지식의 형식의 하나이면서 총체적 세계의 한 양상인 종교에 학생을 입문시키는 것이 필수적이다. 나아가, 종교는 그 자체가 총체적 마음의 일부를 구성할 뿐만 아니라 여러 영역의 지식을 전체적으로 관련짓고 통합시키는 역할을 감당한다.

## 3) 학교에서의 종교교육

교육에서 종교적 차원이 중요하고, 학교에서 종교교육을 해야 한다고 하더라도, 여전히 종교교육을 어떻게 해야 하는지의 문제를 해결해야 한다. 종교교육은 아무렇게나 해도 되는 것이 아니며, 오히려 지식교육이나 도덕교육보다 훨씬 세심하게 이루어져야 한다. 이 문제를 다루기 위해 먼저 그릇된 종교교육의 방식이 어떤 것인지에 대해 살펴본 후, 그다음 학교에서 종교교육을 어떻게 해야 하는지에 대해 논의한다(유재봉, 2013: 110-112).

먼저, 잘못된 종교교육이 어떤 것인지에 대해 다음 세 가지를 생각해 볼 수 있다. 첫째, 학교의 상황에서 종교교과를 지식이나 정보로만 가르치는 경우다. 특정 종교에 '관한' 지식 그리고 비교종교학적 지식이나 정보를 단순히 전달하는 것은 무기력하거나 파편화된 종교적 지식을 축적하는 데 그치게 만든다. 둘째, 종교기관에서 교리나 신조를 주입시키거나 맹목적으로 고백하게 하는 경우다. 교리나 신조는 영적 가르침의 정수를 모아 놓은 것으로 종교교육의 가장 좋은 교과서다. 그러나 많은 종교현장에서 그러하듯이, 교리 혹은 신조를 무조건 외우고 강제로 고백하게 하는 것은 교육이라기보다는 인독트리네이션(indoctrination)[1]이라고 말할 수 있다. 셋째, 여러 기관에서 종교 프로그램을 개발하여 단기간에 집중적으로 가르치는 경우다. 물론 프로그램을 운영하는 기관은 나름대로의 이론과 노하우를 가지고 있고, 실지로 이런 프로그램이 효과를 발휘하는 경우도 있을 것이다. 그러나 종교 프로그램의 이수가 곧 종교교육이 아니며, 이것은 종교교육보다 종교훈련에 가깝다. 그러므로 영성교육을 제대로 하기 위해서는 적어도 (비교)종교학적 지식이나 정보를 단순히 전달하는 수준, 또는 특정 교리 혹은 신조를 맹목적으로 주입시키거나 특정 방식으로 프로그램화하는 수준을 넘어서야 할 것이다.

다음으로 학교 수준에서 종교교육을 어떻게 해야 하는가의 문제다. 최근 들어 (공립)학교에서 영성을 함양해야 한다는 주장이 제기되고 있다. 그러나 학교에서 영성교육을 어떻게 해야 하는지 그리고 그렇게 하는 것이 얼마나 합법적인가의 문제는 논쟁거리다. 이러한 문제는 학교에서의 종교교육을 종교적 차원을 가르치는 교육과 신앙을 가르치는 교육으로 나누어 생각해 볼 수 있다.

첫째, 교육의 종교적 차원을 가르치는 종교교육이다. 이것은 특정 종교에 의존하지 않으면서 삶의 총체적 이상이나 초월적 혹은 형이상학적 신념을 추구하는 것이다. 교육에서 종교적 차원을 가르침으로써 인간의 종교성 혹은 영성을 함양하고, 인간의 삶을 고양시키고 이상적 경지로 이끌어 자신의 삶과 세계를 의미 있게 만들고 통합해 간다. 예컨대, 듀이는 경험론적 자연주의자로서 초월적이거나 절대적인 신 그리고 종교에 필수적인 신조나 교리의 타당성에 대해 부정한다. 듀이에서 신이라는 말을 굳이 사용한다면 그것은 '모든 이상적 목적의 통합체'다(박철홍, 2004: 8; Dewey, 2016: 42). 이 통합체에는 '최대한으로 확대된' 삶의 세계이면서 동시에 최고로 가치 있는 '최상의' 상태인 총체적 이상이 들어 있다(박철홍, 2004: 13). 이러한 의미의 종교교육은 제도로서의 종교(religion)는 아니지만 여전히 '종교적(religious)'이라는 말을 사용할 수 있다(Dewey, 2016: 2). 이러한 종교교육은 공립학교든 사립학교든 관계없이 어디에서나, 또한 자신의 종교적 신념과 상관없이 누구에게나 가르

---

[1] 인독트리네이션은 교화 혹은 위교 등으로 번역되어 사용되기도 한다. 그것은 특정 이데올로기나 신념을 주입시키는 것과 관련되며, 흔히 교육과 인독트리네이션을 구분하는 기준으로 가르치는 의도, 내용, 방법 등이 언급되고 있다.

치는 것이 가능하다.

둘째, 신앙으로서의 종교교육이다. 신앙으로서의 종교교육은 특정 종교적 전통에서 제도화되고 의식화된 신의 뜻과 가르침을 추구한다. 이러한 종교교육을 위해서는 종교교과를 공부함으로써 특정 종교의 전통 안으로 입문하는 일이 요청되며, 또한 공동체와 함께 그 종교를 이해하고 종교적 교리와 신조를 일상적 삶 속에 구현해 간다. 신앙적 종교교육은 각 종교의 교리를 가르침으로써 시작된다. 물론 각 종교마다 추구하는 인간상과 신앙은 다를 수 있다. 예컨대, 불교에서는 인간의 일체의 욕심을 버리는 것을 추구한다면, 기독교에서는 적극적으로 하나님과의 합일(union with God)을 추구한다. 이러한 신앙적 종교교육은 '원칙상' 종교계 사립학교에서 가능하나, 우리나라처럼 공적 성격을 띠고 있는 사립학교에서는 '사실상' 제한되고 있는 실정이다.

영국은 「교육개혁법」(1988)에 따라 학교 교육과정이 학생의 도덕적 · 문화적 · 지적 · 신체적 발달과 함께 영적 발달을 촉진하는 데 목적을 두고 있다. 우리나라의 경우 일반학교에서 종교를 가르치는 경우는 거의 없으며, 종교계 학교에서도 제한적으로 가능하다. 종교계 학교에서 종교교육은 종교의 정신을 추구하거나 내면화하는 데에 관심을 두기보다는 종교에 관한 지식을 비교종교학적으로만 가르칠 수 있다. 이러한 종교교육은 비종교적 배경의 학생에게 부분적으로 종교적 이해와 경험을 제공해 줄 수 있다. 그러나 이것은 종교에 대한 참여 없이 '종교에 관한 지식만으로 제대로 종교를 이해할 수 있으며, 종교성 혹은 영성을 함양할 수 있는가?'라는 의문이 제기될 수 있다. 다른 한편, 학교에서 비교종교학을 가르치는 경우에도 '교사가 공정하고 균형 있게 종교를 가르치거나 영성을 함양할 수 있는가?'라는 비판이 제기될 수 있다.

**탐구문제**

1. 피터스와 허스트의 자유교육론을 설명하고, 이것이 학교교육에 미친 공헌과 한계가 무엇인지를 밝히시오.

2. 인성의 개념을 무엇으로 보아야 하는지, 우리나라 인성교육의 문제점과 앞으로의 과제에 대해 논의해 보시오.

3. 쉴러와 듀이의 예술교육을 비교하고, 그들의 예술교육에 비추어 우리나라 예술교육을 평가해 보시오.

4. (공립/사립) 학교에서 종교교육은 필요하고 바람직한 것인지에 대해 자신의 입장을 밝히고, 우리나라 학교에서 종교교육의 가능성과 바람직한 방안을 모색해 보시오.

# 🖥 참고문헌

『삼국사기』　　　　『삼국유사』　　　　『고려사』
『고려사절요』　　　『고려도경』　　　　『경국대전』
『증보문헌비고』　　『반계수록』　　　　『곽우록』
『담헌서』　　　　　『연암집』　　　　　『순암집』
『용담유사』　　　　『漢書』　　　　　　『三國志』
『舊唐書』　　　　　『新唐書』

강만길(1978). 분단시대의 역사인식. 서울: 창작과 비평사.

강만길(1984a). 한국근대사. 서울: 창작과 비평사.

강만길(1984b). 한국현대사. 서울: 창작과 비평사.

강제언(1982). 한국의 개화사상. 서울: 비봉출판사.

강주진(1983). 서원과 그 사회적 기능. 국사편찬위원회 편, 한국사론, 8. 서울: 민족문화사.

구본명(1982). 중국사상의 원류체계. 서울: 대왕사.

국사편찬위원회(2003). 한국사(전53책). 서울: 탐구당.

금장태(1982). 한국유교의 재조명. 서울: 전망사.

금장태(2001). 퇴계의 삶과 철학. 서울: 서울대학교 출판부.

김병구(1993). 회헌 안향 선생의 생애와 사적. 부산: 경성대학교 출판부.

김병구(1995). 한국교육사의 탐구. 서울: 교육출판사.

김상섭(2009). 현대인의 교사 루소. 서울: 학지사.

김안중(1988). 한국에서의 도덕교육. 삶의 원리와 도덕교육. 제주: 제주도교육위원회.

김인회(1983). 무속사상의 인간관과 현대교육적 의미. 한국의 전통교육사상. 성남: 한국정신문
　　　화연구원.

김인회(1984). 교육목적관의 변천과정. 한국신교육의 발전과정. 성남: 한국정신문화연구원.

김종석, 조정현, 문희순, 안경식, 이성임, 손경희(2020). 해주일록: 20세기 영남 유림의 삶과 시대
　　　의식. 서울: 은행나무.

문용린 외(2010). 창의인성교육 활성화 방안 연구. 서울: 한국창의과학재단.

문형만(1982). 일제하 식민교육과 종교교육의 갈등. 근대민족교육의 전개와 갈등. 성남: 한국정신문화연구원.

민족문화추진회(1982). 국역 고려사절요. 서울: 민족문화추진회.

박선영(1981). 불교의 교육사상. 서울: 동화출판사.

박준영, 정낙찬, 팽영일(2011). 교육의 철학 및 역사적 이해. 서울: 교육과학사.

박철홍(1995). 듀이의 "하나의 경험"에 비추어 본 교육적 경험의 성격: 수단으로서의 지식과 내재적 가치의 의미. 교육철학(연구), 13, 81-109.

박철홍(2004). 듀이 종교론에 함의된 종교의 성격. 종교교육학연구, 18, 3-27.

백종억(1984) 교육정책 및 제도의 변천과정. 한국신교육의 발전연구. 성남: 한국정신문화연구원.

서영대(1994). 고대 사회의 종교와 습속. 한국사 2. 서울: 한길사.

성기산(1993). 서양교육사 연구. 서울: 문음사.

손인수(1964). 한국교육사상사. 서울: 재동문화사.

손인수(1971). 한국 근대교육사. 서울: 연세대학교출판부.

손인수(1978). 한국인의 가치관. 서울: 문음사.

손인수(1981a). 각급교육기관. 한국사 20. 서울: 국사편찬위원회.

손인수(1981b). 한국개화교육연구. 서울: 일지사.

손인수(1994). 한국교육운동사 ①. 서울: 문음사.

손인수, 차석기, 문형만, 오인탁(1982). 근대민족교육의 전개와 갈등. 성남: 한국정신문화연구원.

손인수, 김인회, 임재윤, 백종억(1984). 한국 신교육의 발전연구. 성남: 한국정신문화연구원.

손인수, 이원호(1980). 교육사신강. 서울: 문음사.

손인수, 정건영(1995). 교육철학 및 교육사. 서울: 교육출판사.

신득렬, 이병승, 우영효, 김회용(2004). 쉽게 풀어 쓴 교육철학 및 교육사. 서울: 양서원.

신용하(1974). 우리나라 최초의 근대학교. 문학과 지성, 제5권, 1호.

신차균(1977). 명제적 지식과 방법적 지식. 서울대학교 대학원 석사학위논문.

신차균, 안경식, 유재봉(2013). 교육철학 및 교육사의 이해(2판). 서울: 학지사.

신채호(이만열 주석)(1990). 주석 조선상고사(상). 서울: 단재신채호선생 기념사업회.

신천식(1995). 고려교육사연구. 서울: 경인문화사.

신형식(1969). 숙위학생고. 역사교육, 제11·12합집.

신형식(1984). 한국고대사의 신연구. 서울: 일조각.

안경식(1994). 소파 방정환의 아동교육운동과 사상. 서울: 학지사.

안경식(2002). 언행록에 나타난 퇴계의 제자교육. 한국교육사상연구회 편, 교육사상연구, 제11집.

안경식(2009). 한국전쟁기 임시수도 부산지역의 피난학교연구: 중등학교를 중심으로. 교육사상연구, 제23권, 3호. 한국교육사상연구회.

안경식(2019). 신라인의 교육, 그 문명사적 조망. 서울: 학지사.

안경식(2021). 교사, 방정환에게 길을 묻다. 서울: 살림터.

양정실, 조난심, 박소영, 장근주, 은지용(2013). 교과교육을 통한 인성교육 구현 방안. 서울: 한국교육과정평가원.

역사학회 편(1995). 과거. 서울: 일조각.

오인탁(2003). 파이데이아. 고대 그리스의 교육사상. 서울: 학지사.

오천석(1975). 한국 신교육사(상). 서울: 광명출판사.

유재봉(2000a). 피터스와 허스트의 교육사상 비교: '교육'과 '자유교육'의 관련성을 중심으로. 한국교육사학, 22(2), 139-156.

유재봉(2000b). 맥킨타이어의 '사회적 실제' 개념에 대한 논의. 교육철학(연구), 24, 49-72.

유재봉(2001). 허스트의 사회적 실제에 기반을 둔 교육: 교육내용관을 중심으로. 교육철학, 25, 73-89.

유재봉(2002a). 현대 교육철학 탐구: 자유교육에 대한 비판 및 대안탐색. 서울: 교육과학사.

유재봉(2002b). 피터스. 연세대학교 교육철학연구회 편, 위대한 교육사상가들 Ⅴ. 서울: 교육과학사.

유재봉(2003). 듀이와 후기 허스트의 교육관 비교. 아시아교육연구, 4(2), 193-213.

유재봉(2004). 영미교육철학의 동향에 나타난 교육철학의 성격과 방법탐색. 교육철학연구, 31, 87-110.

유재봉(2011). 교육의 종교적 차원과 그 정당화. 신앙과 학문, 16(2), 131-146.

유재봉(2012). 학교폭력의 현상과 그 대책에 대한 철학적 검토. 교육철학연구, 34(3), 87-106.

유재봉(2013). 교육에서의 영성회복: 학교에서의 영성교육을 위한 시론. 교육철학연구, 35(1), 97-117.

유재봉(2014). 세속 대학에서의 인성교육. 신앙과 학문, 19(3), 85-106.

유재봉(2016). 학교인성교육의 문제점과 방향. 교육철학연구, 38(3), 99-119.

유재봉, 정철민(2010). 자유교육 기원에 관한 논쟁 검토: 뮤어(J. Muir)의 논의를 중심으로. 교육철학, 47, 109-126.

유한구(1989). 교육인식론 서설. 서울: 교육과학사.

윤건차(1987). 한국 근대교육의 사상과 운동. 서울: 청사.

이광린(1969). 한국개화사연구. 서울: 일조각.

이기백(1967). 고구려의 경당. 역사학보, 35, 36합집.

이기백(1976). 한국사신론(개정판). 서울: 일조각.

이길상(2007). 20세기 한국교육사. 서울: 집문당.

이돈희(1983). 교육철학개론. 서울: 교육과학사.

이돈희(1985). 근대교육 100년사. 사상과 정책, 2(3).

이돈희(1988). 도덕교육원론(2판). 서울: 교육과학사.

이돈희(1993). 교육적 경험의 이해. 서울: 교육과학사.

이돈희(1998a). 교육철학. 서울대학교 교육연구소 편, 교육학대백과사전. 서울: 하우동설.

이돈희(1998b). 인식론과 교육. 서울대학교 교육연구소 편, 교육학대백과사전. 서울: 하우동설.

이돈희(2020). 질성적 사고와 교육적 경험. 서울: 학지사.

이만규(1947). 조선교육사(상). 서울: 을유문화사.

이범직(1979). 조선전기 유학교육제도의 성격(사부학당을 중심으로). 단국대학교 대학원 학술
    논총, 3집.

이성무(1995). 과거제와 학교제. 역사학회 편, 과거. 서울: 일조각.

이송하, 유재봉(2020). 미적 경험의 성장으로서의 예술교육: 예술교육의 대안탐색. 교육문화
    연구, 26(5), 1089-1106.

이우성(1976). 조선왕조 훈민정책과 정음의 기능. 진단학보, 42.

이학주(2003). 우리 교육학의 빈곤 또는 풍요. 아시아교육연구, 4(2), 1-17.

이홍우(1982). 도덕교육내용으로서의 윤리학. 한국교육학회 도덕교육연구회 편, 도덕교육연
    구, 제1집.

이홍우(1991). 교육의 개념. 서울: 문음사.

이홍우(2016). 교육의 목적과 난점(제7판). 파주: 교육과학사.

정범모(1968). 교육과 교육학. 서울: 배영사.

정순목(1980a). 한국 개화교육의 이상과 전개. 한국교육연구, 제1집. 성남: 한국정신문화연구원.

정순목(1980b). 한국서원교육제도연구. 대구: 영남대민족문화연구소.

정순목(1992). 옛 선비교육의 길. 서울: 문음사.

정순우(1985). 18세기 서당 연구. 한국학대학원 박사학위논문.

정영근, 정혜영, 이원재, 김창환(2000). 교육학적 사유를 여는 교육의 철학과 역사. 서울: 문음사.

정윤경(2009). 발도르프 교육학. 서울: 학지사.

정재걸(2010). 오래된 미래교육. 서울: 살림터.

정창우(2010). 인성교육에 대한 성찰과 도덕과 교육의 지향. 윤리연구, 77, 1-33.

조영태(2000). 도덕교육의 두 가지 파라독스. 도덕교육연구, 12(1), 69-127.

조원래(1979). 조선 후기 실학자의 교육사상 일고. 역사교육, 26.

주영흠(2007). 아우구스티누스 교육사상. 서울: 학지사.

중앙대학교 부설 교육문제연구소(1974). 문교사. 서울: 중앙대학교출판국.

차석기, 신천식(1975). 한국교육사연구. 서울: 재동문화사.

천관우(1969). 실학 개념 성립에 관한 사학사적 연구. **이홍직교수 기념 논문집**. 서울: 신구문화사.

천인석(1996). 발해의 유학사상 연구. **동양철학연구**, 16, 123-151.

최관경, 박준영, 한상규, 팽영일, 안경식, 천정미(2004). **교육사상의 이해**. 서울: 형성출판사.

최병태(1996). **덕과 규범**. 서울: 교육과학사.

최용준(2005). 헤르만도여베르트. 손봉호 외 공저, 하나님을 사랑한 철학자 9인(pp. 37-66). 서울: IVP.

태학지번역사업회(1994). **태학지**. 서울: 성균관.

한국교육사연구회(1977). **교육사상가평전(한국편)**. 서울: 교학연구사.

한국불교전서편찬위원회(2001). **한국불교전서 4**. 서울: 동국대학교출판부.

한기철, 조상식, 박종배(2016). **교육철학 및 교육사**. 파주: 교육과학사.

현주, 임소현, 장가람, 한미영, 임현정, 손경원(2014). KEDI **인성검사 실시요강**. 서울: 한국교육개발원.

홍지희, 유재봉(2017). 플라톤 교육론의 대안으로서의 쉴러의 미적교육. **교육과정연구**, 35(1), 255-275.

황금중(2012). 고조선 교육사의 서술 및 인식의 문제. **한국교육사학**, 34(1), 127-160.


Althusser, L. (1995). *Machiavel et nous*. 오덕근, 김정한 공역(2001). **마키아벨리의 가면**. 서울: 이후.

Aristoteles (1925). *The Nichmacean Ethics*. D. Ross(trans.). Oxford: Oxford University Press.

Aristoteles (2004). *Politics*. Translated by Benjamin Jowett. 이병길, 최옥수 공역(2004). **정치학**. 서울: 박영사.

Aristoteles (2006). *Ethica Nicomachae*. 이창우, 김재홍, 강상진 공역(2006). **니코마코스 윤리학**. 서울: 이제이북스.

Aristoteles (2007). *Metaphysica*. 김진성 역주(2007). **형이상학**. 서울: 이제이북스.

Augustinus(397-400). *Confessiones*. 김평옥 역(2008). **고백록**. 서울: 범우사.

Austin, J. L. (1962). *How to do things with words*. Oxford: Oxford University Press.

Ayer, A. J. (1936). *Language, truth, and logic*. London: Victor Gollancz Ltd.

Berlin, I. (1969). Two concepts of liberty. *Four essays in liberty*. Oxford: Oxford University Press.

Boyd, W., & King, E. J. (1975). *The history of western education*. 이홍우, 박재문, 유한구 공역(1994). (윌리암 보이드) 서양교육사. 서울: 교육과학사.

Brickman, W. W. (1949). *Guide to research in educational history*. New York: New York

University Bookstore.

Bridgman, P. W. (1927). *The logic of modern physics*. New York: Macmillan.

Broudy, H. S. (1955). How philosophical can philosophy of education be? *The Journal of Philosophy, 52*, 612–622.

Carr, W. (2005) Philosophy and education. W. Carr (Ed.), *Philosophy of education* (pp. 34–49). London and New York: Routledge.

Cassirer, E. (1947). *Rousseau, Kant, Goethe: Two essays*. 유철 역(1996). 루소, 칸트, 괴테. 서울: 서광사.

Cicero, M. T. (BC 44). *De Officiis*. 허승일 역(1989). 키케로의 의무론. 그의 아들에게 보낸 편지. 서울: 서광사.

Cicero, M. T. (BC 55). *De Oratore*. 전영우 역(2013). 연설가에 대하여. 서울: 민지사.

Condorcet, N. d. (1791) *Cinq Mémoires sur l'instruction publique*. 이주환 역(2019). 공교육에 관한 다섯 논문. 서울: 살림터.

Cooper, D. E. (1986). Introduction. D. E. Cooper (Ed.), *Education, value and mind: Essays for R. S. Peters*. London: Routledge & Kegan Paul.

Crittenden, B. (1993). Moral and religious education: Hirst's perception of their scope and relationship. In R. Barrow & P. White (Eds.), *Beyond liberal education: Essays in honour of P. H. Hirst* (pp. 129–149). London and New York: Routledge & Kegan Paul.

Dearden, R. F. (1972). Needs in education. In R. F. Dearden, P. H. Hirst, & R. S. Peters (Eds.), *A critique of current education aims* (pp. 48–62). London: Routledge & Kegan Paul.

Dearden, R. F. (1986). Education, training, and preparation of teacher. D. E. Cooper (Ed.), *Education, value and mind: Essays for R. S. Peters*. London: Routledge & Kegan Paul.

Dewey, J. (1916). Democracy and education. 이홍우 역(2007). 민주주의와 교육. 서울: 교육과학사.

Dewey, J. (1929). *Experience and nature*. New York: Dover Publications.

Dewey, J. (1934). *Art as experience*. 박철홍 역(2016). 경험으로서 예술 1, 2. 파주: 나남.

Dewey, J. (1938). *Experience and education*. New York: Collier Books.

Edel, A. (1973). Analytic philosophy of education at the crossroads. In J. F. Doyle (Ed.), *Educational judgments*. London: Routledge & Kegan Paul.

Eliade, M. (1959). *The sacred and the profane: The nature of religion*. 이동하 역(1983). 성과 속: 종교의 본질. 서울: 학민사.

Eliade, M. (1963). *Shamanism*. 이윤기 역(1992). 샤머니즘. 서울: 까치

Eliade, M. (1975). *Rites and symbols of initiation*. New York: Harper & Row.

Enslin, P. (1985). Are Hirst and Peters liberal philosophers of education?. *Journal of Philosophy of Education, 19*(2), 211-222.

Erasmus, D. (1966). *De pueris statim ac liberaliter instituendis declamatio*. 김성훈 역(2017). (에라스무스) 아동교육론. 고양: 인간사랑.

Fichte, J. G. (1808). *Reden an die Deutsche Nation*. 황문수 역(2013). 독일 국민에게 고함. 서울: 범우사.

Foucault, M. (2011). *The courage of the truth(1983-4)*. New York: Macmillan.

Freire, P. (1968). *Pedagogia del oprimido*. 남경태 역(2012). 페다고지. 서울: 그린비.

Freire, P. (1974). *Erziehung als Praxis der Freiheit*. Stuttgart/Berlin.

Gibson, R. (1986). *Critical theory and education*. 이지헌, 김회수 공역(1989). 비판이론과 교육. 서울: 성원사.

Hamlyn, D. W. (1978). *Experience and the growth of understanding*. 이홍우 외 4인 공역(1990). 경험과 이해의 성장. 서울: 교육과학사.

Heidegger, M. (1997). *Vom Wesen der Wahrheit zu Platons Höhlengleichnis und Theätet. Gesamtausgabe Band 34. Frankfurt am Main*. 이기상 역(2004). 진리의 본질에 관하여: 플라톤의 동굴의 비유와 테아이테토스. 서울: 까치글방.

Herbart, J. F. (1894). *Allgemeine Pädagogik aus dem Zweck der Erziehung abgeleitet*. 김영래 역(2006). 일반교육학. 서울: 학지사.

Hirst, P. H. (1965). Liberal education and the nature of knowledge. In R. D. Archambault (Ed.), *Philosophical analysis and education*. London: Routledge & Kegan Paul.

Hirst, P. H. (1974). *Knowledge and curriculum*. London: Routledge & Kegan Paul.

Hirst, P. H. (1986). Richard Peters's contribution to the philosophy of education. In D. E. Cooper (Ed.), *Education, value and mind: Essays for R. S. Peters*. London: Routledge & Kegan Paul.

Hirst, P. H. (1993). Education, knowledge and practices. In R. Barrow & P. White (Eds.), *Beyond liberal education: Essays in honour of P. H. Hirst*. London: Routledge & Kegan Paul.

Hirst, P. H. (1996). The demands of a professional practice and preparation for teaching. J. Furlong & R. Smith (Eds.), *The role of higher education in initial teacher training*. London: Kogan Page.

Hirst, P. H. (1998). Philosophy of education: The evolution of a discipline. In G. Haydon

(Ed.), *50 Years of philosophy of education: Progress and prospects*. London: Institute of Education, University of London.

Hirst, P. H. (1999a). The demands of moral education: Reasons, virtues and practices. In T. H. McLaughlin & J. M. Halstead (Eds.), *Education in morality*. London: Routledge.

Hirst, P. H. (1999b). The nature of educational aims. In R. Marples (Ed.), *The aims of education*. London: Routledge.

Hirst, P. H., & Carr, W. (2005). Philosophy and education: A symposium. *Journal of Philosophy of Education, 39*(4), 615-632.

Höffe, O. (Hsg.) (1995). Aristoteles. *Die Nikomachische Ethik*. Berlin.

Höffe, O. (Hsg.) (2001). *Klassiker der Philosophie*. 이강서, 한석환, 김태겸, 신창석 공역 (2001). **철학의 거장들** I. 파주: 한길사.

Homeros. *Ilad*. 천병희 역(2007). **일리아스**. 서울: 숲.

Homeros. *Odysseia*. 천병희 역(2015). **오뒷세이아**. 서울: 숲.

Hutchins, R. M. (1936). *The higher learning in America*. New Haven, CT: Yale University Press.

Jaeger, W. (1954). *Paideia: die Formung des griechischen Menschen*. 김남우 역(2019). **파이데이아** 1. 희랍적 인간의 조형. 파주: 아카넷.

Kant, I. (1983). *Über Pädagogik. In Werke in zehn Bänden. Band 10. Herausgegeben von Wilhelm Weischedel. Darmstadt*. 조관성 역(2001). **칸트의 교육학 강의**. 서울: 철학과 현실사.

Kerferd, G. B. (1981). *The sophistic movement*. 김남두 역(2003). **소피스트 운동**. 파주: 아카넷.

Kimball, B. A. (1986) *Orators & philosophers: A history of the idea of liberal education*. New York: Teachers College Press.

Locke, J. (1693). *Some thoughts concerning education*. 박혜원 역(2014). **교육론**. 서울: 비봉출판사.

Machiavelli, N. (1532). *Il principe*. 김영국 편역(2004a). **마키아벨리와 군주론**. 서울: 서울대학교출판부.

Machiavelli, N. (1531). *The discourses*. 강정인, 안선재 공역(2004b). **로마사 논고**. 파주: 한길사.

MacIntyre, A. (1981). *After virtue: A study in moral theory*. London: Duckworth.

Marrou, H. I. (1956). *A history of education in antiquity*. 이홍우, 지정민, 구리나, 이호찬 공역(2019). **서양 고대교육사**. 파주: 교육과학사.

Mirandola, P. d. (1496). *Oratio de hominis dignitate*. 성염 편역(2009). **인간 존엄성에 관한 연설**. 파주: 경세원.

Montaigne, M. d. (1580). *Les essais*. 손우성 역(2007). **몽테뉴 수상록**. 서울: 동서문화사.

Moore, G. E. (1903). *Principia ethica*. Cambridge: Cambridge University Press.

Muir, J. (1998). The history of educational ideas and credibility of philosophy of education. *Educational Philosophy and Theory, 30*(1), 7-20.

Neill, A. S. (1945). *Hearts not hands in the school*. London: Jenkins.

Neill, A. S. (1960). *Summerhill*. 김은산 역(1987). **시험도 숙제도 없는 자유학교 섬머힐**. 서울: 양서원.

Newman, J. H. (1852). *The idea of university*. IN: University of Notre Dame Press.

Noel, J. (1999). On the varieties of phronesis. *Educational Philosophy and Theory, 31*(3), 273-289.

Oakeshott, M. (1962). *Rationalism in politics and other essays*. London: Methuen.

O'Hear, A. O. (1981). *Education, society and human nature*. London: Routledge & Kegan Paul.

Peters, R. S. (1962). Moral education and the psychology of character. R. S. Peters (1983). *Moral development and moral education*. London: George Allen & Unwin Ltd.

Peters, R. S. (1966a). *Education as initiation*. London: The University of London Institute of Education.

Peters, R. S. (1966b). *Ethics and education*. 이홍우, 조영태 공역(2004). **윤리학과 교육**. 서울: 교육과학사.

Peters, R. S. (1967). *The concept of education*. London: Routledge & Kegan Paul.

Peters, R. S. (1974). Reason and habit: The paradox of moral education. In R. S. Peters (Ed.), *Psychology and ethical development*. London: George Allen & Unwin.

Peters, R. S. (1977). Ambiguities in liberal education and the problems of its content. In K. A. Strike & E. Kegan (Eds.), *Ethics and educational policy*. London: Routledge & Kegan Paul.

Peters, R. S. (1979). *Essays on educators*. London: Allen & Unwin.

Peters, R. S. (1981). *Moral development and moral education*. London: Allen & Unwin.

Peters, R. S. (1983). Philosophy of education 1960-1980. In P. H. Hirst (Ed.), *Educational theory and its foundation discipline*. London: Routledge & Kegan Paul.

Peters, R. S. (Ed.). (1973). *The philosophy of education*. Oxford: Oxford University Press.

Peters, R. S., & Hirst, P. H. (1970). *The logic of education*. London: George Allen & Unwin Ltd.

Platon. *Politeia*. 박종현 역주(2001). **국가**. 서울: 서광사.

Platon. *Protagoras*. 최현 역(2002). 프로타고라스. 서울: 범우사.

Platon. *Menon*. 이상인 역(2009). 메논. 서울: 이제이북스.

Platon. *Symposion*. 강철웅 역(2010). 향연. 서울: 이제이북스.

Platon. *Gorgias*. 김인곤 역(2011). 고르기아스. 서울: 이제이북스.

Platon. *Apologia*. 천병희 역(2012). 소크라테스의 변론. 서울: 숲.

Platon. *Theaitetos*. 정준영 역(2013). 테아이테토스. 서울: 이제이북스.

Plutarchus, L. M. (1994). *Bioi Paralleloi*. 김병철 역(1994). 영웅전. 서울: 범우사.

Price, K. (1967). *Education and philosophical thought* (2nd ed.). Boston, MA: Allyn and Bacon, Inc.

Pring, R. A. (1993). Liberal education and vocational preparation. In R. Barrow & P. White (Eds.), *Beyond liberal education: Essays in honour of P. H. Hirst*. London: Routledge & Kegan Paul.

Quine, W. V. O. (1953). *From a logical point of view*. New York: Harper & Row.

Rancière, J. (1987). *Le Maître Ignorant*. 양창렬 역(2008). 무지한 스승: 지적 해방에 대한 다섯 가지 교훈. 파주: 궁리.

Reble, A. (1951). *Geschichte der Pädagogik*. 정영근, 임상록, 김미환, 최종인 공역(2002). 서양교육사. 서울: 문음사.

Rousseau, J. J. (1782). *Les confessions*. 박순만 역(1982). 참회록. 서울: 집문당.

Rousseau, J. J. (1754). *Du contrat social. Discours sur l'origine et les fondements de l'inégalité parmi les hommes*. 정성환 역(2002). 사회계약론(인간불평등기원론). 서울: 홍신문화사.

Rousseau, J. J. (1750). *Discours sur les sciences et les arts*. 김상섭 역(2007). 학문예술론. 광주: 조선대학교출판부.

Rousseau, J. J. (1762). *Émile ou De l'éducation*. 김중현 역(2009). 에밀. 파주: 한길사.

Ryle, G. (1949). *The concept of mind*. New York: Barnes & Noble.

Scheffler, I. (1960). *The language of education*. Springfield, IL: Charles C. Thomas.

Scheffler, I. (1963). *The anatomy of inquiry*. New York: Alfred A. Knopf.

Scheffler, I. (1965). *Conditions of knowledge: An introduction to epistemology and education*. Chicago, IL: Scott, Foresman.

Schiller, F. (1982). *On the aesthetic education of man*. 안인희 역(2015). 미학편지: 인간의 미적 교육에 관한 쉴러의 미학이론. 서울: 휴머니스트.

Stevenson, S. L. (1944). *Ethics and language*. New Heaven: Yale University Press.

Tatarkiewicz, W. (1980). *History of six ideas: An essay of aesthetics*. 손효주 역(2011). 미학

의 기본 개념사. 서울: 미술문화.

White, J. P. (2001). R. S. Peters 1919. In J. A. Palmer (Ed.), *Fifty modern thinkers on education*. London: Routledge.

White, J. P. (2011). *Exploring personal well-being in schools*. London: Routledge.

Whitehead, A. N. (1929). *The aims of education and other essays*. New York: The Free Press.

Wilson, P. S. (1967). Child-centered education. *Journal of Philosophy of Education, 3*(1), 105-126.

Wittgenstein, L. (1922). *Tractatus logico-philosophicus*. London: Routledge & Kegan Paul.

Wittgenstein, L. (1953). *Philosophical investigations*. Oxford: Blackwell.

Xenophon. *Memorabilia*. 최혁순 역(2002). 소크라테스 회상. 서울: 범우사.

Yoo, J. B. (2001). Hirst's social practices view of education: A radical change from his liberal education? *Journal of Philosophy of Education, 35*(4), 615-626.

## 찾아보기

## 내용

## 저자 소개

**유재봉**(兪在奉)

서울대학교에서 석사학위를, 영국 런던 대학교(현 UCL Institute of Education)에서 박사학위를 받았으며, 현재 성균관대학교 교육학과 교수로 재직 중이다. 관심 분야는 현대교육철학이론, 교육과정철학, 종교교육철학 등이다. 주요 논저로는 『현대 교육철학 탐구』「Hirst's Social Practices View of Education」「허스트의 실천적 이성과 교육」「영·미교육철학의 동향에 나타난 교육철학의 성격과 방법 탐색」「교육에서의 영성회복」「웰빙을 위한 교육」「학교 인성교육의 문제점과 방향」「교육에서의 심신문제」「학부모교육권에 대한 철학적 논의」 등이 있다.


**안경식**(安京植)

한국학중앙연구원 한국학대학원에서 석사학위를, 국립대만사범대학에서 박사학위를 받았으며, 동아대학교 교수를 거쳐 현재 부산대학교 교육학과 교수로 재직 중이다. 관심 분야는 동양 고대교육사상과 전통아동교육, 종교교육이다. 주요 논저로는 『신라인의 교육, 그 문명사적 조망』『한국 전통 아동교육사상』『구비설화에 나타난 한국 전통교육』「문화교류사의 입장에서 본 동아시아 고대 교육」「언행록에 나타난 퇴계의 제자 교육」「신라 화엄사상이 한국 고대 교육문화에 끼친 영향」 등이 있다.


**김상섭**(金相燮)

독일 뮌스터 대학교에서 석사, 박사 학위를 받았으며, 현재 영남대학교 교육학과 교수로 재직 중이다. 관심 분야는 교육사상사, 도덕교육, 미적 교육이다. 주요 논저로는 『현대인의 교사 루소』「교육자로서 니체」「'인간성이라는 굽은 목재'와 인간의 인간화 문제」「덕성함양에서 쾌락의 활용」「교육사상 연구방법으로서 텍스트 다시 쓰기」「쉴러의 미적 경험의 도덕교육적 함의」「교육철학의 '실천적 전환'」「쉴러의『인간의 미적 교육론』에 대한 또 하나의 해석」「도덕교육에 있어서 권위와 권력의 정당화 문제」「마키아벨리의 '현실의 진리' 개념에 비춰본 교육적 수행력 문제」 등이 있다.

교육철학 및 교육사 탐구
Exploring Educational Philosophy, and Educational History

2022년 11월 10일 1판 1쇄 인쇄
2022년 11월 20일 1판 1쇄 발행

지은이 • 유재봉 · 안경식 · 김상섭
펴낸이 • 김진환
펴낸곳 • ㈜ 학지사

　　　　04031 서울특별시 마포구 양화로 15길 20 마인드월드빌딩
대표전화 • 02-330-5114　　팩스 • 02-324-2345
등록번호 • 제313-2006-000265호

홈페이지 • http://www.hakjisa.co.kr
페이스북 • https://www.facebook.com/hakjisabook

ISBN 978-89-997-2777-1　93370

정가 22,000원

출판미디어기업 학지사

간호보건의학출판 학지사메디컬 www.hakjisamd.co.kr
심리검사연구소 인싸이트 www.inpsyt.co.kr
학술논문서비스 뉴논문 www.newnonmun.com
교육연수원 카운피아 www.counpia.com